第三帝国的兴亡

纳粹德国史

The Rise and Fall of the Third Reich

第2卷

[美国] 威廉·夏伊勒——————著 董乐山 等——————译

译林出版社

第二卷目录

第三编　走向战争的道路

第三编

走向战争的道路

第九章

开始的步骤：1934—1937年

口头侈谈和平，秘密准备战争，在外交政策和暗中重整军备方面做得尽量小心，以避免《凡尔赛和约》国家对德国采取预防性的军事行动——这就是希特勒在头两年中的策略。

1934年7月25日纳粹在维也纳暗杀奥地利总理陶尔斐斯，使希特勒险些摔了跟斗。那一天中午，党卫军第八十九旗的154名队员穿着奥地利陆军制服，闯进联邦总理府，在相距两英尺的地方开枪击中陶尔斐斯的喉部。别的纳粹分子占领了几个街口以外的广播电台，广播了陶尔斐斯已辞职的消息。希特勒当时正在拜罗伊特一年一度的瓦格纳音乐节欣赏《莱茵的黄金》的演奏，他听到了这个消息，感到非常兴奋。这位伟大作曲家的孙女，坐在附近的家庭包厢里的弗里德林·瓦格纳是个见证。她后来说，两个副官绍布和布吕克纳，在她的包厢外休息室里的电话上不断听取维也纳来的消息，然后又轻声告诉希特勒。

在演奏结束后，元首极为兴奋。当他告诉我们这个可怕的消息时，他更加兴奋了……虽然希特勒简直无法掩藏他脸上的喜色，但是他像平常一样在饭馆里讲究地点菜吃饭。

他说："我必须过去待一小时，让别人看到我，不然人们会以为我跟这件事有关。”[1]

人们这样想是一点也不错的。我们记得，在《我的奋斗》的第一节里，希特勒曾写道，奥地利和德国的重新结合是一个“我们一辈子要用各种方法来实现的任务”。在他成为总理后不久，他就委任了一个国会议员特奥多尔·哈比希特为奥地利纳粹党督察。没过多久，他把流亡在外的奥地利党领袖阿尔弗雷德·弗劳恩菲尔德安顿在慕尼黑，后者从那里每天晚上广播，
279 煽动他在维也纳的同志们暗杀陶尔斐斯。在1934年7月以前的几个月里，奥地利纳粹分子用德国接济的武器和炸药造成了一种恐怖局面，炸毁铁道、发电厂和政府建筑物，暗杀拥护陶尔斐斯的天主教–法西斯政权的人。最后，希特勒批准了设立一个由几千人组成的奥地利军团，驻扎在沿奥地利边界的巴伐利亚境内，准备在适当时机越过边界占领奥地利。

1934年7月25日，穿着奥地利陆军军服的纳粹分子刺杀奥地利总理陶尔斐斯，行动中攻占了广播电台。

陶尔斐斯在下午6时左右因伤重致死，但是这次纳粹暴动却主要由于夺取总理府的阴谋分子过于笨拙而失败了。由库尔特·冯·许士尼格博士率领的政府部队很快就重新控制了局势。暴动者虽然由于德国公使出面干涉得到安全引渡到德国去的诺言，后来却被逮捕了，而且其中有十三个人被绞死。与此同时，墨索里尼急忙动员了四个师，陈兵布伦纳山口，这也使柏林感到不安。而仅仅在一个月以前，希特勒在威尼斯同墨索里尼会晤时还向他提出过不染指奥地利的诺言呢。

希特勒马上就缩回去了。德国官方的通讯社德意志通讯社原来准备交报界发表的欢呼陶尔斐斯的垮台和宣称大德意志必然接着产生的消息急忙在午夜撤回，而代之以一条新消息，对“残忍的暗杀”表示遗憾，并且宣称这完全是奥地利的内政。哈比希特被撤了职，德国驻维也纳公使也被免职召回。在一个月以前清洗罗姆时几乎遭到陶尔斐斯同样命运的巴本，火速被打发到维也纳去，按照希特勒的指示恢复“正常和友好的关系”。

希特勒开头时的兴高采烈情绪已为恐惧所代替。巴本说，在他和希特勒商量如何克服这个危机时，希特勒向他叫喊说：“我们面临着新的萨拉热窝！”[2]但是这位元首学到了一个教训。纳粹在维也纳的政变，像1923年慕尼黑的啤酒馆政变一样，在时间上是不成熟的。德国还没有在军事上强大到可以用武力支持这种冒险。它在外交上也太孤立。甚至法西斯意大利也和英法一起坚持应让奥地利继续独立。此外，苏联这时正好第一次表示有意同西方一起签订一个“东方洛迦诺公约”，这将会妨碍德国在东方的任何行动。在秋天，它又参加了国际联盟。在整个1934年这个紧要关头的年份中，离间分化大国的前景似乎比以往任何时候都来得暗淡。希特勒所能做的，只能是口头侈谈和平，暗中继续重整军备，等待机会。

除了国会以外，希特勒还有其他途径来向国外传达他的和平宣传，那就是外国报刊。这些报刊的记者、编辑和发行人不断在要求访问他。那个夹着单片眼镜的英国人沃德·普赖斯和他的报纸《每日邮报》就随时准备稍有一点暗示就为这位德国独裁者提供方便。该报到战争爆发前夕为止，刊载了一系列的希特勒访问记。因此，在1934年8月发表的一篇访问记中， 280
希特勒告诉普赖斯和他的读者们：“战争不会再来了”，德国“对战争造成的恶果比别的任何国家有更深刻的印象”，“德国的问题不能通过战争来获得解决”。[3] 在秋天他又向法国复员军人领袖和众议员让·古瓦重述了这些动听的话，后者在巴黎《晨报》上所撰写的文章中转述了这些意见。[4]

《凡尔赛和约》的破坏

与此同时，希特勒一个劲儿地在推行他的加强武装部队和为他们购买军火的计划。陆军奉命在1934年10月1日以前把它的兵力增加两倍，从10万人增加到30万人。同年4月，参谋总长路德维希·贝克将军获悉，到第二年4月1日，元首将公开下令征兵和公然否认《凡尔赛和约》的军事限制。[5] 在那时以前，必须保持极端的秘密，戈培尔得到告诫，绝不能让“参谋总部”的字样在报上露面，因为《凡尔赛和约》禁止有这个组织。在1932年以后，德国陆军的军官名单每年都不再公布了，以免由于军官名单人数众多而把扩军秘密泄露给外国情报组织。德国国防会议工作委员会主席凯特尔将军早在1933年5月22日就告诫他的助手们说：“不得失落任何文件，因为不然敌人就将加以利用来进行宣传。口头传达的事情是无法证实的，是可以赖掉的。”[6]

海军也得到警告，要守口如瓶。1934年6月，雷德尔跟希特勒有过一次长时间的交谈，做了如下笔记：

> 元首的训令：不能提到排水量25 000吨到26 000吨的军舰，只能提到改进的10 000吨的军舰……元首要求对建造潜艇一事绝对保守秘密。[7]

因为海军已在开始建造两艘26 000吨的战列巡洋舰（超过《凡尔赛和约》规定的限度16 000吨），这两艘战舰后来命名为“沙恩霍斯特号”和“格奈森瑙号”。《凡尔赛和约》所禁止建造的潜艇，也已于共和国时期在芬兰、荷兰和西班牙偷偷地建造，最近雷德尔已在基尔储存了十二艘潜艇的骨架和部件。当他在1934年11月见到希特勒的时候，他请求准许海军在“1935年第一季度的严重关头”（显然他也知道希特勒打算在那个时候做些什么）以前把其中六艘装配出来，但是元首只是回答说，“到情况要求开始

1935年，纳粹德国海军在基尔试航4艘新建造的U型潜艇。

装配时，他会告诉我的”。[8]

在这次会见中，雷德尔还指出，新的造船计划需要的钱超过他现有的 281
经费，更不必说把海军人员增加两倍了，但是希特勒告诉他不必担心，“在万一需要的时候，他会使莱伊博士从劳工阵线拨出1.2亿到1.5亿马克供海军使用，因为这笔钱仍将对工人有好处”。[9]这样，德国工人交的会费被用来充作海军扩军计划的经费了。

戈林在这头两年中也在忙着建立空军。他名义上是民航的航空部长，却命令制造商们搞军用飞机的设计。对军用飞机驾驶员的训练，在航空体育协会的方便伪装下立即开始进行了。

凡是在那个时期到鲁尔和莱茵兰工业区参观的人，看到军火工厂，特别是四分之三世纪以来德国主要枪炮制造商克虏伯的军火工厂和伊·格·法本这家大化学托拉斯的军火工厂的紧张活动，可能会觉得触目惊心。虽然协约国禁止克虏伯在1919年以后继续从事军火业，但是他的公司实际上并没有闲着，正如克虏伯在1942年德国占领了大部分欧洲的时候夸口的，“军备的基本原则和坦克上炮塔的设计，在1926年就已经搞出来了……关于在1939—1941年使用的枪炮，最重要的那些种类在1933年就已经完全齐备了”。法本托拉斯的科学家们曾在第一次世界大战初期英国的封锁切断了智利对德国的正常的硝石供应后，发明了利用空气制造人造硝酸的方法，使德国避免很早垮台。现在在希特勒统治下，这个托拉斯着手使德国在现代战争不可缺少的两种物资方面能够自给自足。这两种物资就是汽油和橡胶，过去一直是必须依赖进口的。从煤里提炼人造汽油的问题，这个公司的科学家在1920年代中期就已经实际解决了。在1933年以后，纳粹政府命令伊·格·法本公司把人造汽油的产量到1937年提高到每年30万吨。到这时，该公司也发现了如何从煤和德国充分蕴藏的其他物产中提炼人造橡胶的方法，并且在施科保设立了四个工厂中的第一个，大规模生产人造橡胶。到1934年年初，国防会议工作委员会批准了动员约24万个工厂来供应战争订货的计划。到了那一年年底，重整军备的一切方面规模都已异常庞大，显然再也无法瞒住《凡尔赛和约》的那些疑惧不安的国家了。

以大不列颠为首的这些国家，一直在想承认德国重整军备这一既成事实，这一事实远不如希特勒所想象的那样秘密。它们愿意让德国获得军备上的完全平等地位，以换取德国参加欧洲的全面解决办法。这种解决办法包括订立一个“东方洛迦诺公约”，使东方国家，特别是俄国、波兰和捷克斯洛伐克能获得像西方国家在《洛迦诺公约》中所享受到的同样的安
282 全，而且，不用说，也使德国获得同样的安全保证。当时的英国外交大臣约翰·西蒙爵士丝毫不能了解阿道夫·希特勒的思想，真可以说是内维尔·张伯伦的前驱，他在1934年5月竟提出了给予德国军备平等的建议。法国断然反对这种主意。

但是，在1935年2月初，英国和法国政府一起又提出了包括军备平等和订立“东方洛迦诺公约”的全面解决办法的建议。上个月，在1月13日，萨尔居民以47.7万票对4.8万票的压倒多数同意把他们的这块煤产丰富的小地方重新归于德国，希特勒则趁此机会公开宣称，德国再没有对法国的领土要求了，意思是说，德国已放弃对阿尔萨斯和洛林的要求。在萨尔和平地重归德国和希特勒的话所引起的乐观和善意的气氛中，英法建议仍于1935年2月初正式向希特勒提出。

希特勒在2月14日所做的答复是有点含糊其词的，而从他的观点来看，这是可以理解的。这个计划能使德国公开而毫无拘束地重新武装，因此，希特勒是表示欢迎的。但是，他对德国是否愿意签订“东方洛迦诺公约”

这一点却采取规避态度，签订“东方洛迦诺公约”将使他束住手脚，不能染指他一向宣传的德国生存空间所在的主要地区。也许可以使英国在这个问题上跟法国分离？法国由于跟波兰、捷克斯洛伐克和罗马尼亚分别订立了互助协定，所以对东方的安全较为关切。希特勒一定是这样想的，因为在他的谨慎的答复中，他建议在举行总的会谈之前先举行双边谈判，并邀请英国到德国来举行初步谈判。约翰·西蒙爵士欣然同意，于是商定3月6日在柏林举行会谈。在这天以前两天，英国白皮书的公布引起了威廉街方面的装模作样的大怒。实际上，柏林的大多数外国观察家觉得，这份白皮书是对德国秘密重整军备的清醒估计，德国加速重整军备，促使英国也适当地增加了它自己的军事力量。但是，据说希特勒对此怒不可遏。牛赖特在西蒙前来柏林前夕通知他说，元首患“感冒”，会谈只得延期。

不论希特勒有没有感冒，他突然有了新主意是没有问题的。如果他把这个新主意变成大胆的行动，有西蒙和艾登在近旁是令人尴尬的。他认为，他已找到一个借口，可以给《凡尔赛和约》的限制一个致命的打击。法国政府前不久才提出了一个把军役期限从十八个月延长到两年的法案，这是因为在第一次世界大战期间出生的壮丁人数不足之故。3月10日，希特勒发出了一个试探气球来探测协约国的决心。好行方便的沃德·普赖斯被召了来，让他对戈林进行了一次访问。戈林将全世界都知道的事情——德国有了一支空军——正式地告诉了他。希特勒满怀信心地等待着伦敦对这种片面废弃《凡尔赛和约》做法的反应。结果正如他所料。约翰·西蒙爵士告诉下院说，他仍然指望到柏林去。 283

星期六的惊人之举

3月16日，星期六——希特勒的大多数惊人举动都是留在星期六采取的——这位总理颁布了一项法令：实施普遍军役制，并规定为和平时期建立12个军和36个师的军队，大约50万人。《凡尔赛和约》的军事限制就此寿终正寝，除非法国和英国采取行动。不出希特勒所料，它们提出抗议，但是没有采取行动。而且英国政府还赶紧去问，希特勒是否仍然愿意接见它的外交大臣。这位独裁者对这个问题慨然做了肯定的答复。

3月17日，星期日，是德国的一个欢乐庆祝的日子。《凡尔赛和约》的束缚，德国的战败和屈辱的象征，被挣脱了。不论一个德国人多么不喜欢希特勒和他的匪徒式统治，他不得不承认元首已完成了共和国政府连试都不敢一试的事情。在大多数德国人看来，国家的荣誉已经恢复了。这个星期日又是阵亡将士纪念日。我在中午的时候，到国家歌剧院去参观纪念典礼，在那里看到了德国自从1914年以来所没有看到过的场面。整个楼下是一片军服的海洋，前帝国陆军的褪色灰制服和尖顶钢盔跟新军队的制服杂在一起，包括以前还没有什么人看到过的德国空军的天蓝色制服。在希特勒旁边的是冯·马肯森陆军元帅，他是德皇军队中唯一还活着的元帅，穿着骷髅骠骑兵的礼服。台上灯光辉煌，青年军官像大理石那样一动不动地站着，高举着德国军旗。在他们后面的巨幅帷幕上，挂着一个极大的银黑两色的铁十字架。从表面上看，这是一个纪念德国阵亡将士的仪式，实际上却是一个庆祝《凡尔赛和约》的死亡和德国征兵制军队的复活的欢乐典礼。

将军们，人们可以从他们的脸上看得出来，高兴极了。他们像大家一样，对此也是感到意外的，因为前些日子一直待在贝希特斯加登山间别墅里的希特勒没有把他的想法告诉他们。据冯·曼施坦因将军后来在纽伦堡的证词，他和他的上司、柏林第三军区司令冯·维茨勒本将军，是3月16日从收音机中才第一次听到希特勒的决定的。参谋总部原来是想在开始时先搞一支规模比较小的军队的。

> ［曼施坦因作证说］如果问到参谋总部的话，它是会建议21个师的……36个师的数目是希特勒的一种自发的决定。[10]

于是其他国家向希特勒发出了一连串空洞的警告。英国、法国和意大
284 利于4月11日在斯特雷萨会谈，谴责德国的行动并重申它们支持奥地利独立和《洛迦诺公约》。日内瓦的国际联盟理事会也表示了对希特勒的鲁莽行动的不满，当即委任了一个委员会来研究防止他下次再犯这类行动的步骤。法国看出德国永远不会加入“东方洛迦诺公约”，赶忙同俄国签订了一个互助协定，莫斯科也跟捷克斯洛伐克订立了这样一个协定。

从报上的标题来看，这种联合起来对付德国的姿态多少有些不吉的兆头，甚至使德国外交部和军方的若干人士也有些感到不安，但是显然没有使希特勒受到影响。毕竟，他冒了一下险而结果安然无事。不过，这仍然不能使他安于已得成就。他认定，现在又该来弹弹他爱好和平的调子，看看是否能在团结起来对付他的大国中间钻个空子而破坏这种团结。

5月21日晚上*，他又在国会发表了一篇“和平”演说。本书作者在国会里听过希特勒的大部分演说，这次大概是我所听到的他的最动听的，而且无疑是最巧妙的、最能迷惑人的演说之一。希特勒当时显得心情舒畅，流露出一种不仅是自信的，而且是使他的听众感到意外的宽容与和解的精神。演说词中没有对谴责他废弃《凡尔赛和约》军事条款的国家表示不满或蔑视。倒是有着许多保证，说他所要的只是在对大家都公正的基础上的和平与谅解。他不要战争；说战争是没有意义的，没有用处的，而且是令人极端嫌恶的。

> 过去三百年中欧洲大陆上所流的血，跟这些事件对各国所产生的后果，颇不相称。到头来法国仍旧是法国，德国仍旧是德国，波兰仍旧是波兰，而意大利仍旧是意大利。帝王野心、政治欲望、爱国偏见，造成了大量流血，但在能够看到的深远政治变化方面所获得的结果，就民族情绪方面来说，只不过做到触及各国的皮毛而已，它并没有在实际上改变它们的根本性格。如果这些国家仅仅把它们的牺牲的一小部分用在比较明智的目的上，成就无疑会更大而且更永久。 285

希特勒宣称，德国丝毫没有要征服其他国家的念头。

---

* 在这一天的早些时候，希特勒已颁布了秘密的国防法，命沙赫特博士负责战争经济，并彻底改组了武装部队。魏玛时期所称的国家军队改称武装部队。作为元首和总理的希特勒，是武装部队（又译国防军）的最高统帅，国防部长勃洛姆堡被任命为战争部长兼武装部队总司令，他是德国唯一得到过这种头衔的将军。三军各有自己的总司令和参谋总部。陆军参谋总部的军队办公室（Truppenamt）这个伪装名字现在已经放弃不用而用了真名，它的首脑贝克将军则获得了参谋总长的职衔。但是这个职衔的内容跟德皇时代不一样，那时参谋总长实际上是最高统帅下面的德国军队的总司令。

我们的种族理论认为，每一个企图征服和统治一个外国民族的战争，是一种迟早要使胜利者内部发生变化和削弱，最后使他遭到失败的事情……由于欧洲已不再有未被占领的空间，所以每一个胜利……充其量只能造成一个国家居民人数的增多。但是，如果各国认为这一点非常重要的话，它们可以用一种更简单和更自然的方法不流一滴泪而做到这一点——［用］一种健全的社会政策，用使一国人民更愿意增添子女的方法。

不！民族社会主义的德国要和平，是由于它的基本信念。它要和平还由于它认识到这样一个简单而朴素的事实：没有一个战争可能在本质上改变欧洲的苦恼……每一次战争的主要后果是摧毁国家的精华……

德国需要和平，希望和平！

他继续在这一点上大做文章。到最后，他还提出了维护和平的十三点具体建议，这些建议看来非常冠冕堂皇，因此不仅在德国，而且在整个欧洲都造成了深刻而良好的印象。他在这些建议之前却有一段提醒人们注意的话：

德国已向法国庄严地承认和保证了它在萨尔公民投票后决定的边界……我们从而最后放弃了对阿尔萨斯-洛林的一切要求，为了这块土地，我们曾经进行了两次大战……在不咎既往的情况下，德国已和波兰缔结了一个互不侵犯协定……我们将无条件地信守这个协定……我们承认波兰是一个伟大而具有民族意识的民族的国土。

至于奥地利：

德国既不打算也不希望干涉奥地利的内政，并吞奥地利，或者来一次合并。

希特勒的十三点建议的内容是很广泛的。德国不能在国联废除《凡尔赛和约》以前重回日内瓦。他暗示说，如果国联废除《凡尔赛和约》，各国的充分平等得到承认的话，那么德国将重新参加国联。但是，德国将“无条件地尊重”《凡尔赛和约》的非军事条款，“包括关于领土的规定在内。特别是它将支持和履行由于《洛迦诺公约》而产生的一切义务”。希特勒还保证德国将遵守莱茵兰的非军事化。虽然德国“随时”都愿意参加一种集体安全体系，但是它却更喜欢双边协定，愿意和它的邻邦签订互不侵犯协 286
定。它还准备同意英法为《洛迦诺公约》补充一个空军协定的建议。

至于裁减军备，希特勒更是准备无所不允的：

> 德国政府愿意同意能导致取消最重型武器的任何限制，特别是适用于侵略的武器，如对最重型的大炮和最重型的坦克的任何限制……德国表明愿意同意对大炮口径、战列舰、巡洋舰和鱼雷艇的任何限制。同样，德国政府愿意同意对潜艇吨位的限制，或者完全取消潜艇……

关于这个问题，希特勒向大不列颠提出了一个特别的诱饵。他愿意把德国的新海军限制为只有英国海军力量的35%；他又说，这将使德国在海军吨位上仍比法国低15%。国外有人提出反对，说这不过是德国的要求的开始而已；对这种反对意见，希特勒答复说：“对德国来说，这个要求是最后的和不变的。”

在晚上10点过后不久，希特勒的演说到了结束部分：

> 不论是谁，要是在欧洲点起战火，除了混乱外不能希望得到别的任何东西。但是，我们坚决相信，在我们的时代里实现的将是西方的复兴，而不是西方的衰亡。德国可能对这项伟大的工作做出不可磨灭的贡献，这是我们引以为豪的希望和不可动摇的信念。[11]

这些话都是和平、理智与和解的甜言蜜语。欧洲的西方民主国家的人民和政府迫切希望能在任何合理的基础上，几乎可以说是在任何基础上，继续保持和平。因此这些话正是他们所爱听的。不列颠群岛的最有影响的报纸，伦敦《泰晤士报》，几乎以欣喜若狂的态度来欢迎这些话。

……这篇演说结果证明是合理的、直爽的和全面的。凡是本着公正态度来看这篇演说的人，谁也不能怀疑，希特勒先生所提出的一些政策主张完全可以构成彻底解决德国问题的基础——一个自由、平等和强大的德国，来代替十六年前强迫它接受和平的战败的德国……

我们希望，这篇演说将在各地都被认为是一篇诚挚而经过周密考虑的由衷之言。[12]

这家大报是英国新闻界之光，它却要像张伯伦政府一样，在英国对希特勒的贻害无穷的姑息政策中扮演一个令人难以相信的角色。但是至少
287 在作者本人看来，该报比政府还要难以原谅，因为，在该报驻柏林记者诺曼·埃巴特于1937年8月16日被逐出以前，该报一直从他那里获得关于希特勒的作为和目的的报道，这些报道远较其他外国记者或者——包括英国在内的——外国外交人员所提供的报道更能显示端倪。虽然他在那些日子里从柏林发给《泰晤士报》的报道有很多都没有发表*（这是他常常向本书作者抱怨的，而且是后来得到证实的），但是《泰晤士报》的编辑们一定是看过他的**全部**报道的，一定能够知道纳粹德国的真实情况和希特勒的堂皇诺言多么空洞。

英国政府跟《泰晤士报》一样愿意和切望把希特勒的建议当作“诚挚的”和“经过周密考虑的”，特别是关于德国同意使它的海军只及英国海军力量的35%那一项建议。

当约翰·西蒙爵士和艾登在3月底对希特勒进行推迟了的访问时，希特勒曾狡猾地向这位英国外交大臣发出暗示，使对方觉得两国可能很容易商定一个能保证英国优势的海军协定。现在在5月21日，他公开提出了一个具体的建议，同意德国舰队只及英国海军吨位的35%，另外在演说中还

---

*《泰晤士报》主编杰弗里·道森在1937年5月23日写给他的驻日内瓦记者H.G.丹尼尔斯——他在埃巴特之前曾任驻柏林记者——的信中说：“我夜复一夜地尽我最大努力使报上没有任何可能伤害他们［德国人］感情的文字。我确实认为，过去许多月来没有刊载过任何他们可以提出异议并认为是不公正的意见。”（约翰·埃弗林·伦奇：《杰弗里·道森和我们的〈泰晤士报〉》［*Geoffrey Dawson and Our Times*］）

说了些对英国特别友好的话。他说："德国既没有打算，也没有必要，更没有办法参加海军方面的新竞争。"所谓竞争是暗指1914年以前提尔皮茨在威廉二世的热烈支持下建立一支远洋舰队同英国舰队相匹敌的事，对这层意思，英国显然是不会不懂的。希特勒接着说："英帝国需要在海上有一支优势的保护力量，德国政府了解这一点极其重要，也了解其理由……德国政府真诚地希望能够同英国人民和国家建立并保持一种将能永远防止再度发生两国之间曾发生过的这个唯一竞争的关系。"希特勒曾在《我的奋斗》中表示过同样的心情，他在书中着重指出，德皇的最大错误之一就是与英国为敌和妄想在海军力量方面同英国竞争。

在希特勒这一诱饵的勾引下，英国政府上钩之快和态度之天真，令人难以相信。这时里宾特洛甫已经成了希特勒的外交使童，他应邀在6月间到伦敦去进行海军谈判。里宾特洛甫是个要面子而又不懂策略的人，他告诉英国人说，希特勒的建议是不能谈判的：他们要么接受要么拉倒。结果英国人竟接受了。他们自以为对自己有好处，就着手取消《凡尔赛和约》的海军限制，事先既没有和斯特雷萨阵线的盟国法国和意大利商量，尽管 288
它们也是海军国家而且对德国的重整军备和无视《凡尔赛和约》军事条款感到很大不安，甚至也没有通知国际联盟，虽然从名义上来说，《凡尔赛和约》是归国际联盟来保障的。

即使柏林头脑最简单的人也都可以很容易地看出来，伦敦政府同意让德国建立一支像英国海军三分之一那样大的海军，就是让希特勒放手去尽快地建立一支海军，这可以使他的造船厂和钢铁厂开足马力，忙上十年。因此这不是一种对德国重整军备的限制，而是鼓励德国在它能力范围之内设法尽快在海军方面重整军备。

英国政府对法国则雪上加霜，为了实现对希特勒的诺言，竟拒绝将它所同意的德国建造军舰的种类和数目告诉它的最亲密的盟国，而只说德国潜艇吨数——德国建造潜艇是为《凡尔赛和约》所明确禁止的——将为英国的60%，如果发生特殊情况，则可能为英国的100%。[13]实际上英德协议准许德国建造5艘战列舰——它们的吨位和武装将比已在海上的任何英国军舰的吨位和武装还要大，虽然官方数字是假造出来欺骗伦敦的——21艘巡洋舰和64艘驱逐舰。这些军舰在战争爆发时并没有全部建造起来或者完成，但是其中已有足够数量的军舰和潜艇准备就绪，使英国在第二次世界大战的头几年受到重大的损失。

墨索里尼充分地注意到了“艾尔比恩*的背信”。英国能姑息希特勒，他也可以利用。而且，英国不顾《凡尔赛和约》的自私态度促使他相信，伦敦可能不会过于认真计较对国际联盟盟约的蔑视。1935年10月3日，他就公然不顾国际联盟盟约而派遣他的军队侵入古老的多山王国阿比西尼亚。国联在英国的带头下和法国的半心半意的支持下——后者认为从长远来说德国是个更大的危险——迅速表决要进行制裁。但这只是局部制裁，而在实行时又缩手缩脚，因此并没有阻止墨索里尼征服埃塞俄比亚，倒是毁坏了法西斯意大利跟英法的友谊，使对付纳粹德国的斯特雷萨阵线寿终正寝。

在这一连串事件中得到最大好处的，不是阿道夫·希特勒还有谁呢？在10月4日，意大利开始侵略后的第二天，我整天在威廉街跟一些党和政府的官员们交谈。那天晚上的一则日记总结了德国对这种情况估计得多么快和多么恰当：

> 威廉街感到高兴。墨索里尼可能处理不当，在非洲脱身不得，而
> 削弱他在欧洲的地位，那么希特勒就可以攫取迄今受到这位意大利领
> 289 袖保护的奥地利。也可能他将得胜，公然违抗法国和英国，那么同希
> 特勒联合起来反对西方民主国家的时机就成熟了。两种情况中不论出
> 现哪一种，希特勒都将得利。[14]

这很快就得到了事实的证明。

莱茵兰奇袭

我们已经看到，希特勒1935年5月21日在国会发表的“和平”演说，曾使全世界，尤其是英国，得到很深的印象，在这篇演说中，他曾提到，

---

* 艾尔比恩是英格兰的拉丁文名字。——译者

由于俄国和法国签订的互助协定而使《洛迦诺公约》有了“一个在法律上不安全的因素”。这个协定是3月2日在巴黎和3月14日在莫斯科签署的，但是直到这一年年底还没有被法国议会所批准。德国外交部在一个致法国政府的正式照会中促请巴黎注意这个“因素”。

11月21日，法国大使弗朗索瓦-庞赛和希特勒进行过一次会谈。在这次会谈中，希特勒对法苏协定进行了“滔滔不绝的攻击”。弗朗索瓦-庞赛向巴黎报告说，他深信希特勒打算利用这个协定作为占领非军事化的莱茵兰的借口。他又说：“希特勒现在唯一犹豫的是考虑采取行动的适当时机。”[15]

弗朗索瓦-庞赛大概是柏林消息最灵通的大使，他的话不会是随便乱说的，虽然他无疑地并不知道，早在该年春天，就是在希特勒在国会保证他将尊重《洛迦诺公约》和《凡尔赛和约》领土条款以前19天的5月2日，冯·勃洛姆堡将军就已经向三军发出了第一个指令，要他们准备拟出重新占领非军事化的莱茵兰的计划。这次行动的代号叫作训练（Schulung），它要“以闪电速度的突然一击”来完成。它的计划工作极为秘密，“只有极少数军官可以知道”。的确，为了保密，这个命令是勃洛姆堡亲笔手书的。[16]

6月16日，在德国国防会议工作委员会的第十次会议上进一步讨论了进军莱茵兰的计划。在会上，刚刚就任国内防务处处长的阿尔弗雷德·约德尔上校报告了这个计划的各项细节，并强调了保持最严格秘密的需要。他告诫说，若不是绝对必要，不要把有关的任何东西写下来；他又说：“这种材料毫无例外地都必须保存在保险箱里。”[17]

1935—1936年的整个冬天，希特勒一直在等待他的机会。他不能不注意到，法国和英国正在忙着想制止意大利在阿比西尼亚的侵略，但是墨索里尼似乎逃脱了惩罚。国际联盟尽管大肆宣传说要制裁，可是，它实在无能为力来制止一个已下定决心的侵略者。在巴黎，法国议会似乎并不忙着要批准同苏联签订的协定；右派人士中有日益强烈的情绪反对这个协定。希特勒显然认为，法国众议院或者参议院很有可能拒绝批准同莫斯科的联 290
盟。如果那样的话，他就不得不为“训练”另找一个借口。但是，这个协定终于在2月11日向众议院提出了，而且在27日以353票对164票获得通过。两天后，3月1日，希特勒做出了他的决定，这是多少使将领们感到惊惶的，因为他们当中大多数人都认为，法国会把集结起来要占领莱茵兰的少量德国部队彻底歼灭。但是，在第二天，1936年3月2日，勃洛姆堡遵从他的主子的训示而发出了占领莱茵兰的正式命令。他告诉武装部队的高级指挥官们说，这必须是一个“突然的行动”。勃洛姆堡预料这是一个“兵不血刃的行动”。如果结果不是那样，就是说法国竟然为此而战的话，那么总司令将保留“决定任何军事上反措施的权利”。[18]实际上，我在六天后知道，而且将领们后来在纽伦堡作证时证实，这些反措施是什么，勃洛姆堡心中早已有数了：赶紧从莱茵河对岸撤回！

但是，法国已经由于内讧而陷于瘫痪，法国人民则陷在失败主义的情绪中，在少数象征性的德国部队3月7日凌晨越过莱茵河桥梁而进入非军事区时，法国人是不知道勃洛姆堡的这个打算的。* 在上午10时，唯命是从的外交部长牛赖特召见了法国、英国和意大利的大使，把莱茵兰来的消息通知他们，交给他们一个废除希特勒刚刚破坏的《洛迦诺公约》和提出新的和平计划的正式照会！弗朗索瓦-庞赛苦笑说：“希特勒打了他的对手一记耳光，而他在这样做时还要说：‘我向你提出了和平的建议！’”[20]

说真的，两小时后这位元首就站在国会的讲坛上，向一群兴奋若狂的人讲演，说明他对和平的希望和他的保持和平的最新想法。我到克罗尔歌剧院去看了这个场面，这是我永远不会忘记的，因为这个场面固然很动人，但又令人寒心。希特勒在大谈了一通《凡尔赛和约》的坏处和布尔什维主义的威胁后，不慌不忙地宣称，由于法国和俄国签订协定，《洛迦诺公约》已经失效，而这个公约不像《凡尔赛和约》，是德国自愿签订的。随后的场面，我把它记在我当晚的日记里。

> “德国不再认为受到《洛迦诺公约》的约束［希特勒说］。为了德国人民维护他们边界的安全和保障他们的防务的根本权利起见，德
> 291 国政府已从今天起重新确立了德国在非军事区的不受任何限制的绝对

---

* 据约德尔在纽伦堡的作证，只有三个营部队越过莱茵河，向亚琛、特里尔和萨尔布吕肯挺进，占领整个地区，只用了一个师的军队。盟国的情报机关的估计要大得多：35 000人，即将近三个师。希特勒后来说：“事实是，我只有四个旅。”[19]

主权！”

这时，600名议员，希特勒一手指定的人，这些小人物个个都是体格魁梧的彪形大汉，头发剪得短短的，肚子挺得鼓鼓的，穿着褐色制服和长筒皮靴……像机器人一样倏地站起来，右臂向上伸出做纳粹式敬礼，口中高呼“万岁”……希特勒举起他的手，表示要他们安静下来……他以沉着而洪亮的声音说：“德国国会议员们！”全场鸦雀无声。

“在这个历史性的时刻，在德国的西部各省，德国军队此刻正在开进他们未来的和平时期驻防地，在这个时候，让我们一起用两个神圣的誓约团结起来。”

他不能再说下去了。对这帮“议会”暴众来说，德国士兵已经在开进莱茵兰还是新闻。他们日耳曼血液中的全部黩武主义精神涌上了脑袋。他们大叫大喊地跳了起来……他们的手举起来做奴性的敬礼，他们的脸因为歇斯底里而变了样，他们张大嘴，叫喊不休，他们的眼睛闪耀着狂热的光芒，一致看着这个新的上帝，这个救世主。这个救世主扮演他的角色精彩极了。他低垂着头，好像是极其谦逊的样子，耐心地等待着他们安静下来。然后他仍然以低沉而抑制着感情的声音说出了这两个誓约：

“第一，我们宣誓：在恢复我们民族的光荣的时候绝不屈服于任何力量……第二，我们保证：我们现在要比以往任何时候更努力地求得欧洲各国人民之间的谅解，特别是同我们的西方邻邦之间的谅解……我们在欧洲没有领土要求！……德国将永远不会破坏和平！”

欢呼之声，经久不息……少数将领走了出来。但是，在他们的笑容下面，你不能不察觉到一种神经不安的痕迹……我碰到冯·勃洛姆堡将军……他的脸色苍白，他的面颊在抽搐。[21]

这是有道理的。这位五天前发出了亲笔手书的进军命令的国防部长，现在吓丧了胆。第二次我获悉，他曾下令，如果法国人采取敌对行动，他的军队就从莱茵河对岸撤回。但是法国一动也没有动。弗朗索瓦-庞赛说，在他上年11月提出警告以后，法国最高统帅部曾询问过政府，如果事实正如大使所说的那样发生的话，它该怎么办。他说，答复是：政府将向国际联盟提出这件事。[22]实际上，当这次打击发生时*，倒是法国政府要采取行动而法国参谋总部反而退缩了。弗朗索瓦-庞赛说："甘末林将军说，一个战斗行动，不论多么有限，都可能招致无法预言的意外情况，因此不颁布总动
292 员令，就不能速然采取。"[23]参谋总长甘末林将军所愿意做的和实际上能做的，充其量是集中十三个师在德国边界附近，但只是为了加强马其诺防线。即使这样，也足以使德国最高司令部吓坏了。勃洛姆堡在约德尔和大多数最高级军官的支持下，要撤回已经越过莱茵河的三个营。正如约德尔在纽伦堡作证时所说："以我们当时的处境来说，法国的掩护部队本来是可以把我们打得落花流水的。"[24]

这本来是可以做到的——而如果果然那样做了的话，那就差不多一定会是希特勒的末日，随后的历史也会有跟原来大不相同和较为光明的转折，因为在这样一场大失败之后，这位独裁者绝不能不垮台。希特勒自己也是这样承认的。他后来承认："我们如果撤退，就会招致崩溃。"[25]这时，像在后来的许多危机中一样，只是由于希特勒沉得住气，才挽救了局面，而且使勉强从命的将领们感到奇怪的是，还带来了成功。但是对他来说，当时也不是好过的。

他的译员保罗·施密特听见他后来说："在进军莱茵兰以后的48小时，是我一生中神经最紧张的时刻。如果当时法国人也开进莱茵兰，我们就只好夹着尾巴撤退，因为我们手中可资利用的那点点军事力量，即使是用来稍作抵抗，也是完全不够的。"[26]

他由于相信法国人不会进军，所以断然拒绝了态度动摇的总司令部的一切撤退建议，参谋总长贝克将军要元首至少公开宣称他不会在莱茵河以西地区建筑防御工事，以缓和这次打击。约德尔后来作证说，这一个建议"被元首非常干脆地拒绝了"。原因很明显，我们不久就会知道。[27]希特勒后来对冯·伦德施泰特将军说，勃洛姆堡的撤退建议完全是一种胆怯行为。[28]

1942年3月27日晚上，希特勒跟他的老朋友们在大本营吹牛皮，提起莱茵兰奇袭时，他大声说道："如果不是我，而是别人当德国的领导人，会

---

* 尽管有弗朗索瓦-庞赛在上年秋天所提出的警告，德国的行动显然仍是完全出乎法国和英国的政府以及它们的参谋总部的意料的。

1936年3月7日，德军占领莱茵兰，德军行军过桥。

发生什么情况！随便你们说谁，他都会吓破胆的。我不得不说谎，但是我的无可动摇的顽强和惊人的沉着，挽救了我们。”[29]

这话不错，不过还必须说，他不仅得到了法国人踌躇不定的帮助，还得到了他们的英国盟友因循苟安的帮助。法国外交部长皮埃尔·埃蒂安·弗朗丹3月11日飞往伦敦，请求英国政府支持法国在莱茵兰采取军事上的对抗行动。他的请求没有生效。英国不愿冒引起战争的危险，虽然盟国对德国占有压倒的优势。正如洛西恩勋爵所说，“德国人终究不过是进入他们自己的后院而已”。甚至在法国外交部长到达伦敦以前，在上年12月就任英国外交大臣的安东尼·艾登，就曾在3月9日告诉下院说：“德国军队占领莱茵兰是对条约的神圣性这个原则的一个重大打击。”他又说：“幸而， 293
我们没有理由假定德国目前的行动有引起敌对行动的危险。”[30]

然而，根据《洛迦诺公约》的规定，法国是有权对德军进入这个非军事区采取军事行动的，而且根据这个条约，英国是有义务以它自己的武装部队来支持法国的。伦敦会谈的没有结果，向希特勒证实，他最近的冒险又侥幸得逞了。

英国人不但不敢冒引起战争的危险，而且再一次把希特勒最近提出的一次“和平”建议当真。在3月7日交给三国大使的照会中，以及在他向国会发表的演说中，希特勒建议跟比利时和法国签订为期二十五年的互不侵犯协定，由英国和意大利做保证；跟德国东方诸邻国签订同样的互不侵犯协定；同意法德边界**两边**都非军事化；最后是，重新加入国际联盟。希特勒的诚意很可以从他的使法德边界**两边**非军事化的建议察出真伪，因为这将迫使法国废弃它对付德国突然袭击的最后一个依靠——马其诺防线。

在伦敦，受人尊敬的《泰晤士报》一方面对希特勒侵入莱茵兰的轻率行动表示遗憾，同时却发表了一篇题为《一个重建的机会》的社论。

现在回顾起来，很容易明白，希特勒在莱茵兰的冒险成功给他带来的胜利，其后果之惊人和重要，超过了当时所能想象的程度。在国内，这个胜利加强了他的声望*和权力，达到了过去没有一个德国统治者曾经达到过的高度。这个胜利确定了他驾凌于他的将领们之上的地位，因为他们曾在一个成败的关键时刻踌躇动摇，而他却保持着坚定。这个胜利告诉他们，在对外政治甚至军事问题上，他的判断比他们来得高明。他们曾经担心法国会作战，他则知道得更清楚。最后，而且是最重要的，莱茵兰的占领，虽然只是一个很小的军事行动，却为在欧洲的广大的新机会打开了道路。
294 看来只有希特勒了解到这点，在英国则只有丘吉尔。因为欧洲不但由于三营德军驰越莱茵河桥梁而吓丧了胆，它的战略形势也因此而无可挽回地改变了。

---

* 3月7日，希特勒解散了国会，要求举行新的“选举”和对他进军莱茵兰行动举行公民投票。据官方公布的3月29日投票的数字，在45 453 691个登记选民中，约有99%都去投了票，而其中有98.8%的人都是赞成希特勒的行动的。参观投票处的外国记者发现了一些不正规的情况，特别是，采用了公开投票而不是秘密投票的办法。而且无疑有些德国人担心投了“不赞成”票可能被秘密警察所发觉。我们前已看到，这种担心是有理由的。胡戈·埃克纳博士告诉本书作者说，在他的新齐柏林飞艇“兴登堡号”——这是戈培尔命令在德国城市上空巡游，作为一种宣传花招的——上，宣传部长所宣布的“赞成”票是42张，比在飞船上的全体人数多出两张。虽然如此，凭我在德国全国各地观察“选举”的结果，我并不怀疑赞成希特勒的奇袭的票数是占压倒多数的。为什么不呢？废弃《凡尔赛和约》和德国士兵再度开进毕竟是德国领土的地方，是差不多所有德国人当然都赞成的事情。据公布，“不赞成”的票数是540 211张。

反过来，现在回顾起来，同样很容易明白，法国没有击退这几营德国军队，英国没有在至多是一个警察行动中支持法国，这对西方来说是一个灾祸，而且日后还会带来为害甚至更大的灾祸。1936年3月，这两个西方民主国家本来有个最后的机会，可以不冒引起重大战争的风险，而制止武装起来的、侵略成性的、极权主义的德国的兴起，而且事实上可以使这个独裁者和他的政权垮台，我们知道，这也是希特勒所承认的。但是它们放过了这个机会。

对法国来说，这是末日的开始。它在东方的盟国俄国、波兰、捷克斯洛伐克、罗马尼亚和南斯拉夫，突然面临这样一个事实：法国不愿进行战斗来反对德国侵略，以维护法国政府自己曾带头费了很大的劲才建立起来的安全体系。但是问题还不止于此。这些东方盟国开始了解到，即使法国不是那么因循苟安，由于德国拼命地在法德边界后面建筑一道西壁防线，法国也很快就会无法给予它们很多援助。它们知道，这条堡垒防线的建立，很快就会改变欧洲的战略形势而对它们不利。法国有一百个师，尚且不敢去击退三营德军，那么在德国军队攻击东方时，它们就更难指望法国愿意让它的青年人流血牺牲来袭击难以攻破的德国工事了。但是，即使法国竟然出乎意料而这样做了，也仍然会是徒劳无益的。今后法国只能在西方牵制住一小部分德国军队。其余的不断增长的德军却可以腾出身来对德国的东方邻国作战。

美国驻法大使威廉·C.蒲立德于1936年5月18日在柏林访问德国外交部长时，听到了关于莱茵兰防御工事在希特勒战略上的价值的意见。

> ［蒲立德向国务院报告说］冯·牛赖特说，德国政府的政策是，在“把莱茵兰消化掉”以前，在外交方面不做什么积极的活动。他解释道，他的意思是说，在法国和比利时边界上的德国防御工事修筑完竣以前，德国政府将尽一切可能来防止而不是鼓励奥地利的纳粹党起事，并且将对捷克斯洛伐克推行一种平静无事的方针。他说：“一俟我们的防御工事修筑完竣，中欧各国认识到法国不能随意进入德境时，所有这些国家就会对它们的外交政策开始有非常不同的想法，一个新的星座就将形成。”[31]

形成这个新星座的过程现在开始了。

许士尼格博士在回忆录中说："我站在我的前任［被暗杀的陶尔斐斯］
295 的墓前，我知道为了保全奥地利的独立，我不得不采取一条姑息道路……必须避免一切能使德国作为干涉借口的事情，必须尽一切努力来设法使希特勒容忍现状。"[32]

这位年轻的奥地利新总理，曾由于1935年5月21日希特勒在国会公开宣称"德国既不打算也不希望干涉奥地利内政，并吞奥地利，或者来一次合并"而产生希望，由于意大利、法国和英国在斯特雷萨反复申述它们决心帮助保障奥地利的独立而感到安心。后来，自1933年起，奥地利的主要保护者墨索里尼陷入阿比西尼亚的泥淖中，而且跟法国和英国关系发生破裂。当德国人进军莱茵兰并在那里构筑防御工事的时候，许士尼格博士知道该给希特勒一些满足了。他开始和狡猾的德国驻维也纳公使巴本谈判一个新条约。巴本虽然在6月清洗中差一点儿被纳粹党人所杀害，1934年6月底在纳粹党人暗杀了陶尔斐斯以后还是来到奥地利，着手破坏奥地利的独立，为希特勒攫取这位元首的故国。他在1935年7月27日写报告给希特勒，总结他在维也纳的第一年工作时说："民族社会主义必须而且将压倒奥地利的新思想。"[33]

1936年7月11日签订的奥德协定，按照公布的全文来看，似乎显示了希特勒方面的异常的慷慨和容忍态度。德国重申承认奥地利的主权，保证不干涉它的邻邦的内政。反过来，奥地利保证，它在外交政策中将始终按照它承认自己是"一个日耳曼国家"的原则行事。

但是在这个条约中有秘密条款。[34] 许士尼格在这些秘密条款中所做的让步将使他和奥地利这个小国亡国灭身。他秘密地同意大赦在奥地利的纳粹政治犯，以及任命"所谓'民族反对派'"——对纳粹党人或纳粹党同情者的一种委婉说法——的代表们担任"政治上负责任"的职务。这等于让希特勒在奥地利安置特洛伊木马。不久，一个维也纳律师赛斯-英夸特就爬入木马中，关于此人，下文再做详述。

虽然巴本已得到希特勒对这个条约内容的同意，并在7月初为此而亲自到柏林去了一趟，但是在7月16日打电话告诉希特勒这个协定已经签订时，元首却对他的使节大发脾气。

> ［巴本后来写道］希特勒的反应使我感到惊愕。他不但不表示满意，反而破口大骂。他说，我欺骗他而使他做出了过多的让步……整个事情是一个圈套。[35]

而实际上，这是对许士尼格的圈套，而不是对希特勒的圈套。

奥德条约的签订，表明墨索里尼已失去了对奥地利的控制。可能有人 296
会认为，这将使两个法西斯独裁者之间的关系恶化。但是事实正好相反，这是由于在1936年发生了一些有利于希特勒的事情的缘故。

1936年5月2日，意大利军队开进阿比西尼亚首都亚的斯亚贝巴，7月4日，国际联盟正式屈服，取消了对意大利的制裁。两个星期以后，在7月16日，佛朗哥在西班牙发动了军事叛乱，内战爆发。

希特勒正在拜罗伊特的瓦格纳音乐节上欣赏歌剧，这是他每年这个时候的惯例。7月22日晚上，在他从剧院回来以后，一个从摩洛哥来的德国商人，在当地纳粹党领袖的陪同下，带了一封佛朗哥的紧急信到达拜罗伊特。这个叛军领袖需要飞机和其他援助。希特勒立即把戈林和冯·勃洛姆堡将军召来，他们正好也在拜罗伊特。就在那个晚上，做出了援助西班牙叛乱的决定。[36]

虽然德国对佛朗哥的援助从没有像意大利给予的那样多（意大利除了大量武器和飞机以外，还派遣了六七万军队），可是德国的援助也相当可观。德国人后来估计，除了供应飞机、坦克、技术人员和那个由于把西班牙市镇格尔尼卡夷为平地和把它的居民全部炸死而著名的空军部队秃鹰军团以外，他们在这个冒险事业上花费了5亿马克。[37]同德国自己的大规模重整军备比起来，这是不算多的，但是希特勒得到的好处不少。

这件事使得法国的边界上有了第三个不友好的法西斯国家。它加剧了法国右派和左派之间的内讧，从而削弱了德国在西方的主要劲敌。最重要的是，它使英法和意大利不再可能**修好**，从而驱使墨索里尼落入希特勒的怀抱。而巴黎和伦敦的政府在阿比西尼亚战争结束后则一直在希望能和意大利重修旧好。

从一开始，元首对西班牙的政策就是算盘打得很精、眼光看得很远的。对缴获的德国文件做一番仔细研究，就可以明白希特勒的目的之一是**延长**西班牙内战，以使西方民主国家和意大利保持不和，把墨索里尼拉到他这边来。[*] 德国驻罗马大使乌尔里希·冯·哈塞尔当时还没有认识到纳粹的野心和手段，后来他认识到了，却为此而丧了命。他早在1936年12月向威廉
297 街报告说：

> 在意大利跟法国和英国的关系上，西班牙冲突所起的作用可以跟阿比西尼亚冲突相比，即清楚地暴露了这些国家的对立的实际利益，从而防止了意大利为西方国家所拉拢并为它们所利用。争夺西班牙政治统治势力这一斗争，暴露出意大利和法国固有的对立；同时意大利在地中海西部的强国地位又跟英国的地位发生了竞争。意大利只有更加清楚地认识到，同德国并肩对付西方国家是有利的。[39]

就是这样的环境产生了罗马–柏林轴心。墨索里尼的女婿、外交部长加里亚佐·齐亚诺伯爵，在柏林同牛赖特举行过几次会谈后，于10月24日前往贝希特斯加登，这是他多次到那里去晋谒希特勒的第一次。他发现这位德国独裁者这天情绪很好，态度友善。希特勒说，墨索里尼是“世界第一流的政治家，谁都远远比不上他”。意大利和德国一起，不仅可以征服“布尔什维主义”，而且可以征服包括英国在内的西方！希特勒认为，对于联合起来的意大利和德国，英国终将不得不迁就。否则，这两个国家采取一致行动就可以很容易地解决它。希特勒提醒齐亚诺说：“德国和意大利的重整军备进行得要比英国所能做到的快得多……三年后德国就将准备就绪……”[40]

这个日期是值得玩味的。

三年后是1939年的秋天。在柏林，齐亚诺和牛赖特于10月21日签订

---

* 一年多以后，1937年11月5日，希特勒在跟他的将领们和外交部长的一次密谈中重述了他对西班牙的政策。他告诉他们：“从德国的观点来说，佛朗哥获得百分之百的胜利并不是值得想望的。我们倒是愿意战争继续下去，保持地中海的紧张局势。”[38]

1937年，希特勒在贝希特斯加登的别墅伯格霍夫会见意大利外交部长加里亚佐·齐亚诺伯爵。

了一个秘密议定书，其中扼要地规定了德国和意大利在外交方面的共同政策。几天后（11月1日），墨索里尼在米兰的一次演说中公开把这个议定书称为是一个构成“轴心”的协定，围绕着这个轴心，其他欧洲国家“可以一起合作”，不过没有透露这个议定书的内容。“轴心”一词将成为一个有名的字眼，而对这位意大利领袖来说，却是一个致命的字眼。

有了墨索里尼稳在囊中，希特勒就把他的注意力转向别的地方。1936年8月，他任命里宾特洛甫为德国驻伦敦大使，去探索按他自己的条件同英国求得解决的可能性。里宾特洛甫既无能又懒惰，虚荣得像只孔雀，傲慢自大而且没有幽默感，戈林认为他是担任这个职务的最坏人选。他后来说：“当我批评里宾特洛甫处理英国问题的资格时，元首向我指出里宾特洛甫认识‘某某勋爵’和‘某某大臣’。我回答说：‘是的，但困难的是他们也了解里宾特洛甫。’”[41]

的确，里宾特洛甫虽然为人不讨人喜欢，但在伦敦不是没有拥有势力的朋友的。柏林方面认为，英王的腻友辛普逊夫人就是其中之一。但是，

里宾特洛甫担任新职后的初步努力是令人沮丧的。11月里他飞回柏林了结
298 一件他一直插手的同英国无关的事。11月25日，他同日本签订了反共公约，这时他眼睛眨都不眨一下地对记者们（本书作者也是其中之一）说，由于这个公约，德国和日本已经联合起来保卫西方文明了。在表面上，这个公约似乎只不过是一种宣传花招，德国和日本靠了它，可以利用世人普遍不喜欢共产主义和普遍不信任共产国际的心理来取得全世界的支持。但是，在这个公约中也有一个秘密议定书，具体针对俄国。如果苏联对德国或者日本无端发动进攻的话，这两个国家同意一起磋商采取什么措施“来保卫它们的共同利益”以及“不采取任何有可能缓和苏联局势的措施”。还商定，两国中任何一国不得在没有取得互相同意的情况下同俄国缔结违反这个公约的精神的任何政治条约。[42]

没过很久，德国就破坏这个公约并且毫无道理地指责日本不遵守这个公约。但是，这个公约确实在世界上容易受骗的人们中间起了某种宣传作用，而且它使三个穷光蛋侵略国家第一次联合在一起。意大利在翌年加入了这个公约。

1937年1月30日，希特勒在国会发表演说，宣称“德国撤销”《凡尔赛和约》上的签字，这是一个空洞的然而是典型的姿态，因为这个和约这时早已成为一张废纸了。他还自豪地回顾了他执政四年来的成绩。他要自豪是难怪的，因为内政外交方面的成绩都是出色的。我们前已看到，他已经消灭了失业，使企业兴旺繁荣，建立了强大的陆海空军，给予他们大量装备而且有希望供应得更多。他一手打破了《凡尔赛和约》的桎梏，靠虚声恫吓占领了莱茵兰。他最初是完全孤立的，现在已有了墨索里尼和佛朗哥做忠实的盟友，而且他已使波兰脱离法国的影响。最重要的也许是，他已使德国人民的生气勃勃的精力发挥了出来，重新唤起了他们对国家的信心并使他们重新意识到德国作为一个日益扩展的世界大国的使命。

每个人都可以看到，这个日益繁荣的、尚武的、在大胆的领导下的新德国和西方的一些萎靡不振的民主国家之间的显明对比，后者的混乱和犹豫似乎是在与日俱增。英法虽然感到惊惶，却没有动一动指头来防止希特勒重新武装德国，占领莱茵兰，从而破坏《凡尔赛和约》；它们也没有能够

制止墨索里尼对阿比西尼亚的侵略。而现在，在1937年开始之际，它们以徒劳的姿态想要阻止德国和意大利决定西班牙内战的胜负，反而显出一副可怜相。人人都知道，意大利和德国为了确保佛朗哥的胜利在西班牙做了些什么。然而，伦敦和巴黎的政府年复一年地同柏林和罗马进行空洞的外交谈判，以确保对西班牙的“不干涉”。这种把戏似乎使这位德国独裁者觉 299
得好玩，而且无疑增加了他对法国和英国的笨拙的政治领袖们的轻视——“小蛆虫”，他不久就要在一个历史性时刻这么称呼他们，再度极为轻而易举地叫这两个西方民主国家丢丑。

大不列颠和法国，它们的政府和它们的人民，或者大多数德国人民，在1937年开始之际似乎都不知道，希特勒在头四年中的所作所为几乎全部都是备战工作。本书作者可以根据个人的观察来证明，直到1939年9月1日为止，德国人民一直深信，希特勒可以不必诉诸战争而得到他所要的东西——也是他们所要的东西。但是，在统治德国的或者身居要职的那些精华人物中间，对希特勒的目标是什么，是不可能有什么疑问的。在希特勒所称纳粹统治四年“实验”期即将结束之际，1936年被委任负责四年计划的戈林向柏林的实业家和高级官员们发表了一篇秘密演说，直率地说出了将要发生的事情。

> ［他说］我们现在正在临近的战争，需要有极为庞大的生产能力。不可能想象重整军备有任何限度。前途只有两条，不是胜利就是毁灭……我们生活在一个最后的决战已经在望的时代。我们已处在动员的前夕，我们已经处在战争状态。所差的只是实际开火而已。[43]

戈林的警告是在1936年12月17日发出的。我们很快就将看到，在11个月以内，希特勒做出了他决定命运的和不可变更的发动战争的决定。

1937年：“没有惊人之举”

希特勒在1937年1月30日对国会中机器人一般的议员们发表演讲说：“所谓惊人之举的时期，已经告终了。”

事实也确实如此，在1937年没有发生过周末惊人之举。* 这一年是德国进行巩固和为了实现元首在11月间终于向一小批最高级军官阐明的目标做进一步准备的一年，也是集中精力从事制造军备，训练军队，在西班牙考
300 验新空军†，发明代用的汽油和橡胶，加强罗马–柏林轴心和窥伺巴黎、伦敦和维也纳的新弱点的一年。

在1937年的头几个月中，希特勒不断派遣一些重要的使者到罗马去和墨索里尼交好。德国人对意大利向英国勾勾搭搭多少有些感到不安（1月2日齐亚诺同英国政府签订了一个“君子协定”，两国承认了彼此在地中海的重要利益），而且他们知道，奥地利问题在罗马仍然是一个敏感的问题。当戈林在1月15日见到这位意大利领袖，直率地说德奥合并是难以避免的事的时候，据德国译员保罗·施密特说，这位容易激动的意大利独裁者拼命摇头。冯·哈塞尔大使也向柏林报告说，戈林关于奥地利的一番话“遭到了冷遇”。6月间，牛赖特赶忙向这位意大利领袖保证，德国将遵守它7月11日同奥地利签订的协定。只有在发生企图恢复哈布斯堡王朝的情况下，德国才会采取严厉的行动。

墨索里尼一方面在奥地利问题上受到了这样的抚慰，一方面却因他的差不多全部野心——在埃塞俄比亚、在西班牙、在地中海——都遭到法国和英国的反对而仍感刺痛，在这样的情况下，他接受了希特勒要他访问德国的邀请。1937年9月25日，他穿了一身特地为这次访问而裁制的新制服，越过了阿尔卑斯山进入第三帝国。墨索里尼被希特勒和他的助手们当作一个凯旋的英雄来宴请和恭维，当时不可能知道这竟是一次决定命运的旅行。自从这第一次访问以后，他又做了许多次访问，使他自己的地位逐渐削弱，最后落得一个悲惨的下场。希特勒的目的不是要同客人进行进一步的外交会谈，而是要使墨索里尼对德国的力量留下深刻印象，从而利用墨索里尼

---

* 威廉街的官员曾经开玩笑地说，希特勒留在星期六采取他的出人意料的惊人举动，是因为他听说英国官员在周末都到乡间去度假。

† 戈林1946年3月14日在纽伦堡的证词中，得意地说到西班牙内战所提供的考验“我的年轻空军”的机会。“在元首的许可下，我派遣了我的一大部分运输机队和若干实验性战斗机、轰炸机和高射炮前去；这样我就有机会来弄清楚，在作战情况下，这些军备是否顶用。为了使人员也能取得一定经验，我就实行了不断的轮换制度，这样新人员不断被派去，老的人则被召回。”[44]

希特勒与墨索里尼在阅兵式上。

一心想同胜利的一方共命运的投机心理。这位意大利领袖从德国的一地赶到另一地，检阅了党卫军和军队的阅兵式，观察了在梅克伦堡的陆军演习，参观了鲁尔的机器隆隆作响的军备工厂。

他这次访问的最高潮，是9月28日在柏林举行的庆祝会。这次庆祝会显然使他深为折服。100万群众集合在五月广场聆听这两位法西斯独裁者演说。用德语演说的墨索里尼，被震耳欲聋的掌声——还有希特勒的恭维话——乐得神魂颠倒了。德国元首说，意大利领袖是“少数的时代孤客之一，历史考验不到他们，他们自己就是历史的创造者”。我记得，在墨索里尼演说结束以前，突然下了一场大雷雨，在群众四散奔逃的混乱中，党卫军所布置的警戒线也被冲散了，这位骄傲的意大利领袖被淋得像落汤鸡一般，浑身湿透，狼狈不堪，不得不自己想办法回到下榻的地方去。然而，这个煞风景的遭遇并没有丝毫减弱墨索里尼要成为强大的新德国的伙伴的热情。第二天，在检阅了陆海空三军的阅兵式以后，他深信他的前途是在希特勒一边而回罗马去了。 301

所以，在一个月以后里宾特洛甫到罗马去请墨索里尼参加定于11月6

日举行的反共公约签字仪式的时候，这位意大利领袖告诉他，意大利对奥地利的独立的关心已经减退，这就不足为奇了。墨索里尼说："让［奥地利的］事情听其自然发展罢。"这正是希特勒一直在等待的同意他放手干的表示。

另外还有一个统治者也为纳粹德国力量的日益增长所折服。当希特勒破坏《洛迦诺公约》，在占领莱茵兰之际陈兵比利时边境的时候，比利时国王利奥波德也退出了《洛迦诺公约》和同英法的联盟，宣称比利时今后将严守中立。这是对西方集体防务的一个重大打击，但是在1937年4月间英法竟表示了同意，由于这个行动，它们和比利时一样，很快就要付出高昂的代价。

5月底，威廉街颇有兴味地注视着斯坦利·鲍德温不再担任大不列颠首相而由内维尔·张伯伦接任。德国人高兴地听到，这位新首相将比前任较

1937年，哈利法克斯勋爵（左二）与希特勒（左三）在伯格霍夫会面。

为积极过问外交事务，而且决心在可能的情况下同纳粹德国达成谅解。希特勒所能接受的是怎么一种谅解，在当时德国外交部政治司司长冯·魏茨泽克男爵11月10日所写的一份秘密备忘录中扼要地做了说明。

从英国那里，我国要得到殖民地和在东方行动的自由……英国人非常需要太平无事，如果能够探明英国对这种太平局面愿意付出多大的代价，将是有利的。[45]

探明英国愿意付出多大代价的机会在11月间出现了，当时哈利法克斯勋爵在张伯伦先生的热烈赞同下，前来贝希特斯加登访问希特勒。11月19日，他们举行了一次长时间的会谈。在德国外交部关于这次会谈的长篇德国秘密备忘录[46]中可以看出三点：张伯伦极想同德国达成协议，他建议两国举行阁员级的谈判；英国希望求得欧洲的总解决，为此它准备在殖民地和东欧问题上向希特勒让步；希特勒当时对英德协议并不很感兴趣。

由于这次会谈的结果多少是消极性的，所以德国人对英国人似乎因此而感到鼓舞觉得奇怪。* 如果英国政府知道，希特勒在同哈利法克斯勋爵会 302
谈之前十四天，曾在柏林跟他的军事首长们和外交部长举行过一个极为秘密的会议，它可能会更觉得奇怪。

1937年11月5日左右命运的决定

冯·勃洛姆堡陆军元帅在1937年6月24日标有“绝密”字样的指示

---

* 张伯伦在日记中写道：“［哈利法克斯的］德国之行在我看来是一个很大的成功，因为它达到了它的目标，就是创造一种能跟德国讨论有关欧洲问题总解决的实际问题的气氛。”（凯思·法林：《内维尔·张伯伦传》［*The Life of Neville Chamberlain*］，第332页）

哈利法克斯本人似乎也被希特勒骗过了。他在写给外交部的报告中说：“这位德国总理和其他人给人的印象是，他们不大像要使用武力来进行冒险，或者至少不像会进行要引起战争的冒险。”据查尔斯·C.坦锡尔说，哈利法克斯向张伯伦口头报告说，希特勒“不想很早就进行冒险，大半是因为这样做可能是没有好处的，另外也因为他正在忙于加强德国内部……戈林曾向他保证，没有一滴德国人的血会流在欧洲，除非德国完全被迫而为。德国人给他［哈利法克斯］的印象是……打算以有条不紊的方式来达到他们的目标”（坦锡尔：《通向战争的后门》［*Back Door to War*］，第365—366页）。

里，向三军总司令透露了大概将会发生什么事情和必须做些什么准备来应付这些事情。这个指示一共只制了四份。[47]这位战争部长兼武装部队总司令告诉三军首脑说："根据总的政治局势来看，有理由假定德国可以不必担心任何方面的进攻。"他说，西方国家和俄国都不希望战争，它们也没有战争的准备。

这个指示继续说道："尽管如此，世界政治局势变幻无常，很可能发生意外事件，因此德国武装部队需要经常为战争做好准备以便在一旦政治上出现有利的机会时，有可能从军事上利用这种机会。武装部队为可能在1937—1938年这个动员时期发生的战争做好准备时，必须记住这一点。"

既然德国不必担心"任何方面"的进攻，还有什么可能会发生战争呢？勃洛姆堡是说得十分具体的。有两种可能的战争情况，"对此正在拟订计划"：

> 一、在两条战线上进行的战争，主要的战斗在西方。（战略集中的代号"红色"。）
>
> 二、在两条战线上进行的战争，主要的战斗在东南方。（战略集中的代号"绿色"。）

第一种情况的"假定"是法国可能对德国发动突然进攻，在这种情况
303 下德国将把它的主力用在西方。这个部署的代号是"红色"。*

关于第二种可能情况：

> 在东方的战争，可能以德国对捷克斯洛伐克进行突然袭击为开始，这是为了预防敌人的优势联合力量可能发动进攻。为这样一个行动在

---

* 这是我们在下文中遇到的德国军事计划的许多这类代号中的第一个。德国人使用德文Fall这个词，直译"情况"，所谓红色情况、绿色情况——前者是在西方的军事行动的代号，后者是对捷克斯洛伐克的军事行动的代号。根据德国将领们在纽伦堡的说法，最初的时候，这只是一切军事司令部通常对在假设情况下的计划使用的名称。但是在这几页中看下去就可以明白，德国人所使用的这个名字，很快就变成了武装侵略计划的名称。译为"军事行动方案"大概比"情况"要更确切些。但是，为了方便起见，作者本人将仍旧使用"情况"这个词。（为阅读方便起见，中文一律译为"方案"。——译者）

> 政治上和国际法方面找到借口的必要条件，必须**事先**制造好。[着重体是勃洛姆堡自己用的。]

指示强调说，捷克斯洛伐克必须“从一开始就予以消灭”和占领。

还有三种情况，要对之做“特别的准备”：

> 一、对奥地利的武装干涉。(特别方案“奥托”。)
>
> 二、同红色西班牙的战争纠纷。(特别方案“里夏德”。)
>
> 三、英国、波兰、立陶宛参加一场对我们的战争。(“红色/绿色”的延伸。)

奥托方案是一个将在这几页中常常出现的代号。“奥托”代表哈布斯堡王室的奥托，他是奥地利王位的年轻的可能继承人，当时住在比利时。在勃洛姆堡的6月指示里，奥托方案提要如下：

> 这个军事行动——在奥地利万一发生君主复辟情况时对奥地利的武装干涉——的目标，是要用武装力量迫使奥地利放弃复辟。
>
> 利用奥地利人民国内的政治纷争，将为此目的以维也纳为总方向进军，任何抵抗将予以击溃。

在这个富有启示性的文件的末了，却不自觉地流露出一种警诫的、几乎是失望的调子。对英国不能抱有幻想。它警告说：“英国将使用它所有的一切经济和军事力量来对付我们。”这个指示承认，如果英国跟波兰和立陶宛联合在一起，“我们在军事上的处境就将恶化到不能忍受的甚至没有希望的程度。因此政治领袖们要尽一切可能来使这些国家，尤其是英国，保持中立”。

虽然这个指示是由勃洛姆堡署名的，但它显然是来自总理府他的主子那里的。1937年11月5日下午，有六个人来到柏林威廉街的第三帝国神经中枢，听取元首的进一步说明。这六个人是战争部长兼武装部队总司令 304
冯·勃洛姆堡元帅、陆军总司令陆军上将冯·弗里奇男爵、海军总司令海军上将雷德尔博士、空军总司令戈林上将、外交部长冯·牛赖特男爵和元首的军事副官霍斯巴赫上校。霍斯巴赫在这几页里不是一个常见到的名字，在以后也不会常见到。但是在11月那一天傍晚的几个钟头里，这位年轻的上校担当了一项重要的任务。他把希特勒说的话记录下来，五天后又详细写入了一个极为秘密的备忘录里，因此为历史记下了第三帝国整个生命中的决定性转折点。在纽伦堡提出的缴获文件中就有他的备忘录。[48]

这次会议从下午4点15分开始，一直继续到8点30分才结束，大部分是希特勒发言。他开始说，他要说的话是经过“彻底的考虑和四年半执政经验”的结果。他解释道，他认为他要说的话具有极大的重要性，在万一他死亡时，这些话应当视为他的遗嘱。

他说:“德国政策的目的，是要巩固和保存种族社会，并且把它加以扩大，因此这是一个生存空间问题。”他断言说，德国人有“权利比别的民族获得更大的生存空间……因此德国的前途完全决定于如何解决生存空间的需要”。*

哪里的空间？不是在遥远的非洲或亚洲的殖民地，而是“在德国近旁”的欧洲心脏地带。德国的问题是，它在哪里能以最低的代价取得最大的收获？

> 各个时代——罗马帝国和英帝国——的历史已经证明，只能由粉碎抵抗和大胆冒险来实现扩张；挫折是不可避免的，从来没有……无
> 305 主的空间，今天也没有这样的空间；进攻者总是会碰到一个占有者的。

* 从这里起，读者将注意到，显然是间接的引语，却用了引号，或者用摘录方式作为直接引语。希特勒或者其他人在秘密商谈中的几乎所有的话，德文记录中都是用第三人称写成间接引语的，虽然它们常常在标点符号都不更改的情况下突然又变成第一人称的直接引语。这种情况在美国英语中是很伤脑筋的。

为了保持原文件的准确性和保持所使用或者记录的原来措辞，我决定最好是原封不动，不把谈话记录改成第一人称的直接引语，也不把其中引号取消。因为如果把引号取消就会使人看起来好像我在自由转述，虽然事实上我并未如此。

这在很大程度上是由于德文记录的实际记录者把动词时式由现在式变为过去式和把第一人称代名词变成第三人称。我相信，如果记住了这点，就不会有什么混淆不清了。（由于中西文字的不同以及翻译技术上的原因，中文译文中第三人称仍旧照译。过去式代替现在式的地方则一律按现在式翻译。——译者）

希特勒说，两个“为仇恨驱使”的国家——英国和法国——挡住了德国的路。这两个国家都反对“德国地位的任何进一步加强”。这位元首认为英帝国不是“不能动摇的”。事实上，他看出它有许多弱点，于是他一一加以列举：跟爱尔兰和印度的纠葛，在远东同日本的竞争，在地中海同意大利的竞争。他认为，法国的处境“比英国的处境来得有利……但是法国将碰到内部的政治上的困难”。虽然如此，英国、法国和俄国仍然必须被认为是“我们在政治考虑中的力量因素”。

因此：

德国的问题只能用武力来获得解决，这样也就绝不会没有附带的意外风险……如果同意以武力及其附带的意外风险为下列解释的基础的话，那么仍有“在什么时候”和“在什么地方”的问题需要解决。有三种情况要对付：

情况一　1943—1945年时期

从我们的观点来看，在这个日期以后，情况只能变坏。陆、海、空军的装备……将近完全。装备和军人是新式的，再推迟下去就有陈旧的危险。特别是，“特殊武器”的秘密不能永远保持下去……我们的相对的实力将由于……世界其余地区的重整军备而减弱……此外，全世界认为我们会发动攻击，因而每年都在加强对付措施。正是由于世界其余地区在加强防务，我们才不得不采取攻势。

目前没有人知道1943—1945年时期的局势将会怎样。只有一件事情是肯定的，那就是我们不能再等待了。

如果元首界时仍然活着，他的不可变更的决心是：最迟在1943—1945年时期解决德国的空间问题。在1943—1945年以前采取行动的必要性在情况二和情况三中将会出现。

情况二

如果法国的内讧竟然发展成这样一种国内危机，以致法国军队完全用于对付这事，因而不能用来对德国进行战争，那么，对捷克人采

> 取行动的时机就来到了。

> **情况三**
>
> 如果法国被牵连在对另一个国家的战争中，以致不能“进行”反对德国……
>
> 我们的第一个目标……必须是同时推翻捷克斯洛伐克和奥地利，以便在可能对西方进行的战争中解除我们侧翼的威胁……如果捷克人被打倒而取得了德国–匈牙利共同边界的活，就更加可以肯定地指望波
> 306 兰在万一发生法德冲突时守中立了。

但是法国、英国、意大利和俄国会怎样呢？希特勒十分详细地对这个问题做了答复。他认为“英国差不多肯定无疑地，法国也多半是，把捷克人默默勾销了。英帝国所遇到的许多困难，以及再一次被卷入一场持久的欧洲战争的前景，是英国不愿参加对德战争的决定性的顾虑。英国的态度对法国肯定是不会不起影响的。法国要在没有英国的支持下发动进攻是很不可能的，而且攻势也很可能被我们的西部工事所遏止而陷于僵持。法国也不会在没有英国的支持下通过比利时和荷兰进军……不过，不用说，在我们对捷克人和奥地利发动进攻时，仍然必须在我们的西部边界上保持坚强的防御”。

希特勒随后扼要地叙述了“并吞捷克斯洛伐克和奥地利”的一些好处：使德国获得比较有利的战略边界，得以把军事部队腾出来“作其他用途”，获得约1 200万“德国人”，额外取得可供国内的五六百万德国人用的粮食，为12个师的新军取得人力。

他忘记了说意大利和俄国可能会怎么样，于是现在他回过头来谈它们。他觉得，“由于日本的态度”，苏联恐怕未必会来干涉。意大利不会反对“消除捷克人”，但是如果奥地利也被侵占的话，它的态度如何，则仍然是个问题。这“主要”要看“这位意大利领袖是否还活着”。

希特勒对情况三的假定，是法国将卷入对意大利的战争，这是他指望发生的一场冲突。他解释道，他之所以采取竭力设法延长西班牙内战的政策，原因就在于此；它使意大利继续跟法国和英国发生纠纷。他认为，它

们之间的战争“肯定地愈加临近了”。事实上，他说，他“决心利用它，随便它什么时候发生，即使是早到1938年”——这离说话的时候只有两个月了。他确信，意大利如在原料方面得到德国的一点点援助，就能够抗住英法。

> 如果德国利用这场战争来解决捷克问题和奥地利问题，那就要假定英国在同意大利作战时不会对德国采取行动。没有英国的支持，法国不至于对德国采取战争行动。
>
> 我们对捷克人和奥地利发动进攻的时机，必须要视英法意战争的进程而定……这种有利的局势……不会再发生……对捷克人的袭击必须要以“闪电速度”来实现。

这样，在1937年11月5日这个秋天的日子里，当柏林暮霭降临的时候——会议是在8点15分结束的——大局就已经定了。希特勒已经传达了他要进行战争的不能挽回的决定。对这一小撮将指挥这场战争的人来说，已不再能有什么怀疑了。这位独裁者十年前在《我的奋斗》中就已经说过， 307
他说德国必须要在东方有生存空间，必须准备用武力来取得它。不过那时他只是一个默默无闻的鼓动者，他的书，正如冯·勃洛姆堡元帅后来所说的，被军人们——和许多别的人一样——认为是“一种宣传”，它的“销路广大是由于强行推销之故”。

但是现在，这些军队首长和外交部长却面临着对两个邻国进行真的侵略的具体日期——他们肯定知道，这种行动是一定会引起一场欧洲战争的。他们必须在明年，1938年以前，最迟在1943—1945年以前准备就绪。

这不免使他们发愣。就霍斯巴赫的记录来看，这并不是因为他们对他们的领袖的建议的不道德感到不能接受，而是为了更实际的理由：德国还没有为一场大战准备就绪；现在就挑起这样一场战争，有招致灾祸的危险。

根据这些理由，勃洛姆堡、弗里奇和牛赖特竟敢辩明利害而对元首的主张表示怀疑。在三个月内，这三个人都丢了官。他们的反对是希特勒在整个第三帝国时期所受到的最后一次当面反对，尽管是这样微不足道，希特勒在排除了他们的反对以后就走上了征服者的道路，去完成他的使命。
在开头，这条道路比他或者任何其他人所预见的要容易走些。 308

注 释

1. 弗里德林 · 瓦格纳：《火的遗产》，第109页。

2. 巴本：《回忆录》，第338页。

3.《每日邮报》，1936年8月6日。

4.《晨报》，1934年11月18日。

5. 沃尔夫冈 · 福斯特：《一位将军反对战争》，第22页。这本书系根据贝克的文件所著。

6.《纳粹的阴谋与侵略》，第7卷，第333页（纽伦堡文件EC-177）。

7. 同上，第1卷，第431页（纽伦堡文件C-189）。

8. 同上，第6卷，第1018页（纽伦堡文件C-190）。

9. 同上。

10.《主要战犯的审讯》，第20卷，第603页。

11. 罗赛 · 德 · 萨尔斯编：《我的新秩序》，第309—333页。这篇演说全文也收在贝恩斯编《希特勒演讲集》第2卷，第1218—1247页中。

12.《我的新秩序》，第333—334页。

13. 佩蒂纳克斯：《法兰西的掘墓人》，第381页。

14. 本书作者著《柏林日记》，第43页。

15. 弗朗索瓦-庞赛：《决定命运的年代》，第188—189页。

16. 见《主要战犯的审讯》，第15卷，第445—448页。命令全文见《纳粹的阴谋与侵略》，第4卷，第951—952页（纽伦堡文件C-139）。

17. 会议记录见《纳粹的阴谋与侵略》，第7卷，第454—455页（纽伦堡文件EC-405）。

18.《纳粹的阴谋与侵略》，第6卷，第974—976页（纽伦堡文件C-159）。

19. 约德尔的证据，见《主要战犯的审讯》，第15卷，第252页。希特勒的数字，见《希特勒秘密谈话录》，第211—212页。

20. 弗朗索瓦-庞赛：《决定命运的年代》，第193页。

21.《柏林日记》，第51—54页。

22. 弗朗索瓦-庞赛：《决定命运的年代》，第190页。

23. 同上，第194—195页。

24.《主要战犯的审讯》，第15卷，第352页。

25.《希特勒秘密谈话录》，第211—212页。1942年1月27日的谈话。

26. 保罗 · 施密特：《希特勒的译员》，第41页。

27.《主要战犯的审讯》，第15卷，第352页。

28. 同上，第21卷，第22页。

29.《希特勒秘密谈话录》，第211页。

30. 弗朗索瓦-庞赛曾加以引用，《决定命运的年代》，第196页。

31.《纳粹的阴谋与侵略》，第7卷，第890页（纽伦堡文件L-150）。

32. 库尔特 · 冯 · 许士尼格：《奥地利安魂曲》，第5页。

33.《纳粹的阴谋与侵略》，第1卷，第466页（纽伦堡文件2248-PS）。

34.《德国外交政策文件汇编》，D部，第1卷，第278—281页（第152号）。

35. 巴本：《回忆录》，第370页。

36.《德国外交政策文件汇编》，第3卷，第1—2页。

37. 同上，第3卷，第892—894页。

38. 同上，第1卷，第37页。

39. 同上，第3卷，第172页。

40. 马尔康姆·莫格里奇编：《齐亚诺外交文件集》，第43—48页。

41. 密尔顿·舒尔曼：《西方的溃败》，第76页。据他说，来源是英国国防部谍报局1945年12月的一份报告。看来得自对戈林的讯问。

42. 秘密议定书全文载《德国外交政策文件汇编》，第1卷，第734页。

43.《战犯的审讯》，第12卷，第460—465页（纽伦堡文件NI-051）。

44.《主要战犯的审讯》，第9卷，第281页。

45.《德国外交政策文件汇编》，第1卷，第40页。

46. 同上，第55—67页。

47.《纳粹的阴谋与侵略》，第4卷，第1001—1011页（纽伦堡文件C-175）。

48. 霍斯巴赫的记录，日期为1937年11月10日。德文原文载《主要战犯的审讯》，第25卷，第402—413页，最佳英文译文载《德国外交政策文件汇编》，第1卷，第29—39页。纽伦堡临时译文载《纳粹的阴谋与侵略》，第3卷，第295—305页（纽伦堡文件386-PS）。霍斯巴赫在其所著《武装部队与希特勒》一书中亦讲到过这次会见，见该书第186—194页。戈林、雷德尔、牛赖特关于这次会见的简短证词见《主要战犯的审讯》。

第十章

决定命运的奇异插曲：勃洛姆堡、弗里奇、牛赖特和沙赫特的倒霉

希特勒在11月5日说要使用武装力量对付奥地利和捷克斯洛伐克，即使德国因此而卷入对英法的战争也在所不惜，这项决定使他的外交部长冯·牛赖特男爵受到极大的震惊。牛赖特虽然是个随遇而安、自得其乐和道义观念薄弱的人，也因此而发作了几次心脏病。[1]

他后来告诉纽伦堡法庭说："希特勒的话，使我极度心慌意乱，因为它使我一贯所推行的整个外交政策变成一场空。"[2]在这种心情下，他不顾心脏病发作，在两天后去找冯·弗里奇将军和参谋总长贝克将军，跟他们商量能想些什么办法来"使希特勒改变主意"。据事后把希特勒的谈话告诉贝克的霍斯巴赫上校说，希特勒的这番话也使贝克"大为震惊"。于是他们三人商定，由弗里奇在下一次会见元首时再向他规谏，向他指出他的计划之所以是不得策的军事上的原因，牛赖特则接着再度向希特勒着重指出政治上的危险性。至于贝克，他立即写下了一份把希特勒的计划指责得体无完肤的批评，但是显然没有把这篇批评给任何人看。这是这位可敬的将军的意志和性格上的一个致命缺陷的第一个迹象。他起先曾欢迎纳粹主义的得势，而到末了终于在一次想要摧毁它而没有成功的努力中牺牲了性命。

冯·弗里奇将军在11月9日会见了希特勒。他们这次谈话没有记

录，不过可以设想这位陆军总司令重新申述了他反对希特勒计划的军事上的理由，但是毫不生效。不论是将军们还是外交部长的反对意见，元首都是不能容忍的。他拒绝接见牛赖特而径自前往贝希特斯加登的山庄去做长时间的休息了。直到1月中旬，发过心脏病的牛赖特才设法见到了希特勒。 309

> ［牛赖特后来在纽伦堡作证说］那一次我力图向他表明，他的政策会引起世界大战，我不愿同它发生关系……我促请他注意引起战争的危险和将军们的严重警告……我表明了我的一切理由，而他却仍然坚持他的意见，于是我告诉他，他只能另找一个外交部长了……[3]

牛赖特当时不知道，这却正是希特勒已决定要做的。再过两个星期就是希特勒执政五周年纪念日了，他打算不仅在外交部，还要在军队中间进行一番清理来纪念这个日子。外交部和陆军是他暗地里所不信任的上层阶级的两个“反动”堡垒，他觉得它们从来没有完全服从过他，也不真正懂得他的目标，而且，如勃洛姆堡、弗里奇和牛赖特在11月5日晚上所表现的，它们还妨碍他实现他的野心。特别是后面这两个人，或许甚至还有随和的勃洛姆堡（希特勒靠他帮忙不小），以后也将不得不继举世无双的沙赫特博士而退隐。

因为这个颇有花招的金融家，早期对纳粹主义很热心的人和希特勒的支持者，这时已经倒霉了。

我们上面已经谈到过，沙赫特曾为希特勒的迅速重整军备殚精竭虑地发挥了他的奇才。作为战争经济全权代表和经济部长，他曾创造出许多异想天开的花招，包括使用印钞机，来为新的陆海空军筹措经费和支付军备费用。但是这有一个限度，超过了这个限度，国家就难免要破产。到1936年，他认为德国已接近这个限度了。他向希特勒、戈林和勃洛姆堡提出了警告，但是没有效果，虽然后面这位战争部长一度附和过他。随着戈林在1936年9月被任命为四年计划全权代表，这个德国空军首脑事实上已成为德国的经济独裁者了。四年计划是一个勉强要使德国在四年后自给自足的计划，沙赫特认为这个目标是不可能实现的。像沙赫特这样一个虚荣而野心勃勃的人*，又那么瞧不起戈林在经济学上的无知，这就使得他自己的地位无法维持下去。在这两个刚愎自用的人发生了几个月的猛烈争论后，沙赫特要求元首干脆把经济政策的指导权全部交给他的对手，让他辞去内阁中的职务。另外使他感到格外沮丧的是德国许多重要工商业家的态度，如他后来所说，他们当时都“争先恐后拥向戈林的接待室，以期获得订单，而我却仍旧在竭力使人能听从理智的声音”。[4]

在1937年纳粹德国的疯狂气氛中，要使人听从理智的声音是不可能做
310 到的，沙赫特终于认识到了这一点。在夏天，他又同戈林发生了争论，他指斥戈林“你的外汇政策、你的生产政策和你的财政政策”是靠不住的，之后就在8月间到了上萨尔茨山向希特勒正式提出辞职。鉴于沙赫特离职几乎肯定会在国内外引起不利的反应，所以元首不愿接受他的辞呈。但是这位意气沮丧的部长态度非常坚决，希特勒最终只好同意在两个月后让他辞职。9月5日沙赫特请假离任，12月8日他的辞呈正式被接受。

在希特勒的坚持下，沙赫特仍旧留在内阁里，担任不管部长，并且保留国家银行总裁的职位，从而保持了表面上的一致，使德国和世界的舆论不致怎么惊愕。但是，他已不再起着制止希特勒为战争疯狂地重整军备的作用了。虽然，由于他仍然留在内阁里和仍然担任国家银行总裁，他继续以他的名气和声誉在为希特勒的目的效劳。而且，他不久以后还公开和热烈地赞成这位领袖的第一次赤裸裸侵略的强盗行为，因为，像将军们和把德国交给纳粹党人方面起着主要作用的其他保守分子一样，他觉醒过来正视现实的过程是缓慢的。

戈林暂时兼任了经济部长，但是，在1938年1月中旬的一天晚上，希特勒在柏林听歌剧时遇见了瓦尔特·冯克，信口通知他说，他将成为沙赫特的继任者。我们记得，这个善于逢迎、卑躬屈膝、个子矮小、一无可取的人曾在1930年代初期起过一定作用而使企业界领袖们对希特勒发生兴趣。但是，对他的正式任命却迟迟没有发表。因为这时在陆军中爆发了一个双重危机，在促成这个危机的各种原因中，牵涉了某些常态的和变态的

* 为人机灵的法国大使弗朗索瓦-庞赛同沙赫特很熟，他在《决定命运的年代》（*The Fateful Years*）中（第221页）说，沙赫特曾一度希望继兴登堡当总统，甚至想继承希特勒，“如果元首倒起霉来的话”。

1936年，冯·勃洛姆堡（左）、冯·弗里奇（中）和埃里希·雷德尔（右）在一次阅兵式上。

1934年，希特勒与沙赫特在新的德意志帝国银行大楼奠基仪式上。

性问题。这个危机直接被希特勒所利用，使他得以趁此把陆军的传统贵族集团打击得一蹶不振，不仅给陆军而且最后还给德国和全世界带来了可怕的后果。德国陆军就此丧失了它在霍亨索伦帝国和共和国时期异常狂热地加以保卫的最后一点点独立的痕迹。

冯·勃洛姆堡陆军元帅的倒霉

“一个女人，即使其本人并未意识到，对一个国家的历史，从而也是对全世界，能够产生多大的影响啊！”阿尔弗雷德·约德尔上校在1938年1月26日的日记里感叹说，“你好像觉得生活在一个对德国人民来说是决定命运的时刻里。”[5]

这位卓越的青年参谋军官所指的女人，是埃尔娜·格鲁恩小姐。在1937年即将结束之际，她一定万万没有想到她竟是一个像约德尔所说的那样能够把德国人民推入一个决定命运的危机和对他们的历史产生深刻影响的德国人。或许只有在第三帝国内层人物这时所处的怪诞的、精神病态的世界里，这种情况才有可能产生。他们在这个世界里的行动，已带有了一
311 种不由自主的疯狂性。

格鲁恩小姐是勃洛姆堡的秘书，到1937年的年底，勃洛姆堡对她实在倾心，因此提出要跟她结婚。他的发妻是一个退休的陆军军官的女儿，他俩是在1904年结婚的，她已在1932年去世了。他的五个孩子都已成人（他的最小的女儿在1937年跟受他提拔的凯特尔将军的长子结了婚）。他对多少有点孤寂的鳏夫生活也感到乏味，所以认为续弦再娶的时机已经来到。他知道德国陆军的一个高级军官跟一个平民出身的人结婚是不会得到骄傲的、贵族气很重的军官团的赞许的，所以他就去跟戈林商量。戈林认为这个婚姻无可非议——他自己不也是在前妻去世后同一个离了婚的女演员结婚的吗？第三帝国是不会容许军官团有浓厚的社会偏见的。戈林不仅赞成勃洛姆堡的打算，而且他还说，如果有必要的话，他愿意去跟希特勒疏通这件事，并且在任何别的方面予以帮助。恰巧，有一个方面他是可以出力帮助的。这位元帅吐露说，还有一个情敌。对戈林来说，这是不成问题的。要是别人的事情，这类讨厌鬼都是往集中营一送了事。然而，大概是由于

考虑到这位元帅的老派道德，戈林表示愿意把这个讨厌的情敌送到南美洲去，而且他确实这样做了。

不过，勃洛姆堡仍然感到不安。1937年12月15日，约德尔在他的日记中记下了一段令人奇怪的话："元帅［勃洛姆堡］情绪极为激动。原因不详。显然是由于私事。他已前往一个无人知晓的地方去休息八天。"[6]

12月22日勃洛姆堡再度出现，在慕尼黑的英烈祠为鲁登道夫将军举行的葬礼上致词。希特勒也在那里，但是不愿讲话。因为自从希特勒在啤酒馆政变时在英烈祠前面遇到一排子弹而逃之夭夭以后，这位世界大战的英雄一直不愿跟希特勒发生任何关系。在葬礼举行以后，勃洛姆堡向希特勒说出了他想结婚的意思。使他放心的是，元首祝他婚姻美满。

婚礼在1938年1月12日举行，希特勒和戈林都出席了，并当了主要证婚人。这对新婚夫妻才离开德国到意大利去度蜜月，风暴就发生了。他们的元帅跟他的速记员结婚，对于这个打击，古板的军官团也许还能吃得消，但是他跟一个过去经历颇可怀疑的女人结婚，他们却是不准备同意的。这个女人的过去经历的骇人听闻的情况如今开始慢慢泄露出来了。

起初只有谣传。古板的将军们接到发出吃吃笑声的姑娘们显然是从名声不佳的咖啡馆和夜总会打来的匿名电话，祝贺陆军接纳了一个她们的同道。在柏林的警察总局里，一个调查这些谣言的督察员发现了一份标着"埃尔娜·格鲁恩"的档案。他看后吓了一跳，连忙把这份材料交给警察局长冯·赫尔多夫伯爵。

这位伯爵是一个参加过自由军团和嚣张一时的冲锋队的粗汉，看了档案后也十分惊骇。因为这份材料表明，元帅兼总司令的新夫人在警察局里
有着做过妓女的记录，并曾因充当春宫照片模特儿而被判过刑。再说，这 312
位年轻的元帅夫人是在她母亲经营的一家按摩院里长大的，而在柏林，按摩院常常不过是变相的妓院而已。

赫尔多夫的责任显然是该把这份极其不利的材料交给他的上级、德国警察总监希姆莱。但是，他虽然是一个热烈的纳粹分子，以前却曾经是陆军军官团的一员，因此感染到了它的一些传统。他知道，希姆莱同陆军总司令部不睦已经有一年多，现在渐渐被陆军总司令部认为是比过去的罗姆更为凶险的威胁，他会利用这份材料去讹诈元帅而使元帅成为他对付保守

的将军们的工具的。所以，赫尔多夫勇敢地把这份警察局档案交给了凯特尔将军。他显然认为，凯特尔亏了勃洛姆堡最近才得在陆军中得到擢升，又跟勃洛姆堡是儿女亲家，他一定会设法让军官团自己来处理这事，且还会警告他的首长所陷入的危险处境。但是凯特尔固然意志薄弱，不讲道德，然而却是个傲慢自大和野心勃勃的人，他不想因为跟党和党卫军发生麻烦而使自己的前程有发生危险的可能，因此没有把这份材料交给陆军首长冯·弗里奇将军，却把它交还给赫尔多夫，并向赫尔多夫建议把它拿给戈林去看。

没有人会比戈林得到这份材料更高兴了，因为显然，勃洛姆堡现在势将去职了，而他以为必然可以由他来继任德国国防军总司令——这是一个他觊觎已久的位置，这时勃洛姆堡中断了他在意大利的蜜月旅行，回到德国来为他的母亲办丧事。1月20日，他仍然不知道在酝酿中的事情而到战争部的办公室销假视事。

但是没隔多久，1月25日，戈林带了这份爆炸性的材料去给才从贝希特斯加登回来的希特勒看，元首勃然大怒。他的元帅欺骗了他，而且让他在婚礼上做证婚人，是把他当傻子。戈林马上附和他的看法，在中午就亲自去看勃洛姆堡，把这个消息告诉他。这位元帅似乎因为他的新夫人的历史而难受极了，表示愿意立即和她离婚。但是戈林和气地解释说，这是不够的。陆军司令部要求他辞职；正如约德尔两天后的日记所透露的，参谋总长贝克将军已对凯特尔说“不能容忍最高级军人和一个婊子结婚”。1月25日，约德尔通过凯特尔获悉，希特勒已把他的元帅免了职。两天后，这位60岁的下台军官离开柏林，到卡普里去继续度他的蜜月了。

他的海军副官尾随着他到了这个风景如画的岛上，给这个奇特的悲喜剧加上奇怪可笑的最后一笔。原来是海军上将雷德尔派了这个副官冯·旺
313 根海姆海军上尉去要求勃洛姆堡为了军官团的体面跟他的妻子离婚。这个海军低级军官是一个狂妄自大和过分热心的青年人，当他来到正在度蜜月的元帅的面前时，他竟越出了他所奉指示的界限。他不是要求他以前的首长离婚，而竟建议他采取光荣的行动，说着就企图把左轮手枪塞在勃洛姆堡的手中。但是，这位元帅虽然倒了霉，却似乎仍然非常留恋生活——显然他仍旧迷恋着他的新夫人，尽管发生了这些曲折。他拒绝接受这个递过

来的武器，立即写信给凯特尔说，他和这个青年海军军官“对于生活显然有着完全不同的见解和标准”。[7]

毕竟元首曾答应过他一俟风暴过去就重新畀予最高级的重任。据约德尔的日记说，希特勒在把勃洛姆堡免职的那一次会见中告诉勃洛姆堡说，“一俟德国的时刻来到，你将仍旧回到我的身边，过去所发生的一切事情都将不加追究”。[8]勃洛姆堡在他的未出版的回忆录里写道，希特勒在他们最后一次会见时曾“极其强调地”向他许诺说，在万一发生战争时将委任他为武装部队的最高统帅。[9]

像希特勒的许多别的诺言一样，这个诺言也没有兑现。冯·勃洛姆堡元帅的名字从陆军名册中永远勾掉了，即使在战争爆发后他表示愿意效劳时也没有重新给予他任何职位。勃洛姆堡夫妇回德国后定居于巴伐利亚的维塞小村，在那里他们一直默默无闻地居住到战争结束。像同时代的一位英国逊王的情况一样，他对使他倒霉的妻子至死没有变心。他是1946年3月13日在纽伦堡的监狱里死的，当时这个可怜的、憔悴的老人正在那里等待传讯作证。

男爵维尔纳·冯·弗里奇将军的倒霉

陆军总司令男爵维尔纳·冯·弗里奇上将，是一个有才能的顽固的老派军官，雷德尔海军上将称他是“一个典型的参谋总部人物”，他显然是继勃洛姆堡担任战争部长和武装部队总司令的人选。但是我们已经看到，戈林自己觊觎着这个最高职位。有些人认为，戈林是故意促使勃洛姆堡跟一个他可能先已知道其不幸的过去历史的女人结婚的，以便为他自己肃清道路。如果这是真的话，勃洛姆堡却并不知道，因为他在1月27日跟希特勒告别时，他首先建议由戈林来当他的继任人。但是，元首比谁都了解他的这个老纳粹党徒。他说，戈林太任性，既没有耐心，又不勤奋。他也不赞成由冯·弗里奇将军继任，他不喜欢弗里奇在11月5日反对他的宏伟计划的态度，对此仍旧耿耿于怀。此外，弗里奇也从不隐讳他对纳粹党，特别是对党卫军的敌意。这个情况不但引起了元首的注意，而且使得党卫军头 314
子和警察首脑海因里希·希姆莱越来越下定决心要打倒这个领导着陆军的

强大敌手。*

希姆莱的机会现在来到了，或者，倒不如说他由于发动了一个荒谬绝伦的诬陷阴谋而创造了机会。这个诬陷之荒谬，即使是在党卫军和纳粹党匪徒横行的世界里，也难以使人相信会发生这种事——至少在1938年，同样使人难以相信的是，德国陆军毕竟有其传统，怎么会忍受这种诬陷。紧接着勃洛姆堡丑闻之后，这次诬陷触发了第二个爆炸性大得多的炸弹，动摇了军官团的根基，决定了它的命运。

1月25日，就是戈林给希特勒看勃洛姆堡新夫人的警局档案的那一天，他还给元首看了一件更加使人遭殃的材料。这是希姆莱和他的主要助手、党卫军保安处处长海德里希不费吹灰之力提供的材料，意在表明冯·弗里奇将军犯了德国刑法第一百七十五条鸡奸罪，并且自1935年以来一直付给一个前科犯人讹诈款项，以便使他不把这件事声张出来。秘密警察的材料看来是那么凿凿有据，因此希特勒颇为相信这种罪状。勃洛姆堡或许是因陆军对他的婚姻采取严厉态度而想在弗里奇身上泄愤，所以竟没有去劝阻希特勒相信这件事。他反而告诉元首，弗里奇不是个“喜欢和女人来往的男人”，他又说，这个终身未娶的将军很可能已“屈服于嗜好”。

元首的副官霍斯巴赫上校在秘密警察的材料出示时在场。他感到十分惊骇，于是公然不顾元首叫他不得把这件事告诉弗里奇的命令，立即跑到这位陆军总司令的寓所去告诉他这个指控，警告他已陷入可怕处境。†这位沉默寡言的普鲁士贵族气得说不出话来，半天才说了一句：“全是卑鄙的谎话！”在他平静下来后，他向霍斯巴赫以军官的荣誉发誓保证说，这些指控是毫无根据的。第二天一早，霍斯巴赫不计后果，告诉希特勒他已会见过

---

* 1935年3月1日，德国接管萨尔那一天，在游行开始以前我曾在萨尔布吕肯的检阅台上站在弗里奇旁边一些时候。虽然他除了知道我是柏林的许多美国记者之一外，差不多对我没有什么更多的了解，可是他却滔滔不绝地说了许多对党卫军、纳粹党以及希特勒以下各纳粹领袖的挖苦话。他并不掩饰他对所有这些集团和人的轻视。见拙著《柏林日记》（*Berlin Diary*）第27页。

† 这件事使得霍斯巴赫在两天后丢了差使，但是没有像一些人所担心的那样丢了性命。他后来又在陆军参谋总部中复职，在战争期间升为步兵将军，在俄国战线上指挥第四军团，直到1945年1月28日由希特勒在电话里突然把他免职，原因是他公然不顾希特勒的命令而把他的军队后撤。

弗里奇，说这位将军断然否认这种指控，并要求元首能听听他的意见，给 315
他一个亲自辩明无罪的机会。

出乎霍斯巴赫的意料，希特勒同意了这个要求，于是就在当天深夜，德国陆军总司令被召到了总理府。他要在那里尝到一种他作为一个贵族、军官和绅士在长期训练中没有为之做过准备的滋味。这次会见是在总理府的书房里，这次除了戈林外，希姆莱也在场。在希特勒概括地叙述了指控后，弗里奇以军官的荣誉发誓说这是完全不确实的。但是这种保证在第三帝国已不再具有多大价值了。这时，等待这次时机已有三年之久的希姆莱，从边门叫人带进来一个步履拖沓、一脸败类样子的人。给带进德国总理府各办公室的人中，他一定是最奇怪的人了，如果不是身份最低下的人的话。他的名字叫汉斯·施密特，从他第一次进少年感化院起，后来一直犯案累累，屡进监狱。他的犯罪记录表明，他的主要嗜好是窥探男色活动的秘密，然后趁此进行讹诈。他现在声称，他认出冯·弗里奇将军就是他在柏林波茨坦火车站附近一条暗巷里看到的跟一个叫作“巴伐利亚的裘”*的下层社会角色干不可告人勾当的陆军军官。施密特向德国这三位最有权力的人坚持说，这个军官多年来一直付给他讹诈的钱，要他不要声张这件事，只有在他再度锒铛入狱后才停止付钱给他。

男爵冯·弗里奇将军因为受到过分的侮辱而气得不愿答复。德国的国家元首、兴登堡和霍亨索伦王朝的继承者，竟然在这样一个地方为了这样一个目的而带进来这样一个见不得人的角色，对他来说是太过分了。他说不出话来，这只有使希特勒相信他是有罪的，于是元首要求他辞职。弗里奇拒绝这样做，却要求由军事荣誉法庭来进行审讯。但是希特勒不想让军官团来接手这个案件，至少在目前是如此。这是一个他不愿放过的天赐机会，可以趁此粉碎不肯屈从于他的意志和天才的将军们的对抗。他当时当地就命令弗里奇无限期休假，这就等于是停止了他的陆军总司令职务。第二天希特勒不仅同凯特尔商讨了由谁来继承勃洛姆堡的问题，还商讨了由谁来继承弗里奇的问题。主要从凯特尔处获得消息的约德尔，开始在他的日记里做一些记载，表明不仅陆军司令部的彻底改组，还有整个武装部队

---

* 这个名字是吉斯维乌斯在《至死方休》（*To the Bitter End*）第229页中提供的。

组织的彻底改组，都在研究之中，这种改组的结果将最后使军方就范。

高级将领的权力虽然不是绝对的，却是唯一仍然不受希特勒控制的，他们会交出这种权力来吗？当弗里奇经历了总理府书房里的那场考验回到
316 他班德勒街的寓所以后，他就跟参谋总长贝克将军商量了怎么办。某些英国历史学家说[10]，贝克敦促他立即发动反对希特勒政府的军事政变，弗里奇拒绝了这种主张。但是给贝克写传记的德国作家沃尔夫冈·福斯特看过贝克的私人文件，他只是说，在这个决定命运的晚上，贝克先会见了希特勒，后者告诉了他这种严重罪状，然后他又会见了弗里奇，后者否认这种罪状，最后，就在当晚很迟的时候，他又赶到希特勒那里，只要求给予陆军总司令一个在军事荣誉法庭上洗刷自己的机会。贝克的传记作者表明，贝克本人当时也还没有看透第三帝国的统治者们，到后来他看透了，但是为时已经太迟了。几天后，不仅勃洛姆堡和弗里奇已经去职，而且还有16名高级将领退休，另有44名被调到低级指挥部去，这时弗里奇和他的最亲近的部下——贝克是其中之一——的确认真考虑过军方的反措施，但也为时太迟了。他们很快就放弃了这种危险的想法。福斯特说："这些人清楚地知道，军事政变将意味着内战，而且绝不是有成功把握的。"当时，这些德国将领要有把握得胜才肯冒任何重大风险，这是他们一贯的作风。据这位德国作家说，他们担心不仅戈林的空军和雷德尔海军上将的海军会反对他们（因为这两个总司令都是完全拜倒于元首的），而且陆军本身也可能不会充分支持它的倒了霉的总司令。[11]

但是，这些高级陆军军官获得了一个该由他们来打击希特勒的最后机会。陆军同司法部合作进行的初步调查，很快就确定冯·弗里奇将军是希姆莱和海德里希所唆使的秘密警察诬陷阴谋的无辜受害人。据查明，这个积犯施密特确曾发现一个陆军军官在波茨坦车站的阴暗处犯鸡奸罪行，并且因此讹诈了他好几年。但是，这个军官的名字是弗里施，不是弗里奇。他是一个因病卧在床上的退休骑兵军官，在陆军名册里登记为骑兵上尉冯·弗里施。秘密警察是知道这一点的，但是他们逮捕了施密特，威胁他说，除非他说是陆军总司令，否则就要杀死他。害病的骑兵上尉也被秘密警察看管起来，以防止他讲出去。但是，他和施密特最后都被陆军从秘密警察的魔掌中夺去，安顿在一个安全的地方，直到他们能在审讯弗里奇的

军事法庭上作证。

陆军的老派领袖们高兴极了。不仅他们的总司令可以洗清罪嫌和复任陆军领导，而且党卫军和秘密警察的阴谋，那两个在国内握有无法无天的权力的不择手段的人——希姆莱和海德里希——的阴谋将被揭露，这样他们和党卫军将走上四年前罗姆和冲锋队的路。这对党和对希特勒本人来说也是一个打击；它将使第三帝国的基础发生剧烈动摇，希特勒本人都可能
倒台。如果希特勒要掩盖这个罪行，那么由于真相大白而问心无愧的陆军， 317
就可以采取行动了。但是，又一次，像过去五年中发生过多次的情况一样，这些将军们不及这位前奥地利下士来得机智狡猾，终于被命运所彻底击败。因为这位领袖知道如何利用命运来达到他自己的目的，而他们却不知道。

在1938年1月的整个最后一星期中，一种使人想起1934年6月底情况的紧张气氛笼罩着柏林。首都又充满了各种谣言。希特勒废黜了陆军的两个最高人物，原因不详。将军们在反抗。他们在策划着军事政变。弗朗索瓦-庞赛大使接到弗里奇的请帖，请他在2月2日吃饭，后来弗里奇又取消了这个邀请。大使听说他已被逮捕。传说陆军打算在1月30日国会开会听取希特勒的五周年演说时包围国会，逮捕纳粹政府全体人员和它一手挑选的议员们。由于国会宣布会议无限期延期，这些传说显得更为可信了。德国独裁者显然陷在困难之中。他终于遇到了他的敌手——德国陆军的不屈的高级将领们。至少后者一定是这样想的，但是他们错了。

1938年2月4日，德国内阁举行了后来证明是最后一次的会议。不论希特勒碰到了多少困难，他现在都克服了这些困难，而在这过程中还清除了那些妨碍他的人——不仅是陆军中的，还有外交部中的。他那一天在内阁中很快地通过了一项命令，并在午夜前不久就在电台上向全国和全世界宣布。这项命令开头说：

“从现在开始，我亲自接掌整个武装部队的统率权。”

作为国家的首脑，希特勒不用说就是武装部队的最高统帅，但是现在他接掌了勃洛姆堡的总司令职务并取消了原来也是那位发花痴的新郎所主管的战争部。代替战争部而设立的是一个后来在第二次世界大战中为全世界所熟知的机构，叫作武装部队最高统帅部（Oberkommando der Wehrmacht，简称OKW），陆海空三军都隶属其下。希特勒是它的最高统

帅，在他下面有一个参谋长，却有一个叫得很响的头衔："武装部队最高统帅部长官"。这个职位畀予了奉承拍马的凯特尔，后者设法一直担任到底。

戈林本来一直自以为是能够继任勃洛姆堡的职务的，希特勒为了减轻他自尊心的伤痛，授予他元帅的称号，这使他成为拥有第三帝国最高军衔的军官，显然使他欢喜不置。为了消除公众的不安，希特勒宣布勃洛姆堡和弗里奇"因健康不佳"而辞职。这样，弗里奇甚至在得到军事荣誉法庭审讯以前就永远地被摈除了，因为希特勒是知道这种审讯会使弗里奇洗清冤枉的。在高级将领们看来，这似乎特别岂有此理，但是他们对此没有什么办法可想，因为他们也在同一命令中被排斥了。其中16人，包括冯·伦德
318 施泰特、冯·里布、冯·维茨勒本、冯·克鲁格和冯·克莱斯特这些将军在内，被解除了指挥权，另外44个被认为对纳粹主义不够热心的人被调职了。

希特勒在经过一番踌躇后挑选了瓦尔特·冯·布劳希奇将军继弗里奇统率陆军。布劳希奇将军在将领们中间名声颇好，但是后来证明，在碰到希特勒喜怒无常的脾气突然发作时，这位将军却和勃洛姆堡一样软弱恭顺。在这个危机中间有几天里，又出现了一个会使布劳希奇像勃洛姆堡和弗里奇一样丢官的两性问题。因为这位军官正要离婚，这是一件贵族军官们所看不惯的事。永远好奇的约德尔在日记中记下了这桩错综复杂的事情。在1月30日，星期日，他记载凯特尔召来了布劳希奇的儿子，"以便打发他去见他的母亲（他要去取得她对离婚的同意）"。两天后约德尔记载布劳希奇和凯特尔跟戈林碰头，"为了讨论家庭问题"。戈林似乎已自任为将军们性纠纷的仲裁人，他答应研究这个问题。同日，约德尔又写道："布劳希奇的儿子带了他母亲的一封非常得体的信回来。"意思是她不会妨碍她的丈夫。戈林和希特勒也不反对离婚，这位陆军新司令在就任新职几个月后实现了这件事。因为戈林和希特勒都知道，他要娶的夏洛特·施密特夫人，像乌尔里希·冯·哈塞尔所说的一样，是"一个百分之二百的过激的纳粹分子"。婚礼在当年秋天举行。它将证明——约德尔可能会再度指出——这又是一个女人影响历史的事例。*

---

* 据密尔顿·舒尔曼说（《西方的溃败》[*Defeat in the West*]，第10页），为了使冯·布劳希奇发妻同意离婚，希特勒本人曾出面向她说项，帮助安排了分给她的财产，从而使这位陆军总司令对他本人感恩不尽。舒尔曼说他的材料来源是加拿大陆军的一份情报。

希特勒2月4日的整肃不是只以将军们为限。他还把牛赖特清除出了外交部，而代之以思想浅薄、态度恭顺的里宾特洛甫。*两个老资格职业外交官，驻罗马大使乌尔里希·冯·哈塞尔和驻东京大使赫伯特·冯·迪克森，也被免职。驻维也纳的巴本也是如此。不中用的冯克正式被任命继沙赫特 319
为经济部长。

第二天，2月5日，《人民观察家报》刊载着这种触目惊心的标题：**一切权力高度集中于元首手中！**只有这一次，这家纳粹党报没有过甚其词。

1938年2月4日，是第三帝国历史上的一个重大转折点，是它走向战争的道路上的一个里程碑。不妨说，在这一天，纳粹革命完成了，妨碍希特勒走上他久已决心要在德国一旦充分武装后走的道路的最后一些保守分子已被清除了。勃洛姆堡、弗里奇和牛赖特是兴登堡和老派保守分子所安置，是要他们起遏制纳粹党的过分行为的作用的，后来又添了一个沙赫特。但是在争夺外交和经济政策的控制权以及德国军事权力的控制权的斗争中，事实证明他们不是希特勒的对手。他们在道义上既没有足够的骨气，在政治上也没有足够的本领来和希特勒对抗，更不必说要胜过他了。沙赫特洗了手。牛赖特让了位。勃洛姆堡，在他自己的袍泽的压力下辞了职。弗里奇虽然遭到了匪徒式的诬陷，却也毫无反抗表示就接受了解职。16位高级将领温顺地接受了解职——还接受了弗里奇的解职。军官团曾谈论过军事政变，但仅仅是谈论而已。事实证明，希特勒一直到死都对普鲁士军官阶层保持着轻视，这证明是完全有道理的。他们一声都不吭地让冯·施莱谢尔将军和冯·布雷多将军遭到官方认可的谋杀，他们现在又因循苟安地听任他们的高级将领被黜免解职。柏林多的不是急于想代替他们，急于想为

* 为了转移人们对军界危机的注意和保住牛赖特在国内外的一些威望，希特勒听了戈林的建议而设立了所谓秘密内阁会议（Geheimer Kabinettsrat）。据元首2月4日的命令说，这个会议的目的是向他提供“在执行外交政策方面的指导意见”。牛赖特被任命为会议主席，会议成员包括凯特尔和三军首长，以及内阁和党内最重要的人员。戈培尔的宣传机器把它大加吹嘘，使人以为好像它是一个超级内阁而牛赖特实际上是升了职似的。其实，这个秘密内阁会议完全是乌有的。它从来没有存在过。如戈林在纽伦堡作证时所说的：“没有疑问，并不存在这种内阁，但是这种名称听起来很好听，人人都会以为这是有点道理的……我发誓说，这个秘密内阁会议从未举行过会议，甚至一分钟也没有举行过。”[12]

希特勒效劳的年轻将领吗？陆军军官们所自诩的团结精神在哪里呢？它不是个全属子虚的神话吗？

在到1938年2月4日这个冬季日子为止的五年中，军队一直拥有推翻希特勒和第三帝国的实际力量。当他们在1937年11月5日知道他在把他们和德国引往哪里去的时候，他们为什么不尝试这样做？弗里奇本人在下台后做了答复。1938年12月18日，一个星期日，他在索尔陶附近阿赫特贝格的宅邸里宴请被解职的大使冯·哈塞尔，这所宅邸是陆军在他退休后拨给他居住的。哈塞尔在日记中记下了“他的见解的要旨”：

“这个人——希特勒——是德国的劫数，不论是好还是坏。如果他现在走向深渊——弗里奇认为他会这样做的——他将把我们统统拉着与他同归于尽。我们是没有办法可想的。”[13]

外交、经济和军事的决策大权已经集中在他的手里，武装部队也直接在他的统率之下，希特勒现在就沿着他的道路前进了。他以前没有给弗里奇一个洗雪名誉的机会就把他解职了，现在却为时过迟地给了他这种机会，
320 设立了一个军事荣誉法庭来听取这个案件。戈林元帅充当主席，陪审的是陆军总司令冯·布劳希奇将军和海军总司令雷德尔海军上将，另外还有两个最高军事法庭的职业法官。

这次不许报界和公众旁听的审讯，于1938年3月10日在柏林开始，但是在这一天还没有过去就突然中止了，前一个晚上深夜从奥地利传来的消
321 息使元首大动肝火。*别的地方正迫切需要戈林元帅和冯·布劳希奇将军。

注 释

1. 牛赖特的亲戚冯·里特男爵夫人的供词。见《主要战犯的审讯》，第16卷，第640页。
2. 同上，第640页。
3. 同上，第641页。
4. 沙赫特：《账目已清》，第90页。

---

* 当巴本在36小时后到达柏林的总理府时，他发现希特勒仍然“在一种近乎歇斯底里的状态中”（巴本：《回忆录》[*Memoirs*]，第428页）。

5. 约德尔的日记，见《主要战犯的审讯》，第28卷，第357页。

6. 同上，第356页。

7. 同上，第360—362页。

8. 同上，第357页。

9. 特尔福德·泰勒：《剑与卐字》，第149—150页。勃洛姆堡未发表的回忆录手稿藏于国会图书馆。

10. 布洛克：《希特勒——暴政的研究》，第381页，另见惠勒-本内特著《权力的报应》一书第369页。

11. 沃尔夫冈·福斯特：《一位将军反对战争》，第70—73页。

12.《主要战犯的审讯》，第9卷，第290页。

13.《冯·哈塞尔日记（1938—1944年）》，第23页。

第十一章

德奥合并：强夺奥地利

1937年快结束的时候，由于我的职务从报纸报道改为广播报道，所以我的驻足点便从柏林转到了维也纳。维也纳是我在十年前还是一个青年记者的时候的旧游之地。虽然在今后决定性的三年的大部分时间里，我仍将在德国度过，但是我的报道整个欧洲大陆的新任务，却使我有机会高瞻远瞩，相当全面地来观察第三帝国，而且恰巧在希特勒的侵略发生前和发生时把我安排在成为侵略对象的那些邻国里。在那些日子里，我仆仆往返于德国和当时正好是希特勒发泄怒火对象的那个国家之间，因而对现在要加以叙述的事件有了亲身的经历。这些事件无情地导致了人类历史上规模最大、流血最多的战争。虽然我们亲眼看到这些事件的发生，但是我们对它们如何会发生的真相却知道得非常之少。阴谋诡计、背信弃义、事关命运的决定、优柔寡断的时刻、主要当事人的戏剧性的遭遇——所有这些决定时局发展的情况，都是在表面的掩饰下秘密发生的，瞒过了外国外交官、记者和间谍的窥伺的眼睛，因此许多年来，其中大部分情况除了少数当事人外，公众仍然不知道。

我们不得不等待大批使人眼花缭乱的秘密文件的出现和剧中尚存的主要演员的作证，他们中间大多数人当时不能自由地叙述他们的经历，有许多人陷在纳粹的集中营里。因此，下文中所叙述的情况，主要是根据1945

年以来所搜集的大量事实。但是，叙述这样一段历史的人在发生一些主要危机和转折点的时刻亲身在场，或许是有些用处的。例如，在奥地利停止存在的1938年3月11—12日那个值得记忆的夜里，我正好在维也纳。

维也纳的居民比我所知道的其他任何地方的人都要来得和蔼可亲，更会享受当时那样歌舞升平的生活。可是一个多月以来，这个多瑙河畔充满 322
了巴洛克式建筑的美丽的首都却生活在惶惶不可终日的忧虑之中。奥地利总理库尔特·冯·许士尼格博士后来把2月12日到3月11日之间这段时期称为“痛苦的四个星期”。在1936年7月11日的奥德协定的秘密附件中，许士尼格对奥地利纳粹党做了影响深远的让步。*自从那时以来，希特勒的驻维也纳特别大使弗朗茨·冯·巴本，一直在孜孜不倦地破坏奥地利的独立和促使它跟纳粹德国合并。在1936年底，他打了一个长篇报告给元首，叙述他的工作的进展情况。一年后他又向元首打了报告，这一回强调说：“只有使联邦总理［许士尼格］受到在可能范围内的最强大的压力，才能够获得进一步的进展。”[1]他的建议，虽然几乎是多余的，却很快就照办了，而且其程度甚至超出了他的想象。

在整个1937年中，奥地利纳粹分子在柏林的资助和唆使下，已经加紧了恐怖活动。奥地利几乎每天都有地方发生爆炸事件。在山区省份里，纳粹党人大规模的而且常常是暴乱的示威，削弱了政府的地位。政府抄获的一些计划表明，纳粹凶徒们准备像杀害许士尼格的前任一样干掉他。最后，在1938年1月25日，奥地利警察搜查了一个叫作七人委员会的团体在维也纳建立的办公处。当初设立这个委员会的目的是促成纳粹分子和奥地利政府之间的和解，但它实际上成了非法的纳粹地下组织的中央机构。警察在那里发现了由元首的代表鲁道夫·赫斯署名的文件，表明奥地利纳粹分子将在1938年春天发动公开反叛，如果许士尼格企图镇压的话，德军将开入奥地利来防止“日耳曼人内部流血”。据巴本说，其中的一个文件要当地的纳粹分子谋杀他本人或者他的武官穆夫中将，以便为德国的干涉制造借口。[2]

---

* 见本书原文第296页。

如果说殷勤巴结的巴本知道了根据柏林的党领袖们的命令他又一次成为纳粹暴徒们的暗杀对象以后感到不快的话，那么2月4日晚上打到维也纳德国公使馆来的一个电话也使他感到难受。国务秘书汉斯·拉默斯从柏林总理府的电话中通知他说，他在奥地利的特别使命已经告终了，也就是说，他已同弗里奇、牛赖特和别的好几个人一起被免职了。

巴本后来回忆说："我几乎惊奇得说不出话来。"[3]他冷静下来以后认识到：希特勒既已清除了牛赖特、弗里奇和勃洛姆堡，他显然已决定要在奥地利采取更为剧烈的行动。事实上，巴本冷静下来以后，决定做"一些对一个外交人员来说是不寻常的事情"——这话是他自己说的。他决定把他
323 和希特勒的全部通讯文件储藏"在一个安全的地方"，这个地方后来弄清楚是瑞士。他说："第三帝国的一些毁谤运动，我是太熟悉了。"我们已经看到，这种毁谤运动曾经几乎使他在1934年6月间送掉了性命。

巴本的解职也是对许士尼格的一个警告。他并不充分信任这个态度殷勤的前骑兵军官，但是他很快就看出，希特勒派这个狡猾的大使来，除了来跟他捣乱以外，一定还有更坏的主意，这位大使至少像他一样是个虔诚的天主教徒，而且是个绅士。在过去几个月中，欧洲的外交发展情况对奥地利并不有利。自从罗马-柏林轴心建立后，墨索里尼更靠近希特勒了，对维护这个小国的独立也不像在陶尔斐斯被暗杀时那样关切了。当时墨索里尼曾赶紧派遣四个师的部队到布伦纳山口去威吓德国元首。在张伯伦领导下新近采取姑息希特勒政策的英国，以及受到严重的内部政争牵制的法国，最近都没有表示有多大兴趣要保卫奥地利独立，如果希特勒动手的话。而现在，同巴本一起，德国军队和外交部里过去曾对希特勒的巨大野心起着一些抑制影响的保守领袖也都去了职。许士尼格是一个心胸狭隘的人，但是，在他的限度以内，也还是个聪明人，而且消息很灵通，对他的日益恶化的处境并不抱什么幻想。正如他在纳粹杀害陶尔斐斯后曾经感到过的一样，现在又是进一步姑息这位德国独裁者的时候了。

巴本虽然已被解职，却提供了一个机会。他绝不是一个挨了一记耳光而怀恨的人，如果这记耳光是上级打的。在被免职后的第二天，他就匆忙地赶到希特勒那里去"了解一下情况"。2月5日在贝希特斯加登，他发现元首由于跟将军们进行了斗争而"精疲力竭和心不在焉"。但是，希特勒恢

复精神的力量是相当大的，这位被免职的使节很快就使他对一个建议发生了兴趣，这个建议是两个星期前他们两个人在柏林商谈时曾向他提出过的：为什么不同许士尼格亲自解决一下？为什么不请他到贝希特斯加登来亲自谈一谈？希特勒觉得这个想法有点意思，顾不得他才把巴本免了职，就命令巴本回到维也纳去安排这次会谈。

许士尼格立即答应了，但是，他的地位虽然是软弱的，却仍提出了一些条件，他必须预先知道希特勒希望讨论的是什么具体问题；他必须预先得到保证：1936年7月11日签订的协定将保持不变。在这个协定中，德国答应尊重奥地利独立和不干涉奥地利内政。此外，会谈后发表的公报必须重申两国将继续遵守1936年的协定。这是因为许士尼格不愿存到虎穴里去捋虎须的侥幸之心。巴本赶紧回到上萨尔茨山去和希特勒会商。他回来时带来了元首的保证：1936年的协定将保持不变，元首只是想讨论自从这个协定签订以来“继续存在的那些误会和分歧”。这并不完全符合这位奥地利总理的要求，但是他说他对答复表示满意。会谈定在2月12日上午举行。* 324
2月11日晚上，许士尼格由他的外交部次长吉多·施密特陪同，在严守秘密的情况下乘专车前往萨尔茨堡，次日上午乘汽车越过边界到希特勒的山庄去。后来的事实证明，这是一次决定命运之行。

贝希特斯加登会谈：1938年2月12日

巴本到边界上来迎接奥地利客人，而且，许士尼格觉得，在这个结霜的冬天早晨的空气中，巴本似乎“心境极为愉快”。巴本叫他的客人们放心，说希特勒这天情绪极佳。接着来了第一个警告。巴本和蔼地说，元首

---

* 这天正好是陶尔斐斯政府屠杀奥地利社会民主党人的四周年，许士尼格当时是那个政府中的一个成员。在1934年2月12日，17 000名政府军和法西斯民兵用大炮轰击维也纳的工人住宅区，杀死了1 000名男女老幼，另外还打伤了三四千人。民主的政治自由被消灭了，此后奥地利就先后受到陶尔斐斯和许士尼格的天主教-法西斯独裁政权的统治。它无疑比纳粹独裁政权要温和些，这是我们在那些日子里曾在柏林和维也纳都工作过的人能够证明的。但是，这个政权仍然剥夺了奥地利人民的政治自由，他们受到了比在哈布斯堡王朝君主政体的最后几十年中所受到的更大的压制。作者本人在《世纪中叶的旅行》（*Midcentury Journey*）中对此有更详尽的论述。

希望许士尼格博士对三位将军偶然也在贝希特斯加登不要介意，他们是新任最高统帅部长官凯特尔、指挥驻在巴伐利亚-奥地利边界军队的赖歇瑙和主管该地区空军的施佩勒。

巴本后来在回忆录中提到他的客人时说，这是“一个似乎不大合他们胃口的消息”。而据许士尼格的回忆，他告诉这位大使说，他不会介意，特别是因为他“在这件事上做不了多大的主”。许士尼格是一个耶稣会熏陶出来的知识分子，他开始警戒起来。

即使如此，他也没有防到会有后来发生的结果。希特勒穿着冲锋队褐色制服的上衣，黑裤子，旁边站着三位将军，在别墅的台阶上欢迎这位奥地利总理和他的随员。许士尼格觉得这是一次友好的然而拘泥于形式的欢迎。一会儿以后，他就单独跟这位德国独裁者在二楼的一间宽大的书斋里了。从这个房间的一些无格大玻璃窗可以看到气象雄伟、白雪皑皑的阿尔卑斯山，以及山的那一边的奥地利——宾主两人的诞生地。

所有认识他的人都会承认，41岁的库尔特·冯·许士尼格是一个礼貌周全的老派奥地利人。在会谈开始的时候，他自然要先来一阵彬彬有礼的寒暄，说几句关于壮丽的风景、当天的好天气诸如此类的话，恭维这个房
325 间无疑是举行过许多次重大会议的场所。但是阿道夫·希特勒打断了他：“我们不是到这里来谈风景和天气的。”然后风暴就爆发了。据这位奥地利总理后来作证说，以后的两小时“会谈多少是单方面的”。*

> ［希特勒生气地说］你尽量避免采取一种友好的政策……奥地利的整个历史就是一种不断的叛逆卖国行为。过去是如此，现在也没有好一些。这种历史性的矛盾现象早已必须告终，现在是时候了。许士尼格先生，我现在可以告诉你，我已下定决心要使这一切告终。德国是一个大国，如果它解决它的边界问题的话，没有人会出来反对的。

---

* 后来许士尼格博士凭记忆记述了他所谓一面倒会谈的“重要的章节”，虽然这不是一篇逐字的直录，但是任何听过和研究过希特勒的无数发言的人都觉得这是真实的。它的实质内容不仅为随后所发生的一切事实所证实，而且也被那天在伯格霍夫的其他人，特别是巴本、约德尔和吉多·施密特所证实。我采用了许士尼格在《奥地利安魂曲》（*Austrian Requlem*）一书中和他在纽伦堡关于这次会谈的宣誓证词中所叙述的情况。[4]

态度温文的奥地利总理对希特勒的发作感到震惊，不过他仍力图保持和解态度而又坚持立场。他说，关于奥地利在德国历史中的作用这个问题，他和主人的看法不同。他认为，“奥地利在这方面的贡献是相当大的”。

希特勒：完全等于零。我告诉你，完全等于零，在整个历史中，每个民族主义的思想都被奥地利破坏了；而且一点不假，所有这种破坏都是哈布斯堡王室和天主教会的主要活动。*

许士尼格：然而，总理先生，奥地利有许多贡献是不能同德国文化的总的成就分开的。例如像贝多芬这样一个人……

希特勒：哦——贝多芬？让我告诉你吧，贝多芬是在下莱茵兰出生的。

许士尼格：然而，奥地利是他卜居的地方，许多别的人也是如此……

希特勒：也许是这样。我再一次告诉你，事情不能照这样继续下去。我负有一个历史使命，这个使命将由我来完成，这是因为上帝注定了要我这样做……凡是不赞成我的人，就要被摧毁……我选择了任何德国人都没有采取过的最困难的道路；我已获得了德国历史上最伟大的成就，比任何德国人都伟大。而且不是靠武力手段，我告诉你。我是满怀着对我的人民的热爱的……

许士尼格：总理先生，我很愿意相信这一点。 326

经过了一个小时的这种谈话以后，许士尼格要求他的对手把不满意的地方一件件都说出来。他说：“我们将尽一切可能来清除障碍，以便达成更好的谅解，只要这是可能的。”

希特勒：这是你说的，许士尼格先生。但是我告诉你，我要设法解决所谓奥地利问题，不管用什么方式。

---

* 希特勒对奥德历史的歪曲看法，我们在早先几章里就已经看到，是他年轻时在林茨和维也纳形成的，显然一直未变。

然后他说了一大篇不满奥地利在边境构筑工事对付德国的话，许士尼格否认有这种事。

希特勒：听着，你当真以为你可以在奥地利移动一块石头而我在第二天不会知道吗？……我只要一声令下，一夜工夫你们的全部可笑的防务就将被炸得粉碎。你当真以为你能挡住我半个小时吗？……我非常愿意使奥地利不要遭到这种命运，因为这样一种行动意味着流血。在军队之后，我的冲锋队和奥地利军团就会开进去，没有人能制止他们的正当报复——甚至我也不能制止。

在发出这些威胁以后，希特勒要许士尼格（老是无礼地不按外交礼貌称呼他的职衔而直呼其名）注意到奥地利的孤立的和毫无办法的处境。

希特勒：片刻也不要以为世界上有任何人能使我放弃我的决定。意大利？我同墨索里尼是一致的……英国？英国不会为奥地利动一动指头……法国？

他说，法国本可以在莱茵兰制止德国，“那么我就不得不后退。但是现在对法国来说太迟了”。

最后：

希特勒：许士尼格先生，我再一次，也是最后一次，给你谈成条件的机会。要是我们现在不能找到一个解决办法，事情就无法挽回了……考虑考虑吧，许士尼格先生，好好考虑考虑吧。我只能等到今天下午……

许士尼格问道，德国总理的条件到底是什么呢？

希特勒说：“我们可以在今天下午谈这个。”

午餐时，许士尼格多少有些意外地注意到，希特勒显得“兴致极高”。

老是由他一个人说话，他谈的是马和房屋。他将建造世界上还没有看见过的最高的摩天楼。他对许士尼格说："美国人将看到，德国在建造比美国更大和更好的大厦。"至于忧心忡忡的奥地利总理，巴本发觉他显得"心事重重"。他本是一个连续不断抽烟的人，在希特勒面前他却不能抽烟。但 327
是在隔壁房间里喝过咖啡后，希特勒就欠身表示失陪，退了出去，于是许士尼格才有机会第一次过一过烟瘾。他也才有机会告诉他的外交部次长吉多·施密特不好的消息。不好的消息很快就变得更坏了。

这两个奥地利人在小小的休息室里等了两小时后，才给带进去跟新任德国外交部长里宾特洛甫和巴本相见。里宾特洛甫递给他们一份用打字机打的两页"协定"草案，并且说这是希特勒的最后要求，元首不允许对这个协定草案加以讨论。他们必须立即签字。许士尼格后来说，他由于至少已从希特勒那里得到了一些明确的要求，反而感到安心了。但是在他细看了这个文件后，他的安心之感立即化为乌有。因为这是德国的一个最后通牒，实际上是要他在一星期内把奥地利政府交给纳粹分子。

对奥地利纳粹党的禁令要取消，所有监禁着的纳粹分子统统都要释放，要由亲纳粹的维也纳律师赛斯-英夸特博士担任内政部长，他要有主管警察和保安事务的权力。要委任另一个亲纳粹的人格莱泽-霍尔斯特瑙为国防部长，要通过若干措施，包括有步骤地交换100名军官，来使奥地利军队和德国军队建立更密切的关系。其中最后的要求写道："要做好准备，使奥地利纳入德国经济体系。为了这个目的，要委任菲施贝克博士［一个亲纳粹分子］为财政部长。"[5]

据许士尼格后来写道，他立即认识到，接受这个最后通牒就意味着奥地利独立的告终。

> 里宾特洛甫劝告我立即接受这些要求。我表示反对，向他提到我在到贝希特斯加登来以前跟冯·巴本做好的约定，并向里宾特洛甫表明，我不是准备来听取这么不合理的要求的……[6]

但是许士尼格准备接受它们吗？他不是准备来听取它们的，这一点即使像里宾特洛甫这样一个蠢货也显然是知道的。问题是：他愿意签字接受它们吗？在这个困难的决定性时刻，年轻的奥地利总理开始软下来了。据他自己的记载说，他泄气地问道：“我们是否能指望德国的诚意，德国政府是否至少打算在这次交易中守信不贰。”[7]他说他得到了一个“肯定”的答复。

这时巴本来对他下功夫了。这位滑头的大使承认在他看到这个最后通牒时也感到“惊奇”。它是一种“对奥地利主权的没有道理的干预”。许士尼格说，巴本向他道歉，并表示对这些条件“完全感到意外”。虽然如此，
328 他却劝奥地利总理签字接受这些条件。

> 他还对我说，我可以放心，如果我签了字并同意了这些要求的话，希特勒一定会使德国今后继续忠于这个协定并且不会再给奥地利带来麻烦。[8]

从上面这些话（最后一段是纽伦堡的宣誓证词中提出的）可以看出，许士尼格不仅软化下来了，而且天真得有点糊涂了。

他还有一个最后的抵抗机会。他再度被带去见希特勒。他发现元首正在书斋里激动地来回踱着步。

> 希特勒：许士尼格先生……这儿是文件的草案。其中没有什么可以讨论的。我不会改变其中的一点点。你必须原封不动地在这个文件上签字，在三天内满足我的要求，不然我要下令向奥地利进军。[9]

许士尼格屈服了。他告诉希特勒说，他愿意签字。但是他提醒他说，根据奥地利宪法，只有共和国的总统才有法律上的权力来接受这样一个协定和予以实施。因此，虽然他愿意吁请总统接受，他却不能担保。

希特勒叫着说道：“你必须担保！”

许士尼格说，他回答道：“总理先生，我可不能担保。”[10]

> ［许士尼格后来说］听了这个答复，希特勒似乎失去了他的自制能力。他跑到门边去，打开门叫道：“凯特尔将军！”然后又转身过来对

> 我说："我回头再来叫你。"[11]

这完全是恫吓，这位被纠缠苦了的奥地利总理大概并不知道这完全是恫吓，虽然他一整天都被提醒有这些将军在那里。巴本说，凯特尔后来说起，他闻声赶忙跑进去请示命令，希特勒却对他咧嘴笑着。希特勒笑着说："没有命令，我只是要你来这里。"

但是在元首书斋外面等待着的许士尼格和施密特博士却上了当。施密特低声说，如果他们两人在以后五分钟内被逮捕起来，他也不会感到意外。三十分钟后许士尼格再度被带去见希特勒。

> ［希特勒说］我已决定改变我的主意——这是我平生第一次。但是我警告你，这是你真正的最后机会了。我再宽限你三天的时间来实施这个协定。[12]

这就是这位德国独裁者让步的程度，虽然最后草案的措辞多少温和了些，但是，正如许士尼格后来作证时所说，所做的更动是无关紧要的。许士尼格签了字。这是奥地利的死刑执行令。

人们在胁迫下的行为视他们的性格而有所不同，而且常常是令人费解 329
的。许士尼格虽然比较年轻，却是经历过无情的政治动荡的老手，曾经眼看他的前任遭到纳粹分子的暗杀。他是个勇敢的人，这是很少人会怀疑的。然而，他在1938年2月11日在武装进攻的可怕威胁下向希特勒屈服了，这在他的同胞们以及这个决定命运的时期的观察家和历史学者之间留下了一团未解的疑云，屈服是否必要？是否没有别的出路了？鉴于英国和法国后来面临希特勒侵略时的表现，如果还有谁说，假如希特勒当时进军奥地利的话，英国和法国可能会来帮助奥地利，那未免失之轻率。但是直到那时为止，希特勒还未曾越出过德国边界，他也没有使他自己的人民和全世界为这种肆意侵略行为做好心理准备。德国军队本身也差不多没有做好战争的准备可以对付法国和英国的干涉。在几个星期后，由于贝希特斯加登"协议"的结果，奥地利将被当地的纳粹分子和德国的阴谋诡计弄得软弱不堪，使希特勒可以冒比在2月11日少得多的外国干涉的风险就攫取它。许士尼格本人承认，据他后来所说，接受希特勒的条件“只能”意味着“奥地利政府的独立的完全告终”。

或许他是因为受到严峻的考验而被弄得有点晕头转向。在枪口下签掉了他的国家的独立以后，他竟跟希特勒进行了一番奇异的交谈，其内容他后来记载在他的书里。他问：“总理先生是否认为目前世界上的各种危机可以用和平方式加以解决？”元首信口回答说可以——“如果听从我的意见的话”。于是许士尼格说（显然毫无讥嘲的意思）：“当前的世界局势看来是颇有希望的，您说是不是？”[13]

在这样一个时刻说这样的话，似乎是难以想象的，但这就是这个被打败了的奥地利总理承认他自己说过的话。希特勒还有一个羞辱要给他尝尝。当许士尼格建议在他们的会谈公报中提一提他们的讨论重新肯定了1936年7月的协定时，希特勒喊道：“那不行！首先你得履行我们协议的条件。报上登的将是：‘今天元首兼国家总理同奥地利联邦总理在伯格霍夫举行了会谈。’仅此而已。”

在婉辞了元首的共进晚餐的邀请后，许士尼格和施密特驱车下山到萨尔茨堡去。这是一个灰蒙蒙的多雾的冬天夜晚。无处不在的巴本陪同他们一直到边界，对他所谓的“难堪的沉默”多少感到有点不舒服。他忍不住想要鼓舞起他的奥地利朋友们的兴致来。

他向他们大声说道：“啊，现在，你们已经看到了元首有的时候会是什么
330 样子！但是下一回我敢说会有所不同。你们知道，元首也可以是非常可亲的。”*

四个星期的痛苦：1938年2月12日—3月11日

希特勒要许士尼格在四天之内，即到2月15日星期二为止，给他一个将实现这个最后通牒的“有约束力的答复”，另外又宽限三天，即到2月18日为止，来履行这个最后通牒中的具体条件。许士尼格在2月12日上午回到维也纳，立即去见米克拉斯总统。威廉·米克拉斯是一个辛辛苦苦工作

---

* 巴本的说法（见他的《回忆录》，第420页）多少有些不同，但是许士尼格的说法看来较为真实。

然而才能平庸的人，维也纳人说他生平的主要成就是生了一大窝子女。但是他身上具有一种农民的朴实性格，作为一个为国服务将满五十二年的官员，在遇到这个危机时，他将比任何别的奥地利人表现出更多的大无畏精神。他愿意向希特勒做某些让步，如释放奥地利纳粹分子之类，但是他不同意让赛斯-英夸特主管警察和陆军。巴本及时地在2月14日晚上向柏林报告了这种情况。他说许士尼格希望“在明天以前使总统放弃反对”。

在这天晚上7点30分，希特勒批准了凯特尔将军所拟订的对奥地利施加军事压力的命令。

散布并无其事但是听起来很可信的消息，使人听了必然认为对奥地利在进行军事准备。[14]

事实上，许士尼格才离开贝希特斯加登，德国元首就在开始采取虚拟的军事行动，以便使奥地利总理能按照叫他做的那样去做。约德尔在日记里记下了这一切情况。

2月13日。下午凯［特尔］将军要卡［纳里斯］海将*和我到他的寓所去。他告诉我们说，元首的命令是，由虚拟的军事行动所造成的军事压力要保持到15日。拟订了关于这些措施的建议，在电话上报告给元首并请他批准。

2月14日。效果是迅速而有力的。在奥地利，已经造成了德国正在进行认真的军事准备的印象。[15]

约德尔将军没有夸大。在武装侵入的威胁下，米克拉斯总统屈服了。在宽限的最后一天即2月15日，许士尼格正式通知冯·巴本大使说，在贝希特斯加登所商定的协议将在2月18日以前实施。2月16日，奥地利政府宣布了对纳粹分子的大赦，那些在杀害陶尔斐斯案中定罪的纳粹分子也被释放，并且公布了改组后的内阁名单，阿图尔·赛斯-英夸特被任命为安全

* 威廉·卡纳里斯当时是最高统帅部谍报局局长。

331 部长。第二天，这个纳粹部长就赶到柏林去见希特勒，接受他的命令。

赛斯–英夸特，这个头一个吉斯林*，是一个样子讨人喜欢的聪明的维也纳青年律师。他自从1918年以来就具有强烈的欲望，要看到奥地利跟德国结合在一起。在战后的头几年中，这是一种很流行的思想。1918年11月12日，停战后的第一天，维也纳临时国民议会刚刚推翻了哈布斯堡君主政体和宣布成立奥地利共和国，也声明“日耳曼人的奥地利是德意志共和国的一个组成部分”，想这样来实现德奥合并。胜利的协约国不同意这样做，而到希特勒上台的1933年时，没有疑问，大多数奥地利人都是反对他们这个小国跟纳粹德国结合起来的。但是在赛斯–英夸特看来，正如他后来在纽伦堡受审时所说的，纳粹分子是坚定地主张德奥合并的，因此他支持他们。他没有参加纳粹党，也没有参加该党的暴行。他为奥地利纳粹分子充当了一个体面的门面人物，在1936年7月协定以后，他被任命为国务参事，他在巴本和其他德国官员及特务分子的帮助下，竭力从内部进行破坏。奇怪的是，许士尼格和米克拉斯差不多一直到底似乎都是信任他的。米克拉斯跟许士尼格一样，是一个虔诚的天主教徒，他后来承认，他是由于看到赛斯是“一个赴教堂做礼拜从不缺席的人”而对他产生好印象的。这个人笃信天主教，像许士尼格一样曾于第一次世界大战期间在蒂罗尔禁卫步兵团里服过役，还受过重伤——这些似乎就是这位奥地利总理信任他的基础。不幸的是，许士尼格有一个致命弱点，不能从更为切实而重要的方面来判断一个人。或许他认为他可以干脆用贿赂来使他的纳粹新部长就范。他在他的书里曾讲到一年前一笔500美元的贿赂在赛斯–英夸特身上所发生的神奇效果，当时赛斯–英夸特扬言要辞去参事之职，后来由于接受了这区区的数目而又收回辞呈了。但是许士尼格很快就会知道，希特勒有更大的赏赐来诱惑这个野心勃勃的青年律师。

2月20日，希特勒向国会发表了大家等待已久的演说，这是由于勃洛姆堡–弗里奇危机和他自己对奥地利的阴谋而从1月30日拖延下来的。这位

---

* 维德孔·亚伯拉罕·劳里茨·吉斯林是1940年德军侵入挪威时的挪威投敌分子。此处喻卖国贼。——译者

元首热烈地谈到许士尼格的“谅解”以及促成奥德密切了解的“诚意”，这番假话使张伯伦首相印象很深刻。但是，他又发出了一个警告，对于这个警告，尽管伦敦方面由于粗心而没有注意到，维也纳，还有布拉格，都是不会不注意到的。

> 有1 000多万日耳曼人住在同我们边界接壤的两个国家里……有一件事情是绝不能有什么怀疑的。不能由于政治上同德国分开而使权利——那就是自决的一般权利——也遭到剥夺。一个世界大国不能忍受它的旁边的同种族弟兄因为对整个民族、它的命运和它的世界观（Weltanschauung）表示同情或者一致而经常遭受到最厉害的折磨。保护这些不能凭借自己的努力在我们边界上获得政治上和精神上自由的日耳曼人民，是德国的职责。[16] 332

这是直率而公开的通知：今后希特勒认为，700万奥地利人和300万在捷克斯洛伐克苏台德区的日耳曼人的前途是第三帝国的事情。

许士尼格在四天后，2月24日，向奥地利联邦议会发表的一篇演说中答复了希特勒。这个议会的议员们，像德国国会的议员们一样，也是由一党独裁政权所一手挑选的。许士尼格虽然对德国采取了和解态度，但是他强调说，奥地利已经让步到了“我们必须停止并且说‘到此为止不能再退’”的极限了。他说，奥地利是绝不会自动放弃它的独立的，他在结束演说时发出了一个激动人心的号召：“红——白——红［奥地利国旗颜色］，誓死效忠！”（这句话在德文中也是成韵的。）

许士尼格在战后写道：“2月24日对我来说是一个决定性的日子。”他焦急地等待着德国元首对他的反抗演说的反应。巴本在第二天打电报给柏林，叫外交部不要过分认真地看待这篇演说。他说，许士尼格表现了他的相当强烈的民族主义情绪，是为了挽救他在国内的地位；由于他在贝希特斯加登做了让步，维也纳有人阴谋要推翻他。同时，巴本告诉柏林说：“赛斯-英夸特的工作正在按计划取得进展。”[17]第二天巴本正式向奥地利总理辞行而到基茨比尔去滑雪了。他在奥地利进行了多年的阴险工作就要得到收获了。

希特勒2月20日的演说，曾由奥地利广播电台转播，在奥地利各地引

1938年2月，许士尼格在向奥地利联邦议会发表演说，抵抗希特勒吞并奥地利。

起了一连串大规模的纳粹示威运动。在2月24日广播许士尼格的答复之际，在格拉茨有两万名纳粹党暴徒闯入了该市镇的广场，拆下了扩音器，卸下了奥地利国旗而升上了德国的卐字旗。由于是赛斯–英夸特主管警察，当然没有做什么努力来制止纳粹的骚扰。许士尼格的政府在垮下来。不仅政治上发生了混乱，经济上也开始发生混乱。银行里有大批外国和本国人民的户头提款。外国商行担心出事，纷纷向维也纳取消订货。外国游客原来是奥地利经济的主要来源之一，也被吓跑了。托斯卡尼尼从纽约打电报来说，“由于奥地利的政治局势”而取消在萨尔茨堡音乐节的演出，这个音乐节每年夏天要吸引几万游客。局势变得如此之绝望，以至于被放逐的哈布斯堡王室太子奥托，竟从比利时的家里写了封信来，据许士尼格后来透露，他请求许士尼格看在前帝国军队军官效忠誓言的分上委任他为总理，如果许士尼格认为这样一种步骤也许能挽救奥地利的话。 333

许士尼格急了，只得去求助于奥地利工人，他们的自由工会和政党社会民主党，是在陶尔斐斯1934年野蛮地把它们击垮后继续由他加以镇压的。这些人占奥地利选民的42%，如果在过去四年中的任何时候，这位总理能够把他的眼光放开到超出他自己的天主教-法西斯独裁政权的狭隘范围以外，争取他们这些人的支持来组成一个温和的、反纳粹的民主联合政权的话，那么人数比较少的纳粹分子本来是可以很容易地对付的。但是许士尼格没有这样的气魄来采取这样一个步骤。尽管他为人正直规矩，但是他也像欧洲的某些其他人一样，看不惯西方民主，非常喜欢极权的一党专政。

社会民主党人走出了工厂和监狱——他们中间有许多人最近同纳粹党人一起从监狱里释放出来——3月4日全体一致响应了总理的号召。他们说，他们既往不咎，仍然愿意帮助政府保卫国家的独立。他们所要求的只是总理已经许给纳粹党的那一点东西：拥有他们自己的政党和宣传他们自己的原则的权利。许士尼格同意了，但是已经太晚了。

3月3日，消息老是很灵通的约德尔将军在日记中记道："奥地利问题就要到最后关头了。100名军官要派到德国来，元首要亲自接见他们，他们的任务不是使奥地利武装部队能对我们更好地作战，而是要使他们根本不打。"

在这个决定性关头，许士尼格决定再采取一个最后的豁出去的行动，这个行动是自从2月份最后那几天纳粹分子开始在各省接掌政权以来他一直在心里盘算着的。他要举行一次公民投票。他要问奥地利人民，他们是否赞成一个"自由的、独立的、社会的、基督教的和统一的奥地利——是或否"？*

---

* 据米克拉斯总统在战后维也纳举行的一个奥地利纳粹党人的审讯中作证，这次公民投票是法国向许士尼格建议的。巴本在回忆录中暗示，奥地利总理的亲密私交、法国驻维也纳公使皮奥先生，是"这次公民投票主意的创始者"。但是，他承认，许士尼格采用这个主意，无疑是出于自己的决定。[18]

［他后来写道］我觉得做出明确的决定的时刻已经来到了。双手给上了铐，等待着，等到几星期后再被封住了口，这样似乎是不负责任的。现在的赌博需要做最后的超人努力。[19]

从贝希特斯加登回来后不久，许士尼格就把希特勒的威胁告诉了奥地
334 利的保护者墨索里尼。他立即得到这位意大利领袖的答复，说意大利对奥地利的态度不变。3月7日，他打发驻罗马的武官去见墨索里尼说，鉴于事态的发展，他“大概将不得不举行公民投票”。这位意大利独裁者答复说，这是一个错误——“C'e un errore！”他劝许士尼格仍旧照以前那样去做。事情在好转；罗马和伦敦之间的关系即将缓和，而这将大大有助于减轻压力。这是许士尼格从墨索里尼那里听到的最后的话了。

3月9日晚上，许士尼格在因斯布鲁克发表的一篇演说中宣布，将于四天后——3月13日星期日那天——举行公民投票。这个意外的消息使阿道夫·希特勒勃然大怒。约德尔3月10日的日记描述了柏林的初步反应：

许士尼格出人意料地而且没有跟他的部长们商量就下令在3月13日星期日举行公民投票……

元首绝不容忍这件事。当天晚上，就是3月9—10日的夜间，他把戈林叫了来。冯·赖歇瑙将军也从开罗奥林匹克委员会被召了回来。还命令冯·舒伯特将军［在奥地利边界上的慕尼黑军区的司令］和［奥地利］部长格莱泽-霍尔斯特瑙前来，后者……在普法尔茨……里宾特洛甫正留在伦敦。牛赖特接管了外交部。[20]

第二天，3月10日星期四，柏林忙碌异常。希特勒已决定要对奥地利进行军事占领，他的将军们无疑对此感到极为意外。如果要用武力阻止许士尼格在星期日举行公民投票，陆军必须在星期六以前开入奥地利，然而却没有这样匆促进军的准备计划。希特勒要凯特尔在上午10时去见他，但是这位将军在赶忙去见希特勒之前先同约德尔和最高统帅部作战局局长马克斯·冯·菲巴恩将军会商了一番。富于智谋的约德尔记起了奥托特别方案，那是拟订出来对付哈布斯堡王室的奥托在奥地利复辟的企图的。既然

这是当时存在的用军事行动来对付奥地利的唯一计划，希特勒决定只好用它。他下命令："准备奥托方案。"

凯特尔赶紧回班德勒街的最高统帅部去和参谋总长贝克将军会商。当他要求了解奥托方案的详情时，贝克回答说："我们什么也没有准备过，什么也没有做过，什么都没有。"于是贝克也被召到总理府去。他拉住了正要离开柏林去担任一个师部职务的冯·曼施坦因将军，跟他一同驱车去见希特勒。希特勒对他们说，陆军必须准备好在星期六以前进军奥地利。这两位将军都没有对这种武装侵略的建议提出反对。他们只是担心在那么短的时间内要临时把军事行动准备就绪有困难。曼施坦因回到班德勒街去着手拟定必要的命令，在下午6点，即5小时内完成了他的工作。据约德尔的日记说，在下午6点30分，向陆军3个军和空军下达了动员令。第二天，3月11日凌晨2点，希特勒发布了关于奥托军事行动 335
方案的第一号指令。他匆忙得连名字都忘记签，直到下午1点才补上了签字。

绝　密

1. 如果其他措施不成功的话，我打算用武装部队侵入奥地利，以建立法治的条件和防止对亲德国的人民的进一步暴行。

2. 整个军事行动将由我自己指导……

4. 进行这种军事行动的陆军和空军部队，必须准备好在1938年3月12日入侵，至迟不得晚于12点钟……

5. 军队的表现必须使人觉得，我们不愿意对我们的奥地利兄弟发动战争……因此，要避免任何挑衅行为。但是，如果遇到抵抗，则必须用武力予以无情摧毁……[21]

几小时以后，约德尔代表武装部队最高统帅部长官发布了补充的"绝密"命令：

1. 如果在奥地利遇到捷克斯洛伐克军队或者民兵部队，要把他们认为是具有敌意的。

2. 意大利人则在任何地方都须当作朋友对待，特别是因为墨索里尼已经说他对解决奥地利问题不感兴趣。[22]

希特勒一直在担心墨索里尼。3月10日下午他已决定了军事入侵后，立即打发黑森亲王菲利普坐专机带着一封信去见意大利领袖（所署日期为3月11日），信中把希特勒所筹划的行动告诉他，并请这位意大利独裁者谅解。这封信集谎言之大成，完全歪曲了他如何对待许士尼格以及关于奥地利的情况，他竭力使这位意大利领袖相信，奥地利的情况“正接近于无政府状态”。这封信开头完全是一派哄人的胡言，以至于后来在德国公布时希特勒把开头的话删去了。* 他说，奥地利和捷克斯洛伐克正在阴谋使哈布斯堡王室复辟，并准备“以至少两千万人的巨大力量来打击德国”。然后他扼要地叙述了他对许士尼格的要求，并竭力使墨索里尼相信，这些要求“简直是温和之至的”。他又说到许士尼格未能实现这些要求，还谈到要举行“一次所谓公民投票”的那场“玩笑”。

从我作为德国元首兼总理的职责和作为这块土地的儿子的职责出发，我不能再在这些事态发展面前继续无所作为了。

336 我现在已决心恢复我祖国的法律和秩序，并使人民能够以明白无误的公开的方式，按照他们自己的判断来决定他们自己的命运……

不论这次公民投票将以什么方式进行，我现在愿意庄严地向阁下，法西斯意大利的领袖，保证：

1. 认为这个步骤只是一种民族自卫的步骤，因此是任何有骨气的人都会同样采取的一种行为，如果他是处在我的地位的话。阁下也不会有不同的做法的，如果意大利人的命运发生危险的话……

2. 在意大利的一个决定性关头，我曾经向您证明了我的同情的坚定性。请相信以后在这方面也不会有什么改变。

3. 不论即将发生的事情产生什么后果，我已在德国和法国之间画了一道明确的边界线，现在在意大利和我国之间也画了一道同样明确

* 这些删去的话是战后在意大利外交部的档案里发现的。

的边界线。它就是布伦纳……[*]

你的永远的朋友

阿道夫·希特勒[23]

许士尼格的垮台

许士尼格博士没有注意第三帝国边界上正在进行的紧张的入侵准备，3月10日晚上他去睡觉了。据他后来作证时说，他深信这次公民投票将会是奥地利的一次成功，纳粹分子“将不会成为克服不了的障碍”。[†]说真的，那天晚上赛斯-英夸特博士还曾向他保证，他将支持这次公民投票，甚至将广播一篇赞成这次公民投票的演说。

在3月11日星期五清晨5点半，这位奥地利总理被床边的电话铃声所惊醒。打电话来的是奥地利警察局长斯库布尔博士。他说，德国人已经封闭了萨尔茨堡地方的边界。两国之间的铁路交通已经中断了。传说德国军队正在奥地利边界集中。

6点15分，许士尼格在前往鲍尔豪斯广场他的办公室途中，决定先到 337
圣斯蒂芬大教堂去一趟。教堂里，在朦胧的晨曦中，正在做早弥撒，他不安地坐在座位上，想到警察局长报告的不祥消息。他后来追述：“我不能十分确定，这种消息意味着什么。我只知道它会带来某种变化。”他凝视着圣母玛利亚像前面燃烧着的蜡烛，偷偷地向四面望望，然后画个十字，就像无数维也纳人在过去困难的时候在这幅画像面前所做的那样。

在总理府里，一切都很平静；甚至没有奥地利驻国外外交人员在这一夜发来过什么令人不安的电报。他打电话给警察总局，要求警察在内城和

* 把边界画在布伦纳，是对墨索里尼的一种让步。这意味着希特勒不再要求归还南蒂罗尔，这个地方是在凡尔赛和会上割自奥地利而给予意大利的。

† 应当公正地指出，许士尼格的公民投票并不比希特勒在德国举行过的那些公民投票更为自由和民主些。因为自从1933年以来奥地利就未曾举行过自由选举，所以没有最新的选民名单。只有24岁以上的人有资格投票。只是在举行公民投票以前四天才通知公众，所以，即使纳粹党人和社会民主党人这些反对派可以自由进行竞选运动的话，也没有时间来这样做。社会民主党人无疑会投赞成票的，因为他们认为许士尼格总比希特勒要好一些，而且，他们还获得可以恢复政治自由的诺言。他们的投票会使许士尼格获得胜利，是不成问题的。

政府建筑物四周布置警戒线，作为一种预防措施。他还召集了他的内阁同事们。只有赛斯-英夸特没有来。许士尼格到处都找不到他。实际上这位纳粹部长正在维也纳机场。巴本在头天晚上接到命令要赶回柏林，在早晨6点乘专机启程，赛斯-英夸特在给他送行。现在这位第一号吉斯林正在等待着第二号——格莱泽-霍尔斯特瑙，他像赛斯一样也是许士尼格内阁的一个部长，而且也像赛斯一样在干卖国的勾当。他将从柏林来，带着希特勒指示他们该怎么对付这次公民投票的命令。

命令是要取消这次公民投票，这两位先生在上午10点及时地把这个意见告诉了许士尼格，还说希特勒非常生气。许士尼格在同米克拉斯总统、内阁同事们和斯库布尔博士磋商了几小时后，同意了取消这次公民投票。这位警察局长很不得已地告诉他说，由于警察中大量地混入了按照贝希特斯加登最后通牒而复职的纳粹分子，所以政府不再能依靠他们了。另一方面，许士尼格肯定地认为，陆军和爱国阵线——奥地利执政的极权主义政党——的民兵是愿意战斗的。但是在这个决定性关头，许士尼格决定不对希特勒进行抵抗，如果抵抗要流日耳曼人的血的话。希特勒是很愿意流血的，但是许士尼格一想到这种可能就不寒而栗。他后来说，事实上，对这个问题，他早已打定主意了。

下午2点，他召见了赛斯-英夸特，告诉他要取消这次公民投票。这位温文尔雅的犹大立即打电话到柏林去通知戈林。但是按照纳粹的方式，软化的对手做了一个让步后必须很快逼他继续做出另一个让步。戈林和希特勒当即增加赌注。关于其中的详细经过，关于所使用的威胁和欺骗手段，说来很有讽刺意味，竟是由戈林自己的研究所（Forschungsamt）把详尽细节记录了下来。它记下了在3月11日下午2点45分开始的27次从元帅办公室打出来的电话的交谈内容。这些文件是战后在德国空军部发现的，奥地利的命运在以后几个小时的关键时刻中怎样为柏林打出来的电话所决定，
338 这个记录是很说明问题的。[24]

在赛斯下午2点45分第一次打电话给戈林时，这位元帅告诉他说，光是许士尼格取消公民投票是不够的，他在同希特勒商量后再回他电话。他在3点零5分回了电话。他命令说，许士尼格必须辞职，而且必须在两小时内任命赛斯-英夸特为总理。戈林随后又叫赛斯“照约定的那样打电报给元

首”。这是第一次提到一个要在以后几小时的整个疯狂事件中突然出现的电报，这个电报将被用来作为幌子，使希特勒可以向德国人民和世界各国的外交部把他的侵略说成是正当的。

原来那天下午从柏林来到维也纳代理巴本的职务的希特勒驻奥地利特别代表威廉·凯普勒，给赛斯-英夸特看了该由后者打给元首的电报的草稿。电报要求派遣德国军队到奥地利来镇压骚乱。赛斯在纽伦堡的宣誓供词中说，他拒绝打这样一个电报，因为并没有骚乱发生。凯普勒坚持说，必须这样做。他匆忙地赶到奥地利总理府，厚颜无耻地在那里跟赛斯和格莱泽-霍尔斯特瑙一起设立了一个临时办公室。许士尼格在这个决定性关头为什么容许这些外人和卖国贼硬闯进来，公然在奥地利政府的办公楼中窃据要津，这是不能理解的，但是他确实让他们这样做了。后来他说，当时总理府看来“像个乱哄哄的蜂房”。赛斯-英夸特和格莱泽-霍尔斯特瑙在一边“接见朝臣”，“在他们周围忙碌地进出着奇奇怪怪的人”；但是这位被弄得莫名其妙的彬彬有礼的总理显然从来没有想到过要撵他们出去。

他已打定了主意，向希特勒的压力屈服并且自己辞职。在他还在和赛斯关起门来密谈的时候，他打了一个电话给墨索里尼，但是这位意大利领袖不能马上来接电话，于是几分钟后许士尼格挂断了这个电话。他认定，要求墨索里尼帮助“等于浪费时间”。甚至奥地利的这个自负的保护者，也在患难之际抛弃了它。几分钟后，当许士尼格要设法说服米克拉斯总统同意他辞职的时候，外交部送来了一个信息：“意大利政府说，在目前情况下它不能提供什么意见，如果要求它提供意见的话。”[25]

威廉·米克拉斯总统不是一个伟大的人物，但他是一个顽固的、正直的人。他勉强地接受了许士尼格的辞呈，但是他拒绝让赛斯-英夸特继任。他说：“这是完全办不到的。我们绝不会被吓倒。”他叫许士尼格通知德国人，拒绝接受他们的最后通牒。[26]

赛斯-英夸特很快地在下午5点30分把这件事报告给戈林。

赛斯-英夸特：总统已接受了［许士尼格的］辞呈……我提出要他把总理职位委任给我……但是他愿意委任给一个像安德那样的人……

339 戈林：这不行！绝对不行！必须立即告诉总统说，他一定得把联邦总理的权力交给你，接受照原来安排的那样的内阁。

这时电话中断了一下。赛斯-英夸特让米尔曼博士来接电话。米尔曼博士是许士尼格在贝希特斯加登曾经看到过在后面虎视眈眈的奥地利纳粹分子。他是戈林的朋友。

米尔曼：总统仍旧坚决不同意。我们三个纳粹党人想亲自去跟他说……他甚至不让我们见他。到现在为止，看来他仍然不愿让步。

戈林：让赛斯跟我通话。[对赛斯说]现在，记住下面这些话：你立即跟穆夫中将[德国武官]一起去告诉总统说，如果不立即接受条件，已经在向边境前进的部队将在今晚全线开入，奥地利就将停止存在……告诉他，现在没有时间开什么玩笑。现在的局势是，今晚将在奥地利全境开始入侵。只有我们在7点30分以前得悉米克拉斯已委任你为联邦总理，入侵才能防止，军队才能在边界上停下来……然后把全国各地的纳粹党人都叫出来。他们现在应当到街上去。因此要记住，必须在7点30分以前提出报告。如果米克拉斯不能在四小时内了解这点，我们将使他在四分钟内了解这点。

但是这位不屈不挠的总统仍然坚持不让。

6点30分，戈林又在跟凯普勒和赛斯-英夸特通电话。两人都报告说，米克拉斯总统拒绝同意他们。

戈林：那好吧，赛斯-英夸特必须把他废掉！只需上楼去告诉他，赛斯将动员纳粹党警卫队，五分钟后军队将奉我的命令开入。

在这个命令后，穆夫将军和凯普勒向总统提出了第二道军事最后通牒，威胁说，如果他不在一小时内即在7点30分以前屈服的话，德国军队将开入奥地利。米克拉斯后来作证说：“我告诉这两位先生，我拒绝这个最后通牒……只有奥地利才能决定由谁来当政府的首脑。”

这时奥地利纳粹分子已控制了街道和总理府。那天晚上我的妻子因难产而发生了危险，幸赖剖腹产手术才使婴儿得以诞生。6点钟光景，我从医院回来，从卡尔广场的地铁走出来时，发现四周尽是蜂拥冲向内城的大叫大喊、歇斯底里的纳粹暴徒。这些兴奋的面孔是我以前在纽伦堡的纳粹党的集会上曾经看见过的。他们在大声喊叫："胜利万岁！胜利万岁！希特勒万岁！希特勒万岁！吊死许士尼格！吊死许士尼格！”警察站在旁边，笑嘻
嘻地看着，而仅在几小时以前，我还曾看到他们毫不费事地驱散了一小批 340
纳粹分子。

许士尼格听到了这些暴徒的脚步声和叫喊声，这些声音把他吓坏了。他赶紧到总统办公室去做最后的请求。但是，他后来说：

> 米克拉斯总统坚定不移。他不愿委任一个纳粹分子为奥地利总理。我坚持要他委任赛斯–英夸特，于是他说道："你们现在都背弃我了，你们所有的人。”但是我觉得除了委任赛斯–英夸特外没有别的出路。我把还剩下的些微希望，寄托在他向我做过的一切诺言上，寄托在他作为一个虔诚的天主教徒和一个正直的人的个人名誉上。[27]

许士尼格到最后还抱住他的幻想不放。

这位下台的总理随后建议由他广播一篇告别演说和说明他为什么辞职。他说米克拉斯同意了这点，虽然这位总统后来否认如此。这是我所听见过的最感动人的广播演说，扩音器就装在离陶尔斐斯被纳粹分子用枪暗杀的地点约五步路的地方。

> ……［许士尼格说］德国政府今天交给米克拉斯总统一个最后通牒，还有一个时限，命令他任命德国政府所指定的一个人为总理……不然德国军队就将侵入奥地利。
>
> 我向全世界宣布，德国所发出的关于工人闹事、血流成河和局势已非奥地利政府所能控制的传说，是彻头彻尾的谎言。米克拉斯总统要我告诉奥地利人民，我们已向武力屈服，因为即使在这个可怕的时

刻，我们也不准备流血。我们已决定命令军队不做抵抗。*

因此，我用一句从我心底深处发出的德语告别语向奥地利人民告

341 别：上帝保佑奥地利！

总理告别了，但是顽强的总统却还不准备告别。戈林在许士尼格广播后不久打电话给穆夫将军时获悉了这点。戈林对他说："最好是米克拉斯辞职。"

穆夫回答："是啊，但是他不肯。这是很戏剧化的。我对他讲了差不多十五分钟。他说他绝不向武力屈服。"

"是这样吗，他不向武力屈服吗？"戈林不能相信这种话。

"他不向武力屈服。"这位将军重复道。

"那么说，他是要人撵他出去吗？"

穆夫说："是啊，他赖在那里不走。"

戈林笑道："嘿，养了十四个孩子，只好赖在那里不走。不管怎么样，叫赛斯去接过手来。"

仍然有那个电报问题没有解决，希特勒为了替他的侵略辩解，需要有那封电报。据在柏林总理府里跟元首在一起的巴本说，元首现在"处在一种接近于歇斯底里的状态"。顽强的奥地利总统正在挫败他的计划。还有赛斯-英夸特，因为他没有发那封要求希特勒派军队进入奥地利来平定骚乱的电报，希特勒怒不可遏，在3月11日晚上8点45分发出了入侵的命令。†三

---

* 在已经提到过的米克拉斯的战后作证中，他否认曾要求许士尼格说这种话，并说他甚至没有同意过应做这次广播讲话。同退职的总理所说的相反，总统当时还不准备向武力屈服。他说他对许士尼格说："事情还没有到我们必须屈服的地步。"他刚才还拒绝了德国第二个最后通牒。他很坚定。但是许士尼格的广播却破坏了他的地位和逼使他过早地摊牌。我们将看到，这位顽强的老总统还坚持了几个小时才屈服。在3月13日，他拒绝签署取消奥地利独立存在的德奥合并法令，这是赛斯-英夸特在希特勒坚持下颁布的。虽然他把他的总统职权交给了这位纳粹总理，因为他无法执行他的职权，但是他坚持说他没有正式辞去总统之职。他后来在维也纳法庭上解释："辞职未免太怯懦了。"但是这并不妨碍赛斯-英夸特在3月13日宣布，"总统在总理的请求下"已经"辞去他的职务"，他的"事务"移交给了总理。[28]

† 这个命令标着"绝密"字样，并且列为奥托军事行动方案第二号指令，它的部分内容如下："德国致奥地利政府的最后通牒的要求没有得到满足……为了避免奥地利城市中继续流血，德国武装部队将按照第一号指令在3月12日拂晓开始进入奥地利。我期望由于充分运用一切力量而使既定目标得以尽快实现。阿道夫·希特勒（签字）。"[29]

分钟后，在8点48分，戈林跟维也纳的凯普勒通了电话。

仔细听好。应由赛斯-英夸特把如下的电报发到这里来。用笔记下。

“在许士尼格政府辞职后认为本身任务是建立奥地利的安宁和秩序的临时奥地利政府，向德国政府发出紧急请求，要求支持它完成这个任务和帮助它防止流血事件，为此目的，它要求德国政府尽快派遣德国军队。”

凯普勒叫元帅放心，他一定立即把“电报”内容给赛斯-英夸特看。

戈林说：“他甚至不必发这个电报。他只需要说一声‘同意’就行了。”

一小时后凯普勒回电话给柏林。他说：“告诉元帅，赛斯-英夸特同意了。”* 342

这样，第二天我经过柏林街道时，发现《人民观察家报》刊载着这样触目惊心的标题：**日耳曼人的奥地利幸免于乱**。报上有戈培尔所捏造的描述维也纳大街上共产党骚动——殴斗、开枪、劫掠——的令人难以相信的消息，还有德国官方通讯社德意志通讯社所发的那个电报的内容，说是赛斯-英夸特在头天晚上发给希特勒的。实际上，战争结束时，在德国外交部的档案里找到了跟戈林所口授的完全相同的两份“电报”。巴本后来解释了它们是怎么会在那里的。他说，它们是过了一些时候由德国邮电部长所伪造而存放在政府档案里的。

希特勒在整个疯狂的下午和晚上都在焦急地等待着，不仅是等待米克拉斯总统屈服，也是在等待着墨索里尼的表示。这位奥地利保护者的沉默态度使人感到惴惴不安。在晚上10点25分，黑森亲王菲利普从罗马打电话

---

* 实际上，赛斯-英夸特一直到午夜以后很久还在努力使希特勒取消德国的入侵。德国外交部的备忘录透露，在3月12日凌晨2点10分，穆夫将军打电话到柏林，说他受赛斯-英夸特总理的嘱咐，要求“处于警戒状态的军队继续留在边境上，而不要越过边界”。凯普勒也到电话边上来支持这种请求。穆夫将军使一个规矩人，一个老派军官，似乎对他在维也纳扮演的角色感到为难。当柏林告诉他说希特勒拒绝停止进军时，他回答说他“对这种消息感到遗憾”。[30]

到总理府。希特勒亲自把电话抓过去。戈林的技术员记录了随后的交谈：

亲王：我才从威尼斯宫回来。意大利领袖以非常友好的态度对待整个事情。他向你问候……许士尼格告诉了他消息……墨索里尼说奥地利对他是无关紧要的。

希特勒心中一块石头落地，大喜过望。

希特勒：那么，请告诉墨索里尼，为了这件事，我将永远不会忘记他！

亲王：好的，阁下。

希特勒：永远不会，永远不会，永远不会，不论发生什么情况！我愿意跟他订一个完全不同的协议。

亲王：好的，阁下。我也曾把这点告诉过他。

希特勒：一俟奥地利事件解决，我愿意跟他一起共患难，同命运——不论发生任何情况！

亲王：好的，我的元首。

希特勒：听着！我愿意订任何协议。我已不再害怕万一我们发生冲突军事上会存在的可怕处境了。你可以告诉他，我的确是从心底里感谢他。我将永远不会，永远不会忘记这点。

亲王：好的，我的元首。

希特勒：我为了这件事将永远不会忘记他，不论发生什么情况。如果他万一需要什么帮助或者处于什么危险中的话，他可以确信，不论发生什么情况，即使整个世界联合起来对付他，我也将坚决和他在一起。

343 亲王：好的，我的元首。

那么，大不列颠、法国和国际联盟在这个危急关头又采取什么立场来制止德国对一个和平的邻邦的侵略呢？什么都没有。当时法国又处在无政府状态中。3月10日星期四，肖当总理和他的内阁辞职了。在戈林用电话把他的最后通牒告诉维也纳的决定性日子，即3月11日星期五，巴黎整天都没有人能采取什么行动。直到13日德奥合并已经宣布后，才有了一个由莱昂·布鲁姆组成的法国政府。

英国呢？在2月20日，就是许士尼格在贝希特斯加登屈服后的一个星期，外交大臣安东尼·艾登辞职了，主要是因为他反对张伯伦首相对墨索里尼的进一步姑息。接替他的是哈利法克斯勋爵。柏林对这种更动表示欢迎。张伯伦在贝希特斯加登最后通牒后向下院发表的演说，也受到柏林的欢迎。驻伦敦的德国大使馆在3月4日用电报把这篇演说详尽地报告给柏林。[31]据这份报告引张伯伦的话说，“［在贝希特斯加登］所发生的，只不过是两位政治家商定了改善他们两国之间关系的某些措施……看来很难认为，只是因为两位政治家商定了两个国家中的一个国家的某些内部变动——为两国的关系着想，是值得想望的变动——就可以说，一个国家已为另一个国家的利益而放弃了它的独立。相反地，在联邦总理2月24日发表的演说中，没有东西可以使人认为联邦总理［许士尼格］本人相信他的国家放弃了独立”。

据我本人当时获悉，维也纳的英国公使馆曾把希特勒在贝希特斯加登给许士尼格的最后通牒的详细内容告诉张伯伦，所以，3月2日向下院发表的这篇演说是令人惊奇的。* 但是它使希特勒感到高兴。希特勒知道，他可以进军奥地利而不致和英国发生什么纠葛。3月9日，新任德国外交部长里宾特洛甫到伦敦来结束他在大使馆的事务，在此以前他是驻英大使。他同张伯伦、哈利法克斯、国王和坎特伯雷大主教都进行了长谈。他向柏林报告说，他对英国首相和外交大臣的印象都“很好”。在和哈利法克斯勋爵进行了长时间的会谈后，里宾特洛甫在3月10日直接向希特勒报告，“如果奥地利问题不能和平解决”，英国会采取什么行动。根据他在伦敦的会谈，他基本上相信“英国不会对奥地利采取什么行动”。[33]

3月11日星期五，里宾特洛甫正在唐宁街跟首相和他的同事们共进午 344
餐，突然一个外交部的信使闯进来，交给张伯伦一批关于来自维也纳的惊

* 吉多·施密特在纽伦堡作证时说，他和许士尼格都把希特勒的最后通牒“详细地”告诉了“大国”的使节们。[32] 此外，据我所知，伦敦《泰晤士报》和《每日电讯报》驻维也纳的记者也用电话向他们各自的报纸做了详尽而准确的报道。

人消息的紧急电报。仅仅在几分钟以前，张伯伦还要求里宾特洛甫把“他所希望的解决德英关系的真诚愿望和坚定决心”告诉元首。现在，接到了这个奥地利来的、令人不快的消息后，这些政治家就到首相书房里去，张伯伦在那里向感到不自在的德国外交部长念了维也纳英国公使馆发来的关于希特勒最后通牒的两份电报。里宾特洛甫向希特勒报告说:“这次讨论是在紧张的气氛中进行的，一向平静的哈利法克斯勋爵比张伯伦还要激动，后者至少在外表上还显得平静和沉着。”里宾特洛甫对“这些报告的真实性”表示了怀疑，这似乎使他的英国主人们平静了下来，因为，他报告说:“我们的告别是完全亲切的，甚至哈利法克斯也恢复了平静。”* [34]

张伯伦对维也纳来的消息的反应，是命令驻柏林大使汉德逊写一个通牒给代理外交部长冯·牛赖特，说如果德国致奥地利最后通牒的消息是确实的话，“英王政府认为必须以最强烈的措辞提出抗议”。[35]但是在这么晚的时候提出一个形式上的外交上的抗议，希特勒是一点也不害怕的。第二天，3月12日，正当德国军队源源不断地开入奥地利的时候，牛赖特回了一个轻蔑的答复，[36]说奥德关系只是德国人民的事情，而不是英国政府的事情，并且再次撒谎说，并没有德国致奥地利的最后通牒，只是应新成立的奥地利政府的“紧急”请求才派遣军队前去的。他叫英国大使去看这个“已经公布在德国报纸上”的电报。†

希特勒在3月11日晚上唯一认真担心的是墨索里尼对他的侵略的反
345 应，‡ 不过，柏林对捷克斯洛伐克可能会怎样做也有些不放心。但是，不知

* 丘吉尔在《风暴欲临》(*The Gatthering Storm*)(第271—272页)中对这次午餐做了有趣的描述。

† 外交部的冯·魏茨泽克男爵3月12日致德国驻外使节供“参考和作为你们谈话指针之用的”通电中重复了这些谎言。魏茨泽克说，许士尼格关于德国最后通牒的话“纯属捏造”，接着告诉他的国外外交人员们说:“事实真相是，派遣军事部队的问题是新成立的奥地利政府所发的人所周知的电报中首次提出的。鉴于内战迫在眉睫，德国政府乃决定答应这种请求。”[37]这样，德国外交部不仅对外国外交人员撒了谎，而且对它自己的外交人员也撒了谎。在战后写的一本冗长而枉费心机的书里，魏茨泽克像许多为希特勒效劳的其他德国人一样，坚持说他是始终反纳粹的。

‡ 冯·曼施坦因元帅1946年8月9日在纽伦堡作证时强调说:“在希特勒给我们下进军奥地利的命令时，他主要担心的不是西方国家可能会干涉，他唯一担心的是意大利会怎样，因为看来意大利始终是袒护奥地利和哈布斯堡王室的。”[38]

疲倦的戈林很快就把这点解决了。虽然他正忙于用电话指导在维也纳的政变，他还是设法在这天晚上溜到飞行员之家（Haus der Flieger）去待了一会儿。他在那里以主人身份招待了1 000个高级官员和外交人员，举行了一个盛大晚会，欣赏了国家歌剧院的管弦乐队、歌唱家和芭蕾舞团的表演。当捷克驻柏林公使马斯特尼博士来到这个盛大的晚会上时，这位挂满勋章的元帅立即把他拉到一边，拿名誉向他担保说，捷克斯洛伐克不必对德国有什么恐惧，德国军队进入奥地利"只不过是一件家务事而已"，希特勒希望改善同布拉格的关系。反过来他要求捷克保证不会进行动员。马斯特尼博士离开了晚会，同布拉格的外交部长通了电话，然后回到晚会上去告诉戈林说，他的国家没有动员，捷克斯洛伐克无意干涉奥地利事件。戈林放下了心，重申了他的保证，并说他受权申明，希特勒也立誓支持这些保证。

也许，甚至机警的捷克总统爱德华·贝奈斯在那天晚上也来不及认识到，奥地利的灭亡也就意味着捷克斯洛伐克的灭亡。在那个周末，欧洲有些人认为捷克政府目光短浅，他们说，鉴于纳粹占领奥地利后，德国军队从三面包围了捷克斯洛伐克，后者在战略上就处于极不利的地位，又鉴于如果它出面拯救奥地利，可能会使俄国、法国和英国，还有国际联盟都同第三帝国发生冲突，而这是德国人所吃不消的，所以捷克人原该在3月11日晚上采取行动的，但是本书下文不久就要谈到的随后发生的情况，无疑使这种论据完全站不住脚。不久以后，当西方的两个民主大国和国联有一个更好的遏制希特勒的机会的时候，它们却退缩了。无论如何，许士尼格在这个多事的一天一直没有正式向伦敦、巴黎、布拉格或者日内瓦呼吁过。或许，如他的回忆录所说，他认为这不过是浪费时间而已。另一方面，米克拉斯总统则有这样的印象（这是他后来作证时说的）：奥地利政府马上把德国的最后通牒告诉了巴黎和伦敦，并且整个下午都在继续同法国政府和英国政府"会谈"，以图探明它们的"想法"。

当事情越来越清楚，它们的"想法"只不过是发发空洞的抗议的时候，米克拉斯总统在午夜前不久屈服了。他任命了赛斯-英夸特为总理，并接受了他的内阁部长们的名单。他后来难受地说："我在国内外都被完全抛弃了。"

希特勒向德国人民发表了一篇冠冕堂皇的声明，以他通常的蔑视真理的态度把他的侵略说成是正当的，并提出诺言说，奥地利人民将在“一346 次真正的公民投票”中选择他们的前途。这篇声明由戈培尔在3月12日中午在德国电台和奥地利电台加以宣读。然后，希特勒就出发到他的祖国去了。他受到了暴风雨般的欢迎。在每一个为了他的到来而匆忙装饰起来的乡村里，都有欢呼的人群。下午他到达了他的第一个目的地林茨，他曾在这里度过他的学童时代。在这里，对他的欢迎狂热至极，希特勒深受感动。第二天，在打了一个电报给墨索里尼——“为了这件事我将永远不会忘记你!”——以后，他在莱昂丁他的双亲的坟墓上放了一个花圈，然后回到林茨去发表了一篇演说：

> 在多年前离开这个市镇时，我怀着完全和今天心中所怀着的同样的信仰。在那么多年以后，我能够使这种信仰得以实现，由此可见我现在感动之深。如果上帝曾经叫我离开这个市镇去当德国的领袖，他这样做一定是赋予了我一个使命，而这个使命只能是使我亲爱的祖国重归德国。我相信这个使命，我活着为这个使命而斗争，我认为我现在已经把它实现了。

12日下午，赛斯-英夸特在希姆莱陪同下乘飞机到林茨来会见希特勒，并骄傲地宣称圣日耳曼条约第88条已经归于无效。该条约第88条确认奥地利的独立是不能让与的，并规定国际联盟为它的保证人。对于被奥地利群众的热情冲昏了头脑的希特勒来说，这还不够。他命令内政部次长威廉·施图卡特博士立即到林茨来。施图卡特是他的部长弗里克赶忙派到维也纳去拟定使希特勒成为奥地利总统的法律的。使这位法律专家多少有些感到意外的是，元首命令他，“草拟一项规定德奥完全合并的法律”，这是他后来在纽伦堡作证时说的。[39]

施图卡特在3月13日星期日把这个法律草案提交给在维也纳新成立的奥地利政府，这一天本是许士尼格的公民投票预定要举行的日子。上文已有述及，米克拉斯总统拒绝签署这个法律，但是已经接掌了总统权力的赛斯-英夸特签了字，并在当天深夜飞回林茨去把它提交给元首。它宣布了奥地利的终结。它开头说：“奥地利是德国的一省。”赛斯-英夸特后来回忆说，希特勒欢喜得掉下了眼泪。[40]这个所谓的德奥合并法还在同日由德国政府在林茨颁布，希特勒、戈林、里宾特洛甫、弗里克和赫斯在上面签了字。它规定在4月10日举行“一次自由而秘密的公民投票”，奥地利人可以在这次公民投票中决定“同德国合并的问题”。希特勒在3月18日宣布，德国人也要就德奥合并问题举行一次公民投票，同时还要举行国会的新选举。

希特勒直到3月14日星期一的下午，才凯旋进入他曾经在那里流浪过那
么久的维也纳。这是由于两件没有预见到的事而推迟的。尽管奥地利人由于 347
将在首都看到元首而高兴得如醉如狂，希姆莱却要求再给他一天的时间来完成安全措施。他已经在逮捕数以万计的“不可靠分子”，在几个星期内，单是维也纳一地就将达到79 000人。还有一件事就是，吹嘘得很厉害的德国装甲部队，竟在看到维也纳的山头以前就出了毛病而抛锚了。据约德尔说，约有70%的装甲车停在从萨尔茨堡和帕绍到维也纳的公路上，虽然指挥装甲部队的古德里安将军后来说，他的部队只有30%陷于停滞。无论如何，希特勒对这种延迟大为生气。他在维也纳只过了一夜，下榻在帝国饭店。

不过，衣锦荣归，回到这个他认为曾经冷待过他，使他在青年时期过着饥饿困苦的流浪生活，而现在又以极其热烈的欢欣心情来欢迎他的前帝国首都，不可能不使他兴致勃勃起来。无处不在的巴本由柏林乘飞机赶来维也纳参加庆祝，他赶到时，希特勒已站在哈布斯堡皇室故宫霍夫堡对面的检阅台上。巴本后来写道：“我只能说他是处在一种大喜若狂的状态中。”*

---

* 然而在这种大喜若狂的状态下面，为浅薄的巴本所没有察觉到的，可能在希特勒心里燃烧着一种要对在他青年时不赏识他的和他内心所逼使的城市和人民进行报复的感情。这可能是他只逗留了短时间的一部分原因。虽然在几个星期后他公开对维也纳市长说：“请放心，这个城市在我眼里是一颗明珠——我将把它安在一个配得上它的地方。”这大概是一种着眼在选举方面的宣传而不是他的内心情感的表现。这些内心情感是1943年在伯格霍夫举行的一次气氛激烈的会议上泄露给战争时期的维也纳纳粹党领袖兼行政长官巴尔杜尔·冯·席拉赫的。席拉赫在纽伦堡作证时叙述这个会议的情况说：

> 然后，我不妨说，元首开始以难以相信的无限仇恨来说维也纳人民的坏话……在凌晨4点的时候，希特勒突然说了一些我现在为了历史上的原因愿意加以复述的话。他说：“维也纳当初绝不应当被纳入大德意志联邦。”希特勒从来没有爱过维也纳。他恨维也纳的人民。[41]

巴本自己的节日情绪在3月14日当天就被破坏了。因为他获悉，他的亲密朋友和德国公使馆里的助手威廉·冯·凯特勒失踪了，迹象表明这是秘密警察干的卑鄙勾当。三年前，另一个朋友和公使馆里的合作者奇尔施基男爵，曾逃往英国以避开党卫军对他进行的谋杀。4月底，从多瑙河中捞出凯特勒的尸体，这是维也纳的秘密警察凶徒把他杀害后丢在这条河里的。

1938年3月15日，希特勒在维也纳霍夫堡广场阅兵。

他在以后四个星期中的大部分时间里都处于这种状态，这时他在德国和奥地利各地巡行，煽起群众的热情来对德奥合并投赞成票。但是在精神横溢的演说中，他仍不放过任何机会来中伤许士尼格，或者贩卖现在已经变成陈腔滥调的关于德奥合并是如何实现的那种谎言。在3月18日向国会
348 发表的演说中，他硬说许士尼格要举行“伪选举”而“食了言”，又说“只有一个发痴的、盲目的人”才会干出这种行为来。3月25日在柯尼斯堡发表的演说中，“伪选举”在希特勒心中已变成“这个可笑的喜剧”，希特勒声称，已发现一些信件，证明许士尼格曾有意欺骗他，拖延不履行贝希特斯加登协议，直到“一个较为有利的时刻来煽动外国反对德国”。

外国报纸曾对希特勒使用赤裸裸的武力和甚至不等公民投票的结果就宣布德奥合并的这种诡计加以嘲笑，希特勒在柯尼斯堡的演说中答复说：

某些外国报纸说，我们对奥地利使用了暴力方法。我只能说：它们甚至在死后也不能不说谎。我在政治斗争的过程中深得我的人民的爱戴，但是当我越过以前的边界［进入奥地利］时，我所看到的人民

> 的爱戴的表现却是我从未经历过的。我们不是作为暴君，而是作为解放者来到的……在这种印象的影响下，我乃决定不等到4月10日而立即实现合并……

如果说，这番话在外国人听来不大合乎逻辑或者不大老实的话，对德国人却无疑造成了很深刻的印象。在国会的演说结束之际，希特勒用充满感情的声音恳求说："德国人民，再给我四年任期，以便我现在可以利用已经实现的联合来为全体人民谋福利！"这时候，他受到了热烈的欢呼，其热烈的程度大大超过了他以往在这个讲台上受到的欢呼。

4月9日，即投票的前夕，元首在维也纳结束了他的竞选运动。这个曾作为一个衣衫褴褛、饥肠辘辘的流浪汉在这座城市的人行道上踯躅的人，不过四年前才在德国取得了霍亨索伦国王的权力，而现在又拥有了哈布斯堡皇帝的权力，不免充满了一种天赐使命之感。

> 我相信，是上帝的意志打发一个青年从这里到德国去，让他成长起来，把他培养成这个民族的领袖，以便使他能够领导他的祖国回到德国。
>
> 上苍自有它的意志，而我们都只不过是它的意志的执行人而已。3月9日许士尼格先生违背了他的协议，于是在那个瞬间，我就觉得现在上帝已对我发出了号召。以后三天里发生的事只能认为是上帝的这种愿望和意志的实现。
>
> 三天里，上帝惩罚了他们！……在发生背信行为那一天赐给了我天恩，使我能够把我的祖国同德国结合在一起！……
>
> 我现在要感谢上帝，他使我回到我的祖国，以便我现在可以领导
> 它同我的德国结合起来！明天愿每一个德国人都认识到这个时刻，估 349
> 量到它的意义，谦恭地在上帝面前低头，他在几个星期中已给我们带来了一个奇迹！

原来无疑会在3月13日对许士尼格投赞成票的奥地利人，有一大部分在4月10日也会向希特勒投赞成票，这是一个预定的结论。他们中间有许

多人真的认为，最后同不论什么样的德国，即使是纳粹德国，结合起来，是一种理想的和不可避免的结局，因为在1918年同原来的广大的斯拉夫和匈牙利内地割断了的奥地利，终究是不能依靠自己而体面地存在的，它只能作为德国的一部分而存在下去。除了这些奥地利人以外，还有狂热的纳粹分子，他们的人数正在迅速增加，因为不论找差使的人或是已有差使的人都为纳粹的成功所吸引，急于想改善他们的处境。在这个天主教徒占压倒多数的国家里，许多天主教徒无疑为红衣主教因尼策的一篇广为宣传的声明所左右，这篇声明对纳粹主义来到奥地利表示欢迎，并敦促教徒投赞成票。*

我认为，如果举行公正和诚实的选举，社会民主党人和许士尼格的天主教社会党人都能自由地公开进行竞选，在这次公民投票中投赞成票和反对票的数目可能是会差不多的。事实是，只有非常勇敢的奥地利人才敢投反对票。像在德国一样，选民们害怕不投赞成票会被查出来，这不是没有理由的。那个星期日下午，我在维也纳所参观的投票站中，各投票棚的角上都开着很大的裂缝，使坐在几英尺外的纳粹选举委员们能够清楚地看到人们怎么投票。在乡下选区里，差不多没有人愿意——或者敢于——在投票棚中秘密投票；他们都是公开投票的，让大家都能看到。我正好要在那天晚上7点30分广播，这是在投票结束后半小时，选票还正在开始点数。一个纳粹官员在我广播前竭力使我相信，奥地利人99%都会投赞成票的。这正是以后公布的官方数字——大德意志99.08%，奥地利99.75%的人投了赞成票。

因此，作为奥地利来说，在历史上它暂时消失了，它的名字被那个存心报复的奥地利人抹掉了，他现在已使它同德国合并了起来。奥地利的古老德文名字东部帝国（Österreich）被取消了。奥地利变成了东部边疆（Ostmark），但是很快就甚至连这个名字也不用了。柏林方面用区的行政建制来管理这个国家，区大体上相当于历史上的邦，如像蒂罗尔、萨尔茨堡、

* 几个月后，10月8日，圣斯蒂芬大教堂对面的红衣主教府邸遭到了纳粹无赖们的劫掠。因尼策终于懂得了民族社会主义是怎么一回事，并且在一次讲道中清楚表示反对纳粹对他的教会的迫害，但是已经为时太晚了。

施蒂里亚和卡林西亚。维也纳变成了德国的一个城市，一个区的行政中心，它渐渐地衰落了。这个前奥地利流浪汉出身的独裁者，把他的祖国从地图上擦去，并且使它一度光辉灿烂的首都失去了最后一点光荣和重要性，奥地利人中间产生失望情绪是不可避免的。 350

在头几个星期中，维也纳纳粹分子的行为比我在德国看见过的任何情况都要坏。他们肆无忌惮地发泄他们的虐待狂。日复一日，可以看到大批犹太男女在擦去人行道上许士尼格的口号和打扫街道。他们趴在地上做这种清洁工作，冲锋队员则站在旁边监视着，人们都围拢来侮辱这些犹太人：数以百计的犹太男女在大街上被抓去打扫公共厕所以及冲锋队和党卫军营房的厕所。还有成千上万的犹太人被关了起来。他们的财产被没收或者被盗窃。我从普洛斯尔胡同的寓所窗口望出去，看到一队队的党卫军人员从隔壁的罗斯柴尔德邸第里把银器、地毯、绘画和其他掠夺品用车子装走。路易·德·罗斯柴尔德男爵本人后来由于把他的钢铁厂交给了赫尔曼·戈林工厂作为买路费，才得以逃出维也纳。这个城市的18万犹太人，大约有一半是在战争开始以前由于把他们的财产交给纳粹分子才买到了移居国外的自由的。

海德里希在党卫军下面设立了一个特别机构“犹太移民局”，在人身自由上做发财生意。该局成了有权发给犹太人出国许可证的唯一纳粹机构。这个机构从开始到结束一直是由一个奥地利纳粹分子、希特勒的同乡、林茨来的卡尔·阿道夫·艾希曼主持的，它终于变成一个不是移民而是进行灭种的机构。它组织了对400多万人的屠杀，其中大部分是犹太人。希姆莱和海德里希也利用德奥合并的头几个星期留在奥地利的机会，在多瑙河北岸恩斯附近的毛特豪森设立了一个庞大的集中营。一再把千千万万的奥地利人运到德国的集中营去是太麻烦了。希姆莱认定，奥地利需要有一个自己的集中营。在第三帝国垮台以前，非奥地利被拘人员比本地被拘人员的数目还要多，而且毛特豪森是官方公布杀人最多的德国集中营（在东方的灭绝营是另外一回事）：在它存在的六年半中杀死了35 318人。

尽管在德奥合并后有希姆莱和海德里希所领导的秘密警察恐怖统治，还是有几十万德国人前来奥地利。因为他们可以用马克在奥地利享受到在德国多年吃不到的丰餐美食，在奥地利的优美无比的山水之间度过极便宜

位于奥地利恩斯附近的毛特豪森集中营，是纳粹统治下最早设立、最晚解放的集中营之一，1945年5月5日才由盟军解放。

的假期。德国商人和银行家蜂拥前来，以只占其本身价值极小一部分的代价购买被霸占的犹太人和反纳粹人士的产业。在这些笑容满面的来客中，也有那个别人仿效不来的沙赫特博士。他虽然跟希特勒发生过争执，却仍然是德国内阁中的一个部长（不管部长），仍然是国家银行的总裁。他对德奥合并感到大喜过望。他甚至在公民投票以前就到奥地利来代表国家银行接管奥地利国家银行，在3月21日对这家奥地利银行的职员们发表了演说。
351 沙赫特博士嘲笑了外国报纸对希特勒实现德奥合并的方法的批评，而坚决地为这些方法辩护。他说，德奥合并是“外国对我们实施的无数次背信弃义和残暴行为的结果”。

感谢上帝……阿道夫·希特勒已创造了德国意志和德国思想的一致。他用新加强的国防军来支持这种一致，然后，他终于使德国和奥地利的内在一致获得了外在形式……

凡是不全心全意支持阿道夫·希特勒的人，在我们这里是找不到前途的……国家银行将永远只是民族社会主义的，不然我将不再成为它的经理。

接着沙赫特博士使奥地利职员们宣誓“忠于和服从元首”。

沙赫特博士高声说道：“谁要是违背誓言，谁就是混蛋！”然后他领导他的听众们三呼“胜利万岁！（Sieg Heil！）”[42]

与此同时，许士尼格博士已被逮捕，而且受到了极其屈辱的待遇，很难使人相信这不是希特勒亲自布置的。他从3月12日到5月28日处于软禁之下，在这段时期内秘密警察想出了一些非常卑鄙的方法来不让他睡觉。然后他被带到了设在维也纳大都会饭店里的秘密警察总部去，在五层楼的小房间里又关了17个月。在那里，他被迫用发给他个人使用的毛巾去收拾党卫军卫兵的宿舍、脸盆、污水桶和厕所，并且被迫做秘密警察想出来的各种下贱工作。到他垮台后的第一周年，3月11日，他的体重已减少了58磅，然而党卫军医生却报告说他的健康状况极佳。许士尼格后来在他的书里描述了他在这些年受到单独禁闭和后来在达豪和萨克森豪森这种最坏的德国集中营里“在活死人中间”的生活。*

在他被逮捕以后不久，他被允许用请人在狱外代理的方法同前伯爵夫人维拉·捷尔宁结婚，她同前夫的婚姻关系已由教会法庭所取消。†在战争的最后几年里，她被允许带着1941年生的孩子和他在集中营里一起过活。他们竟能度过这种监禁的磨难而幸免一死，真是一个奇迹。到最后，另有一些在希特勒激怒下遭殃的显贵人士也和他们一样被关入集中营，如沙赫特博士、前法国总理莱昂·布鲁姆和他的夫人、尼莫拉牧师、一批高级将领、黑森亲王菲利普，亲王的妻子，意大利国王的女儿玛法尔达公主，被 352
党卫军1944年在布痕瓦尔德杀害，作为元首对她父亲维托里奥·埃马努埃莱背弃他投向盟国的报复。

1945年5月1日，这批显贵的囚徒匆促地从达豪南撤，以免被由西方

---

*《奥地利安魂曲》。

† 当时许士尼格是个鳏夫。

1945年4月29日，达豪集中营由美国军队解放。

挺进的美国军队所解放。他们到了南蒂罗尔山区的一个乡村里。秘密警察军官们给许士尼格看一张名单。根据希姆莱的命令，名单上的人要被处死，以免落入盟军之手。许士尼格看到他自己和他妻子的名字“清楚地印在上面”。他的心冷了半截。历尽困苦苟延了那么久——可是在最后一分钟还是不免一死！

然而，在5月4日，许士尼格却能够在日记中写道：

> 今天下午2点钟，警报！美国人！
> 一支美国部队接管了这个旅馆。
> 我们自由了！

希特勒不费一弹，而且没有受到其军队本来可以压倒他的大不列颠、法国和俄国的干涉，就为德国增加了700万子民，而且获得了一个对他将来的计划具有莫大价值的战略地位。不仅他的军队在三面包围着捷克斯洛伐克，而且他现在还拥有了维也纳——这个通向东南欧的大门。作为前奥匈帝国的首都，维也纳长期以来一直是中欧和东南欧的交通和贸易中心。现在这个神经中枢落在德国人手里了。

或许对希特勒来说，最重要的还是英法仍旧不肯动一根毫毛来阻止他。3月14日张伯伦在下院谈到希特勒在奥地利的既成事实，伦敦的德国大使馆用一连串紧急电报把辩论的经过情况报告给柏林。希特勒没有什么害怕的了。张伯伦说："无可动摇的事实是，没有什么事情能制止［奥地利］实际发生的事情——除非我国和其他国家当初准备使用武力。"

希特勒清楚地看出，这位英国首相不仅不愿意使用武力，甚至不愿意同其他大国协作来制止德国以后的行动。3月17日苏联政府建议在国际联盟内或国际联盟外举行一次各国会议，来考虑务使德国不再进行侵略的办法。张伯伦对举行这种会议表示了冷淡的态度，3月24日更在下院中公开拒绝了这种主张。他说："任何这类行动的不可避免的后果，只会加剧建立排外的国家集团的趋势，而这种集团一定是不利于欧洲和平的前途的。"显然，他忽视了或者没有认真看待罗马-柏林轴心或者德意日的三国反共公约。 353

在这篇演说中，张伯伦还宣布了他的政府的一个决定，这个决定一定使希特勒更为惬意了。他直率地拒绝了这种建议，即英国不仅应当保证在捷克斯洛伐克遭到攻击时去帮助它，而且应当在法国必须履行法捷协定的义务时支持法国。这个直截了当的声明使希特勒的问题轻松了许多。他现在知道，在他扑向一头羔羊时，英国将仍然袖手旁观。如果英国不采取什么行动，法国不是也会这样吗？他的以后几个月里的秘密文件表明，他确信法国也将这样。而且他知道，根据俄国同法国和捷克斯洛伐克分别缔结的协定的条款，苏联在法国未采取行动之前没有帮助捷克斯洛伐克的义务。他要立即实施他的计划，知道这些情况就完全够了。

希特勒在德奥合并成功后可以认为，那些态度勉强的德国将领不再会妨碍他了。如果他对这点还有些怀疑的话，那么弗里奇事件的结局当可消除这种怀疑。

我们前已谈到*，军事荣誉法庭审理冯·弗里奇将军被控男色罪一事在3月10日第一天开庭后就突然中断，因为戈林元帅和陆海军两位总司令被希特勒召去处理跟奥地利有关的更紧急的事务去了。审讯在3月17日恢复，但是由于中间发生了这样的大事，所以这次审讯必然变成虎头蛇尾的了。几个星期以前，高级将领们深信，当军事法庭揭穿了希姆莱和海德里希陷害弗里奇的难以相信的阴谋后，不仅他们的倒霉的总司令将复职，而且党卫军，或甚至还有第三帝国，可能甚至还有阿道夫·希特勒，都将动摇而垮台。结果却是一场泡影！2月4日，希特勒亲自接掌了武装部队的统率权，废黜了弗里奇和他周围的大部分高级将领，从而粉碎了旧军官团的迷梦。现在他又不发一枪地征服了奥地利。在这种惊人的胜利以后，德国没有谁再去为冯·弗里奇将军操什么心了，甚至那些宿将们也是如此。

不错，他很快洗雪清白了。在经过戈林——他现在可以装作是最公正的法官了——的一些威吓后，那个进行讹诈的积犯施密特在法庭上顶不住了，供认秘密警察曾威胁他，如不诬陷冯·弗里奇将军就要他的命（附带说一句，这个威胁在几天后实现了），并说，由于弗里奇跟确曾因好男色而受他讹诈的骑兵上尉冯·弗里施两个名字相似，他才得以进行这种诬陷。弗里奇或者陆军方面都没有做什么努力来揭露秘密警察的幕后作用，也没有揭露希姆莱和海德里希捏造假罪状的罪行。第二天，3月18日，审讯结
354 束，判决不言而喻是："证明没有犯所控罪行，应宣告无罪。"

这洗雪了冯·弗里奇将军个人的罪嫌，但是并没有使他复任原职，也没有使陆军恢复它以前在第三帝国中有一些独立性的那种地位。因为这次审讯是秘密进行的，所以公众并不知道这回事，也不知道其中所牵涉到的问题。3月25日，希特勒致电弗里奇，祝贺他"恢复健康"。仅此而已。

这位被黜的将军在法庭上不愿指控希姆莱，现在却采取了一个最后的无益的姿态。他要跟这个秘密警察头子决斗。由贝克将军亲自严格按照过去的军人传统拟就的挑战书，交给了冯·伦德施泰特将军，要他作为陆军年资最长的高级军官转交给党卫军头子。但是伦德施泰特有点害怕，把这封信在口袋里放了几个星期，最后竟给忘了。

---

* 见前章。

冯·弗里奇将军，以及他所代表的一切，很快就从德国生活中消失了。但是他最后到底代表的是什么？在12月里，他写了一封信给他的朋友玛戈·冯·舒茨巴尔男爵夫人，从信里可以看出，他像许多其他将军一样，在思想上陷入了多么可悲的混乱状态。

> 尽管元首在过去几年中取得了无可争辩的成功，但仍有许多人对前途愈来愈感到担心，这真是奇怪的现象……
>
> 在战争结束后不久，我就得出了这样的结论：如果德国要再度强大的话，我们必须在三个战斗中取得胜利：
>
> 1. 对工人阶级的战斗——希特勒已经打赢了这一仗。
> 2. 对天主教教会，或许说得更明确些是对教皇绝对权力主义。
> 3. 对犹太人。
>
> 我们正处在这些战斗的过程中，而对犹太人的战斗是特别困难的。我希望每个人都能认识到这个战斗的错综复杂性。[43]

1939年8月7日，正当战云密布之际，他写信给这位男爵夫人说："不论是在和平时期或者是在战争时期，在希特勒先生的德国都没有我的份儿。我将同我的团在一起，只是作为一个活靶子而已。因为我不能待在家里。"

这确实就是他所做的。1938年8月11日，他被任命为他的旧部第十二炮兵团的名誉团长，这是一个完全名誉性质的职衔。1939年9月22日，他在围攻华沙的时候，成了一个波兰机枪手的靶子。四天后，在一个寒冷、阴暗的雨天早晨，他在军事荣誉仪式下被埋葬在柏林。据我的日记所载，这是我在柏林的整个期间天气最糟的一天。

随着弗里奇在二十个月*以前被免去了德国陆军总司令的职务，希特勒已经对德国可能反对他的最后一个堡垒——老派的、传统的陆军军官阶层——取得了完全的胜利。现在，在1938年的春天，由于他在奥地利的妙计获得成功，他又进一步控制了陆军，表现出他的大胆的领导才能，强调只有他一人才能做出外交政策方面的决定，陆军的作用仅仅是提供武力 355

* 原文如此，应为两个月。——译者

或者武力威胁而已。而且，他不费一兵一卒就使陆军获得了把捷克斯洛伐克在军事上置于无法防御地位的战略位置。必须赶紧利用这种有利的战略位置。

4月21日，纳粹在奥地利举行公民投票后的十一天，希特勒召见武装
356 部队最高统帅部长官凯特尔将军讨论绿色方案。

注 释

1. 1937年12月21日给希特勒的电报，见《德国外交政策文件汇编》，第1卷，第486页。

2. 巴本：《回忆录》，第404页。

3. 同上，第406页。

4. 许士尼格：《奥地利安魂曲》，第12—19页。《纳粹的阴谋与侵略》，第5卷，第709—712页（纽伦堡文件2995-PS）。

5. 交给许士尼格的协定草案，见《德国外交政策文件汇编》，第1卷，第513—515页。

6.《纳粹的阴谋与侵略》，第5卷，第711页（纽伦堡文件2995-PS）。

7. 许士尼格：《奥地利安魂曲》，第23页。

8. 见上引纽伦堡文件2995-PS。

9. 关于希特勒的威胁，许士尼格在他的书中（第24页）和在纽伦堡的证词中（《纳粹的阴谋与侵略》，第5卷，第712页，纽伦堡文件2995-PS）说法略有不同，我都加以节略引用。

10.《奥地利安魂曲》，第24页。

11. 同上。

12. 同上，第25页，另见许士尼格的证词，见上引纽伦堡文件2995-PS。

13.《奥地利安魂曲》，第25页。

14.《纳粹的阴谋与侵略》，第4卷，第357页（纽伦堡文件1775-PS）。

15. 同上，第361页（纽伦堡文件1780-PS）。

16. 根据我在广播时所做的笔记。

17. 1938年2月25日发给德国外交部的“密”电，载《德国外交政策文件汇编》，第1卷，第546页。

18. 关于米克拉斯的证词，见《纳粹的阴谋与侵略》，附件A，第523页。巴本的建议，见他的《回忆录》，第425页。

19.《奥地利安魂曲》，第35—36页。

20.《纳粹的阴谋与侵略》，第4卷，第362页（纽伦堡文件1780-PS）。

21. 同上，第6卷，第911—912页（纽伦堡文件C-102）。

22. 同上，第913页（纽伦堡文件C-103）。

23.《德国外交政策文件汇编》，第1卷，第573—576页。

24.《纳粹的阴谋与侵略》，第5卷，第629—654页（纽伦堡文件2949-PS）。

25.《奥地利安魂曲》，第47页。

26. 1946年1月30日在反纳粹法庭审讯鲁道夫·诺伊迈尔博士时威廉·米克拉斯的证词。虽然这位前总统对于确切时日和这一重要的日子所发生的事情的确切经过已经记得不大清楚，

但是他的证词极有价值和有趣。《纳粹的阴谋与侵略》，附件A，第518—534页（纽伦堡文件3697-PS）。

27.《奥地利安魂曲》，第51页。

28. 见《纳粹的阴谋与侵略》，附件A，第525—534页（纽伦堡文件3697-PS），另见《纳粹的阴谋与侵略》，第5卷，第209页（纽伦堡文件2465-PS，2466-PS）。

29. 同上，第6卷，第1017页（纽伦堡文件C-182）。

30.《德国外交政策文件汇编》，第1卷，第584—586页。

31. 同上，第553—555页。

32.《主要战犯的审讯》，第16卷，第153页。

33.《德国外交政策文件汇编》，第1卷，第263页。

34. 同上，第273—275页。

35. 同上，第578页。

36.《纳粹的阴谋与侵略》，第1卷，第501—502页（纽伦堡文件3287-PS）。

37. 密码电全文载《德国外交政策文件汇编》，第1卷，第586—587页。

38.《主要战犯的审讯》，第20卷，第605页。

39. 同上，第15卷，第632页。

40. 1945年9月9日赛斯-英夸特在纽伦堡提出的备忘录，见《纳粹的阴谋与侵略》，第5卷，第961—992页（纽伦堡文件3254-PS）。

41.《主要战犯的审讯》，第14卷，第429页。

42. 沙赫特谈话的全文载《纳粹的阴谋与侵略》，第7卷，第394—402页（纽伦堡文件EC-297-A）。

43.《纳粹的阴谋与侵略》，第4卷，第585页（纽伦堡文件1947-PS）。

第十二章

通向慕尼黑的道路

绿色方案是对捷克斯洛伐克发动突然进攻的计划的代号。我们已经知道，它当初是冯·勃洛姆堡元帅在1937年6月24日制订的。后来，希特勒在11月5日向高级将领讲话时，又详细地做了说明。他告诫他们“对捷克人的突袭”应当“以闪电式的速度来进行”，而且可能“早在1938年”即予执行。*

显然，由于轻易就征服了奥地利，绿色方案已成为一项当务之急；这一计划必须立即根据当前形势加以修订，各项准备工作必须也随之开始。希特勒在1938年4月21日召见凯特尔正是为了这桩大事。第二天，新任命的元首军事副官鲁道夫·施蒙特少校，就整理好了一份讨论总结，内容分为三部分：“政治问题”、“军事决策”和“宣传”。[1]

希特勒拒绝了“不必有借口或理由就凭空进行战略进攻的建议”，因为他认为“世界舆论的反对可能引起严重的局势”。第二个办法是，“在经过一段时期能逐步导致危机从而导致战争的外交谈判之后再采取行动”，希特勒认为这也“是不足取的，因为那样以后捷克（绿色）方面就会有所防范”。元首认为，至少就当时而言，还是采取第三个办法为好，即“以一个

---

* 见本书原文第303—308页。

偶然事件（例如，在一个反德示威中杀害德国公使这样的事件）*为借口，发动闪电进攻”。我们记得，过去也曾计划过以这样的“事件”来为德国进攻奥地利制造口实，当时曾打算把巴本作为牺牲品。在希特勒匪帮的世界中，德国驻外使节肯定是随时可以牺牲的。

希特勒现在已成了德国的最高统帅，因为他已取得了亲自指挥三军的权力。他向凯特尔将军强调必须速战速决。357

> 采取军事行动的头四天，从政治上说，是决定性的。如果不能取得突出的军事胜利，肯定会发生欧洲的危机。既成事实一定能使外国认为军事干涉是没有希望的。

至于战争的宣传方面，现在还不是要用到戈培尔博士的时候，希特勒不过谈了一下“指导捷克斯洛伐克境内的日耳曼人的行动”的传单和那些“包含有恐吓捷克人的威胁”的传单。

希特勒现在决意要消灭的捷克斯洛伐克共和国是第一次世界大战后使德国人深恶痛绝的和约的产物。它也是捷克的两个杰出的知识分子托马斯·加里格·马萨里克和爱德华·贝奈斯亲手缔造出来的。马萨里克是一个马车夫的儿子，靠自学而成为一个大学者，并且成了这个国家的第一任总统。贝奈斯是一个农民的儿子，他靠半工半读，读完了布拉格大学和法国的三个高等学府，后来几乎是一再连续担任外交部长，在马萨里克于1935年退休以后出任第二任总统。16世纪时哈布斯堡帝国兼并了古老的波希米亚王国，捷克斯洛伐克现在又从这个帝国中分割出来，在1918年建国以后已发展成为中欧最民主、最进步、最文明、最繁荣的国家。

但是，就由于它是由几个不同的民族组成的，它从一开始就苦于一项国内问题，二十年来一直未能完全解决。这个问题就是少数民族的问题。捷克斯洛伐克国内有100万匈牙利人、50万卢西尼亚人和325万苏台德日耳曼人。这些民族都依恋不舍地仰望着他们的“祖国”——匈牙利、俄罗斯

---

* 括号中的话是原文就有的。

托马斯·加里格·马萨里克（1850—1937），捷克斯洛伐克共和国第一任总统。

爱德华·贝奈斯（1884—1948），1935年出任捷克斯洛伐克第二任总统。

和德意志，虽然苏台德人从来没有归属过德国（除了曾是组织松散的神圣罗马帝国的一部分）而只归属过奥地利。至少可以说，这些少数民族要求得到比已有的更多的自治。

就是在1 000万捷克斯洛伐克人中占四分之一的斯洛伐克人，也要求某种程度的自治。斯洛伐克人虽然在种族上和语言上同捷克人十分接近，在历史上、文化上和经济上的发展却迥然不同，主要是因为受了匈牙利人几百年统治的缘故。1918年5月30日，美国的捷克流亡者和斯洛伐克流亡者在匹兹堡签订了一项协定，规定斯洛伐克人有自己的政府、议会和法院。但是布拉格政府并不认为自己受这一协定的约束，也没有予以遵守。

可以肯定地说，同绝大多数其他国家，即使同西方国家，即使同美国境内的少数民族比起来，捷克斯洛伐克境内的少数民族也过得并不坏。他们不但享有充分的民主权利和公民权利——包括投票权在内——而且在某种程度上还有自己的学校，并且能保持他们自己的文化传统。少数民族政
358 党的领袖常常担任中央政府的部长。虽然如此，捷克人自己还没有完全摆脱奥地利人几百年压迫的影响，在解决少数民族问题方面还有许多欠缺之处。他们往往有沙文主义的表现，而且常常不讲究策略。我还记得我以前在那里的时候所体会到的斯洛伐克人对监禁伏伊特赫·图卡博士一事的愤慨。图卡在当时是一位有声望的教授，他以“叛国罪”被判处十五年徒刑，然而很难说除了争取斯洛伐克自治而外，他还犯了什么别的罪。最重要的是，少数民族集团感到捷克斯洛伐克政府并没有遵守马萨里克和贝奈斯在1919年的巴黎和会上所做的诺言，即建立类似瑞士那样的联邦制度。

大有讽刺意味的是，从下面要谈到的情况来看，苏台德日耳曼人在捷克斯洛伐克国家里过得相当好——肯定要比这个国家内任何其他少数民族过得好，而且也比在波兰和法西斯意大利的日耳曼少数民族过得好。他们固然憎恶在地方上作威作福仿佛土皇帝般的捷克官员，固然憎恶布拉格不时发生的对他们歧视的事件，他们固然失去了过去在哈布斯堡时代在波希米亚和摩拉维亚的统治地位，因而感到不甘心，但是，他们集居在新共和国绝大部分工业集中的西北部和西南部，生活日益繁荣富裕，而且随着时间的消逝，他们逐渐达到了同捷克人比较和睦地相处的状态，不过同时也一直在继续要求给他们以更多的自治，对他们在语言和文化方面的权利给

以更大的尊重。在希特勒崛起以前，那里并没有什么值得重视的要求更多权利的政治运动。苏台德区绝大多数的选票是投给社会民主党和其他民主党派的。

后来到了1933年，在希特勒当了总理以后，民族社会主义的病毒也感染了苏台德日耳曼人。那一年成立了苏台德德国人党（S.D.P.），领导人是一个举止温和的体操教员，名叫康拉德·亨莱因。到1935年，这个党就已经受到德国外交部的秘密资助，每月达15 000马克。[2]不到两年，它已得到了大部分苏台德日耳曼人的拥护，只有社会民主党人和共产党人留在外边。到合并奥地利的时候，亨莱因的三年来一直听命于柏林的党，已随时准备执行希特勒的命令了。

为了接受希特勒的命令，亨莱因曾在奥地利被并吞以后两周赶赴柏林，并且曾在3月28日同希特勒密谈过三小时，里宾特洛甫和赫斯当时也在场。据外交部的一份备忘录所载，希特勒的指示是，“苏台德德国人党应当提出捷克政府所不能接受的要求”。亨莱因本人对元首的意见总结为，“我们必须老是提出永远无法使我们满足的要求”。[3]

因此，捷克斯洛伐克境内日耳曼少数民族的困境，对希特勒来说，就像一年以后但泽之于波兰一样，不过是一个借口，以便让他用来在自己所垂涎的土地上制造纠纷，进行颠覆，用来迷惑其友邦，掩饰他的真实意图。359
至于这种真实意图到底是什么，希特勒已经在11月5日向军事领袖们所做的演说和绿色方案的头几个指示中表示得清清楚楚了：消灭捷克斯洛伐克，攫取它的领土与人民，使之归属第三帝国。尽管有了奥地利的先例，法国和英国的领导人仍然没有憬悟到这一点。整个春天和夏天，几乎一直到最后，张伯伦首相和达拉第总理同世界上其他绝大部分国家一起，显然还硬是由衷地相信，希特勒的全部要求，不过是要为捷克斯洛伐克境内他的同胞伸张正义而已。

事实上，当春天一天比一天暖和起来的时候，英国和法国政府还特意对捷克政府施加压力，要它给予苏台德日耳曼人以范围极广的让步。5月3日，德国新任驻伦敦大使赫伯特·冯·迪克森向柏林报告，哈利法克斯勋爵曾告诉他，英国政府不久将在布拉格采取一项步骤，“其目的在于劝说贝奈斯对苏台德日耳曼人表示最大限度的和解”。[4]四天以后，据德国公使向柏林报告说，驻布拉格的英、法公使就在5月7日采取了这一外交步骤，敦促捷克政府“尽最大限度”来满足苏台德人的要求。希特勒和里宾特洛甫看到英、法政府如此热心帮助，大概甚为高兴。

话虽如此说，在这一时期，隐藏德国的目标比过去更为必要。5月12日，亨莱因秘密访问了柏林威廉街。里宾特洛甫当即向他面授机宜，指示他当晚到伦敦去看英国外交大臣首席外交顾问罗伯特·凡西塔特爵士和其他英国官员时如何愚弄英国人。魏茨泽克所写的一份备忘录曾记下了应采取的方针如下：“亨莱因将在伦敦否认他是按柏林指示行动的……最后，亨莱因将谈到捷克政治结构逐步解体的问题，以便让那些以为自己仍能为保全这一政治结构而进行干涉的人士知难而退。”[5]同一天，德国驻布拉格公使打电报给里宾特洛甫，认为必须预先采取措施，来掩护公使馆给苏台德德国人党以津贴与指示的工作。

美国驻柏林大使休·R.威尔逊在5月14日拜访魏茨泽克，讨论了苏台德危机。魏茨泽克告诉他，德国人担心的是，捷克当局为了设法防止“捷克斯洛伐克的解体”正在处心积虑地挑起一次欧洲危机。两天以后，5月16日，施蒙特少校代表当时在上萨尔茨山休假的希特勒发出了一个紧急的而且是“绝密的”电报，询问最高统帅部，“一旦动员的话”，在捷克前线有多少个师“随时能在12小时以内挺进”。最高统帅部的蔡茨勒中校立即复电说“12个”。希特勒对此感到不满足，又去电追询：“请告各师番
360 号。”复电来了，列举了10个步兵师的番号，还加上了一个装甲师和一个山地师。[6]

希特勒越来越急于采取行动。第二天，即5月17日，他又向最高统帅部要有关捷克人在苏台德山区国境上建筑工事的确切情报。这些工事当时被称为捷克的马其诺防线。蔡茨勒当天就从柏林回复了一个很长的“绝密”电报，十分详尽地向元首报告了捷克防御工事的情况。他说明这些工事相当坚固。[7]

第一次危机：1938年5月

从5月20日那一个星期五开始的周末，演变成了一个危机的周末，后

来被称为“五月危机”。在此后48小时之中，伦敦、巴黎、布拉格和莫斯科的政府都惶惶不安，以为欧洲迫近战争之程度为1914年夏天以来所未有。这种情况也许主要是由于德国进攻捷克斯洛伐克的新计划可能泄露所致。这个计划是德军最高统帅部为希特勒所草拟并且在星期五向他提出的。无论如何，至少在布拉格和伦敦，人们都认为希特勒马上就要对捷克斯洛伐克发动侵略了。从这种看法出发，捷克人就开始动员，而英国、法国和俄国在各国政府认为已迫在眉睫的德国威胁面前也表现了坚定和团结的精神。此后这种精神就消失了，直到一场新的世界大战差点儿把它们消灭掉的时候才又重新出现。

5月20日星期五这一天，凯特尔将军打电报给当时在上萨尔茨山的希特勒，提出了绿色方案的新草案，这个草案是元首在4月21日会议上决定了总方针以后由凯特尔和他的助手一直在仔细拟订的。凯特尔在就新计划给领袖的一封极尽阿谀谄媚之能事的信中，说明新计划已考虑到了“由于奥地利并入德国而造成的局面”，新计划在“您，我的元首”予以批准并且在上面签字以前将不会同三军总司令进行讨论。

对“绿色方案”的新指示是1938年5月20日在柏林发出的，它是一个有趣而且重要的文件。它是后来全世界都熟知的纳粹式侵略计划的一个标本。

> ［新指示一开头就说］我无意在最近无缘无故即以军事行动粉碎捷克斯洛伐克。除非捷克斯洛伐克**境内**［原件为着重体］发生不可避免的局势，迫使我们采取行动，或者欧洲政局的演变给了我们以时不再来的特殊有利机会。[8]

文件中考虑了有三个可以“开始军事行动的政治上的可能性”，其中第一个，“不必有合适的外部借口就发动突然进攻”的可能被拒绝了。 361

> 最好在下列两种情况下采取军事行动：
>
> （a）经过一段时间的日益严重的外交争吵和军事准备所造成的紧张局面后，再利用这种局面来把战争罪过转嫁到敌方。

（b）根据某一件严重事件，发动闪电式进攻。这种事件使德国遭到无可忍受的挑衅，至少在世界上一部分舆论看来，是构成采取军事行动的道义上的理由。

方案（b）更为可取，无论从军事的还是政治的观点来看都是如此。

至于军事行动本身，则要求在四天之内就能取得这样的胜利，其后果足以“向企图干涉的敌国表明捷克军事地位业已绝望，同时向那些对捷克有领土要求的国家提供一种刺激，使之迅即联德反捷”。后一类国家是匈牙利和波兰，这个计划是把它们参加军事行动的可能性估计在内的。德国人认为，法国是否会遵守它对捷克人的义务很可以怀疑，但是“预计俄国将企图给捷克斯洛伐克以军事援助”。

德国最高统帅部，至少是凯特尔和希特勒，深信法国不会参战，因此只需“拨出最低限度的兵力来作为西线后卫”，并且还强调“全部兵力都必须用于进攻捷克斯洛伐克”。“陆军主力的任务”是在空军协助下“击溃捷克斯洛伐克陆军，尽快占领波希米亚和摩拉维亚”。

这将是一场总体战，在德国军人历来的作战计划中，这是第一次强调了指示中所说的“宣传战”和“经济战”的价值，并且把它们编进了全面的军事进攻计划之中。

宣传战［原件为着重体］一方面必须以威胁手段恫吓捷克人并瓦解其抵抗力；另一方面也必须给各少数民族以如何支援我们的军事行动的暗示，并且影响中立分子同情我们。

经济战［原件为着重体］的任务是使用一切经济资源来加速捷克的最后崩溃……在进行军事行动的同时，必须协助加强经济战的全面努力，其方法是迅速收集关于重要工厂的情报，并使各工厂尽速恢复生产。因此，在军事行动允许的范围内，保全捷克的各个工厂与各项工程一事可能对我们有决定性的意义。

这一纳粹侵略方式后来一直保持着基本未变，而且应用时取得了惊人的胜利，直到很久以后，到全世界对此有所警觉以后为止。362

5月20日中午刚过不久，德国驻布拉格公使发出了一封“火急绝密”的电报，向柏林报告，捷克外交部长刚才用电话通知他，捷克政府对“[德国] 军队在萨克森集结的消息颇感困惑”。他说，他已回答说“绝无任何理由对此惊惶”，但是他要求柏林，如果有什么行动的话，马上把情况通知他。

在这个震撼欧洲的周末的一系列紧张的外交来往中，这是第一炮。震撼的原因是人们担心希特勒即将再次行动，而且这一次免不了要发生大战。就我所知，英国和捷克的谍报局究竟根据什么得知德军在捷克边境集中的情报迄今还是秘密。不过，对于仍然因为德军占领奥地利而惊魂未定的欧洲来说，当时的情况不无蛛丝马迹可寻。5月19日，莱比锡有一家报纸曾发表了一则德军调动的消息。苏台德的纳粹领袖亨莱因曾在5月9日宣布他的党同捷克政府之间的谈判已告破裂，而且据说，他在5月14日自伦敦回国途中曾折赴贝希特斯加登会见希特勒并且仍然逗留未返。在苏台德发生了开枪射击的骚动。5月整整一个月中，戈培尔博士大肆渲染捷克对苏台德日耳曼人的“恐怖行动”的宣传战有增无已。紧张局势似乎正在趋向顶点。

当时，德军因为进行春季演习而有若干调动，特别是在东部地区，然而从缴获的德国文件中迄今没有找到任何足以表明当时在捷克边境有任何新的突然集结的证据。相反，倒有两份日期为5月21日的德国外交部的文件，上面有最高统帅部的约德尔上校写给威廉街的内部保证，说不论在西里西亚还是下奥地利都没有这样的集结。约德尔在不准备给外国人看到的函电中说，“除平时演习而外”并无他事。[9]然而，这也不是说，捷克边境就没有德国军队了。我们从上面已经知道，德军最高统帅部曾在5月16日答复希特勒的紧急询问时报告他说，在捷克边境有12个德国师“随时能在12小时内挺进”。

捷克或者英国的谍报局有没有可能从交换上述情况的电报中得到了什么风声呢？他们有没有可能已经知悉凯特尔在5月20日电呈希特勒批准“绿色方案”的新指示呢？因为第二天，捷克参谋总长克雷伊奇将军就告诉德国驻布拉格武官图桑上校说，他有“无可反驳的证据足以说明有8个到10个［德国］师在萨克森集结”。[10]有关德国师的数目的情报，相差并不太远，虽然关于它们部署的情况多少有些出入。不论怎么说，5月20日下午，在布拉格的赫拉德欣宫，在贝奈斯总统主持下举行了内阁紧急会议以
363 后，捷克人就决定立即实行部分动员。有一级服役年龄的后备兵应召入伍了，某些技术后备人员也动员起来了。捷克政府同两个月以前的奥地利人不一样，不准备不战而降。

捷克的动员，虽然只是部分的，也使希特勒暴跳如雷，柏林德国外交部送到上萨尔茨山来的电报也不能使他息怒。这些电报都是报告英、法大使一再来访，警告德国，侵犯捷克斯洛伐克就意味着一场欧洲大战的。

德国人从来没有受过像英国人在这个周末所施加的那种疲劳轰炸式的外交压力。英国大使内维尔·汉德逊爵士三番四次地访问德国外交部，询问德军调动的情况并且告诫德国要小心。汉德逊原来是张伯伦首相派到柏林来发挥他职业外交家的特长，以对希特勒进行姑息的，而他也确实尽了自己的长才。毫无疑问，他受到哈利法克斯勋爵和英国外交部的催促，因为这位温文尔雅的外交家对捷克人并没有多大同情，当时在柏林认识他的人都知道这一点。他在5月21日见了里宾特洛甫两次。第二天虽然是星期天，他还去见了外交部国务秘书冯·魏茨泽克，因为里宾特洛甫已经匆促应召到上萨尔茨山去见希特勒了。汉德逊递交了哈利法克斯本人的一封强调形势严峻的信件。在伦敦，英国的外交大臣也在这个安息日召见了德国大使，向他着重指出时局的严重。

从英国的这些外交来往中，德国人并不是没有注意到，英国政府虽然确实知道法国会驰援捷克斯洛伐克，却并没有明白声明英国也会这样做，德国大使冯·迪克森在见了哈利法克斯以后发回来的一份电报中就曾指出这一点。英国人肯做的，像迪克森所说哈利法克斯已做的那样，充其量不过是提出这种警告:“欧洲一旦发生战事，英国能否置身事外，殊难逆料。”[11]事实上，这也就是张伯伦政府充其量所肯做的——等到后来再要制止希特勒就为时已晚了。从那时起一直到最后，作者当年在柏林所得到的印象是，如果张伯伦直率告诉希特勒，英国将采取它后来在纳粹侵略面前终于采取的行动的话，元首是绝不会发动后来酿成第二次世界大战的冒险的。在研究了德国机密文件以后，我的这种印象就更大大地加深了。这就是这位好心肠的首相的致命的错误。

阿道夫·希特勒在他的贝希特斯加登山间别墅里反复思量，认为自己受到了捷克人的极大侮辱，也受到了支持他们的伦敦、巴黎甚至还有莫斯科的极大侮辱。对于这位德国独裁者来说，丢人之难堪，莫此为甚。尤其使他生气的是，他打算要犯的侵略罪行在将犯未犯之际就受到了控告。就 364
在这一个周末，他还审查了凯特尔所提出的关于“绿色方案”的新计划。不过这一方案现在不能立即执行了。他只好忍着一肚子气，命令柏林的外交部在星期一即5月23日告诉捷克公使，德国对捷克斯洛伐克没有任何侵略意图，德军在捷克边境集结的传闻毫无根据。布拉格、伦敦、巴黎和莫斯科的政府领导人都松了一口气。他们以为危机已经克服了，希特勒已经得到了一次教训。他现在想必已经懂得，他不能再像他在奥地利那样轻易地进行侵略而侥幸得逞了。

这些政治家们实在不怎么了解这位纳粹独裁者。

他在上萨尔茨山生了几天闷气，心中怒火如焚，要向捷克斯洛伐克，特别是贝奈斯总统报复，他认定后者是存心丢他的面子。5月28日，他突然出现在柏林，并且在总理府召集国防军高级军官，下达了一项重大决定。八个月以后，他亲自在对国会所做的演说中谈到这项决定的内容是：

> 我决心要一劳永逸地、彻底地解决苏台德问题。5月28日，我下令：
>
> 1. 应当进行准备，以便在10月2日以前对该国采取军事行动。
>
> 2. 我国在西线的防御工事应大大扩大，并且加紧进行……计划。立即动员96个师，开始先……[12]

他对在场的党羽戈林、凯特尔、布劳希奇、贝克、雷德尔海军上将、里宾特洛甫、牛赖特大声咆哮：“把捷克斯洛伐克从地图上抹掉，是我的不可动摇的意志！”[13]绿色方案再次提了出来，并且再次修改。

约德尔的日记说明了希特勒报仇心切的思想活动。

> 元首不想在目前挑起捷克问题的初衷，现在已经改变。原因是捷克军队在5月21日做了战略性的集结，而当时并不存在来自德国方面

的任何威胁，也不存在导致集结的丝毫理由。由于德国采取了克制态度，此一行动的后果损害了元首的威望，这是他不愿重见的。因此，在5月30日发布了关于“绿色方案”的新指示。[14]

希特勒5月30日签发的关于绿色方案的新指示，其细节与九天以前向希特勒提出的基本上并无不同。不过有两项重大的改变。5月31日指示的第一句话是“我无意在最近无缘无故即以军事行动粉碎捷克斯洛伐克”，而新指示却是这样开头的：“**我的不可变更的决心就是在最近即以军事行动粉**
365 **碎捷克斯洛伐克。**”

所谓“最近”的含义，已由凯特尔在一封随件附发的指示信中加以说明。他命令：“务须保证绿色方案最迟到1938年10月1日能够付诸执行。”[15]

这是希特勒不惜赴汤蹈火，不惜冒一次又一次危机，甚至不惜冒大战的危险也要锲而不舍，务见其成的一个日期。

将军们的动摇

约德尔在5月30日的日记中谈到希特勒签发关于“绿色方案”的新指示，也谈到因为新指示要求“在X日当天立即攻下捷克斯洛伐克……陆军原来的打算必须大加改变”。然后，他又写了下面这样一段话：

> 元首的直觉与陆军的意见之间又一次形成了尖锐的对比。元首的直觉是我们**必须**在今年就动手；陆军的意见是我们目前还不能动手，因为西方国家几乎肯定会干涉，而我们目前还不足以与之抗衡。[16]

这位有先见之明的国防军参谋已经指出，在希特勒和某些最高级将领之间出现了一条新的裂痕。不同意元首的侵略宏图的反对派是由陆军参谋总长路德维希·贝克将军所领导的，他从此以后就成了第三帝国内部反对希特勒的微弱的抵抗运动的领袖。后来，这位敏感、聪明、正派然而不能当机立断的将军还将在更广泛的方面同那位纳粹独裁者做斗争。然而，到1938年春天为止，虽然已经经过了四年多的民族社会主义的统治，贝克还只是从狭隘的本职范围以内的专业理由来反对元首。他的理由是，德国当时还没有强大到足以与西方国家——也许还有俄国——一决雌雄。

我们知道，贝克曾欢迎过希特勒上台，并且曾公开赞扬过元首不顾《凡尔赛和约》而重建德国征兵制。上文曾提到，早在1930年，当贝克还是一个无名的团长的时候，就曾挺身而出为他的三个因在军队中鼓吹纳粹主义而被控犯叛逆罪的部属辩护，而且还曾在最高法院为他们出庭作证。在他之前，希特勒也曾在那里出过庭，并提出警告说，在他当权之后，将会有“人头落地”的事。看来使他清醒过来的并不是元首对奥地利的侵略——那是贝克支持的——而是冯·弗里奇将军由于秘密警察的诬陷而人头落地这一事实。在擦去了障眼的尘翳以后，他开始看清了，希特勒不顾高级将领的忠告，处心积虑，不惜冒与英国、法国和俄国作战的风险的政策，如果付诸实施，就会使德国毁灭。

贝克对希特勒与凯特尔在4月21日的会谈曾有所风闻。希特勒在那次谈话中曾指示国防军加速制订进攻捷克斯洛伐克的计划。从5月5日开始， 366
贝克给新任陆军总司令冯·布劳希奇将军上了一系列的条陈，坚决反对这种行动。[17]文章写得十分精辟，对一切不容乐观之处痛陈利害，极为坦率，立论也是条分缕析，无懈可击。虽然贝克对英国和法国的意志力量，对两国领袖政治上的狡猾，对法国陆军的力量等估计过高，而且对捷克问题的结局的估计后来也证明是错误的，但是，就德国而言，他的长远预言最后看来都是一一应验，极其准确的。

贝克在5月5日的条陈中说，他深信，德国如果对捷克斯洛伐克发动进攻，就会引起欧洲大战，英国、法国和俄国都会反对德国，而美国将成为西方民主国家的兵工厂。德国要取胜，实无希望。仅仅缺乏原料这一点，就使它无法赢得战争。他认为，事实上，德国的“军事-经济状况比它在1917—1918年”德皇的军队开始崩溃时的处境还要糟糕。

5月28日，希特勒在“五月危机”以后，在总理府召见高级将领，叫嚣要在秋天就把捷克斯洛伐克从地图上抹掉，贝克当时也是在场听训的一个。他对元首的讲话仔细做了笔记。两天以后，就在希特勒签发关于“绿色方案”的新指示，规定要在10月1日发动进攻的那一天，贝克又给布劳希奇上了一个措辞更为尖锐的条陈，逐点批评了希特勒的论点。为了使那位谨慎的总司令能充分了解自己的意思，贝克亲自向他读了这个条陈。最后，布劳希奇已不大高兴，但贝克还是对这位比较浅薄的上级强调指出，在“最高级军事领导人”中间存在着危机，曾经造成混乱，如果不予解决的话，军队的命运，事实上，也是德国的命运，将是“一片漆黑”。几天以后，贝克又在6月3日给布劳希奇发出了另外一个条陈，他在其中声明，关于“绿色方案”的新指示，“从军事上看是不妥当的”，陆军参谋总部对此不表示同意。

虽然如此，希特勒还是一意孤行。从被缴获的“绿色方案”档案中可以看出，这年夏天，他变得越来越疯狂。他下令，例行的秋季演习必须提前，以便军队能准备就绪，可以随时出击，必须进行“突袭攻坚”的特种演习。凯特尔将军得到通知，“元首一再强调必须加速建筑西线的防御工事”。6月9日，希特勒又一次要关于捷克军备情况的情报，并且马上得到了一份有关捷克人所用的各种大小武器的详细报告。同一天，他又电询：“捷克的据点是否仍然由不满员的驻军防守？”他当时正在他的山间别墅避暑，周围都是些阿谀取宠的宵小之徒，他一直不断地玩火，情绪时而高涨，时而低沉。6月18日，他又发出了一项新的关于“绿色方案”的“总的原
367 则性指示”：

> 目前并无对德国发动先发制人的战争的危险……只有在我坚信……法国不会出兵，因此英国不会干涉之时，我才会决定对捷克斯洛伐克采取行动。

虽然如此，到7月7日，希特勒还是提出了**如果**法国和英国出面干涉该怎么办的几点“考虑”。他说，“第一点考虑”是要在荡平捷克而能移军西向以前“坚守西线”。事实上，当时已没有军队可以用来坚守西线，然而在他发热的脑子里却根本没有这个问题。他警告说，“俄国十有八九会进行干涉”，而且波兰是否就不进行干涉，他目前也还不敢肯定。这种后果必须提防，然而他并没有说如何提防。

希特勒当时远在上萨尔茨山，多少是处于与世隔绝的环境中，显然还没有听到陆军参谋总部高级军官中间的不同意见。尽管贝克再三上书布劳

希奇，这位参谋总长到7月间也已觉察到，他那拿不定主意的总司令并没有把他的意见上达元首。因此，贝克在7月中旬决定：还是不顾一切，做一番最后的努力，不论用什么方式把事情闹穿。7月16日，他给布劳希奇上了最后一个条陈。他要求陆军告诉希特勒停止备战。

> 在充分意识到这一行动的严重性而同时也充分意识到自己的责任的情况下，我认为，我有责任向武装部队最高统帅［指希特勒］迫切要求取消他对战争的准备并放弃以武力解决捷克问题的意图，除非军事状况有根本改变。就目前而言，我认为它是毫无希望的，这种意见也是参谋总部全体高级军官所共有的。

贝克亲自把这个条陈递交布劳希奇，并且口头补充一项建议：如果希特勒固执己见，陆军将领应采取一致行动。他还具体建议，在这种情况下，高级将领应立即全体总辞职。在第三帝国史上，他第一次提出了一个后来屡次在纽伦堡审讯中提出的问题：一个军官，除了对元首忠诚而外，还有没有更高的忠诚？在纽伦堡，许多将官以否定的回答来洗刷自己的战争罪行。他们说，他们必须服从命令。但是，贝克在7月16日却持有不同的见解，他坚持这种见解直到最后，虽然多半没有成功。他说，当良心、知识和责任不许可执行某项命令的时候，一个人对最高统帅的忠诚就有了“限度”。他觉得，将官们已经达到了这种限度。如果希特勒坚持要战争，他们就应当集体辞职。他认为，在这种情况下，战争就打不起来，因为那样就没有人来领导军队了。

德国陆军参谋总长在他一生中从来没有像现在这样大彻大悟。他的眼 368
睛去掉了阴翳，终于看到了德意志民族所面临的危险事大，一个意气用事、不惜冒大战之危险而执意要进攻一个弱小邻邦的歇斯底里的元首可能归于失败事小。第三帝国的全部蠢剧，它的暴虐，它的恐怖，它的腐败，它对古老的基督教精神的蔑视，忽然一下子都被这个一度亲纳粹的将军看透了。三天以后，7月19日，他再度去见布劳希奇，面陈他的这种觉悟。

他坚持说，将领们不但应当以罢工来阻止希特勒发动战争，而且应当出一把力量来清理第三帝国。德国人民和元首本人都必须免于党卫军和纳粹党棍的恐怖压迫。必须恢复法治的国家和社会。贝克把他的改革计划归纳如下：

> 拥护元首，反对战争，反对党魁统治，同教会和解，结束契卡恐怖，开放言论自由，恢复法制，削减拨给党的经费的半数，停建各种厅堂大厦，为平民建造住宅，发扬普鲁士的清廉朴素的传统。

贝克在政治上太天真了，他看不到，造成使他反感的当前德国局面的人正是希特勒自己，他所应负的责任要比其他任何一个人都大。虽然如此，贝克当前必须做的仍然是继续吓唬犹疑不决的布劳希奇，使他代表陆军向希特勒提出一项最后通牒，要他停止备战。为了达到这一目标，他安排在8月4日召集高级将领举行一次秘密会议。他准备了一篇振聋发聩的讲稿，由陆军总司令来宣读，要高级将领一致要求，不容许任何纳粹冒险引向武装冲突。出乎贝克意料的是，布劳希奇竟没有勇气来宣读。贝克无奈，只好宣读了他自己在7月16日上的条陈。它在大部分将官中间留下了深刻的印象，但是德国陆军高级军官的会议并没有采取什么决定性的行动就散了。他们没有勇气能够像他们的先辈在霍亨索伦皇帝和帝国总理面前一样，要希特勒悬崖勒马。

布劳希奇还是鼓足了勇气给希特勒看了贝克7月16日的条陈。希特勒的反应不是召见支持这一条陈的抗命的高级将领们，而是召见他们下面一级的军官，即陆军和空军各司令部的参谋长。这批人都是少壮派军官，希特勒以为自己只要鼓其如簧之舌，加一番煽惑就可使他们俯首听命。这批人在8月10日应召到了伯格霍夫——希特勒整整一个夏天几乎没有离开过他的山间别墅——在会餐以后面聆希特勒的演说，据当时在场并且把经过如实记入日记的约德尔说，这篇演说讲了将近三个小时之久。不过这一次，元首的辩才并没有像他原来所希望的那样有效。当时在场的约德尔和曼施坦因后来都谈到冯·维特斯海姆将军同希特勒之间发生了“一场极严重而
369 且最不愉快的冲突”。维特斯海姆是与会的高级军官，当时是威廉·亚当将军所指挥的西线陆军的内定参谋长。他直言不讳地提出了希特勒和最高统帅部避而不谈的关键问题：在几乎全部兵力用于进攻捷克斯洛伐克的情

况下，德国在西线已无防务可言，法国势将乘虚而入。他报告说，事实上，西壁防线无法坚持三个星期以上。

> 元首［约德尔在日记中说］闻言大怒，暴跳如雷，他说，情况要是果真如此，整个陆军就不值一文钱。“我告诉你，将军先生，［希特勒咆哮说］阵地必然能坚守，不是三个星期，而是三年！”[18]

用什么来守，他并没有说。8月4日，亚当将军曾向高级将领会议报告说，他在西线只有5个师可用，如与法军交战，势必寡不敌众。维特斯海姆大概也曾把同样的数字报告给希特勒，但是元首置若罔闻。约德尔虽然是一位精明的参谋，但是当时完全匍匐在领袖的魔力之下，会后颇感沮丧，认为将领们似乎并不了解希特勒的天才。

> 这种在陆军参谋总部中不幸极为流行的灭自己志气的意见［指维特斯海姆的意见］，所根据的理由有好几条。
>
> 第一条是，它［指参谋总部］未能摆脱对往事的回忆，而且认为自己对政治上的决定也应负责任，而不仅是服从并执行军事上的任务。应当承认，它是以固有的忠诚来执行这一任务的，然而内心却缺乏热忱，因为，归根到底，它并不相信元首的天才。而人们也许是会把他同查理十二*相比的。
>
> 这种失败主义（Miesmacherei）将不仅在政治上产生坏影响，因为人人都在谈论将领与元首之间的意见冲突了，而且在部队士气方面也要产生坏影响。这种情况正如水往低处流一样是势所必然的。不过，我毫不怀疑，在时机到来之际，元首是能振作士气的。[19]

约德尔也许还可以加上一句，希特勒也是能压平将军们的反叛的。据曼施坦因1946年在纽伦堡审讯时说，这次会议是希特勒允许军方可以提出

---

* 查理十二（1682—1718），瑞典国王，曾多次进行侵略战争，最后战死；有“北方狂人”之称。——译者

问题或进行讨论的最后一次会议。[20] 8月15日在于特博格阅兵时，希特勒对将军们重申，他已下定决心“以武力解决捷克问题”，这时已没有一个军官敢于——或者说获准——再发一言表示反对了。

贝克看到，自己之所以失败，主要是由于自己的袍泽弟兄们骨头太软。8月18日，他辞去了陆军参谋总长之职。他曾设法使布劳希奇步自己的后
370 尘，但是这位陆军总司令现在已如醉如痴地拜倒在希特勒的魔力之下，他当时正准备同一个狂热信仰纳粹主义的女人结婚，这一点无疑也起了很大的作用。* 哈塞尔这样说他：“布劳希奇耸一耸肩说：‘我是一个军人，服从是我的天职。’”[21]

在通常情况下，陆军参谋总长，特别是像贝克将军这样德高望重的人，在国家用兵之际辞职引退，本来会在军界引起震动，甚至在国外引起反响。但是，希特勒在这里又一次表现了他的权术。虽然他立即接受了贝克的辞呈，而且感到如释重负，他却严禁报纸，甚至政府和军方的官方公报中提到这件事情，并且命令退职的贝克和他的同僚军官严守秘密。理由是，在这千钧一发之际，不能让英法政府得知德国陆军首脑部有意见分歧。很可能，巴黎和伦敦在柏林10月底正式宣布这一消息之前，一直都蒙在鼓里。人们大可猜测，如果他们知道了这件事情的话，历史也许竟会走上另外一个方向，对元首的姑息也许不至于像后来那样严重。

贝克本人，从爱国和忠于军队的感情出发，也并没有想把他辞职的消息引起公众的注意。不过，他也颇为伤心失望，因为在同意并支持他反对战争的将级军官中竟没有一个人感到应当仿效他的榜样而辞职引退。他并不想劝他们这样做。哈塞尔后来说到他的时候说，他是一个“纯粹的克劳塞维茨，而没有一点布吕歇尔或者约克†的气味”，[22] 他是一个有原则、有思想的人，而不是一个能实际行动的人。身为陆军总司令的布劳希奇居然在德国历史的一个决定性的时刻把他甩掉，使他十分愤懑。贝克的传记作家和朋友在若干年后提到，这位将军每当提到他的上级的时候总是“极为愤懑”。在这种场合，他总是激动得浑身发

---

* 冯·布劳希奇在夏天同他的第一个妻子离了婚，9月24日同夏洛特·施密特夫人结婚。

† 克劳塞维茨（1780—1831），普鲁士将军和军事理论家；布吕歇尔（1742—1819），普鲁士元帅；约克（1759—1830），普鲁士元帅。——译者

颤，喃喃自语："布劳希奇在紧要关头把我甩掉了。"[23]

继贝克出任陆军参谋总长的是54岁的弗朗茨·哈尔德——不过他的任命被希特勒保守了几个星期的秘密，一直到危机过去才宣布。他出身于巴伐利亚的一个军人世家，他的父亲是一个将军。他本人原来受过炮兵训练，第一次世界大战时曾在巴伐利亚王太子鲁普雷希特的参谋部内担任过军官。在第一次世界大战后希特勒在慕尼黑活动的时代，他是罗姆的朋友，虽然这件事本来也许会引起柏林方面对他有某种猜疑，但他仍然升迁极快，前一年就已担任贝克的副手。实际上，是贝克向布劳希奇推荐哈尔德做自己的继承人的，因为他知道，他的副手同他的见解是一样的。

哈尔德担任德国陆军参谋总长，在巴伐利亚人中间和天主教徒中间还是第一个，这对军官团新教徒和普鲁士的传统是一次重大的改变。哈尔德 371
是一个博学多闻的人，特别喜欢数学与生物（我自己对他的第一个印象是，他看起来像一个大学数理教授），也是一个虔诚的教徒。他的品德与才干都足以无愧为贝克的继承人。问题是，他是否也像他那位卸任的上级那样缺乏在恰当的时机采取决定性行动的决心；而如果他并不缺少这种决心的话，他是否会在时机到来之际，具有那种毅力，能够不顾自己效忠于元首的誓言而毅然决然起来反对他。因为哈尔德同贝克一样，虽然并没有一开始就参加当时已在酝酿的反希特勒的密谋，然而并不是毫无所闻，而且显然也像贝克一样，是愿意给以支持的。他在出任参谋总长以后，在这第一次认真尝试推翻第三帝国独裁者的密谋中就成了关键性的人物。

反希特勒密谋的形成

在经过民族社会主义的五年半统治以后，对于那些反对希特勒的少数德国人来说，他们心里十分明白，只有陆军拥有能推翻他的实际力量。工人们、中产阶级和上层阶级，即使有此心也无此力。除纳粹党的组织而外，他们别无组织，当然更没有武装。虽然对于德国的"反抗"运动本书以后还有许多东西要写，然而，它自始至终都极为微弱，当然，它是由一小部分勇敢而正直的人领导的，却没有群众。

应当承认，仅仅维持本身的存在，在一个侦探密布的恐怖统治的警察国家内就已经是极其困难的事情了。而且，一个小小的集团——即使是一个较大的集团，如果有的话——怎么能起而反抗党卫军的机枪、坦克和火焰喷射器呢？

一开始的时候，对希特勒的任何反对都是发自文职人员，如上所述，对于将军们来说，纳粹制度挣脱了《凡尔赛和约》的束缚，给了他们以重建一支伟大的军队这个他们梦寐以求的传统任务，他们欢喜之不暇，也就说不上有什么反对。大有讽刺意味的是，起而领导反对派的文职人员都是曾为元首服务并且身居要职的人，其中大多数最初都曾对纳粹主义抱有热忱。这种热忱直到1937年他们开始认识到希特勒是在把德国引向一场几乎肯定要失败的战争时才归于消失。

这些最早开始觉醒的人中间有一个是莱比锡市长卡尔·格德勒。他原来是布吕宁任命的物价管制局局长，希特勒上台后继续担任该职三年之久。格德勒是一个保守派，从内心来说还是一个保皇党，他又是一个虔诚的新教徒，聪明能干，精力过人，然而失之不够谨慎与刚愎自用。他在1936年因为反对纳粹党人的排犹运动和疯狂扩军而同他们决裂，同时辞去了两项
372 职务，一心一意地进行反对希特勒的工作。他的第一个行动就是在1937年去法国、英国和美国，用心良苦地警告它们注意纳粹德国的危险。

稍后觉醒的两个后来终于也同谋反对希特勒的人是普鲁士财政部长约翰内斯·波比茨和沙赫特博士，两个人都曾因为在改组德国经济使之适应战争目的方面的卓著劳绩而得到过纳粹党的最高勋章——金质荣誉章。两个人都是到1938年才开始憬悟到希特勒的真实意图。两个人看来都因为过去的历史和本人的性格而没有受到反对派核心的完全信任。沙赫特太机会主义，哈塞尔在日记里曾说，这位国家银行总裁能够“说的是一回事，做的又是一回事”，他说贝克将军与冯·弗里奇将军对此也有同感。波比茨虽然才华过人，然而见异思迁。他是一个杰出的经济学家，也是一个优秀的希腊学者，同贝克将军和哈塞尔一起参加了星期三俱乐部，这是一个16名知识分子的组织，每周集会一次讨论哲学、历史、艺术、科学和文学的问题，它在时机成熟——或者不如说时机坐失——以后形成了反对派的中心之一。

乌尔里希·冯·哈塞尔成了反对派领导人的某种外交顾问式的人物。他在阿比西尼亚战争和西班牙内战时期曾任驻罗马大使，我们在上文中已经知道，他发出来的电报都是建议柏林如何使意大利同英国和法国纷争不已，从而使意大利站在德国一边。后来他开始担心，如果同法国和英国交战，这将会使德国导致致命的后果，即使德国与意大利结盟，这也会造成同样的结果。他所受的文化教养至深，因此对民族社会主义的粗鄙庸俗，除了嫌恶鄙弃而外，实在谈不上有什么好感。虽然如此，他可也没有自动弃官，不为这个政权服务。他是在希特勒1938年2月4日所策划的军事、政治、外交人事大改组中被刷掉的。哈塞尔出身于汉诺威贵族世家，妻子是德国海军的创始人冯·提尔皮茨海军元帅的女儿，全部气质都是一个纯粹的老派绅士。他同许多同阶级的人一样，看来非得要等到被纳粹党人一脚踢开后才有所震动而想做点什么来推翻他们。一旦过了这一关，这个敏感的、聪明的、矜持的人就专心致志地来从事这项工作，而到最后，我们会看到，他为此而献出了自己的生命，遭到了极惨的结局。

还有一些别的人，不那么知名，大多也比较年轻，从一开头就反对纳粹，逐渐结成了各种各样的反抗集团。其中有一个集团的一个杰出之士是埃瓦尔德·冯·克莱斯特。他是一个乡下绅士，是大诗人埃瓦尔德·冯·克莱斯特的后裔。同他亲密合作的有恩斯特·尼基施和法比安·冯·施拉布伦多夫。前者从前是一个社会民主党人，后来是《反抗报》的主编。后者是一个年轻的律师，是维多利亚女王的私人医生和心腹顾问冯·施托克马尔男爵的外曾孙。也有从前的工会领导人，例如：尤利乌斯·莱贝尔、雅各布·恺撒、威廉·洛伊施纳。两个秘密警察的官员：阿图尔·内贝（他是刑事警察的头子）和伯恩德·吉斯维乌斯（他是一个年 373
轻的职业警官），随着反抗密谋的发展而成为得力的助手。后者后来在纽伦堡审讯中成了美国检察官的宠儿，并且写过一本书，虽然大部分历史学家对这本书和它的作者的可靠性都打了很大的折扣，但它还是透露了反希特勒阴谋的许多真相。

还有德国许多名门望族的子弟：赫尔穆特·冯·毛奇伯爵，他是著名的毛奇元帅的侄曾孙，后来组织了一个由一批青年理想主义者组成的反抗集团，名为克莱绍集团；阿尔布雷希特·冯·伯恩施托夫伯爵，他是第一

1944年7月20日，刺杀希特勒的行动失败，乌尔里希·冯·哈塞尔被捕后在纳粹人民法院受审，他于1944年9月8日被处以死刑。

次世界大战时德国驻华盛顿大使的侄子；卡尔·路德维希·冯·古滕贝格男爵，他是直言无忌的天主教月刊的主编；迪特里希·潘霍华牧师，他的先人，不论父系母系都有过杰出的新教教士，他认为希特勒是反基督的，而且认为“把他消灭”是一个基督徒的天职。

几乎所有这些勇敢的人都曾不屈不挠地进行过斗争，最后终于被捕，在受到拷打之后，或者被绞死，或者被砍头，或者干脆被党卫军暗害。

有很长时间，这种文人的小小的反抗组织在吸引军人来参与他们的工作方面几乎毫无成就，冯·勃洛姆堡元帅在纽伦堡作证时说：“在1938—1939年以前，德国将领并不反对希特勒。既然他带来了他们所希望的结果，也就没有反对他的理由。”格德勒同冯·哈默施坦因曾有过若干接触，但是这位前德国陆军总司令在1934年就退休了，对现役将领没有什么影响。在纳粹政权的初期，施拉布伦多夫曾与卡纳里斯海军上将在德军最高统帅部谍报局内的主要助手汉斯·奥斯特上校有过联系，发现他不但坚决反对纳粹，而且愿意做文人和武人之间的桥梁。然而，直到1937—1938年的岁尾年头，在将军们受到一连串的震动以后，他们中间才有人开始警觉到这个纳粹独裁者对德国的危险。这些震动是，希特勒一定要打仗的决定，他对军事指挥系统的大改组，他亲自执掌军权的行动，他对冯·弗里奇将军卑劣的处置。1938年8月底在捷克危机日益紧迫之际，贝克将军的辞职起了进一步促人猛省的作用。虽然他的袍泽军官并没有如他所希望的那样，与他同时引退，但是，事情马上就很明显，这位下野的参谋总长是所有不易驾驭的将官们和文职的反抗领袖们的一个团结的中心。两个集团都尊敬他，信任他。

另外一重考虑，两个集团现在也都看清了：要制止希特勒，就必须用武力，而只有陆军有武力。然而陆军方面有谁能掌握它呢？不是哈默施坦因，甚至也不是贝克，因为他们都已退休了。大家明白，迫切需要的是联络上当时实际指挥驻防柏林内外的部队的将领，以便一旦举事就能立即采取有效行动。新任陆军参谋总长哈尔德将军实际上并无兵权。冯·布劳希
奇固然能号令全军，但是不能完全信任。密谋策划者认为，他的权威是有 374
用的，不过只有到最后一刻，才能让他预闻大事。

后来的事实是，很快就发现了有几位处于要害地位的将领愿意协助，后来也实际参加了酝酿中的密谋。其中有三个人掌握着可以决定大事成败的位置，他们是：埃尔温·冯·维茨勒本将军，他是举足轻重的第三军区司令，这一军区包括柏林和柏林周围地区；伯爵埃里希·冯·布罗克多夫-阿勒费尔德将军，他是波茨坦驻军司令，该驻军由第二十三步兵师组成；埃里希·霍普纳将军，他指挥驻在图林根的一个装甲师，在必要时，这个师能击退任何企图从慕尼黑来解救柏林的党卫军。

到8月底的时候，密谋分子的计划是：在希特勒最后下令进攻捷克斯洛伐克的时候，立即逮捕他，把他拉到他自己设立的人民法庭上去，控诉他轻举妄动地把德国投入欧洲大战，因而他失去执政的资格。与此同时，在一个短时期内实行军事独裁，然后再成立由社会上知名人士领导的临时政府，在适当的时期以后，组织一个保守的民主政府。

有两点考虑是这次政变成败所系的关键，而且与两个主要的政变策划人哈尔德将军与贝克将军有关。第一点是时间问题。哈尔德同最高统帅部安排好，把希特勒最后下令进攻捷克斯洛伐克的时间在48小时以前通知他个人。这样就可以使他有时间在德军越过捷克边境以前就把政变的计划

付诸实施。这样他不但可以逮捕希特勒，而且可以防止造成大战的致命的一步。

第二点是贝克必须在事先使将军们而且在事后还要（在计划中的对希特勒进行审讯时）使德国人民相信，进攻捷克斯洛伐克会使英法参战，从而酿成欧洲大战，而德国对这一战争并无准备，必然要归于失败。这本来是他在整个夏天所写的一系列条陈的中心思想，也是他现在所要做的一切——推翻希特勒以保全德国，使它免于一场他认为会使它毁灭的欧洲战争——的根本出发点。

然而，对贝克而且对世界大部分地区的前途极为不幸的是，结果证明对于爆发大战的可能性摸得更准的是希特勒，而不是新近辞职的参谋总长。贝克是一个有学识、有历史眼光的欧洲人，他料不到英国和法国居然会硬是牺牲自己的利益而不干涉德国对捷克斯洛伐克的进攻。他懂得历史，然而却不懂得当代的政治。而希特勒却懂得。他相当时期以来就已经感到越来越可以相信自己的判断：张伯伦首相宁肯牺牲捷克而不肯参战，而在这
375 种情况下，法国也不会履行它对布拉格的条约义务。

威廉街并没有漏过纽约报纸早在5月14日发表的一则电讯。他们驻伦敦的记者报道了张伯伦在阿斯特夫人家里吃饭时一次非正式的谈话。据记者们说，这位英国首相曾说，一旦德国发动进攻，不论英国还是法国，也许还有俄国，都不会出兵驰援，捷克这个国家不能按目前的形式存在下去，为了和平的利益，英国赞同把苏台德区划归德国。德国人也注意到，尽管在下院内提出了愤慨的质询，张伯伦并没有否认美国记者的电讯的真实性。

6月1日，张伯伦首相曾对英国记者发表了有一部分不能公开发表的谈话，两天以后，《泰晤士报》就开始发表一系列的社论来拆捷克人的台；它要求捷克政府允许国内各少数民族“自治”，“即使这意味着脱离捷克斯洛伐克”，它第一次建议以公民投票的办法来决定苏台德人和其他少数民族的要求。几天以后，伦敦德国大使馆报告柏林，《泰晤士报》的社论是根据张伯伦的不供发表的谈话写出来的，而且是反映了他的意见的。6月8日，冯·迪克森大使告诉威廉街，张伯伦政府将乐于见到苏台德地区脱离捷克斯洛伐克，只要这是由公民投票所决定的，而且“没有受到德国方面的强制措施的干扰”。[24]

所有这些想必是希特勒所乐于听到的。莫斯科来的消息也不坏。到6月底的时候，德国驻俄大使弗里德里希·维尔纳·冯·德·舒伦堡伯爵报告柏林说，苏联“极少可能出兵保卫一个资产阶级国家”，即捷克斯洛伐克。[25]到8月3日，里宾特洛甫通知德国各主要驻外使节说，不必担心英国、法国、俄国会对捷克斯洛伐克问题进行干涉。[26]

就在8月3日这一天，张伯伦派了朗西曼勋爵带着一项奇怪的使命到捷克斯洛伐克去充当苏台德危机的“调解人”。他到布拉格那天，我刚好在那里，在参加了记者招待会并且与他的随行人员谈话以后，我在日记上记着：“朗西曼的全部使命气味不正。”7月26日在下院宣布朗西曼将衔命出使的时候，张伯伦本人曾撒了一个在英国议会史上独一无二的谎言。首相说，他派朗西曼赴捷是“应捷克斯洛伐克政府请求”。事实上，朗西曼是张伯伦强迫捷克政府同意他去的。不过背后还有一个更大的骗局，人人都知道，张伯伦也知道，朗西曼要在捷克政府和苏台德人之间进行“调解”是不可 376
能而且是讲不通的。他们知道苏台德人的领袖亨莱因并不是一个能自作主张的人，他并不能参加谈判，目前的纠纷是布拉格和柏林之间的问题。从朗西曼到达捷克的当天晚上以及以后几天，我的日记表明，捷克人完全知道朗西曼是张伯伦派来为把苏台德区转交给希特勒一举铺平道路的。这是一个卑鄙的外交花招。

现在1938年的夏天已经几乎过完了。朗西曼仆仆往返于苏台德区和布拉格之间。对苏台德日耳曼人的友好姿态越来越多，对捷克政府的要求也越来越多，苏台德人要什么，就要捷克政府给什么。希特勒，他的将军们，他的外交部长也都忙得像发狂似的。8月23日，元首在基尔湾举行海军演习的时候，在“帕特里亚号”邮船上接待了匈牙利的摄政霍尔蒂海军上将和匈牙利政府的成员。希特勒告诉他们，他们如果要想在捷克的宴席上分尝一脔，就必须赶快采取行动。他说：“谁要想坐席，至少得帮厨。”[27]意大利大使贝尔纳多·阿托利科也是船上的贵宾。但是，当他追问里宾特洛甫“德国人对捷克斯洛伐克行动”的日子，以便墨索里尼能有所准备的时候，那位德国外交部长却顾左右而言他。很清楚，德国人并不完全信任他们的法西斯盟友能守得住秘密。对于波兰他们倒是完全相信的。整个夏天，驻华沙的冯·毛奇大使都在向柏林报告，波兰不但不愿让俄国人假道以军队和飞机援捷，而且波兰外交部长约瑟夫·贝克上校还对捷克的一块领土切申地区垂涎欲滴。贝克的致命的短视这时已表露出来，而那年夏天在欧洲这种短视的观点却是一个流行的观点，到头来将证明，这种短视的观点为害之大是他所不可能想象到的。

德军最高统帅部和陆军总司令部这时正在日夜工作，忙于草拟能使军队准备就绪好在10月1日向捷克斯洛伐克挺进的最后计划。8月24日，最高统帅部的约德尔上校给希特勒上了一个紧急条陈，强调“确定能给德国进行军事干涉以口实的‘事件’的**确切**日期，实为当务之急”。他解释说，X日的日期完全要根据它来决定。

> [他接着说]在X减1日*以前不能采取任何没有正当理由的事前行动。要不然的话，我们就会显得是蓄意制造这一事件的了。如果由于技术上的理由而认为这一事件应当安排在**晚上**的话，那么就不能以第二天为X日，X日必须再晚一天……之所以提出这一点的用意是想说明军方对这一事件极为关切，而且必须及时得悉元首的意图——因为
> 377 谍报局迄今并未奉命组织这一事件。[28]

到夏天将完的时候，突袭捷克斯洛伐克的周密准备显然已经诸事就绪。然而，如果法国人履行他们对捷克人的诺言而发动进攻的话，西线的防务怎么办？8月26日，希特勒出发到西线巡视工事，随行的有约德尔和负责建造西壁工事的工程师托特博士、希姆莱和党内其他官员。8月27日，指挥西线部队的威廉·亚当将军也参加巡视，在以后的两天中，他亲眼看到希特勒由于莱茵兰人对他的热烈欢迎感到乐极忘形，可是亚当将军这位直率而能干的巴伐利亚人并不感到高兴，而是大为吃惊。8月29日，在希特勒的专用车厢里演出了惊人的一幕。亚当突然要求同希特勒单独谈话。据这位将军后来说，希特勒在冷笑一下以后就屏退了希姆莱和其他的党羽。亚当二话不说，单刀直入地说明不论把西壁吹得如何天花乱坠，他用手下

---

* 指出兵进攻捷克斯洛伐克的前一天。——译者

现有的军队是守不住的，希特勒急躁了起来，并且对他发了一通长篇大论，大吹他已经使德国比英国和法国加起来还要强。

“谁要守不住这些工事，”希特勒咆哮说，“谁就是混蛋！”*

虽然如此，除了亚当以外的将领们心中对这一点的怀疑还是与日俱增。9月3日，希特勒在伯格霍夫召见了最高统帅部和陆军总司令部的首脑凯特尔和布劳希奇。当时议定，各野战部队应当在9月28日在德捷边境沿线进入阵地，最高统帅部必须在9月27日中午知悉X日究竟是哪一天。希特勒对“绿色方案”的作战计划还不满意，下令做了几处修改。据施蒙特少校所保存的有关这次会议的笔记，可以很清楚地看到，至少布劳希奇——凯特尔已谄媚成性难为直言了——再次提出了如何固守西线的问题。希特勒骗他说，他已经下令加速建筑西线的工事了。[30]

9月8日，海因里希·冯·施蒂尔普纳格尔将军来见约德尔。后者在日记中记下了这位将军对西线军事态势的悲观看法。他们两个人都清楚，希特勒的情绪由于受到刚刚开幕的纽伦堡纳粹党大会的狂热气氛的鼓动而大为高涨，已决意进攻捷克斯洛伐克，而根本不顾法国是否干涉。连一向乐观的约德尔也说：“我必须承认，我也感到担心。”

第二天，9月9日，希特勒把凯特尔、布劳希奇和哈尔德召到纽伦堡举行会议。这次会议从晚上10点一直开到第二天凌晨4点。据凯特尔后来对约德尔私下透露（约德尔后来把凯特尔的话写到了日记上），会上争论异乎寻常地激烈。哈尔德先前感到自己处境微妙，必须小心谨慎，因为身为要 378
在希特勒下进攻令时举事推翻他的密谋的主角，他却不得不十分详尽地解释参谋总部关于进攻捷克斯洛伐克的计划，后来他又感到十分难受，因为他眼看着希特勒把这一计划撕得粉碎，并且不但把他，还把布劳希奇痛骂一顿，骂他们胆小，骂他们在军事上无能。[31]约德尔在9月13日的日记里写道，纽伦堡的这一场面和德国陆军首脑人物中出现的“失败主义”使凯特尔感到“极度震惊”。

---

* 据约德尔在日记中说，希特勒用的字眼是Hundsfott（狗崽子），这是很重的话。[29]特尔福德·泰勒在其所著《剑与卐字》一书中，对此有详细的描写，材料就是以亚当将军尚未发表的回忆录为根据的。

> 向元首提出了陆军总司令部方面存在着失败主义……凯特尔宣称他绝不能容忍最高统帅部有任何军官再事批评埋怨，动摇犹豫，消极悲观……元首已经知道，陆军总司令［指布劳希奇］曾要所属将领支持他，来打开元首的眼界，让他看到他不顾一切希图一逞的冒险。他自己［指布劳希奇］已再也得不到元首的信任了。
>
> 因此纽伦堡的空气极为阴沉，全国都支持元首而唯独陆军高级将领却是例外，诚属不幸。

所有这一切都使少年气盛、自命不凡的约德尔大为扫兴，他已经把自己的前程完全寄托在希特勒身上了。

> 只有通过行动［这些将军们］才能光荣地弥补由于他们缺乏意志力量与服从精神所造成的损失。这是同1914年一样的问题。陆军方面抗命的例子只有一个，而这就是将军们的抗命。从根子上来说，这是由于他们骄傲自大。他们谁也不相信，谁也不服从，因为他们不承认元首的天才。许多人仍然把他看成是世界大战中区区一个下士，不知道他是俾斯麦以后最伟大的政治家。[32]

当时任陆军总司令部第一处处长并且参与哈尔德的密谋的冯·施蒂尔普纳格尔将军在9月8日同约德尔谈话时，曾向最高统帅部要求书面保证，保证陆军总司令部能提前五天得到希特勒进攻捷克的命令。约德尔答复说，由于气候难以预料，只能保证提前两天给予通知。虽然如此，对于反叛分子来说，这也已经够了。

不过，他们还需要另外一种保证——说到最后，他们究竟能否假定，如果希特勒决意进攻捷克斯洛伐克的话，英国和法国一定会对德宣战。为此，他们决定派密使去伦敦，不但要弄清英国政府的意图，而且如果必要，还要影响英国政府的决策。为此目的，将告诉英国政府：希特勒已决定在
379 秋季某一天进攻捷克，参谋总部是知悉这一日期的，也是反对此事的，如果英国能对希特勒坚决反对到底的话，参谋总部准备采取最有决定性的行动来防止此事。

第一个派出的密使是谍报局的奥斯特上校选派的埃瓦尔德·冯·克莱斯特，他在8月18日到达伦敦。当时早已急于要把希特勒在捷克斯洛伐克所要的任何东西都给他的汉德逊大使，从柏林电告英国外交部："在任何官方场合接待他［指克莱斯特］都是不明智的。"*虽然如此，外交大臣的首席外交顾问、伦敦方面反对姑息希特勒的主要人物之一罗伯特·凡西塔特爵士，在克莱斯特到达伦敦的当天下午就接见了他，而且当时仍然在野的温斯顿·丘吉尔也在第二天就接见了他。两个人都对来客的严肃和诚恳有极深的印象。克莱斯特对他们讲了他受命要讲的活，强调希特勒已定好日子对捷克人发动侵略，大部分将领是反对他的，并且将有所行动，然而如果英国继续姑息希特勒的话，那就是拆他们的台。如果英国和法国肯公开宣布，一旦希特勒对捷发动进攻，它们绝不袖手旁观，如果英国某些知名的政治家肯对德国发出严重的警告，指出纳粹侵略能造成的后果的话，那么，德国将领们就会起来制止希特勒。[34]

丘吉尔写了一封振奋人心的信，让他带回德国去鼓励他的同事：

> 我确信德国陆军或空军大举越过捷克斯洛伐克边境将引起世界大战。我像1914年7月底一样确信，英国将同法国一起出兵……我祈求诸位，千万不要在这一点上有所误信……†

凡西塔特对克莱斯特的警告颇为重视，因此曾立即就此事向英国首相与外交大臣提出报告。而且张伯伦虽然在给哈利法克斯勋爵的信中说他倾 380

---

* 据德国外交部8月6日的一项备忘录称，汉德逊曾在一个私人社交场合对在场的德国人说："英国不想为捷克斯洛伐克牺牲一兵一卒。任何合理的解决办法，只要不是动用武力的，都会得到同意。"[33]

† 克莱斯特于8月23日回柏林后给贝克、哈尔德、哈默施坦因、卡纳里斯、奥斯特和其他参与密谋的人看了丘吉尔的信。惠勒-本内特在其所著《权力的报应》一书中（第413页）说，根据法比安·冯·施拉布伦多夫在战后告诉他的材料，卡纳里斯曾将这封信分抄两份，一份留给自己，一份给贝克。原件则由克莱斯特藏在波美拉尼亚的施门青他的乡间别墅里。1944年7月20日谋害希特勒事件以后，为秘密警察所发现，克莱斯特因此被人民法庭处以死刑，于1945年4月16日判决执行。事实上，德国当局知道丘吉尔的信的内容要比反叛分子所能想象的早得多。我在德国外交部的档案中发现一份文件，上面标的是"温斯顿·丘吉尔给一个德国密使的一封信的内容摘录"，虽然原件并未标明日期，然而查明是1938年9月6日存档的。[35]

向于“对他［指克莱斯特］所说的话大打折扣”，他也还是说：“我不能肯定说我们不该有所行动。”[36]他的行动就是在制造了一些空气以后，在8月28日把汉德逊大使召回伦敦“有所咨询”。

他指示他驻柏林的大使做两件事情：首先，向希特勒提出严肃的警告；其次，秘密准备他同元首之间的“个人接触”。据汉德逊自己的说法，他劝首相放弃第一点要求。[37]至于第二点要求，汉德逊求之不得，当然乐于遵命。*

这是走向慕尼黑，走向希特勒最大的不流血胜利的第一个步骤。

柏林的密谋分子没有看到张伯伦的这种转向，还想进一步对英国政府提出警告。8月21日奥斯特上校派了一个使者去告诉英国驻柏林的武官，希特勒想在9月底侵入捷克斯洛伐克。他告诉英国人：“如果外国能以强硬行动使希特勒于最后一刻宣布放弃其目前的打算的话，他在受到这一打击后必将垮台。同样，一旦发生战争，法国和英国如能立即干涉，也会使这个政权倒台。”内维尔·汉德逊爵士尽责地把这一警告报告了伦敦，不过却把它说成是“显然是有偏向的，而且在很大程度上是宣传”。随着危机的越来越严重，这位温文尔雅的英国大使眼上的尘翳似乎也越来越厚了。

哈尔德将军隐隐感到密谋分子并没有能把他们的信息有效地通知英国人，因此在9月2日派了他自己的密使——已退休的陆军军官汉斯·伯姆-特特尔巴赫中校——前往伦敦，同英国陆军部和军事情报局取得联系。虽然照这位中校自己的说法，他曾见到了伦敦某些有名人物，然而他似乎并没有给他们留下什么深刻的印象。

最后，密谋分子只好利用德国外交部和驻英大使馆来进行最后的努力，设法使英国保持强硬。德国驻英大使馆的参赞兼临时代办是特奥多尔·科尔特，他的弟弟埃里希也在德国外交部任职，是里宾特洛甫的秘书处长。两个人都是冯·魏茨泽克男爵手下的红人。魏茨泽克身任德国外交部的国

---

* 这位大使7月18日从柏林写信给哈利法克斯勋爵说：“我真诚地认为现在是该由布拉格来认真扭转局面的时候了……如果贝奈斯不能满足亨莱因的要求的话，他也就不能满足任何一个苏台德领袖的要求……我们应该不惜对捷克人做恶人。”[38]亨莱因只是希特勒的一个工具，是在希特勒的命令下，把他的要求不断加码，以至于贝奈斯根本不可能“满足”他的要求。见本书原文第359页。连汉德逊这样一个人到了这个时候还不知道这一点，实在是难以设想的。

务秘书，无疑是外交部的大脑，他在战后曾大事宣扬自己反对纳粹的历史，然而却一直为希特勒和里宾特洛甫效命出力，几乎到最后。不过，从缴获 381 的德国外交部的文件中可以清楚地看出，他当时确是反对侵略捷克斯洛伐克的，理由同将领们相同，认为那样做，一定会引起战争，而战争又必然会导致失败。在魏茨泽克的默许之下，在同贝克、哈尔德、格德勒商量之后，密谋分子一致同意应由特奥多尔·科尔特去对唐宁街发出最后的警告。他身任大使馆参赞，访问英国当局是不会招人怀疑的。

他在9月5日见到了张伯伦的亲信霍拉斯·威尔逊爵士。威尔逊认为他的话极端重要、极端紧急，马上从后门把他带进了唐宁街外相官邸。他直率地告诉哈利法克斯，希特勒已计划在9月16日下总动员令，并且已确定至迟在10月1日进攻捷克斯洛伐克，德国陆军已准备在最后下进攻令时起事反对希特勒，如果英法态度坚定，此事定能成功。他也告诉哈利法克斯，希特勒9月12日在纽伦堡党代表大会的闭幕演说将是爆炸性的，很可能促使对捷克斯洛伐克摊牌，那将是英国站出来反对这个独夫的时候。[39]

科尔特虽然曾同唐宁街不断有个人接触，这次又向外交大臣坦率陈词，但也不知道当时伦敦的风向。然而，他同任何其他人一样，两天以后，看了9月7日伦敦《泰晤士报》一篇著名的社论以后，就恍然大悟了。这篇社论说：

> 捷克斯洛伐克政府值得考虑一下，是否应当完全排除某些人士曾表赞同的计划，也就是割弃某些异族居民所住的与其本种族的国家接壤的边缘地区，从而使捷克斯洛伐克成为一个更加单纯的国家的计划……可以想象，捷克斯洛伐克在种族上如能成为一个更单纯的国家，其利益将超过失去边境上苏台德日耳曼人地区的显著的不利。

这篇社论完全没有提到这样一个明显的事实：捷克人一旦把苏台德区割让给德国以后，将不但失去波希米亚周围作为天然防线的高山，而且也将失去他们的“马其诺防线”，从而在纳粹德国面前处于无险可守的地位。

虽然英国外交部很快就否认《泰晤士报》的社论代表政府的观点，科尔特第二天还是打电报给柏林说，这篇社论可能是“根据首相左右给予

《泰晤士报》编辑部的暗示”。其实岂止是可能呢！

目前在第二次世界大战以后危机重重的年月里，已很难回忆纽伦堡纳粹党代表大会期间对欧洲各国首都所造成的阴暗的、几乎难以忍受的紧张
382 气氛。这次大会是9月6日开始的，在9月12日达到高潮。希特勒预定在这一天向大会做闭幕演说，而世人则预料他将向全世界宣布对捷究竟是战是和的最后决定。我那个星期正在危机中心布拉格。令人奇怪的是，尽管有日耳曼人在苏台德区发动的武力骚动，尽管有柏林的威胁，有英法政府要它屈服的压力，有担心它们会对捷克斯洛伐克撒手不管的恐惧，捷克首都的气氛却比任何其他地方都要平静——至少外表上如此。

9月5日，贝奈斯总统看到，要挽救和平的话，已非由他来采取决定性的行动不可，于是在赫拉德欣宫召见了苏台德人的领袖孔特和西伯科夫斯基，通知他们以书面提出他们的全部要求。不论这些要求是什么，他都将接受。第二天，苏台德人的副领袖卡尔·赫尔曼·弗兰克叫道："我的天，他们给了我们一切。”不过，这却正是苏台德的政客们和他们在柏林的主子们最不愿见到的事情。9月7日，亨莱因就在德国的指示下，根据捷克警察在摩拉夫斯卡-俄斯特拉发有所谓过火行为这样说不过去的借口，而中断了同捷克政府之间的一切谈判。

9月10日，戈林在纽伦堡纳粹党大会上发表了一篇好战的演说。“欧罗巴的一块小小的地方在折磨着全人类……这个可怜的侏儒般的民族［指捷克人］在压迫着一个文明的民族，站在他们背后的是莫斯科和犹太鬼。”但是贝奈斯在同一天所做的广播一点也没有提到戈林的恶骂；那是一篇安详地、庄严地呼吁双方平心静气相见以诚的演说。

虽然表面上如此，捷克人骨子里却是紧张的。在贝奈斯博士讲完了话以后，我在捷克广播大厦的前厅遇见他时，看到他的脸色非常沉重，而且看起来完全意识到自己处境极为困难。威尔逊火车站和飞机场挤满了犹太人，争先恐后想得到一个位子转到安全一点的地方去。防毒面具也在这个周末分发给群众。巴黎来的消息说，法国政府因为看到有战争的危险而惊慌失措，伦敦来的消息说张伯伦在考虑采取豁出去的措施来满足希特勒的要求——当然，是以牺牲捷克为代价。

就在这种情况之下，全欧洲都在等待着希特勒9月12日在纽伦堡的讲话。然而，这位元首在党大会最后一天晚上对纽伦堡体育场上的如醉如狂的纳粹信徒发表的演说虽然粗鲁激烈，而且充满了对捷克国家，特别是对捷克总统的恶毒咒骂，却还并不是一份宣战书。他——至少在公开场合——没有宣布最后决定，事实上，我们从缴获的德国文件中知道，他早已确定以10月1日为越过捷克边界的日子。在纽伦堡的演说中，他不过要求捷克政府给予苏台德日耳曼人以“公平待遇”。要是它不照办的话，德国就要设法让它一定办到。

希特勒的这番发作，影响颇为可观。在苏台德地区，它引起了一场叛乱，经过两天激战，捷克政府赶紧派兵镇压并且宣布戒严之后方才平息。383
亨莱因偷渡边境到了德国，宣布现在唯一的解决办法就是把苏台德地区割让给德国。

我们已经看到，这正是在伦敦日益占上风的解决办法。然而必须首先得到法国的同意之后才能促使其实现。在希特勒讲话的第二天，即9月13日，法国内阁开了整整一天的会，内阁认为德国进攻已经迫在眉睫，然而在法国究竟应否履行对捷克斯洛伐克的条约义务这一点上陷入分裂，无法得出一致意见。当天晚上，英国大使埃里克·菲普斯爵士正在喜剧歌剧院观剧之际，中途被请去同达拉第总理进行紧急磋商，后者要求张伯伦立即设法同那位德国独裁者谈判，尽可能取得最好的结果。

可以猜想，张伯伦先生在这方面无须促驾。当天晚上11点，这位英国首相就给希特勒发出一份急电：

> 鉴于局势日益严重，我提议立即前来见你，以寻求和平解决办法。我提议乘飞机前来，并且准备就在明天启程。
>
> 请赐告你最早能在什么时候见我，并请赐告会面的地点，盼尽早赐复为感。[40]

两个小时以前，德国驻伦敦的代办特奥多尔·科尔特曾电告柏林，说张伯伦的新闻秘书告诉他，首相“已准备研究德国的多方面的建议，包括举行公民投票在内，协力促其实现，并且在公开场合加以鼓吹”。[41]

最后在慕尼黑臻于完成的投降就此开始。

张伯伦在贝希特斯加登：1938年9月15日

“我的天哪！”（“Ich bin vom Himmel gefallen!”）希特勒在看到张伯伦的电报时这样叫了起来。[42]他又惊又喜。那位掌握着大英帝国命运的人，那位已经是69岁高龄而且从来没有坐过飞机的人居然肯降尊纡贵，不惮做七小时的长途飞行到德国最僻远的贝希特斯加登来向他央求，真使他喜出望外。希特勒毫不客气，连建议在莱茵兰找一个地点相会都不愿意，而那样原是可以使路程缩短一半的。

384 英国人似乎认为首相之长途跋涉是要完成阿斯奎斯先生和爱德华·格雷爵士在1914年所没有做到的事情——警告德国：对小国的任何侵略，不但会引起法国而且会引起英国参战，联合反德。然而不论英国人方面如何热心*，从德国的秘密文件和以后的事态演变来看，希特勒很明白，张伯伦的行动对他说来是一个天赐良机。德国驻英大使馆早已报告过，说英国领导人准备倡议实行“德国的多方面建议”，元首十分肯定：张伯伦此次前来等于是进一步保证，英国和法国，将如他一贯认为的那样，不会为捷克斯洛伐克而出兵干涉。首相同他会面还不到一小时，这种事先的估计就成了确定的事实了。

会谈刚开始的时候，虽然希特勒照例只顾自己说话，双方还是有过一番外交上的小交锋。[43]张伯伦是9月15日中午在慕尼黑机场着陆的，然后就坐着一辆敞篷汽车到火车站，再从那里坐三小时的专车到贝希特斯加登。他看到一列一列满载德国军队和重炮的火车不断在他眼前开过。希特勒并没有到贝希特斯加登火车站来迎接，而是在伯格霍夫高高的台阶上等候他的贵宾。据德国方面的译员施密特博士后来回忆，这时下起雨来，空中一阵黑似一阵，乌云遮住了群山，时间已经是下午4点了，而张伯伦从天明

---

* 就是在英国报纸上和议会中对张伯伦的外交政策批评最严厉的人都热烈赞扬首相的贝希特斯加登之行。桂冠诗人约翰·梅斯菲尔德特意写了一首赞歌式的诗，登在9月16日的《泰晤士报》上，题为《内维尔·张伯伦》。

到现在一直都在赶路。

喝过了茶以后，希特勒和张伯伦到了二楼希特勒的书房，这就是七个月以前这位德国独裁者接见许士尼格的地方。在汉德逊大使的要求下，里宾特洛甫没有参加会谈。这使这位爱面子的德国外交部长大为恼怒，以致第二天竟拒绝把施密特关于会谈的笔记交给英国首相——这是一种罕见的然而典型的不礼貌行为——弄得张伯伦以后竟不能不光靠自己的脑子来回想希特勒和他的谈话。

希特勒首先讲话，就像他往常的演说一样，长篇大论地吹嘘他对德国人民、对国际和平、对英德亲善的丰功伟绩。他现在下定决心“不论用什么方法”都要解决一个问题。捷克斯洛伐克境内的三百万日耳曼人必须“重返”德国。*

> [据施密特的正式记录说]他希望不要对他的绝对的决心产生任何怀疑，他绝不能容忍一个小小的二等国家把有一千年历史的强大的德国看作仿佛是次一等的国家……他今年49岁，如果德国为捷克斯洛伐克问题而卷入一场世界大战的话，他希望他能以壮盛之年的全部精力领导德国度过危难……当然，如果由于这个问题而竟然引起世界大战，他将不胜遗憾。不过这种危险绝不能使他的决心有任何动摇……他为此准备迎接任何战争，甚至世界大战。世界上其他各国爱怎么办就怎么办，他绝不会后退一步。 385

希特勒滔滔不绝，大放厥词，张伯伦简直无法插一言。他的耐心实在惊人，然而也有限度。就在这个时候，他打断了希特勒的话头说：“如果元首已决定用武力来解决这个问题，甚至根本不想在我们之间讨论一下的话，那么为什么还要让我来？我浪费了时间了。”

德国独裁者没有想到别人这样同他顶嘴，因为这时已经没有任何一个德国人敢这样做了。张伯伦的反唇相讥看来起了一点作用，希特勒平静了

---

* 不论在同希特勒谈话时，还是在向下院报告时，对德国历史知识看来并不渊博的张伯伦，接受了那个不该使用的“重返”字眼。苏台德日耳曼人曾归属过奥地利，但是从来没有归属过德国。

下来。他认为他们可以谈一谈“最后是否也许还有和平解决希望的问题”。接着，他就猛然提出了他的建议。

> 英国是否愿意同意割让苏台德区？……按民族自决的原则做出的割让？

这一建议并没有使张伯伦感到震惊。说真的，他还表示满意，因为他们“现在终于接触到了问题的核心”。按照张伯伦根据自己的记忆所做的追述，他回答说，在他同阁员和法国人商量以前还不能把话说死。按照施密特在作口译时的速记记录，张伯伦确实说了这番话，不过他还加上了“**他可以代表个人说，他承认苏台德区脱离**［捷克斯洛伐克］**的原则……他希望回到英国向政府报告他的个人态度，并且取得政府的批准**”。

自从在贝希特斯加登做出这个投降以后，其他一切就跟着都来了。

显然，这一投降没有引起德国人的惊奇。就在贝希特斯加登会议的当儿，亨莱因从埃格尔给希特勒写了一封密信，上面标的日期是9月15日，正是他越过边境到德国的前夕。

> 我的元首：
>
> 我昨天通知英国代表团［指朗西曼代表团］，继续谈判……只能以实现同德国的统一为基础。
>
> 张伯伦很可能建议这样的统一。[44]

第二天，9月16日，德国外交部向驻华盛顿大使馆和驻其他若干国家首都的大使馆发出了下列密电：

> 元首昨天告诉张伯伦，他已下定最后决心要在最短的时间内用一切办法来结束苏台德区不可容忍的局面。现在要考虑的已不是苏台德
> 386 日耳曼人的自治问题，而是把这一地区割让给德国的问题。张伯伦个人已表示赞同，他现在正在同英国内阁商量并且同巴黎交换意见。元首与张伯伦之间下一次的会谈，计划在最近举行。[45]

在同希特勒的会谈快结束的时候，张伯伦总算从他那里挖出了一项保证：在他们两人再次会商以前，他不采取任何军事行动。这时候，首相对元首的话还是极为信任的，一两天以后，他在私人场合曾说："尽管我想我在他脸上可以看出这个人凶狠无情，我还是觉得他是一个在做了保证以后可以相信的人。"[46]

当张伯伦陶醉在这种自我安慰的幻想中的时候，希特勒却在一股劲儿地在政治上和军事上准备进攻捷克斯洛伐克。约德尔上校代表最高统帅部同宣传部制订了一项计划，他在日记中把它称为"在否认我们自己违反国际法方面的联合准备"。未来的战争将是一场残酷的战争，至少在德国方面来看是如此，而戈培尔博士的工作就是为纳粹的过火行为辩解。关于他如何撒谎的计划，制订得极为详细。[47]9月17日，希特勒指定最高统帅部的一名参谋去协助现在拜罗伊特郊外顿多夫的一座古堡中设立总部、从事其活动的亨莱因组织苏台德自由军团。苏台德自由军团装备着奥地利的武器，它从元首那里奉到的命令是：同捷克人不断保持"冲突和纠纷"。

9月18日这一天，张伯伦忙着争取他的内阁阁员和法国人同意他的投降政策。对于希特勒和他的将军们来说，这一天也是一个忙日子。5个军团（第二、第八、第十、第十二、第十四军团）共计36个师（包括3个装甲师）的行动时间表下达了。希特勒也批准了10个军团的指挥官人选。亚当将军，尽管桀骜不驯，仍然统率西线德军。奇怪的是，两个密谋反叛的退职将军居然也重新起用：贝克将军指挥第一军团，冯·哈默施坦因将军指挥第四军团。

为了对捷克进行最后打击，政治方面的准备也在加紧进行。缴获的德国外交部文件充满了不断对匈牙利和波兰增加压力，要它们参与分肥的文件，德国人甚至还拉斯洛伐克人下水来制造麻烦。9月20日，亨莱因鼓动他们把他们的自治条件提得"更加尖锐"。同一天，希特勒接见了匈牙利总理伊姆雷第和外交部长卡尼亚，对布达佩斯所表现的畏缩犹豫大加申斥。有一项外交部的备忘录曾详细地谈到这次会晤的情况。

> 首先，元首对这两位匈牙利先生斥责了匈牙利举棋不定的态度。
> 他，元首，已决意解决捷克问题，即使冒引起世界大战的危险也在所 387

不惜……［不过］他深信不论英国还是法国都不会干涉。匈牙利要参与大事，现在已是最后的机会了。它要是不参加的话，他就不能为匈牙利的利益说话。他的意见是，最好就是消灭捷克斯洛伐克……

他向匈牙利人提出两项要求：（1）匈牙利应当马上提出在它所希望取得的领土内进行公民投票的要求。（2）它对任何方面提出的关于确定捷克斯洛伐克新边界的建议应不做任何保证。[48]

从希特勒向匈牙利人说得很明白的话里可以看出，不论张伯伦愿意怎么办，就是残存的那个捷克斯洛伐克，希特勒也不打算让它长期存在。至于对英国首相：

元首宣称，他将把德国的要求直截了当地提交给张伯伦，他的意见是，军队的行动将能提供最能令人满意的解决办法。不过，还是有捷克人可能接受一切要求的危险。

在这位德国独裁者同毫不见疑的英国首相以后举行的历次会议上，这是他一直担心的危险。

在柏林的鼓动下，波兰政府在9月21日向捷克人提出，要求在有大量波兰人居住的切申地区举行公民投票，并且把部队开到了这一地区的边境。第二天，匈牙利政府也如法炮制。就在这一天，即9月22日，苏台德自由军团在德国党卫军的支援下侵占了为德国领土包围的两个捷克边境小城——阿斯和埃格尔。

9月22日，事实上在全欧洲都是一个紧张的日子，因为在那天早晨，张伯伦又再次出发到德国去同希特勒会谈了。现在必须简单回顾一下英国首相两次访问德国元首之间在伦敦做的事情。

在9月16日回到伦敦的当晚，张伯伦就召集了一次内阁会议，让他的阁员们了解希特勒的要求，同时电召朗西曼勋爵从布拉格回国提出建议。这些建议叫人大吃一惊。热衷于姑息希特勒的朗西曼居然比希特勒还要干脆。他主张把主要由苏台德人居住的地区立即移交德国，根本不必费事举行什么公民投票。他竭力主张以合法手段制止“各政党或个人”对德国在捷克斯洛伐克所作所为的一切批评。他要求捷克斯洛伐克，甚至在它的山地天险和防御工事已被剥夺因而已处于绝境以后，还要“改变它的外交政策，使各邻邦相信它绝不会向它们发动进攻或者由于对其他国家所负的义务而参与反对它们的任何侵略行为”。朗西曼在这个时候居然还会担心一个残存的捷克国家有对纳粹德国发动侵略的危险，似乎不可思议，但是，他 388
这种异想天开的建议，显然对英国内阁造成了深刻的印象，并且使张伯伦打算满足希特勒的要求的想法更加加强了。*

达拉第总理和他的外交部长乔治·博内9月18日到伦敦同英国内阁商量。根本没有考虑让捷克人参加。英国人和法国人不惜任何代价力求避免战争，没有花多少时间就商定共同提出一项一定要捷克人接受的建议。凡居民半数以上为苏台德日耳曼人的领土必须交给德国，以保证“和平得以维持而捷克斯洛伐克的根本利益亦得以确保安全”。英国和法国则另外同意一起做出一项“担保新边界不受无端侵略的国际保证”。这种保证将代替捷克斯洛伐克与法国和俄国之间现有的互助条约。对法国人来说，这是一条方便的下台阶的办法，在博内的带头之下（后来的局势演变证明，博内已决心在姑息希特勒方面胜过张伯伦），他们立刻抓住不放。然后就发生了下面的一番伪善的哀告：

[他们在给捷克的一次正式照会中说] 法英两国政府明白为了和平事业要求捷克斯洛伐克政府做出的是何等巨大的牺牲。但是由于这一事业既关系到欧洲全体，也关系到捷克斯洛伐克本身，它们认为，它们有责任一起坦率提出获致和平所必需的条件。

---

* 虽然朗西曼建议的要点在9月16日晚间即已提交内阁，但是报告本身直到9月21日才正式提出，而到9月28日才发表，这时由于事态的发展，已引不起人们的实际兴趣了。惠勒-本内特指出，这个报告有几部分让人看起来像是在9月21日以后写的。当朗西曼在9月16日早晨离开布拉格的时候，还没有一个人认为，甚至连希特勒和苏台德的领袖们都不认为，苏台德区能不经公民投票而交德国（见惠勒-本内特：《慕尼黑》[*Munich*]，第111—112页。朗西曼报告全文见《英国白皮书》第5847号，第1卷）。

而且，它们的行动也赶得很紧。德国的独裁者已经迫不及待了。

> 首相必须立即与希特勒先生重新会谈，至迟不超过星期三［9月22日］。若有可能，越早越好。我们因此感到我们必须请求你们尽早答复。[49]

就这样，英国和法国驻布拉格公使在9月19日中午一起向捷克政府递交了英法的建议。捷克政府在第二天以一项庄严的复照拒绝了这个建议，它的预言一样的解释是，接受这个建议将使捷克斯洛伐克“迟早置于德国的完全统治之下”。复照提醒法国注意它所负的条约义务，并且提醒法国注
389 意一旦捷克屈服以后法国在欧洲所处的地位，然后建议把整个苏台德问题按照1925年10月16日的德捷条约提付仲裁。*

但是，英国和法国根本不愿意让“条约神圣”这类原则来妨碍它们已确定要走的道路。9月20日下午5点钟，英法驻布拉格使馆刚刚接到拒绝照会，英国公使巴兹尔·牛顿爵士就警告捷克外交部长卡米尔·克罗夫塔博士，如果捷克政府坚持己见，英国就将不再过问捷克的命运。法国公使德拉克洛瓦先生也代表法国表示同意这一声明。

同时，伦敦和巴黎对捷克的照会也极不客气。张伯伦召集了核心内阁会议，并且整整一晚上都接通了巴黎的电话，不时同达拉第和博内通话。双方同意应当对布拉格继续施加压力，必须告诉捷克人，如果他们一意孤行的话，他们就不必指望能得到法国或者英国的什么援助。

这时，贝奈斯总统已明白他原来以为是朋友的人已经在打算抛弃他了。但他还是做了一次最后的努力，想至少能拉住法国。9月20日晚上8点刚过，他让克罗夫塔博士向德拉克洛瓦提出了下面这个决定命运的问题：一旦德国进攻的话，法国到底是否准备履行对捷克斯洛伐克的保证？到9月21日凌晨2点一刻，牛顿和德拉克洛瓦就把贝奈斯从床上请了起来，要求他收回拒绝英法建议的照会，并且声称，除非他撤回这一照会并且接受英

---

* 值得指出的是，不论英国政府还是法国政府在后来为自己导致慕尼黑屈服的政策辩护而公布文件的时候，都没有发表这个捷克照会。

法建议，否则捷克斯洛伐克只能单独对德作战。捷克总统要法国公使把这番话写成书面文字。他大概已经绝望了，然而还想留下一个历史的见证。[*]

第二天（9月21日）一整天，由于疲劳过度、睡眠不足和眼睁睁看着国家被人出卖、大祸即将临头而深感痛心的贝奈斯，同政府阁员、各党派领导人和统帅部高级将领进行商谈，他们在敌人威胁面前曾经表现出勇气，然而在被朋友和盟邦背弃的时候却开始动摇了。英法靠不住，那么俄国呢？就在那一天，苏联外交人民委员长李维诺夫在日内瓦发表了一篇演说，重申苏联将信守它同捷克斯洛伐克之间的条约。贝奈斯召见了苏联驻布拉格公使，后者也重申了李维诺夫的话。可怜的捷克人，他们这时才发现同俄国的条约规定，苏联人**只有在**法国出兵支援的**条件下**才能出兵，而法国人这时已经背约了。 390

9月21日下午，捷克政府屈服了，它接受了英法的计划。政府发表的一项公报愤懑地解释说："我们没有别的选择，因为我们被抛弃了。"在背地里，贝奈斯说得更干脆："我们被卑鄙地出卖了。"第二天，内阁辞了职，陆军总监扬·西罗维将军受命组成了"民族集中政府"。

张伯伦在戈德斯贝格：9月22—23日

虽然张伯伦给希特勒带来了后者在贝希特斯加登会谈中所要求的全部东西，但是他们在9月22日下午在莱茵河畔的小城戈德斯贝格再次会面的时候，两个人都感到不自在。德国代办在伦敦飞机场送张伯伦启程之后就立刻给柏林发了一个急电："张伯伦一行是带着沉重的心情动身的……毫无疑问，对张伯伦的政策的反对正在增强。"

希特勒则处在一种十分神经质的状态中。9月22日早晨，我正在举行会谈的德雷森饭店的阳台上吃早饭，眼看着希特勒走到河边去看他的游艇。

---

* 博内在这个历史关头所玩弄的阴谋诡计过于复杂，无法在这本关于德国历史的书中一一细述。抛开别的不说，他居然想方设法使法国和英国的阁员相信这样的谎言，说捷克政府要法国人声明他们不会为捷克斯洛伐克而战，这样它就可以有投降的借口。关于此事，可以参看惠勒-本内特：《慕尼黑》，赫伯特·里普卡：《慕尼黑前后》（*Munich, Before, and After*），佩蒂纳克斯：《法兰西的掘墓人》（*The Grave Diggers of France*）。

他看起来似乎患有一种奇怪的痉挛，每走几步路就要神经质地耸一耸右肩，左腿就往前一提，眼睛下面有一圈黑影。照我那天晚上在日记里记的话，他似乎已处在神经崩溃的边缘上。坐在我旁边的一位德国朋友轻轻地说了一声“啃地毯的人（Teppichfresser）！”他是暗中鄙视纳粹的一个报纸编辑，他给我解释说，过去几天中，希特勒为捷克问题而处于一种癫狂状态中，曾不止一次地完全失去自制，甚至趴到地上啃地毯的边。因此才叫他“啃地毯的人”。早一天晚上，我在德雷森饭店同几个纳粹党御用文人谈话时，我曾听到过有人用这个名字叫元首——当然，是小声叫的。[50]

张伯伦先生尽管由于国内对他的政策的反对越来越大而忧心忡忡，然而在到达戈德斯贝格和驱车到彼得霍夫的时候看来却精神极好。彼得霍夫是一个古堡式的旅馆，坐落在莱茵河对（右）岸的彼得斯贝格山顶上，张伯伦的行馆就设在这里。为了欢迎他，一路上不但挂着德国的卐字旗，也挂着英国的米字旗。他此来不但要满足希特勒在贝希特斯加登所提出的全部要求，而且还有所加码。现在已只需要确定细节了，正是为了这一点，他不但带来了霍拉斯·威尔逊爵士和威廉·斯特朗（后者是外交部的东欧事务专家），还带来了外交部文件与法律司的司长威廉·马尔金爵士。

391 这天下午，首相坐渡船渡过莱茵河到了德雷森饭店*，希特勒在那里等着他。这一次总算——至少在开头的时候——一直是张伯伦在说话。根据施密特博士冗长的记录来判断[51]，英国首相想必谈了足足一个小时以上。他先解释了自己在经过“吃力的谈判”以后，已经争取到不但使英法两国内阁而且使捷克政府也都接受了元首的要求，然后他就详尽地提出了实现这些要求的办法。他已经接受了朗西曼的建议，现在准备使苏台德区不经公民投票就转交给德国。至于杂居地区的前途，则可以交给由一个德国人、一个捷克人和一个中立国代表组成的三人委员会来决定。不仅如此，元首极为反感的捷克斯洛伐克同法国和俄国之间的互助条约也将以一项国际担保来代替，担保捷克斯洛伐克不致受到无故的进攻，而后者今后“应保持完全的中立”。

---

* 这家饭店是希特勒早年在纳粹党内的一个老朋友德雷森先生经营的。1934年6月29日晚间，元首就是从这里出发去杀死罗姆，随之实行血腥的清党的。这位纳粹领袖往往把这家饭店当作一个退思的地方，在这里考虑问题，决定疑难。

对于这位商人出身的爱好和平的英国首相来说，这一切看起来都是极简单、极合理、极合乎逻辑的。据一个在场目击的证人说，他以一种显然可见的自满心情停了下来等候希特勒的反应。

“我是否可以理解为英国、法国和捷克政府已协议把苏台德区转交德国？”希特勒问道。*据他后来告诉张伯伦，他对让步如此之大、如此之快不禁感到惊奇。

“是的。”首相微笑着回答。

“我极其抱歉，”希特勒说，“由于过去几天内形势的发展，这个计划已经再也没有什么用处了。”

据施密特博士后来回忆，张伯伦听了这话吓了一跳，他那猫头鹰似的脸因为又惊又气，涨得通红。不过显然一点也不是因为恨希特勒骗了他，恨希特勒像一个普通的敲竹杠的人一样，只要对方一答应，就立刻又涨价。几天以后首相对下院所做的一个报告中，说明了他自己在这一刻的感受：

> 我并不想要下院认为希特勒是在存心骗我——我从来没有这样
> 看——但是，我原来以为，当我回到戈德斯贝格的时候，我只需同他 392
> 细细地商量我带去的建议就够了；当他告诉我……这些建议不能接受的时候，对我是极大的震动……

张伯伦看到他以捷克人为牺牲而如此“吃力地”建立起的和平大厦就像纸牌搭成的一样垮了下来。他告诉希特勒，他“既感到失望，又感到奇怪。他应当有理由说元首已经从他那里得到他所要求的一切了”。

> 为了做到这一点，他［指张伯伦］把他的全部政治生命做了孤注一掷……他被英国某些人士指责为出卖了捷克斯洛伐克，向独裁者屈

* 希特勒知道捷克人已接受了英法建议。约德尔在日记里说，9月21日即张伯伦到达戈德斯贝格的前一天上午11点30分，他曾接到元首的一个副官的电话说：“元首五分钟以前接到消息说，布拉格据说已无条件接受。”约德尔还说，在12点45分的时候，“各处的负责人得到通知，继续准备‘绿色方案’，不过同时也必须为和平进军做好一切准备”。[52] 虽然如此，仍有可能，希特勒在英国首相向他解释英法建议的条款以前并不知道其具体内容。

膝投降，而且在那天早上离开英国的时候，确实还有人嘘他。

但是英国首相的个人不幸并没有打动元首的铁石心肠。他仍然要求，苏台德地区必须立即由德国予以**占领**。这一问题“至迟要在10月1日完全地、最后地解决”。他手头有张地图说明哪些领土必须立刻割让。

这样，据张伯伦后来告诉下院说，他心里“充满了凶事临头的预感”，只好退回到莱茵河彼岸去“考虑我该怎么办”。那天晚上，他在电话中同自己的阁僚以及法国政府的大员商量以后，几乎看不出有什么解决的希望，大家只好同意伦敦和巴黎应当在第二天通知捷克政府：它们不能再“继续承担建议捷克政府不要动员的责任”。*

这天晚上7点20分，凯特尔将军从戈德斯贝格打电话给陆军总部说：“[X日的] 日期还不能最后确定。继续按照计划进行准备。如果绿色方案执行的话，也不会在9月30日之前。如果提前执行，多半会临时修正。”[53]

这是因为阿道夫·希特勒自己这时也处在进退两难之中。当然张伯伦不知道，元首的真实意图，如他在5月危机以后在给最高统帅部的指示中所说的那样，是“以军事行动粉碎捷克斯洛伐克”。接受捷克人（不论多么不情愿）已同意接受的英法计划，不但可以把苏台德日耳曼人给予希特勒，而且可以有效地消灭捷克国家，因为此时它已毫无防御可言。然而这样就不是用军事行动了。而元首却已下定决心，不但一定要羞辱5月间惹恼了他的贝奈斯总统和捷克政府，而且要暴露西方国家没有骨头的可怜相。要做到这一点，至少必须要有军事占领。它可以像对奥地利的军事占领那样是不流血的，然而仍然必须是军事占领。对于傲慢的捷克人，至少得要报复到这种程度。

9月22日晚上，两个人并没有进一步接触，但是张伯伦在带着问题睡
393 了一夜，再加上在俯瞰着莱茵河的阳台上来回踱步了一早晨之后，吃完早饭就坐下来给希特勒写了一封信。他表示愿意把德国的这些新要求提交给捷克人，但是他不认为他们会接受。事实上，他毫不怀疑，如果德军立即占领的话，捷克人定将用武力抵抗。不过，既然各方面都已同意把苏台德

---

* 捷克动员于9月23日晚上10点30分开始。

区转交给德国，他还是愿意向布拉格建议，在该区正式移交以前，由苏台德日耳曼人自己来维持当地的法律和秩序。

对于这样一种妥协，希特勒听都不要听。他让英国首相等了几乎一整天，才终于回了一个措辞激烈的照会，再次长篇大论地重弹捷克人如何对不起德国人的老调，再次拒绝改变自己的态度，最后的结语是：只有战争“看来才能解决问题了”。张伯伦的答复很简短，他要求希特勒把新要求写成书面，“附上一张地图”。由他“作为调解人”送交布拉格。他最后说：“我看不出我在这里还有什么用处，因此我打算回英国。”

在这样做以前，他再次来到德雷森饭店同希特勒举行最后一次会议。会议从9月23日晚上10点30分开始。希特勒以备忘录的方式提出了他的要求并且附有地图。张伯伦发现自己面对着一个新的限期：捷克人应在9月26日也就是两天以后上午8点开始撤出割让地区，而在9月28日撤退完毕。

“这不是无异于下最后通牒吗！”张伯伦慨叹说。

“完全不是这么一回事。”希特勒立刻反驳。当张伯伦反唇相讥说这里用得上德文命令（Diktat）这个词的时候，希特勒回答说：“这根本不是什么命令。请看，文件上明明写着是‘备忘录’。”

这时，一个副官给元首送来了一份急电，他看了一眼就把它扔给了正在翻译的施密特并说：“把这念给张伯伦先生听。”

施密特遵命照念：“贝奈斯刚刚在电台上宣布捷克斯洛伐克实行总动员。”

据施密特后来回忆，房间里顿时一片死寂。然后，希特勒开口了：“当然，现在一切都定局了。捷克人根本不想把任何领土割让给德国。”

根据施密特的笔记，张伯伦不同意这种说法，继之就发生了一场激烈的争论。

> ［希特勒说］是捷克人先动员的。张伯伦对此表示不同意。是德国首先动员的……元首否认德国已经动员。

这样，谈话一直继续到凌晨1点多钟，最后，张伯伦问希特勒，德国

的备忘录是不是“果真绝无商量余地”，希特勒回答说确是如此。接着，
394 首相

> 回答说，继续会谈已无意义。他已经尽了他的最大努力，他的努力已归失败。他将带着沉重的心情离开，因为他到德国来的时候所抱的希望已成泡影。

那位德国独裁者并不愿意张伯伦就此脱钩而去，因此提出了一项“让步”。

“我很少给别人做过这样的事情，你是难得的一个。”他说得挺爽快，“我准备只给捷克人撤退的期限规定一个日期——10月1日——如果那样能便于你完成任务的话。”他一边说着，一边就拿一枝铅笔自己把日期改掉了。这当然根本不是什么让步。10月1日一直就是X日。*

然而对英国首相来说，这却似乎颇有作用。据施密特的记录，他曾说“元首在这方面的考虑，他十分领情”。不过，他又说，他不能对这项建议表示接受还是拒绝，他只能转达。

无论如何，僵局总算是打破了。当会谈在凌晨1点30分结束的时候，不论在此前发生了什么，两个人在个人关系方面似乎比他们初次会面以来的任何时候都要显得更亲近些。我自己有幸在25英尺之外一个看门人的小屋里（我在那里设了一个临时广播室）亲眼看到他们在离旅馆大门不远的地方道别。他们彼此的亲密态度使我感到惊奇。我当时听不见的话，施密特记下来了。

> 张伯伦真挚地同元首道别。他说他感到由于过去几天的会谈在他和元首之间已产生了一种相互信任的关系……他仍然希望目前困难的

---

* 德国的备忘录要求捷克任何武装部队，包括警察等在内，在10月1日以前撤出在地图上涂有红色的大片地区。此外还有许多涂有绿色的地区，其前途将由公民投票决定。在撤出地区的所有军事设施均应保持原状。一切商业的和运输的物资，“尤其是铁路车辆”，均应完整无损地转交给德国人。“最后，食品、货物、牲畜、原料等一概不得搬移。”[54]苏台德区的几十万捷克人甚至不许随身携带家用什物和自用的奶牛。

危机将能克服，那时他将本着同样的精神同元首讨论其他仍然悬而未决的问题。

元首感谢张伯伦的这一番话，并且告诉他，他也抱有同样的希望。他已经说过几次，捷克问题是他要在欧洲提出的最后一次领土要求。

希特勒否认还要攫取领土的声明看来对告辞回国的英国首相也留下了很深的印象，因为他随后在下院发表的报告中，曾强调指出希特勒作这番表示时“怀有极大的诚意”。

当张伯伦在将近凌晨2点回到旅馆时，有一个记者问他:“先生，局势是不是已经绝望了?” 395

张伯伦回答说:“我并不想这样说。现在一切要取决于捷克人怎么办了。”[55]

十分明显，他根本没想到，局势也要取决于德国人和他们那种荒谬绝伦的要求。

事实上，首相在9月24日回到伦敦后，就马上设法做他曾告诉希特勒他不会做的事情：说服英国内阁接受纳粹的新要求。不过，这次他碰到了没有料到的反对。海军大臣达夫·库珀坚决反对他。令人惊讶的是哈利法克斯勋爵也反对他，虽然十分勉强。张伯伦已控制不了他的内阁了。他同样也不能说服法国政府，后者在9月24日拒绝了戈德斯贝格备忘录，并且在同一天下令部分动员。

当达拉第总理率领法国部长们在星期天（9月25日）到达伦敦的时候，两国政府都已知道了捷克政府正式拒绝戈德斯贝格建议的行动。* 法国人除了重申他们将履行自己的诺言在捷克斯洛伐克受到攻击时予以援助而外，再没有别的路可走。但是他们还得了解一下英国人打算怎么办。在被逼得走投无路的情况下（或者看起来是这样的情况下），张伯伦最后同意通知希特勒，如果法国由于履行其对捷克人的条约义务而与德国交战的话，英国也将感到必须予以支持。

---

* 捷克的答复是一个动人而有预言性的文件。它说，戈德斯贝格建议“剥夺了我们维护民族生存的一切保障”。[56]

1938年9月26日，法国总理达拉第抵达唐宁街10号就苏台德问题与英国政府举行会谈。

但是，他要先向德国独裁者做一次最后的呼吁。希特勒原定9月26日要在柏林体育馆发表演说。为了劝诱希特勒不要把文章做绝，张伯伦又一次赶写了一封亲笔信给希特勒，并且在9月26日下午由他的心腹霍拉斯·威尔逊爵士乘专机赶送到柏林。

9月24日凌晨张伯伦离开德雷森饭店以后，德国人就陷入了忧虑之中。战争现在看来就在面前了，他们中间至少有一些人并不怎么高兴。这天凌晨作者留在旅馆休息室里还在吃着头一天晚上耽误了的晚饭。戈林、戈培尔、里宾特洛甫、凯特尔将军和地位稍次一些的人物都站在附近，说得很起劲，看来，战争的前景使他们感到有点茫然。

就在这一天，我后来到柏林的时候，发现希望又渐渐在复活了。在威廉街，人们的感觉是，既然身居英国首相之尊的张伯伦已经同意把希特勒的新要求转达布拉格，就必须假定这位英国领导人是支持希特勒的建议的。

我们已经看到，这种假定——就假定的范围而言——是完全正确的。

9月25日是星期日，这是柏林一个可爱的风和日暖的日子。毫无疑问，这年秋天只有最后这么一个气候宜人的周末了，因此，全城居民倒有一半都拥到郊外的湖畔和森林中去。尽管有消息说，希特勒因为听到戈德斯贝格最后通牒被巴黎、伦敦和布拉格所拒绝而暴跳如雷，柏林并不感到有什么大的危机，更 396 谈不上有什么战争狂热。那天晚上我在日记里写着："简直很难相信会打仗。"*

到紧跟着来的星期一，局势突然恶化了。下午5点，霍拉斯·威尔逊爵士在汉德逊大使和英国大使馆一等秘书伊冯·柯克帕特里克陪同下，带着张伯伦的信到了总理府。[57]他们发现希特勒脾气极坏——很可能是故意在酝酿情绪，准备在三小时后在体育馆发表演说。

施密特博士开始翻译这封信，其中说到捷克政府正如张伯伦在戈德斯贝格时曾经预言过的那样，已经通知首相，戈德斯贝格备忘录"完全不能接受"。这时，据施密特说，希特勒猛一下跳了起来，一边叫："再谈判已毫无意义！"一边就向门外走。[58]

照施密特的说法，这真是令人难受的一幕。"这是我第一次也是唯一的一次亲眼看到希特勒完全失去理智。"照在场的英国人的说法，元首后来又大步回到椅子上，不断大声叫嚷地打断施密特的翻译。"把德国人当黑人看……到10月1日我就要捷克斯洛伐克乖乖地听我的话。法国和英国要是决定干涉，那就随它们的便……我一点也不在乎。"

张伯伦在信中建议，由于捷克人已经情愿把希特勒所要的苏台德区交给德国，捷克斯洛伐克和德国应立即各派代表举行会议"达成协议"来解决"移交这块领土的办法"。他还说，他愿意让英国代表也列席这次会议。希特勒的答复是，只有捷克人先接受了（他们刚刚拒绝了的）戈德斯贝格备忘录，并且同意德国在10月1日占领苏台德区，他才肯同他们谈判细节。他说，他一定要在44小时内——在9月28日下午2点以前得到肯定的答复。

那天晚上，希特勒似乎已破釜沉舟，把一切后路都绝了，至少在我们

---

* 在戈德斯贝格会谈结束的时候，英国和法国的记者们——还有《纽约时报》驻欧洲的首席记者，他是一个英国公民——都匆匆赶到法国、比利时和荷兰的边境去了。他们谁都不想在一旦发生战争的时候被拘留。

那些在挤得满满的柏林体育馆内愕然听他那疯狂地叫嚣的人看来是如此。他时而狂吼，时而尖叫，我从来没有看见过他任性发作到这种地步。他恶毒地对“贝奈斯先生”进行人身攻击，宣称和平与战争的问题现在要看捷克总统怎么办来决定，不论怎么说，他都要在10月1日拿下苏台德区。他滔滔不绝、怒不可遏的语言和群众中不断迸发的欢呼喝彩，使他忘乎所以，如醉如狂。虽然如此，他还是很狡猾，没有忘记给英国首相一点甜头。他感谢他争取和平的努力并且重申这是他在欧洲的最后一次领土要求。他鄙
397 夷不屑地嘟囔：“我们不想要捷克人！”

在整个演说的过程中，我一直坐在刚好在希特勒顶上的楼座里，尽力想把他的演说当场随讲随译广播出去，可是不大容易。那天晚上，我在日记里记着：

> 自从我观察他这么些年以来，他今天晚上看起来完全失去了自制。在他坐下来以后，戈培尔就跳上讲坛，对着话筒大叫：“有一点是肯定的：1918年再不会重演了！”希特勒抬头看着他，眼睛里有一种疯狂、急切的神色，似乎这句话就是他想了一下午而没有想出来的。他跳了起来，眼睛里闪着我永远也忘不了的狂热的光芒，把右手大挥了一下，然后向桌子一捶，用尽了他那强有力的肺部的全部力量大叫一声：“对（Ja）！”接着就精疲力竭地瘫倒在椅子上。

第二天（9月27日）中午，他第二次接见霍拉斯·威尔逊爵士的时候，已经完全恢复了，这位英国特使并不是受过什么特殊外交训练的人，不过也像首相一样（如果不是更甚的话）急于把苏台德区送给希特勒，只要这位独裁者肯和和平平地接受。他请希特勒注意张伯伦昨天后半夜为答复元首在体育馆的演说而在伦敦发表的一项特别声明。张伯伦说，鉴于德国总理对捷克问题的诺言缺乏信心，英国政府将认为自己“负有道义上的责任”来保证捷克的诺言“顺利地、充分地而且以尽量合理的速度”付诸实现。他相信总理将不会拒绝这一建议。

但是，希特勒对此并不感兴趣。他说，他再也没有什么信要带给张伯伦先生。现在一切要看捷克人了。他们可以接受也可以拒绝他的要求。要

是他们拒绝的话，他怒气冲冲地大叫道："我就要消灭捷克斯洛伐克！"他继续发出这一威胁，显然极为得意。

即使对于好说话的威尔逊来说，这显然也太过分了。他站起来说："在这种情况下，我奉首相之命做下述声明：'如果法国为履行其条约义务而参加对德作战的话，联合王国将认为有义务支援法国。'"

"我只能表示已注意到这种态度，"希特勒火气很大地回答说，"这意味着，如果法国决定进攻德国的话，英国将感到也有义务进攻德国。"

霍拉斯爵士回答说，他并没有这么说，到底是和平还是战争，最后要看希特勒如何来决定了。这时，希特勒已经把情绪酝酿到了火儿相当大的程度，他叫道："要是法国和英国要打，就让他们打吧！我根本不在乎。今天是星期二，到下星期一，我们就在打仗了。"

从施密特关于会议的正式记录来看，威尔逊显然还想把谈话继续下去，但是汉德逊大使劝他停下来。虽然如此，这位毫无经验的特使还是在会谈完了以后趁自己同元首单独在一起的时候向他说了一句话。他向希特勒保 398
证，"我将设法使那些捷克人头脑清楚一点"*，后者表示他"对此表示欢迎"。也许，元首一定认为，还可以哄张伯伦再走几步，来让捷克人"头脑清楚一点"。总之，那天晚上，他就口授了一封措辞狡猾的信给首相。

写这封信是有充分理由的，柏林——还有别的地方——在9月27日这一天，有许多情况已经改变了。

下午1点钟，威尔逊刚走不久，希特勒就发出了一个"绝密"的命令，命令由大约21个加强团，也就是7个师组成的突袭进攻部队，从训练地区进驻捷克边境的出击点。命令说："他们必须在9月30日准备好按照'绿色方案'行动，决定将在前一天中午12时做出。"几小时以后，元首又下令做进一步的秘密动员。在当时所采取的各项措施中，有一项是又动员了5个师到西线。[59]

但是即使希特勒一股劲儿进行军事行动，这一天之内还有许多事情使他感到犹豫不前。为了在群众中激起战争狂热，希特勒下令在黄昏时分趁

---

* 在施密特用德文记的记录里，威尔逊的保证是用英文原文记下来的。

几十万柏林人下班上街的时候在德国首都检阅一个摩托师。结果，至少对最高统帅说来是一场大失败。普通的柏林老百姓根本就不想听到战争。我那天晚上的日记记下了这一幕令人感到意外的景象。

我到了菩提树下大街，当时［军队的］队伍正转向威廉街。我预料将看到一场盛大的示威。我想象着我曾在报纸上读到过的1914年的情景，那时，就在这条街上，欢呼的人群向行进中的士兵投掷鲜花，少女们跑上去吻他们……但是今天，他们只顾急急走到地铁站，根本就不想看，稀稀落落站在人行道上的那几个人也是一声不响，完全沉默……我从来没有看见过这样触目的反战示威。

在一个警察的怂恿下，我沿着威廉街走到总理广场。希特勒就站在总理府的阳台上检阅队伍。

……那里大约有200来人，希特勒的脸色由阴沉而转为恼怒，很快就回到了屋里，让军队自己行进，根本不加检阅。今天晚上所看到的事情几乎重新燃起了我对德国人民的一点信心。他们是十足反对发动战争的。

在总理府内，还有更坏的消息——这是从国外来的。从布达佩斯来的
399 消息说，南斯拉夫和罗马尼亚通知匈牙利政府，如果它进攻捷克的话，它们就将对匈牙利采取军事行动。这样战争就要扩大到巴尔干，而这却是希特勒所不愿见到的。

巴黎来的消息更严重。那里的德国武官打来一份不但是给外交部而且是给最高统帅部和参谋总部的“特急”电报，它报告说，法国的部分动员几乎不亚于总动员，“因此我估计，到下动员令以后的第六天，第一批65个师就可以在德国边境部署完毕”。希特勒明白，在这样大的兵力面前，德国人一共只有12个师，其中半数是战斗力成问题的后备部队。不但如此，德国武官还报告说：“一旦德国采取战争行动……法军很可能立即从下阿尔萨斯和洛林向美因茨发动进攻。”

最后，这位德国军官报告柏林，意大利在法意边界上完全没有采取任何行动来牵制法国军队。[60]那位豪迈的盟友墨索里尼看来是要在决定性的关头抛弃希特勒。

而且，美国总统和瑞典国王也突然横加干涉。就在前一天，9月26日，罗斯福向希特勒发出呼吁，请他协力维持和平。虽然希特勒在不到24小时内就给了他答复，说和平完全取决于捷克人。可是美国总统在当天9月27日星期三又发来了一份电报，建议各有关国家立即举行会议，并且暗示，如果爆发战争，全世界将视希特勒为戎首。[61]

在1914—1918年的大战中曾证明是德国的忠实朋友的瑞典国王，态度更为直率。这天下午，德国驻斯德哥尔摩公使给柏林发来了一份电报，说国王匆促召见了他，告诉他，如果希特勒不把10月1日的限期推迟10天的话，世界大战就不可避免地一定要爆发。德国是唯一要对此负责任的国家，而且，“从目前各个国家的组合情况来看”，同样不可避免地，德国一定会失败。在斯德哥尔摩冷静、中立的气氛下，这位精明的国王至少在估计军事形势方面要比柏林、伦敦和巴黎的政府首脑客观得多。

罗斯福总统，也许是因为必须考虑到美国人的心情，强调指出美国对战争不会干涉，甚至也不愿“在目前的谈判中”承担任何责任，这样，他的两次和平呼吁就大大减少了力量。德国驻华盛顿大使汉斯·迪克霍夫因此认为必须在当天就发一个“特急”电报给柏林。他指出，如果希特勒最后诉诸武力而英国对此反对的话，他有理由假定“美国的全部砝码都将投在英国这一边”。而且，这位通常在元首面前进言的时候总是十分胆怯的大 400
使还加了一句，“我认为我有责任大大强调这一点”。他不想看见德国政府在估计美国的态度方面重犯它在1914年犯过的错误。

那么布拉格如何呢？那里是不是有了软化的迹象呢？这天晚上，德国武官图桑上校给最高统帅部发来了一份电报：“布拉格情况平静，最后的动员措施业已完成……征召入伍的兵员总数估计为100万人，其中野战军占80万人……”[62]这个数目等于德国在东西两线所有有训练的兵员的总数。捷克人和法国人加在一起，兵力要比德国人两倍还多。

面对着这些事实与发展，而且无疑也充分考虑到威尔逊临走时的话和张伯伦的性格及其对战争的极端恐惧，希特勒在9月27日天刚黑就口授了一封信给张伯伦。应召前来把这封信翻译成英文的施密特博士，感到这位独裁者似乎是“在要采取极端步骤”的时候缩了回去。那天晚上，英国政府已下令舰队动员，希特勒对此事是否知悉，无从证实。不过，雷德尔海军上将要求在晚上10点钟晋见元首，可能德国海军已经探悉英国的行动。英国的动员令是晚上8点钟下达，11点38分公布的，关于这些，雷德尔可能都已在电话中报告了希特勒。无论如何，雷德尔到了以后，他所做的是请求元首不要打仗。

希特勒这时确实知道的是：布拉格毫无畏惧，巴黎在急速动员，伦敦态度转硬，他自己的人民无动于衷，他的将领坚决反对他，而他关于戈德斯贝格建议的最后通牒到第二天下午2点就要到期了。

他这封信措辞极妙，用意深沉，一字一句都算好了要打动张伯伦。信的语调是温和的，它否认希特勒的建议会“剥夺掉捷克斯洛伐克得以生存的一切保证”，否认他的军队到了分界线以后会继续前进。他打算同捷克人谈判细节。他打算“给予捷克斯洛伐克剩余的部分以正式的保证”。捷克人之所以坚持己见只是因为他们希望在英国和法国的援助下发动一场欧洲大战。虽然如此，他还是不准备对和平的最后一线希望砰然关上大门。

> ［他最后说］我必须请你来判断，在这些事实面前，你是否认为应当继续努力……来破坏这种阴谋并且使布拉格政府在这个最后时候恢复理智。[63]

最后时刻

希特勒的信是用急电拍给伦敦的，在9月27日晚上10点30分到达张伯
401 伦手中，首相刚刚过完了忙碌的一天。

这天下午刚回到伦敦的霍拉斯·威尔逊爵士，带来了关于他同希特勒第二次会谈的令人不安的消息，起了刺激张伯伦和他的核心内阁采取行动的作用。他们决定动员英国舰队，征召空军辅助队，并且宣布了紧急状态。在公园和广场上已经开始挖起防空壕来，伦敦学校里的儿童也开始疏散。

首相还马上给布拉格的贝奈斯总统发出了一份电报，警告后者，他从

柏林得到的消息“表明，如果到明天［9月28日］下午2点，捷克斯洛伐克政府还没有接受德国的条件的话，德国军队马上就会得到越过捷克斯洛伐克边界的命令”。但是张伯伦虽然尊敬地把消息通知了捷克人，却还是忍不住要在电文的最后一段教训他们：“波希米亚将受到德国军队的蹂躏，另外一个或几个国家不论做什么，都不能挽救你的国家和你的人民免于这种命运。不论世界大战的结果如何，都一定是这样。”

这样，张伯伦就不是把战争的责任放在希特勒头上，而是把它放到了贝奈斯的头上。他在这里所提出的军事上的看法，我们知道，就连德国的将军们都认为是胡说八道。不过，他最后还是加了一句，他不愿承担告诉捷克人该怎么办的责任。这要由他们自己来决定。

然而，难道真的是由他们自己来决定吗？贝奈斯还没有来得及回答这份电报，第二份电报马上又来了。这一回，张伯伦可是努力要告诉捷克政府该怎么办了。他建议在10月1日接受德国人的某种有限度的军事占领——占领处于捷军工事之外的埃格尔和阿斯——然后由德、捷、英三方联合组成一个边界委员会迅速确定其他应转交给德国人的地区。* 接着，首相还提出了进一步的警告。

> 这个计划如果不能实现，贵国除遭到武力侵略与武力肢解以外，将别无其他出路。而且，虽然这可能引起损失无数生命的冲突，但是不论这一冲突的结果如何，捷克斯洛伐克都将再也不能按原有疆界重建故国。[64]

这样，捷克人受到了他们的朋友的警告（法国也参加了这些最新的建议），就是说：即使他们和他们的盟邦在大战中打败了德国，捷克斯洛伐克也必须把苏台德区让给德国。含意十分明白：既然苏台德区总归不是你们的了，为什么还要冒险把欧洲投入战争？ 402

办完了这件事情以后，首相就在晚上8点30分向全国广播：

---

* 这些建议同时还由汉德逊大使在当晚11点递交德国外交部。大使还请求外交部立即转交希特勒。

为了在一个遥远的国家里我们对之毫无所知的人们之间的争吵，我们居然……在这里挖壕沟，这有多么奇怪，多么荒诞，多么不可思议！……

希特勒已经得到了“他实际上所要求的东西”。英国已经保证捷克人将接受这一要求，并且付诸实施。

我将毫不犹豫地到德国去做第三次访问，只要我认为这样做有好处……

不论我们如何同情一个强邻压境下的小国，我们绝不能不顾一切地使整个大英帝国仅仅为了它而陷入一场大战。如果我们要打仗，也必须是为了比这更大的问题……

我从灵魂深处来说是一个爱好和平的人，国与国之间的武装冲突，对我来说无异于梦魇；但是，如果我看到任何国家执意要用武力的恐怖来统治世界的话，我将认为必须予以抵抗，因为在这种统治之下，信仰自由的人们将感到生活已失去价值。但是战争是一件可怕的事情，在我们进入战争以前，我们必须十分清楚，我们所不惜冒险以争者确实是重大的问题。

按照惠勒-本内特的记载，英国大部分人在听了这一广播以后上床睡觉的时候，都认定英国和德国将在24小时以内开战了。[65]但是普通老百姓并不知道那天深夜在唐宁街后来又发生了些什么。

10点30分，希特勒的信到了。这正是首相急切要抓住的一根救命稻草。他马上答复元首说：

读了你的信以后，我确信你可以不必打仗，而且不用等待就会得到一切主要的东西。如果你愿意的话，我已准备立刻亲自到柏林来同你和捷克政府的代表以及同法国和意大利的代表一起讨论有关移交的各项安排，我深信，我们能在一周之内达成协议。我不能相信你会为了在解决这个长期未决的问题方面有几天的拖延，就不惜承担发动将使人类文明化为乌有的世界大战的责任。[66]

首相还发了一份电报给墨索里尼，请他敦促元首接受这一计划，并且同意出席拟议中的会议。

召开这样一次会议的主意已经在首相心里酝酿相当久了。早在7月中，内维尔·汉德逊爵士就曾在给伦敦的电报中提出过同样的建议。他建议由德、意、英、法四大国来解决苏台德问题。但是英国外交部告诉大使和首相，要召开这样一次会议，将很难排除其他国家参加。[67]所谓“其他国家”指的就是同布拉格订有互助条约的俄国以及捷克斯洛伐克，张伯伦从戈德斯贝格回来以后就深信希特勒绝不会同意参加任何包括苏联在内的会议，他的这种看法是完全正确的。首相本人也并不希望有苏联参加。虽然连英国最普通的人都明白，万一对德开战的话，苏联参加到西方一边来将有极大的价值，丘吉尔也曾一再向英国政府首脑指出这一点，但是，首相似乎没有看到这一点。如我们所知，在德国并吞奥地利以后，俄国曾建议召开一个会议来讨论对付德国下一步侵略的问题，但是张伯伦拒绝了这个建议。尽管有莫斯科对捷克斯洛伐克的保证，尽管直到当时李维诺夫还在声明俄国将信守这一保证，张伯伦却无意让苏联人来干涉他把苏台德区给希特勒为代价来维持和平的决心。 403

但是直到9月28日星期三，他的思想还没有发展到把捷克人排除在会议之外的地步。而且就在9月25日，在布拉格方面拒绝希特勒在戈德斯贝格提出的要求以后，首相还曾召见捷克驻伦敦大使扬·马萨里克，建议捷克斯洛伐克应当同意在“有德国、捷克斯洛伐克和其他国家参加的国际会议”上进行谈判。第二天，捷克政府表示接受这一建议。现在，我们从张伯伦9月27日深夜给希特勒的电报中看到，他特别提出“捷克斯洛伐克的代表”应当参加拟议中的德、意、法、英会议。

“黑色星期三”和哈尔德反对希特勒的计划

被称为“黑色星期三”的9月28日来临的时候，柏林、布拉格、伦敦和巴黎都惴惴不安，满怀重忧。战争看来是躲不过了。

"一场大战再也难以避免了"，这是约德尔在日记里记下来的戈林在这天早晨说的一句话。戈林还说："战争可能要进行七年，而我们一定会胜利。"[68]

在伦敦，挖防空壕，疏散学童，迁移医院，一切都在继续进行。在巴黎，人们争先恐后地往已经塞得满满的火车上挤，在城外的公路上，汽车挤得开都开不动。德国西部的景象也差不多。约德尔在那天上午的日记中记下了德国难民逃离边境地区的消息。下午2点，希特勒所定下的要捷克斯洛伐克接受戈德斯贝格建议的期限就要到了。然而布拉格并没有任何会接受这些建议的迹象。不过，别的迹象倒还有一些：威廉街的活动极为紧张，法国的、英国的、意大利的大使发狂似的来而复去，去而复来。但是，
404 一般群众，事实上还有德国的将领们，对此都是蒙在鼓里的。

对某几个将军，特别是对参谋总长哈尔德将军来说，实现他们推翻希特勒的密谋的时候已经到来了。他们要这样来挽救自己的祖国，使它不致投入一场他们认为注定要失败的欧洲大战。据幸存者后来的记述*，整整9月一个月，密谋分子一直都在忙着筹划这件大事。

哈尔德将军同奥斯特上校以及后者的上司谍报局局长卡纳里斯海军上将保持着密切的联系，卡纳里斯设法使哈尔德随时能知悉希特勒的政治行动和国外情报。我们上面已经知道，密谋分子曾把希特勒准备在9月底进攻捷克斯洛伐克的决心通知英国，并且曾请求英国政府表明，英国将同法国一起以武力回击德国的侵略。几个月以来，负责柏林军区因而应提供大部分军队来实行政变的维茨勒本将军一直有所犹豫，因为他怀疑伦敦与巴黎已在暗中容许希特勒在东方自由行动，因而不会为捷克斯洛伐克而参战——这种见解也是其他几个将军所共有的，也正是希特勒和里宾特洛甫希望别人持有的。如果事实确是如此的话，那么照维茨勒本和哈尔德这样

---

* 这些材料包括哈尔德、吉斯维乌斯和沙赫特所写的第一手材料。[69]每一个人写的材料中都包含有很多混淆不清与自相矛盾的东西，在若干点上又彼此矛盾。必须记住，所有这三个人都是为纳粹政权服务而开始发迹的，在战后都急于要证明自己很早就是反对希特勒而且热爱和平的。

在外交部任里宾特洛甫的秘书处长的埃里希·科尔特，也是曾参加过这一密谋而且活到战后的重要人物之一。他在纽伦堡曾起草了一份记述1938年9月事件的长篇备忘录，作者曾见过这一材料。

的将军们看来，推翻希特勒的计划就毫无意义了。因为在第三帝国目前这个阶段，他们所关心的只是想法除掉元首来避免一场德国在其中绝无取胜希望的欧洲大战。如果确实没有触发大战的危险，如果张伯伦打算满足希特勒对捷克斯洛伐克的要求而不会打仗，那么他们就看不出有什么理由要举行叛乱。

为了让这些将军们确信法国和英国真的会打，奥斯特上校和吉斯维乌斯给哈尔德将军和冯·维茨勒本将军安排了同沙赫特会面。沙赫特因曾为德国重整军备计划筹款并且仍然留在内阁内而在军方享有很高的威信，除此而外，他还被认为是英国事务专家。沙赫特向他们担保，如果希特勒想以武力来对付捷克的话，英国是会打的。

9月13日深夜，密谋分子之一埃里希·科尔特在德国外交部得到了张伯伦紧急提议"立即坐飞机前来"设法和平解决捷克危机的消息。这个消息在密谋分子中间引起了惊愕。他们本来估计希特勒在纽伦堡开完党大会 405
以后就会在14日回到柏林，并且，据科尔特说，计划在这一天或者第二天就起事。然而，元首并没有回到首都*，相反，他到慕尼黑去了，而且在14日又到了贝希特斯加登，在那里等候英国首相第二天来访。

密谋分子感到极度失望，理由有两层：第一，只有希特勒在柏林，他们的计划才能实行，由于纽伦堡大会已使捷克危机更为激化，他们认定他一定要立即回到首都；第二，虽然有几个密谋分子像英国人民一样，自安自慰地认为，张伯伦飞到贝希特斯加登去是为了警告希特勒在估计英国在德国发动侵略时会采取什么态度这一点上不要重犯威廉二世在1914年的错误，但科尔特是深悉底蕴的。科尔特曾见到张伯伦的紧急电报，上面明明说他想见希特勒是"为了设法求得和平解决的办法"。不但如此，他还看到

---

* 在历史学家甚至在密谋分子中间对希特勒在9月13日与9月14日的行踪，说法有相当大的不同。根据哈尔德将军的一项备忘录，丘吉尔说希特勒"在9月14日早晨"从贝希特斯加登到达柏林，哈尔德与维茨勒本在得悉此事以后，"决定在当晚8点钟举事"。下午4点他们在得悉张伯伦飞赴贝希特斯加登以后，取消了这一计划（见丘吉尔：《第二次世界大战回忆录》，第一卷《风暴欲临》，第312页）。然而哈尔德的记忆肯定错了——因此丘吉尔的说法当然也错了。现由美国国会图书馆收藏的希特勒的起居注中有几项记载表明：13日、14日他是在慕尼黑，他在那里曾到鲍曼的家里同里宾特洛甫举行会谈。他还曾到一个名叫索能温克尔的夜总会，在9月14日晚上才动身赴上萨尔茨山。

过他的哥哥、德国驻伦敦大使馆参赞特奥多尔·科尔特发来的电报，报告说，首相准备大大满足希特勒对苏台德区的要求。*

科尔特说：“这件事情对我们的计划的影响肯定是致命的。在英国首相要前来德国同希特勒讨论‘世界和平’的时候，要举事推翻希特勒，当然是不可思议的。”

虽然如此，据埃里希·科尔特说，到9月15日晚间，也已参加密谋的保罗·施密特博士（我们知道，他是希特勒-张伯伦会谈中的唯一翻译者——也是唯一的目击者）通过“事先安排好的暗号”通知他，元首仍然执意要征服捷克斯洛伐克全境，他已向张伯伦提出无法接受的条件，“希望会遭到拒绝”。这个情报使得密谋分子又振奋了起来。科尔特当晚就把它
406 通知给了奥斯特上校。后来的决定是，等希特勒一回到柏林就执行原计划。“不过最重要的是，”奥斯特说，“我们必须让这只鸟儿飞回到它在柏林的笼子里来。”

这只鸟儿在戈德斯贝格会谈完了以后，就在9月24日下午回到它的“笼子”里来了。9月28日，也就是“黑色星期三”的早晨，希特勒在柏林已经待了将近四天了。在9月26日，从他在体育馆那一场发作看来，他显然已决心破釜沉舟，把自己的后路都绝了。9月27日，霍拉斯·威尔逊爵士从他那里回到伦敦的时候，两手空空，一无所获，英国政府的反应是下令舰队动员，并且警告布拉格防范德国的突然进攻。我们也知道，希特勒在这一天还曾命令他的“进攻部队”进驻捷克边境的阵地，并且准备在9月30日——三天以后——“行动”。

密谋分子还在等什么呢？他们自己所规定的条件都已经具备了。希特勒在柏林，他已决定打仗。他已选定在9月30日进攻捷克斯洛伐克——离现在只有两天了。要么马上举事，要么坐失时机。

科尔特说，在9月27日这一天，密谋分子选定了采取行动的日子：9月29日。吉斯维乌斯在纽伦堡作证的时候以及在他写的书里都说，将军们——哈尔德与维茨勒本——在9月28日得到了希特勒在前一天晚上向张伯伦“提出无礼要求”的“侮辱信”的一份抄本以后，决定立即行动。

---

* 见本书原文第384页。

> 那天［9月27日］深夜，奥斯特得到了这封“侮辱信”的一份抄本，9月28日早晨，我把这封信交给了维茨勒本。维茨勒本又带着它去见哈尔德。现在，参谋总长终于得到了他所希望的、毫不含糊地证实希特勒并不是在虚声恫吓而硬是要发动战争的真凭实据了。
>
> 哈尔德脸上滚下了愤怒的眼泪……维茨勒本坚持现在是行动的时候了。他劝哈尔德去见布劳希奇。过了一会，哈尔德回来了，他说他带来了好消息：布劳希奇也生气了，很可能会参加起事。[70]

但是，要不是这封信在转抄过程中有了改动，就是将军们误解了它的意思，因为，我们上面已看到，这封信在语调上实在是十分温和的，它充满了要“同捷克人谈判细节”并且“给予捷克斯洛伐克剩余部分以正式保证”的诺言，在建议张伯伦不妨继续努力这一点上也表现得富有和解精神，因此英国首相在接读以后，立即打电报给希特勒，建议召开大国会议来解决各项细节问题，并且同时致电墨索里尼请他也支持这一建议。

将军们对这最后一刻钟的姑息行为显然毫无所知，但是，陆军总司令冯·布劳希奇将军可能微有所闻。据吉斯维乌斯说，维茨勒本从哈尔德的办公室打电话给布劳希奇，告诉他一切均已就绪，请求他亲自领导起事，407
但是这位陆军总司令却不置可否。他告诉哈尔德和维茨勒本说，他得先到元首的总理府去看一看，搞清楚将军们对形势的估计是否正确。吉斯维乌斯说，维茨勒本接着就急急忙忙赶回他的司令部。

“吉斯维乌斯，”他兴奋地宣布，“时间已经到了！”

9月28日那天上午11点钟，德国外交部科尔特的办公桌上的电话响了。齐亚诺从罗马打来了电话，要求立即同德国外交部长讲话。里宾特洛甫当时不在——他在总理府——因此那位意大利外相就要求把电话改接意大利大使贝尔纳多·阿托利科。德国人偷听了这次通话并且把它录了音。原来是墨索里尼，而不是他的女婿要讲话。

> 墨索里尼：我是领袖，听得清吗？
>
> 阿托利科：听得清。

墨索里尼：要求立即会见总理。告诉他，英国政府通过珀思勋爵*要求我出面调停苏台德问题。双方分歧很小，告诉总理，我和法西斯意大利支持他。他必须做出决定。不过，告诉他，我赞成接受这个建议。听清楚了吗？

阿托利科：听清楚了。

墨索里尼：快去！[71]

当阿托利科大使满脸通红、上气不接下气（这是翻译员施密特博士注意到的）赶到总理府的时候，希特勒正同法国大使弗朗索瓦-庞赛在密谈。弗朗索瓦-庞赛是费了九牛二虎之力才见到总理的。早一天深夜，执意要超出张伯伦一头的法国外交部长博内，曾打电话给他的驻柏林大使，指示他尽快去见希特勒，提出法国关于交出苏台德区的建议，其内容比英国建议还要慷慨得多。英国首相在9月27日晚上11点向希特勒发出的建议还只是让希特勒在10月1日占领苏台德区的第一区——这不过是对一块被包围的领土的象征性占领——现在法国人竟然建议在10月1日交出三个大区，其中包括绝大部分双方意见有分歧的地区。

这是一项诱人的礼物，然而法国大使要把它送出去居然还碰到了极大的困难。他在9月28日上午8点钟打电话求见总理，到了10点钟还没有回音，于是他就派他的武官赶到参谋总部去把这个他还无法提出的建议通知德国的将军们。后来，他请内维尔·汉德逊爵士帮忙，这位随时乐意为任
408 何可能——不论什么代价——防止战争的人效劳的英国大使马上给戈林元帅打了一个电话。戈林回答说，他将设法安排这一约会。事实上，汉德逊在设法给自己找一个见希特勒的机会，因为他奉到命令要向希特勒提出一封"首相亲自写的最后信件"，也就是张伯伦在前一天深夜写的信，其中保证希特勒"不必打仗，不用等待"就能得到他所希望得到的一切，并且建议召开大国会议来确定细节。[72]

希特勒在上午11点15分接见了弗朗索瓦-庞赛，大使发现他神情甚为紧张不安。法国大使手里拿着一张仓促画成的地图，上面标着捷克斯洛伐

* 英国驻罗马大使。

克的主要盟国法国现在准备拱手交给希特勒的大片捷克土地。他竭力劝说希特勒接受法国的建议，使欧洲得以避免一场大战。尽管里宾特洛甫做了否定的评论（据法国大使自称，对这些评论曾不客气地加以驳斥），希特勒听了倒是颇为动容——特别是，据施密特博士的观察，对大使提出的那张慷慨的地图颇感兴趣。

到11点40分，谈话突然被打断了，有人通报说，阿托利科带着墨索里尼给元首的紧急口信来了。希特勒带着施密特走出去欢迎那位气喘吁吁的意大利大使。

“我给您带来了领袖的紧急口信。”天生一副粗嗓子的阿托利科，隔着老远就嚷了起来。[73]他转达完了以后，又加上一句说，墨索里尼要求元首不要下动员令。

据现在还活着的唯一见证人施密特说，就在这个时候做出了维持和平的决定。这时正当中午，离希特勒给捷克人的最后通牒所规定的限期只有两个小时了。

“告诉领袖，”希特勒对阿托利科说，显然感到松了一口气，“我接受他的建议。”[74]

高潮过去了，这一天余下来的时间内所发生的事就只是尾声了，汉德逊继阿托利科和弗朗索瓦-庞赛之后来到了希特勒的面前。

“在我的伟大的朋友和盟友墨索里尼的请求下，”希特勒告诉汉德逊说，“我已经延迟24小时动员我的军队。”* 他将在同墨索里尼再次商量之后再就诸如拟议中的大国会议等其他问题做出决定。[75]

在此以后，柏林和罗马之间打了不少电话——施密特说两位法西斯独裁者还曾直接通过一次话。9月28日下午2点以前几分钟，就在希特勒的最后通牒即将到期之际，他终于打定了主意，对英法意三国政府首脑匆匆发出请帖，请他们在第二天中午到慕尼黑来与元首会同解决捷克问题。对布拉格和莫斯科没有发出请帖。希特勒不能容许与法国一起保证捷克斯洛伐 409
克在受到德国进攻时维护其领土完整的俄国来插手干涉，至于捷克人，则甚至在被判决死刑的时候也不让他们参加。

---

* 我们知道，希特勒早已把一切可以动员的军队都动员了。

内维尔·汉德逊爵士在回忆录中把在这一关键时刻挽回和平的功绩主要归于墨索里尼，在这一点上他得到了绝大部分写这一章欧洲史的历史学家的支持。* 然而这肯定是慷慨过度了。意大利是欧洲大国中最弱的一个，它的军事力量实在无足轻重，以致德国的将军们，就像他们的文件中所表明的那样，简直视之为一个笑柄。英国和法国是德国人心目中唯一要盘算的力量。然而，从一开头起就千方百计说服希特勒，要他相信可以不战而取得苏台德区的却正是英国首相。造成慕尼黑妥协从而保持了整整11个月和平的是张伯伦，而不是墨索里尼。对他自己的国家，对它的盟邦和朋友来说，这样一桩功绩所花的代价，我们以后还要谈到，不过，不论这笔账怎么算，按其后果来看，这种代价几乎是无可忍受的。

“黑色星期三”的2点55分，伦敦的天气似乎不像早晨那样黑暗阴冷了，英国首相就在这时开始向下院演说，他详尽地报告了捷克危机的经过以及他和他的政府为企图解决这一问题所做的努力。按照他的说法，局势仍然是不稳定的，然而已经有了好转，他说，墨索里尼已成功地使希特勒把动员令推迟了24小时。现在已是4点一刻了，张伯伦已讲了1个小时又20分钟，他的演说已将近结束了。就在这个时候，他的演说突然被打断。坐在前排的财政大臣约翰·西蒙爵士递给他一份文件，那是坐在贵族席上的哈利法克斯勋爵传过来的。

> 不论尊贵的议员诸君对墨索里尼先生有什么看法，[张伯伦这时正在说]我相信人人都会欢迎他这种……维护和平的表示。

首相停了下来，看了一下文件，然后笑了。

> 事情还没有完，我还有几句话要告诉下院。我现在得到希特勒先生的通知，他请我明天早晨到慕尼黑去同他会面。他也邀请了墨索里尼先生和达拉第先生。墨索里尼先生已经接受了邀请，我毫不怀疑达

---

* 艾伦·布洛克在《希特勒——关于暴政的研究》(*Hitler—A Study in Tyranny*)一书第428页说：“几乎可以肯定地说，是墨索里尼的干预扭转了局面。”

拉第先生也将接受。我也没有必要说我的答复将如何了……

确实已没有必要了。这所古老的议事堂，这个议会之母，以它悠久的历史上没有前例的狂热掌声来回答首相的演说。欢呼狂叫响成一片，议事 410
日程单扔得满场乱飞，许多人热泪纵横。在这番狂乱激动之中，大家听到一个超乎一切的声音，它表达了所有人的深切感情："为我们的首相感谢上帝！"

捷克公使、捷克斯洛伐克共和国国父的儿子扬·马萨里克从外交官席上望下来，看到这一幅景象，简直不能相信自己的眼睛。后来，他到唐宁街拜会了首相和外交大臣，想探明他那将做出全部牺牲的国家是否会被邀参加慕尼黑会议。张伯伦和哈利法克斯回答说，它不会被邀请，希特勒不会赞成。马萨里克，眼睁睁地盯着这两个敬神畏天的英国绅士，费了好大的力气才克制住了自己的感情。

"如果你们在牺牲了我的国家后能够维持住世界和平的话，"他最后说，"我将是第一个向你们欢呼的人。但要是不能如此，那么，两位先生，愿上帝拯救你们的灵魂！"[76]

那些密谋分子，那些将军和文官，哈尔德将军、冯·维茨勒本将军、沙赫特、吉斯维乌斯、科尔特以及其他的人，他们在这决定命运的一天中午前不久还曾相信（如维茨勒本所说）时机已经到来，现在他们又怎么样了呢？可以用他们自己的话来做简单的回答。不过，这些话都是事情过了很久，一切已成陈迹以后才说出来的，这时他们急于要向世人表白，他们多么反对希特勒和多么反对他那使德国在经过一场长期的流血的战争后归于完全毁灭的蠢剧。

全是内维尔·张伯伦不好！他们都这样说。由于他同意参加慕尼黑会议，因而逼得他们在最后一分钟取消了他们推翻希特勒和纳粹政权的计划！

1946年2月25日，在进行了很久的纽伦堡审判临近尾声的时候，哈尔德将军受到了美国检察当局方面一位纽约青年律师萨姆·哈里斯上尉的单独盘问。

［哈尔德说］原来的计划是，本着避免流血的精神，用军队占领总理府，占领为党员和希特勒的积极支持者所把持的政府各官署，特别是各部，然后就在德国全国人民面前审判这一集团……到了这一天［9月28日］，维茨勒本在中午到我的办公室来看我。我们讨论了这个问题。他请我给他下执行的命令。我们讨论了其他的细节——诸如他需要多少时间等等。在讨论过程中，得到了英国首相和法国总理同意到希特勒这里来做进一步谈判的消息。维茨勒本当时在场。我因此收回了执行的命令，因为，由于发生了这一情况，采取行动的全部基础已经消失了……

我们坚决相信，我们是会成功的，但是不料来了个张伯伦先生，战争的危险一下子就避免了……需要使用武力的时机避免掉了……只
411 能等待新的机会到来……

“我是不是可以理解为，你是说，要是张伯伦不到慕尼黑来的话，你们的计划就会执行，而希特勒早就会被推翻?”哈里斯上尉问他。

“我只能说计划会执行，”哈尔德回答说，“我不知道，它是否会成功。”[77]

在纽伦堡审讯中和在战后所写的书中显然夸大了自己在历次反希特勒密谋中的作用的沙赫特博士，也认为德国人之所以没有实行9月28日的计划，罪在张伯伦：

从历史后来的发展可以十分清楚地看到，由维茨勒本和我所策划的第一次政变的尝试是唯一真正能够扭转德国命运的一次尝试。它是唯一及时计划好并准备好了的一次尝试……在1938年秋天，仍然有可能指望把希特勒交给最高法院审判，但是以后历次想推翻他的努力，就都必须设法搞掉他的生命才行了……我曾经及时地做好发动一场政变的一切准备，而且差一点儿就大功告成了。历史执意与我作对。外国政治家的干涉是我所不能事前估计在内的事情。[78]

在纽伦堡审讯中在证人席上成为沙赫特最坚决的辩护士的吉斯维乌斯补充说：

> 不可能发生的事情竟然发生了。张伯伦和达拉第飞到慕尼黑来了。我们的起事完蛋了。有几个钟头，我一直在设想，不管怎么样，我们还能起事。但是维茨勒本不久就告诉我，部队绝不会反叛取得胜利的元首……张伯伦救了希特勒。[79]

是不是他救了希特勒呢？还是说，这只是德国的文官和将军为他们没有及时行动找到的借口呢？

哈尔德在纽伦堡受讯问的时候，向哈里斯上尉解释说，进行“革命行动”要能够成功，有三个条件：

> 第一个条件是，要有清醒而坚决的领导。第二个条件是，人民群众愿意拥护革命的主张。第三个条件是，要正确选择时机。照我们看来，第一个条件所要求的清醒而坚决的领导是存在的。第二个条件我们认为也是具备的。因为……德国人民不要战争，因此，全国人民因为害怕战争是愿意同意革命行动的。第三个条件——正确选择时机——也很好，因为我们原来预料在48小时内就会得到采取军事行动的命令。因此，我们坚决相信，我们是会成功的。
>
> 可是，不料来了个张伯伦先生，战争的危险一下子就避免了。 412

人们大可怀疑哈尔德将军的第一个条件究竟是否像他所说的那样具备。因为，要是果真有“清醒而坚决的领导”的话，这些将军怎么会犹豫了四天之久呢？他们手里有着可以轻而易举地把希特勒和他的政权扫除掉的军事力量：维茨勒本在柏林城内外有整整一个军——第三军；布罗克多夫-阿勒费尔德在波茨坦附近有一个精锐的步兵师；霍夫纳在南边还有一个装甲师，此外在首都还有两名高级警官冯·赫尔多夫伯爵和冯·德·舒伦堡伯爵，他们掌握着很大一支装备精良的警察部队可为臂助。据密谋分子自己说，只要哈尔德一声令下，所有这些军官就可以以压倒的兵力应声行动，而被希特勒将挑起战争一事吓得要命的柏林老百姓会——就作者本人亲身体会所能判断而言——自动地起来支持这一政变。

要是张伯伦不同意到慕尼黑来的话，哈尔德和维茨勒本到底会不会行动，是一个永远不能有多少把握来回答的问题。这些将军当时之所以想推翻希特勒，只是为了避免一场肯定要失败的战争，而不是为了结束希特勒统治的恐怖与暴政。考虑到他们这个具体态度，那么要是没有慕尼黑会议的话，他们很可能已经采取行动了。然而，到底这个密谋是否确已准备得十分充分，武装部队是否确已枕戈待命，而哈尔德与维茨勒本是否确实差一点儿就要下令行动，迄今为止，我们并没有材料足以证实这一切。我们只有几个密谋参加者的一面之词，他们在战后都急于表白自己多么反对民族社会主义，而且他们所说的和所写的自辩之词往往是相互矛盾而且混淆不清的。*

如果像这些密谋分子所说的那样，他们的计划曾经如箭在弦上的话，那么，张伯伦宣布愿去慕尼黑的消息肯定是拆了他们的台。在人人都能看到希特勒不用战争就能取得重大胜利的时候，这些将军确实很难把他逮捕并且把他当作战争罪犯来审判。

在这一切不能肯定的情况中，有一点是肯定的——在这里必须承认沙赫特博士的看法是对的——那就是，对于想推翻希特勒、迅速结束第三帝国、挽救德国和世界免于战争的德国反对派来说，这样的天赐良机是一去不返了。如果可以一概而论的话，那么可以说，把自己的无能诿过于外国人，正是德国人的弱点。张伯伦和哈利法克斯，达拉第和博内，对慕尼黑从而也对此后
413 一切灾难性的结局所负的责任是超乎一切的。但是，他们没有十分认真地看待德国内部有一批将军和文官准备“谋反”的消息，这却是在某种程度上可以原谅的。因为这批人中大部分直到当时都还在以他们极大的才干为希特勒尽忠效力，张伯伦等，至少是他们在伦敦和巴黎的某些顾问，也许还会回忆起最近的德国历史上的一些阴暗事实：正是军队，帮助这个前奥地利下士取得了政权；正是军队，因为希特勒给了它以重新武装的机会而满怀欢喜；军队也显然并不反对民族社会主义制度对个人自由的摧毁；而且，军队对它的自己人施莱谢尔将军之被暗杀，自己的总司令冯·弗里奇将军之被卑鄙诬陷以致免职也都不吭一声；就在最近，军队还支持了对奥地利的并吞，事实上还

---

* 举例来说，密谋参加者之一、最高统帅部经济与军备局局长、极有才华的格奥尔格·托马斯将军对起事未成的解释是：“这一计划不幸未能执行，因为，在受命执行这一任务的司令长官［维茨勒本］看来，不能信任年轻的军官来进行这种性质的政治行动。”见他所写的《思想与境遇》（*Gedanken und Ereignisse*），载1946年12月号《瑞士月刊》（*Schweizerische Monatshefte*）。

提供了武装力量助其实现。不论伦敦和巴黎的那些主要的绥靖姑息主义者头上可以加上什么样的罪责，而且尽管这种罪责无疑极大，事实仍然是，德国的将军们自己以及他们的文官共谋者错过了大好时机，没有能毅然采取行动。

慕尼黑的投降：1938年9月29—30日

9月29日中午12点30分，阿道夫·希特勒在巴伐利亚的这个巴洛克式的城市里，在这个他曾在破破烂烂的小咖啡馆的阴暗后室里开始其卑微的政治生涯的城市里，在这个他曾在大街上遭到啤酒馆政变失败惨剧的城市里，俨然像一个征服者一样，欢迎英国、法国和意大利的政府首脑。

那天一清早，他就到前德奥边境上的库夫施坦因去迎接墨索里尼，并且为在会议上采取共同行动而打下了基础。在到慕尼黑的火车上，希特勒怀着好斗的情绪，指着地图向那位意大利的领袖解释，他打算怎样“清算”捷克斯洛伐克。他说，要是那天开始的谈判不能立刻取得结果，他就要诉诸武力。据当时在场的齐亚诺引用希特勒自己的话说，“此外，终有一日我们要并肩对英国和法国作战”。墨索里尼表示同意。[80]

张伯伦并没有像希特勒那样事先去看达拉第，为两个西方民主国家制定一个共同战略，来同两个法西斯独裁者对垒。事实上，我们这些在慕尼黑同英国和法国代表团有接触的人中间，有许多人都看得越来越清楚，张伯伦到慕尼黑来的时候，已经打定主意不让任何一个人，当然不让捷克人，甚至也不让法国人，阻碍他同希特勒迅速达成协议。*至于达拉第，他整整一天都像是晕头转向地那样跟着跑，根本不需要提防他，然而业已下定决心的首相还是不放心。 414

会谈是12点45分在国王广场的所谓元首府里开始的，这次会谈不过是高潮的尾声，只是办一个正式手续，把希特勒的要求不折不扣地按时交给他而已。据在场负责德、法、英三种文字翻译工作的那位不知疲劳的译员

---

* 前一天傍晚6点45分，张伯伦给贝奈斯总统发了一个电报，正式通知他在慕尼黑开会的消息。他说“我将充分考虑到捷克斯洛伐克的利益……我是带着设法在德国和捷克斯洛伐克两国政府的立场之间寻求妥协的愿望到那里［指慕尼黑］去的”。贝奈斯立即复电说：“我请求，在未听取捷克斯洛伐克意见的情况下，在慕尼黑不做任何决定。”[81]

施密特博士的观察，会谈一开始就有一种“普遍亲善的气氛”。汉德逊大使后来回忆说：“他们在会谈的任何时候都没有变得很激烈。”没有人当主席，整个进程都是很随便的。根据战后发现的德国人的记录[82]来看，英国首相和法国总理拼命迎合希特勒。甚至在他做了如下的开幕发言以后，他们还要拼命地迎合他：

他在体育馆演说里声明，他无论如何都要在10月1日进军。他得到答复说，这一行动将具有暴力行动的性质。因此需要使这一行动不具有这种性质。虽然如此，仍然必须立即采取行动。

会议在墨索里尼发言时接触到了实质问题。他是第三个发言的（达拉第被留在最后）。他说，“为了提供一个实际解决问题的办法”，他带来了一个明确的书面建议。这个建议的来源是很有趣的一件事，而且我相信，张伯伦到死都不知道，从弗朗索瓦-庞赛和汉德逊的回忆录来看，他们两个人也是蒙在鼓里的。事实上，在这两位独裁者不得善终以后很久才真相大白。

意大利领袖当作他自己的折中方案拿出来骗人的东西原来是前一天在柏林德国外交部由戈林、牛赖特和魏茨泽克背着外交部长冯·里宾特洛甫草拟出来的，因为他们三人不相信他的判断。戈林把它拿去给希特勒看，希特勒说可以。于是马上就由施密特博士赶译成法文，送给意大利大使阿托利科，阿托利科把它全文用电话传到罗马，那位意大利独裁者在要上火车赴慕尼黑之前刚刚收到。这样，所谓“意大利建议”不但成为这次非正式会议上的唯一议程，而且成为后来慕尼黑协定的基本条款，而实际上，这只不过是在柏林制造出的德国建议。*

---

* 埃里希·科尔特1948年6月4日在纽伦堡美国军事法庭第四庭为“美国诉恩斯特·魏茨泽克”一案作证时，详细地叙述了墨索里尼建议的来源。《德国外交政策文件汇编》第2卷第1005页载有正式审讯记录的摘要。科尔特在《幻想与现实》（*Wahn und Wirklichkeit*）一书第129—131页对此也有叙述。施密特博士在《希特勒的译员》（*Hitler's Interpreter*）一书第111页证实了科尔特的叙述，并且说翻译意大利领袖的建议“很容易”，因为他在前一天已经在柏林翻译过一道了。意大利外相齐亚诺，在9月29—30日在慕尼黑写的日记中曾谈到墨索里尼所提出的文件“实际上是我们的大使馆为表明德国政府的愿望而在前一天晚上用电话传给我们的”（《齐亚诺的秘密日记，1937—1938》[*Ciano's Hidden Diary, 1937—1938*]，第167页）。

建议的措辞同希特勒被拒绝的戈德斯贝格要求极为相似，因此，上面这一事实本来似乎应当是十分明显的，但是对达拉第和张伯伦或者现在随他们来开会的英法驻德大使来说，却并不是如此。据德国人的记录说，法国总理“欢迎意大利领袖的建议，说它是本着客观和现实的精神提出来的”，英国首相“也欢迎意大利领袖的建议，并且宣称他本人也想到过一个同这个建议相似的解决办法”。至于汉德逊大使，据他以后写的书说，他认为墨索里尼“巧妙地结合了希特勒的建议和英法建议而作为他自己的建议提了出来”；弗朗索瓦-庞赛大使的印象是，与会者是根据“由霍拉斯·威尔逊起草的”一项英国备忘录在进行工作。[83]这些不惜一切代价一心只想姑息的英法政治家与外交家真是容易欺骗啊！ 415

既然“意大利”建议受到全体与会者这样热烈的欢迎，剩下的就只有少数细节还要推敲了。也许本来就不意外，过去是生意人而且曾任财政大臣的张伯伦，想知道在苏台德区的公有财产转交给德国人以后，由谁来赔偿捷克政府。希特勒（据弗朗索瓦-庞赛说，他因为不能像墨索里尼那样听得懂用英、法文进行的谈话，看起来脸色不大好而且心情也颇为烦恼）激动地回答说，根本不给什么赔偿。首相反对规定捷克人在迁出苏台德区时，甚至不能带走他们的牲畜（这原来是戈德斯贝格建议的一条），他说：“难道这是说，农民要被逐出，而他们的牲畜倒要被留下吗？”这时，希特勒冒火了：

“我们的时间太宝贵了，不能浪费在这些细枝末节上！”他对张伯伦嚷了起来。[84]首相就此再也不提这回事了。

他开头确也曾坚持应当有一个捷克代表出席，或者至少用他的话来说，“随叫随到”。他说：“如果没有来自捷克政府的保证的话，他的国家当然不能担保这一地区［指苏台德］能在10月10日（这是墨索里尼建议的日子）撤退完毕。”达拉第给了他不怎么热心的支持。他说，法国政府“绝不容许捷克政府在这件事情上拖延”，不过，他认为“在必要时能供咨询的捷克代表如能出席，是有好处的”。

但是希特勒寸步不让。他不允许有任何捷克人在他面前。达拉第驯顺地退让了，但是张伯伦最后还是赢得了一个小小的让步。大家同意，像首相所建议的那样，可以有一位捷克代表等“在隔壁房间里”，随叫随到。

那天下午会议上果然来了两个捷克代表，一个是捷克驻柏林公使伏伊特赫·马斯特尼，一个是布拉格外交部来的胡贝特·马萨里克博士，他们被冷淡地带进了隔壁一个房间里。他们在那里冷冷清清地从下午2点一直等到晚上7点，最后，天终于打他们头上坍下来了。就在7点钟的时候，曾参加朗西曼代表团而现在又跟张伯伦当随员的弗兰克·阿什顿-格沃特金跑过来
416 向他们宣布了坏消息。已经达成了全面的协议，不过他还不能告诉他们细节，总之，它要比法英建议“苛刻”得多。马萨里克问他能不能让捷克人陈述意见，据这位捷克代表后来向政府报告说，这个英国人的答复是“我似乎太不了解大国的处境多么困难，而且我简直不懂得同希特勒谈判多么难办”。

晚上10点，这两个郁郁不乐的捷克人给带去见首相忠实的顾问霍拉斯·威尔逊爵士。威尔逊代表张伯伦把四国协议的要点通知了他们，并且交给他们一张捷克人应立即撤出苏台德区的地图。当两个捷克使者想提出抗议的时候，那位英国外交官打断了他们的话头，他说，他没有话要说了，接着就马上离开了房间。两个捷克人继续向跟他们在一起的阿什顿-格沃特金表示抗议，然而一点用处都没有。

阿什顿-格沃特金也要走了，临走的时候，他告诫他们说：“你们要是不接受的话，就得完全单独地去同德国人打交道。也许法国人同你们说这句话的时候可能说得更客气一点，不过你们可以相信我，他们同我们的看法是一样的，他们不想管你们的事。”

虽然这话必然使两位捷克使者十分伤心，但说的却是老实话。9月30日凌晨刚过1点*，希特勒、张伯伦、墨索里尼和达拉第就依这个次序在慕尼

---

*《慕尼黑协定》上写的日期是9月29日，然而实际上直到9月30日凌晨才真正签字。它规定由德国人占领“居民主要为日耳曼人的地区”。此项占领由德国军队从10月1日到10月7日分四阶段完成。剩余的地区，在经“国际委员会”确定其边界以后，应“在10月10日以前”予以占领。“国际委员会”由四大国和捷克斯洛伐克的代表组成。英国、法国和意大利同意“这一地区的居民撤退工作应在10月10日完成，任何现有设备均不得加以破坏，而且捷克斯洛伐克政府应负责保证在撤退时不使上述设备遭受破坏”。

除此而外，“国际委员会”将安排在当地居民的种族成分未能肯定的地区进行“公民投票”，期限“不得迟于11月底”。“国际委员会”还将确定新的边界。在协定的一项附件中，英国和法国宣布“它们恪守它们……关于给予捷克斯洛伐克国家的新边界以不受无故侵略的国际担保的建议……在波兰与匈牙利少数民族的问题解决以后，德国和意大利方面也将给予捷克斯洛伐克以担保”。[85]

关于公民投票的担保根本没有实现。甚至在波兰和匈牙利少数民族的问题已经解决以后，德国和意大利也都从来没有给捷克斯洛伐克以不受侵略的担保，而且，我们下面还可以看到，英国和法国也不愿信守它们的担保。

黑协定上签下了自己的名字。这个协定规定德国军队将如元首过去一再预言的那样，在10月1日进军捷克斯洛伐克，并且在10月10日完成对苏台德区的占领。希特勒已经得到他在戈德斯贝格所没有得到的东西了。

现在还剩下一件痛苦的——至少对牺牲者来说是痛苦的——事情要办， 417
那就是通知捷克人该在什么时候放弃什么东西。希特勒和墨索里尼对这一部分仪式不感兴趣，接着就退席了，任务于是就落到捷克斯洛伐克的盟邦法国和英国的头上。马萨里克在对捷克外交部的正式报告中，对这个场面有十分生动的叙述：

> 凌晨1点30分，我们被带到举行会议的大厅。在场的有张伯伦先生、达拉第先生、霍拉斯·威尔逊爵士、莱热先生［法国外交部秘书长］、阿什顿-格沃特金先生、马斯特尼博士和我。气氛是令人窒息的，判决马上就要宣布了。法国人显然十分紧张，看来还竭力想在法庭面前保持法国的诚信。张伯伦讲了很长的一段话，介绍了协定的内容，并且把协定的文本交给了马斯特尼博士……

捷克人开始问了几个问题，但是

> 张伯伦先生不停地打哈欠，一点也不想掩饰他的倦怠。我问达拉第和莱热两位先生，他们是否希望我国政府对这个协定做一项答复或者发表一项声明。可以看得出来，达拉第先生的神情十分紧张，莱热先生回答说四位政治家没有多少时间。然后他以一种故作随便的态度急急忙忙接着说，并不要求我们做答复，他们认为这个计划已被接受，我国政府必须在这一天，至迟到下午3点钟，派代表到柏林去参加国际委员会的会议，最后还说，捷克斯洛伐克要派出的军官应当在星期六到柏林，去商定第一个地区撤退工作的细则。他说，空气已开始变得对全世界都危险了。
>
> 他对我们讲话的态度称得上是够生硬的了。这还是一个法国人……张伯伦先生一点也不想掩饰他的困倦，他们给了我们另一张略有改正的地图。然后，他们对我们的话就说完了，我们可以走了。[86]

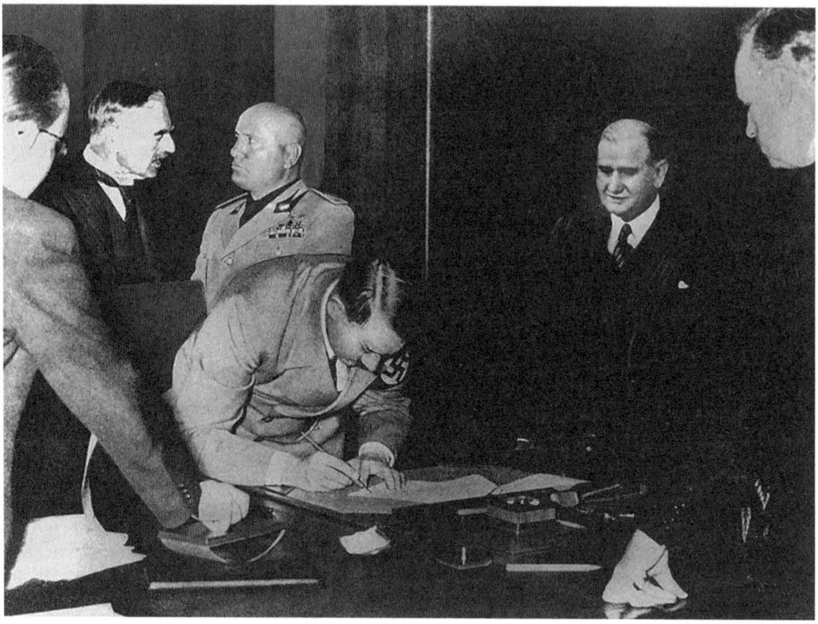

希特勒在《慕尼黑协定》上签字。

张伯伦在《慕尼黑协定》上签字。

我还记得在这个决定命运的夜里，希特勒在开完会以后趾高气扬地走下元首府宽阔的台阶时眼睛里闪耀出的那种胜利的光芒，还记得穿着那特制的民兵制服的墨索里尼那副不可一世的神情，还记得张伯伦打哈欠的样子和回到摄政宫饭店的时候那副睡意盎然的模样。

> 至于达拉第，［我在那天晚上的日记里写道］看起来像是一个完全被打败而且完全垮了的人。他到摄政宫饭店同张伯伦道别……有人问他，或者说刚开始问他："总理先生，你对这个协定满意吗？"他转过身来，口里似乎要说什么，然而他这时已精疲力竭，因此话没有说出口就一声不响踉踉跄跄地推门出去了。[87]

张伯伦同希特勒会谈世界和平问题还没有完。第二天（9月30日）早晨，他经过几小时的睡眠，精神已经恢复过来了，心里也为前一天劳累的成绩沾沾自喜，他又到元首在慕尼黑的寓所去看希特勒，想同他进一步讨论欧洲的局势，并且从希特勒那里得到一点他显然认为会加强他在国内的政治地位的小小让步。 418

据给这次意料不到的会面当翻译而且是唯一的见证人的施密特博士说，希特勒这天显得脸色苍白，情绪阴郁。他心不在焉地听着那位精力过人的英国政府首脑表示，相信德国在"实施慕尼黑协定方面会采取大度包容的态度"，并且再次表示希望捷克人不会"不讲理到制造什么困难"的程度，而如果他们造成了什么困难的话，希望希特勒不会轰炸布拉格，以免"在平民中造成可怕的损失"。这些话还只是张伯伦所要说的杂乱无章的长篇大论的开端。要不是施密特把它记录在德国外交部的正式报告上的话，即使张伯伦在前一天夜里已经对德国独裁者做了那样下贱的投降，人们也简直不能想象这番话会出自一个英国首相之口。就是在今天，人们在读这个缴获文件的时候也很不容易相信。

不过，这位英国领袖的开场白还只是后文的前言。在那位脾气不好的德国独裁者听来，张伯伦的话想必都不过是滔滔不绝的空话。他建议英德两国进一步合作来结束西班牙内战（在这场战争中，德国和意大利的"志愿军"正在为佛朗哥赢得胜利），建议促进裁军，促进世界经济繁荣，加强欧洲政治和平，甚至还建议解决俄国问题，然后，首相从口袋里掏出一张纸来，上面已经写好了他希望两个人能在上面签字并且立即发表的东西：

> 我们，德国元首兼总理和英国首相，今天再次举行了会议，一致认为英德关系的问题对两国和对欧洲都具有最大的重要性。
>
> 我们把昨夜签字的协定和《英德海军协定》看成是我们两国人民再也不想彼此交战的愿望的象征。
>
> 我们决心以协商的办法作为处理任何其他涉及我们两国的问题的办法，我们决心继续努力，消除可能引起分歧的原因，从而有助于确保欧洲的和平。

据施密特在正式报告中说，希特勒看了一下这个宣言，很快就在上面签了字，使张伯伦大为满意。施密特的印象是元首本来“有几分勉强……只是为了让张伯伦高兴”才同意的，而张伯伦，据他接着说，“对元首表示热烈感谢……再三强调他预料这一文件将产生巨大的心理影响”。

这位蒙在鼓里的英国首相当然不知道（如几个德国和意大利秘密文
419 件很久以后所透露出来的那样），希特勒和墨索里尼就在这次慕尼黑会议中已经商量好，时候一到，他们就将“并肩”对英国作战。我们很快就会看到，他也识不破在希特勒那阴郁的心底里已经又有许多别的东西在酝酿着了。[88]

张伯伦胜利地回到了伦敦——达拉第也同样地回到了巴黎。得意洋洋的首相挥舞着他同希特勒签署的宣言来迎接拥到唐宁街来的人们。他们向他高喊“好样的内维尔”！还对他高唱“因为他是一个顶呱呱的好人”。张伯伦笑逐颜开，站在唐宁街10号三楼的阳台上向他们讲了几句话。

“我的好朋友们，”他说，“在我国历史上，这是第二次把光荣的和平从德国带回到唐宁街来。* 我相信，这是我们的时代的和平。”

《泰晤士报》宣称：“没有一个征服者从战场上得胜归来的时候曾戴着比这更高贵的桂冠。”居然有一个自发的运动要筹集一笔“全国感恩基金”来

---

* 这里所说的第一次指的是英国首相狄斯雷里1878年参加柏林会议后回到英国的那一次。

向张伯伦致敬，不过，他谦虚地拒绝了。只有海军大臣达夫·库珀一个人因此辞职，在继之而来的下院辩论中，当时仍在野的温斯顿·丘吉尔在那篇值得纪念的发言中说：“我们遭到了一场全面的十足的失败。”然而，据他自己后来回忆，他被迫停了下来，一直等到暴风雨般的抗议声平息以后才能接着讲下去。

布拉格的情绪当然大相径庭。9月30日清晨6点20分，德国代办就把捷克外交部长克罗夫塔博士从床上叫起来，交给他《慕尼黑协定》的文本和一份要捷克斯洛伐克派两名代表参加“国际委员会”下午5点在柏林举行的第一次会议的邀请书。这个国际委员会是负责监督协议的执行的。

贝奈斯总统整个上午都在赫拉德欣宫中同政界与军界的领袖会商。对他来说，除了屈服而外，别无其他出路。英国和法国不但抛弃了他的国家，而且如果他拒绝慕尼黑条件的话，它们还将支持希特勒使用武力。中午12点50分，捷克斯洛伐克投降了。为此发表的官方公报说，它是带着“对全世界提出的抗议”投降的。新任总理西罗维将军在下午5点向捷克人民所做的广播中愤懑地解释说：“我们被抛弃了，我们是孤独的。”

一直到最后，英国和法国都还在对被它们诱骗、出卖的国家施加压力。这一天，英国、法国和意大利的公使见了克罗夫塔博士，想确实弄清楚捷克人会不会在最后一分钟起而反对投降。德国代办亨克博士在发给柏林的一份电报里描述了这个场面。

> 法国公使想对克罗夫塔说些安慰的话，然而被外交部长打断了：
> “我们是被迫落到这种地步的；现在一切都完了，今天轮到的是我 420
> 们，明天轮到的就是别人了。”英国公使期期艾艾地跟上去说张伯伦已尽了最大努力，但是也得到了像法国公使得到的一样的答复。外交部长已经是一个完全垮了的人。他暗示只有一个愿望：三位公使赶快离开。[89]

贝奈斯总统在柏林的要求下于10月5日辞职，后来因为看到他的生命有危险，就飞到英国，开始流亡生涯。他所遗下的总统职务由西罗维将军暂代。11月30日，国民议会选举心地善良然而性格软弱的66岁老人、最高法院院长埃米尔·哈查为残存的捷克–斯洛伐克的总统，从这时起，这个国家的名字就在捷克和斯洛伐克之间正式加上了一个连接号。

凡是张伯伦和达拉第在慕尼黑忘了给德国的东西，都由所谓“国际委员会”一一交出了。这个草草组成的委员会由意、英、法三国驻柏林大使、捷克驻柏林公使和德国外交部国务秘书冯·魏茨泽克男爵组成。每一次德国人多要土地时，委员会就总是按照他们的愿望来解决问题，不止一次是在希特勒和最高统帅部扬言要用武力的威胁下这么做的。最后，委员会在10月13日表决通过取消慕尼黑协定关于要在有争议地区举行公民投票的规定。这一套已经用不着了。

波兰人和匈牙利人在扬言要对孤立无援的捷克斯洛伐克采取军事行动之后，就像食尸的饿鹰一样，乘虚而入，分得了一片土地。在以后12个月中即将成为本书下章主角的外交部长约瑟夫·贝克的要求下，波兰得到了切申周围大约650平方英里的土地，上面居住着22.8万居民，其中倒有13.3万是捷克人。里宾特洛甫和齐亚诺在11月2日给匈牙利分配了一块大一点的土地，共有7 500平方英里，上面住着50万马扎尔人和27.2万斯洛伐克人。

除此而外，柏林还逼着这个肢体残缺、防务荡然的国家成立一个显然具有法西斯倾向的亲德政府。人人都了然，从此以后，捷克斯洛伐克这个国家只是在第三帝国领袖的鼻息之下苟延残喘而已。

慕尼黑的后果

根据《慕尼黑协定》，希特勒得到了他在戈德斯贝格所要求的一切，而“国际委员会”又在他的威胁之下拱手奉上更多的东西。1938年11月20日的最后解决，强迫捷克斯洛伐克割与德国1.1万平方英里的土地，上面住着
421 280万苏台德日耳曼人和80万捷克人。在这个地区之内有着大量的捷克工事，它们构成了在当时来说是欧洲最坚强的防线，只有法国的马其诺防线可能除外。

这还不算，捷克斯洛伐克的全部铁道、公路、电话和电讯系统都被打

烂了。根据德国人的统计，这个国家在被肢解以后丧失了66%的煤，80%的褐煤，86%的化学工业，80%的水泥工业，80%的纺织工业，70%的钢铁工业，70%的电力工业，40%的木材工业。好端端的一个富庶繁荣的工业国仅仅在一夜之间就被豆剖瓜分而破产萧条了。

无怪乎约德尔在《慕尼黑协定》签字那天晚上那样兴高采烈写他的日记了。

> 慕尼黑条约已经签字了，捷克斯洛伐克作为一个国家力量来说已经不复存在了……由于元首的英明睿断，由于他那甚至世界大战都绝不回避的决心，我们再一次不用武力就取得了胜利。现在希望的是，那些怀疑成性、意志薄弱而犹豫观望的人也许已经转变过来了，并且希望他们今后这样保持下去。[90]

许多犹豫观望的人转变了，至于少数没有转变的人就陷入了绝望之中。像贝克、哈尔德、维茨勒本这样的将军和他们的谋士们再一次证明是错了。希特勒得到了他要求得到的东西，他不发一枪就完成了又一次伟大的征服。他的威望达到了空前的新高度。没有一个像作者那样在慕尼黑会议之后到过德国的人能够忘记德国人民的狂喜，他们因为战争业已避免而如释重负。他们对希特勒的兵不血刃的胜利感到得意洋洋，这不但是对捷克斯洛伐克的胜利，而且是对英国和法国的胜利。他们告诉你，在短短六个月之内，希特勒征服了奥地利和苏台德区，给第三帝国平添了1 000万人口和一大片有战略意义的领土，为德国称霸东南欧打开了大门。而赢得这样的丰功伟绩竟不曾牺牲一个德国人的性命！他以德国历史上所罕见的天才人物的本能，不但看穿了那些中欧小国的弱点，而且看穿了西方两个主要的民主国家英国和法国的弱点，逼得它们向他的意志屈服。他发明了一套可以称为**政治战**的新的战略战术，而且取得了惊人的成就，这种政治战已经使得真刀真枪的战争成为不必要了。

在仅仅四年有半的时间内，这个出身微贱的人已经使一个在政治上一片混乱、在军事上解除武装、在经济上接近崩溃的德国，欧洲大国中这个最孱弱的大国，一跃而被认为是旧大陆最强大的国家，所有其他的国家，甚至英国和法国，都在它的面前发抖。在这个令人目眩的跃进过程中，没有一个《凡尔赛和约》的战胜国阻挡过它的进路，即使在它们有力量这样做的时候，也没有这样做的胆量。事实是，在他取得了最大的胜利的慕尼黑会议上，英国和法国还曲意予以支持。而且想必使希特勒自己也最感诧
422 异的，也肯定使贝克将军、哈塞尔以及参加他们那小小的反对派的一伙人莫名其妙的，是主宰着英国和法国政府的那些人（元首在慕尼黑会议后有一次在背后轻蔑地管他们叫“小蛆虫”）当中，竟然没有一个人看到由于他们对这位纳粹领袖的每一步侵略行动都不加回击而造成的后果。

在英国，似乎只有温斯顿·丘吉尔一个人看到了这一点。再没有别的人比他10月5日在下院的演说里把慕尼黑的后果说得更明白的了。

> 我们遭到了一场全面的十足的失败……我们正处在第一等的大祸之中。到多瑙河的门户……到黑海的门户已经洞开了。所有中欧的和多瑙河流域的国家都将一个接一个落入……以柏林为中心的……庞大的纳粹政治体系中……不要以为这是结尾。它不过是开始……

1938年8月27日，温斯顿·丘吉尔在埃塞克斯郡的塞登博伊斯发表讲话，指出庞大的德国军队是对世界和平的一大威胁。

然而，丘吉尔并不是在朝之身，他的话并没有受人注意。

法国和英国在慕尼黑的投降是有必要的吗？阿道夫·希特勒不是在虚声恫吓吗？

说来矛盾的是，我们现在知道，这两个问题的答案都是“不”。所有战后还活下来的接近希特勒的将军都一致认为，要是没有慕尼黑的话，希特勒就会在1938年10月1日进攻捷克斯洛伐克，他们还认为，不论伦敦、巴黎和莫斯科会出现什么样暂时的犹豫，英国、法国和俄国最后都一定会参战。

而对这一段历史来说最重要的一点是，德国的将军们一致认为，在这场战争中德国将打败仗，而且败得很快。支持张伯伦和达拉第的人——他们在当时占绝大多数——说，慕尼黑妥协挽救了西方，慕尼黑妥协不但使西方免于战争，而且使西方免于在这场战争中失败，因而也保全了伦敦和巴黎，使它们没有被德国空军夷为平地。这种论调至少就后两点来说，受到了最有资格做判断的德国将军们，特别是最接近希特勒而且从头至尾最狂热地支持他的德国将军们的有力的驳斥。

后一类人中最重要的一个人就是凯特尔将军，他是最高统帅部长官，又是经常随侍在希特勒身边的宠臣。在纽伦堡审讯时，当问到德国将领对慕尼黑妥协的反应是什么时，他回答说：

> 我们特别高兴，因为没有采取军事行动……我们一直认为我们要用来进攻捷克斯洛伐克边境工事的装备是不够的，从纯军事的观点看，我们缺少能突破边境工事的手段。[91] 423

盟国的军事专家总是估计德国军队可以轻而易举地攻下捷克斯洛伐克，然而凯特尔的证词却说情况并非如此。除此而外，还必须加上后来成为德国最杰出的战地指挥官之一冯·曼施坦因元帅的证词。当他在纽伦堡（不像凯特尔和约德尔那样，他没有受到可能判处死罪的起诉）就慕尼黑事件时期的德国实力作证时说明当时的情况说：

> 如果战争爆发，无论是我国的西部边境还是我国的波兰边境，都

> 无法有效防守，而且不论怎么说都毫无疑问的是，只要捷克人起而自卫，我们就会被他们的工事所拦阻，因为我们没有突破它的手段。[92*]

那位最高统帅部的“智囊”约德尔，在纽伦堡出庭为自己辩护的时候，是这样说的：

> 要以5个作战师和7个后备师的兵力在还只是一个施工现场的西线工事来挡住100个法国师的进攻，是完全谈不上的，这在军事上是不可能的。[93]

如果确实像这些德国将军承认的那样，希特勒的军队缺乏突破捷克防线的手段，而且要在西线抵挡占压倒优势的法国兵力，德国又确实处在一种“军事上不可能的”形势，不但如此，像我们前面所知道的那样，在将领中间还存在着严重的分歧，甚至陆军参谋总长都在准备推翻元首以躲避一场无法取胜的战争——既然如此，那么，为什么法国和英国的参谋总部居然会不知道？还是说，他们竟是知道的呢？如果他们确实知道的话，英国和法国政府的首脑又怎么能在慕尼黑被逼到牺牲自己那么多的根本利益的地步呢？在寻求这些问题的答案的时候，我们碰到了直到现在都没有弄清楚的慕尼黑时代的一个谜。甚至对军事问题素来关心的丘吉尔来说，在他卷帙浩繁的回忆录中，也几乎没有涉及这个问题。

不能想象英国和法国的参谋总部和两国政府会不知道德国陆军参谋总部反对欧洲大战。因为，上面已经说过，柏林的密谋分子在8月和9月之间
424 至少曾通过四条线把这一点告诉了英国人。而且我们已经知道，连张伯伦本人都知道了这件事情。到9月初，巴黎和伦敦绝不能不知道贝克将军的辞职，也绝不可能不知道德国陆军中威信最高、能力最强的领袖的抗命对

---

* 希特勒自己在视察了捷克的防线以后，也至少对这一点有些相信。他后来告诉国际联盟驻但泽的高级专员卡尔·布尔克哈特博士说：“慕尼黑事件以后，我们才能够从捷克斯洛伐克内部来了解它的军事实力，我们所看到的一切使我们捏了一把汗；我们当初冒了一次严重的危险。捷克的将军们所计划的东西是十分坚强的。我现在才懂得了我的将军们为什么主张克制。”（见佩蒂纳克斯：《法兰西的掘墓人》，第5页）

部队的影响。

当时在柏林的人一般都承认，英国和法国的军事情报工作是做得相当好的。简直难以相信，伦敦和巴黎的军事首脑人物会不知道德国陆军与空军的显著的弱点以及它们不可能在两条战线上同时作战的事实。法国陆军参谋总长甘末林将军——就算他天性谨慎达到极点也罢——掌握着将近100个师，到底还有什么理由怀疑他对付不了德国人摆在西线的5个正规师和7个后备师而不能摧枯拉朽，长驱直入挺进德国呢？

总的来说，据甘末林后来自己说[94]，他并没有多少怀疑。9月12日，就在希特勒在纽伦堡大会闭幕会议上大发雷霆对捷克斯洛伐克百般威胁的那一天，这位法军统帅曾经向达拉第保证，如果战争爆发的话，“西方民主国家可以按照自己的意志来决定和平条件”。他还写了一封信给达拉第说明他之所以如此乐观的理由。9月26日，正当捷克危机在戈德斯贝格会议以后处于最高潮的那一天，随法国政府领导人同赴伦敦的甘末林又向张伯伦重申了他的保证，并且具体分析了军事形势，想不但给英国的首相而且也给自己那位动摇的总理打气。他在这一方面显然没有达到目的。最后，就在达拉第飞赴慕尼黑前夕，甘末林又向他简括地说明了在苏台德区问题上要做出领土让步时可以不致危及法国安全的最大限度，主要的捷克要塞，还有铁路干线，某些战略性的支线和主要的国防工业，绝不能给德国。除此而外，他还说，绝不能让德国人切断摩拉维亚山峡。要是在法德交战时捷克斯洛伐克能对法国有什么用处的话，这些都是不错的意见。然而，我们已经看到，达拉第不是能照此行事的人。

在慕尼黑时期，人们说得极多的是，张伯伦投降的理由之一是害怕伦敦将被德国的轰炸所毁灭，毫无疑问，法国人也是一想到他们美丽的首都会从空中被炸毁就胆战心惊的。但是据现在所弄明白的德国空军在当时的实力来看，伦敦人和巴黎人，同他们的首相和总理一样，是惊慌过度了。德国的空军已同陆军一样用来集中于对付捷克斯洛伐克了，因此也就同陆军一样不可能在西线进行严肃的战斗。即使德国人能匀得出那么几架飞机去空袭伦敦和巴黎的话，也很可怀疑它们能不能到达目的地。英国和法国战斗机的防御力量尽管很弱，德国人也并没有足够的战斗机来掩护他们的轰炸机，就算他们有战斗机，它们的基地也太远了。

425 也有人，特别是弗朗索瓦–庞赛和汉德逊这两位大使，认为慕尼黑妥协给了西方民主国家几乎一年的时间，使它们能在整军方面赶上德国。事实证明，这种论点不过是谎言。正如丘吉尔所说，而且也为盟国方面一切严谨的军事历史学家所同意的那样，“号称因慕尼黑妥协而‘得到’的一年喘息时间，使英国和法国同德国对比起来处于比慕尼黑危机时期坏得多的地位”。[95] 我们下面就可以看到，德国方面一年以后所有的军事计划都证明了这一点，而以后发生的事变，当然又消除了任何怀疑。

现在根据我们所获得的德国秘密文件和德国人战后自己的亲口供认，回过头再来看这一段历史，就可以做出在慕尼黑时期所无法做出的下面这样一个总结。

德国在1938年10月1日没有能力对捷克斯洛伐克和法国、英国作战，更不用提再加上一个俄国了。要是它打的话，它将很快、很容易地被打败，那也就会是希特勒和第三帝国的末日。要是在最后一分钟由于德国陆军的干预而避免了一场欧洲大战的话，希特勒就可能被哈尔德和维茨勒本以及他们的同党所推翻，他们将在他最后下令进攻捷克斯洛伐克之际按照预定计划把他逮捕。

希特勒公开吹嘘“不论在什么情况下”他将在10月1日进军苏台德区，因此就给自己堵死了退路，弄得自己下不了台。他已处在贝克将军所早已预见到的“无法维持”的地位。要是他在做了这一番斩钉截铁的威胁和宣言之后自己又退了回来的话，他就存在不了多久。独裁政治就是这么一回事，而他的独裁政治尤其是如此。对他来说，后退，如果不是不可能的话，也是极端困难的，要是他想后退的话，那么，他在欧洲，在本国人民当中，尤其重要的是在他的将领当中，势必威信扫地，其结果就将置他于死地。

张伯伦对希特勒的要什么就给什么这种执迷不悟的态度，他的贝希特斯加登和戈德斯贝格之行，还有最后那一次决定命运的慕尼黑之行，挽救了希特勒，使他有了下台的梯子，把他在欧洲、在德国、在军队中的威信，提高到几个星期以前还无法想象的程度，这一切也把第三帝国同西方民主国家和俄国相抗衡的力量提高到无可估量的程度。

对法国来说，慕尼黑是一场大灾祸。实在不懂的是，为什么巴黎当时居然没有认识到这一点。法国在欧洲的军事地位毁了。如果德国完全动员起来的话，法国的军队绝不及德国军队的半数以上，因为德国的人口几乎是它的两倍；法国的军火生产能力也比德国弱；由于这两个原因，法国煞费苦心地在东欧，即在德国——还有意大利——的侧翼，同捷克斯洛伐克、波兰、南斯拉夫和罗马尼亚等较小的国家建立了同盟，这些国家加在一起的军事潜力也抵得上一个大国。部署在坚固的山地工事中的35个训练有素、装备精良的捷克师，牵制着比这个数目还要大的德国军队，现在法 426
国军队失去这支力量无异乎失去一条臂膀。然而这还不是一切。在慕尼黑事件之后，法国在东欧剩下的盟国还有哪个能对它的誓言有什么信任呢？同法国结盟还有什么价值呢？在华沙、布加勒斯特和贝尔格莱德能听到的答复是：价值不大。这些首都现在都争先恐后地想在为时尚未太晚的时候，同纳粹征服者做一笔尽可能不赔本的买卖。

莫斯科虽然没有发生争先恐后的忙乱，但是也引起了一些活动。虽然苏联同捷克斯洛伐克和法国都有军事同盟，法国政府却径自同德国和英国打交道而一声不吭就把苏联排除在慕尼黑会议之外。这一手是斯大林绝不能忘怀的，而两个西方民主国家也为此在今后的几个月中付出了极大的代价。10月3日，也就是慕尼黑会议以后四天，德国驻莫斯科大使馆参赞维尔纳·冯·蒂佩尔斯基希向柏林报告了慕尼黑事件对苏联政策的“后果”。他认为斯大林将由此“得出结论”；他肯定苏联将“重新考虑它的外交政策”，将对它的盟邦法国不那么友好，而对德国的态度将“更加积极”。事实上，这位德国外交官认为“目前的局势给德国与苏联间缔结新的更广泛的经济协定提供了有利的机会”。[96] 在德国秘密档案中，这是第一次提到柏林和莫斯科之间的风向要转了，不论这时的风势如何微弱，用不了一年，它就会产生重大的后果。

尽管希特勒取得了惊人的胜利，也尽管他不但给了捷克斯洛伐克而且给了西方民主国家以难堪的屈辱，希特勒对慕尼黑妥协的结果还是感到失望。沙赫特曾听见他在回柏林途中对他的党卫军警卫人员嚷着说：“那个家伙［指张伯伦］破坏了我进入布拉格的计划！”[97] 这是他心里一直想要得到的东西。自从前一年的11月5日他对他的将领们第一次讲过这种打算以后，这也是他一再向他们说到过的东西。当时他就向他们说明，征服奥地利与

希特勒跨过德国边境进入苏台德地区。

苏台德地区的难民。

捷克斯洛伐克，只是在东方大规模夺取生存空间和在西方同法国在军事上一决雌雄的前奏。他在9月20日曾对匈牙利总理说过，最好的事情还是“消灭捷克斯洛伐克”。他说“这才是唯一令人满意的解决办法”。他所担心的“危险”就是捷克人会向他的全部要求屈服。*

现在，张伯伦先生拿着他那把名闻天下的雨伞来到慕尼黑，逼着捷克人接受了他的全部要求，这样就剥夺了他进行军事征服的机会。从材料中可以看得十分清楚，这就是希特勒在慕尼黑以后一桩曲折的心事。他后来曾向他的将领们吐露：“从最初起，我就明白，我不能以苏台德日耳曼人的土地为满足，这只是一种部分的解决办法。”[98]

在慕尼黑事件以后没有几天，这位德国独裁者就开始把实现全面解决的计划付诸实施了。 427

注　释

1. 绿色方案的档案原来存在希特勒的大本营，后来被美军在上萨尔茨山一地窖中缴获。希特勒-凯特尔4月21日会谈摘要是其中第二份文件。全部档案在纽伦堡提出作为证据，编号为纽伦堡文件388-PS。英译文载《纳粹的阴谋与侵略》，第3卷，第306—709页。收在《德国外交政策文件汇编》，第2卷，第239—240页上的英译文较佳。

2. 德国外交部1938年8月19日秘密备忘录，见《纳粹的阴谋与侵略》，第6卷，第855页（纽伦堡文件3059-PS）。

3.《德国外交政策文件汇编》，第2卷，第197—198页。

4. 同上，第255页。

5. 魏茨泽克1938年5月12日备忘录，见《德国外交政策文件汇编》，第2卷，第273—274页。

6. 所交换的四封电报全文，见《纳粹的阴谋与侵略》，第3卷，第308—309页（纽伦堡文件388-PS）。

7. 同上，第309—310页。

8. 凯特尔的信和指令全文载《德国外交政策文件汇编》，第5卷，第299　303页。

9. 同上，第307—308页。

10. 德国驻布拉格公使和武官1938年5月22日的电报，同上第309—310页。

11. 冯·迪克森大使1938年5月22日的电报，同上第322—323页。

12. 1939年1月30日在国会的演说，收在《我的新秩序》中，第563页。

13. 据希特勒一名当时在场的副官弗里茨·维德曼后来说，他“对这句话极感震惊”。见《纳粹的阴谋与侵略》，第5卷，第743—744页（纽伦堡文件3037-PS）。

---

* 见本书原文第388页。

14. 约德尔日记，日期未注明，见《主要战犯的审讯》，第28卷，第372页（纽伦堡文件1780-PS）。

15. 绿色方案档案第11件，见《纳粹的阴谋与侵略》，第3卷，第315—320页（纽伦堡文件388-PS），另见《德国外交政策文件汇编》，第2卷，第357—362页。

16.《主要战犯的审讯》，第28卷，第373页，收有德文原文。约德尔日记摘录的英译文收在《纳粹的阴谋与侵略》，第4卷，第360—370页中。

17. 沃尔夫冈·福斯特著《一位将军反对战争》第81—119页中有备忘录原文。

18. 约德尔日记，见《主要战犯的审讯》，第28卷，第374页。英译文载《纳粹的阴谋与侵略》，第4卷，第364页（纽伦堡文件1780-PS）。

19. 同上。

20.《主要战犯的审讯》，第20卷，第606页。

21.《冯·哈塞尔日记》，第6页。

22. 同上，第347页。

23. 福斯特:《一位将军反对战争》，第122页。

24. 1938年6月8日、9日电报，见《德国外交政策文件汇编》，第2卷，第395，399—401页。

25. 6月22日电报，同上，第426页。

26. 同上，第529—531页。

27. 同上，第611页。

28. 绿色方案档案第17件，见《纳粹的阴谋与侵略》，第3卷，第332—333页（纽伦堡文件388-PS）。

29.《主要战犯的审讯》，第28卷，第375页。

30. 1938年9月3日会议记录，见《纳粹的阴谋与侵略》，第3卷，第334—335页（纽伦堡文件388-PS）。

31. 9月9日会议施密特记录，同上，第335—338页。在绿色方案档案中是第19件。

32. 约德尔日记中关于9月13日的笔记，见《主要战犯的审讯》，第28卷，第378—379页（纽伦堡文件1780-PS）。

33.《德国外交政策文件汇编》，第2卷，第536页。

34. 关于克莱斯特此行的报告收在《英国外交政策文件汇编》，第3卷，第2册。

35. 丘吉尔的这封信件的大部分摘录，见《德国外交政策文件汇编》，第2卷，第706页。

36.《英国外交政策文件汇编》，第3卷，第2册，第686—687页。

37. 内维尔·汉德逊:《使命的失败》，第147，150页。

38.《英国外交政策文件汇编》，第3卷，第1册。

39. 埃里希·科尔特在其所著《回忆散记》中提供了他兄弟对这次会见的叙述，见该书第279—281页。

40.《德国外交政策文件汇编》，第2卷，第754页。

41. 同上。

42. L. B. 纳米尔:《外交前奏曲》，第35页。

43. 关于这次会议的材料不少。唯一在场充当译员的保罗·施密特的正式报告全文，见《德国外交政策文件汇编》，第5卷，第786—798页。施密特在他所著《希特勒的译员》一书中提供了一个目击者的记述，见该书第90—95页。张伯伦的笔记，见《英国外文政策文件汇编》，第3卷，第338—341页。他就这次会议写给他的妹妹的信，见基思·费林著《内维尔·张伯伦传》，第366—368页。另见汉德逊著《使命的失败》，第152—154页。

44.《德国外交政策文件汇编》，第2卷，第801页。

45. 同上，第810页。

46. 费林：《内维尔・张伯伦传》，第367页。

47.《纳粹的阴谋与侵略》，第6卷，第799页（纽伦堡文件C-2）。

48.《德国外交政策文件汇编》，第2卷，第863—864页。

49.《英国白皮书》，编号Cmd5847，第2号。另见《德国外交政策文件汇编》，第2卷，第831—832页。

50. 见《柏林日记》，第137页。

51. 戈德斯贝格会议的主要来源是：施密特关于戈德斯贝格两次会议的笔记，见《德国外交政策文件汇编》，第2卷，第870—879，898—908页；施密特在《希特勒的译员》一书中的叙述，见该书第95—102页；9月23日希特勒与张伯伦的通讯，见《德国外交政策文件汇编》，第2卷，第887—892页；柯克帕特里克的会议记录，见《英国外交政策文件汇编》，第3卷，第2册，第463—473，499—508页；汉德逊在《使命的失败》中的叙述，见该书第156—162页。

52.《纳粹的阴谋与侵略》，第4卷，第367页（纽伦堡文件1780-PS）。

53. 约德尔日记，1938年9月26日，同上。

54. 戈德斯贝格备忘录全文，见《德国外交政策文件汇编》，第2卷，第908—910页。

55. 1938年9月24日伦敦《泰晤士报》。

56. 捷克复信全文，见《英国白皮书》，编号Cmd5847，第7号。

57. 张伯伦1938年9月26日致希特勒的信的全文，见《德国外交政策文件汇编》，第2卷，第994—995页。

58. 德国外交部文件中虽无施密特博士关于这次会议的笔记，但他在自己的著作中叙述了经过，《希特勒的译员》，第102—103页。柯克帕特里克的笔记，见《英国外交政策文件汇编》，第3卷，第2册，第1号，第118页。汉德逊的叙述，见他的《使命的失败》，第163页。

59. 绿色方案档案第31—33件，见《纳粹的阴谋与侵略》，第3卷，第350—352页（纽伦堡文件388-PS）。

60. 巴黎发的电报，见《德国外交政策文件汇编》，第2卷，第977页。

61. 罗斯福的两次呼吁和希特勒对第一次呼吁的答复全文，同上，第2卷。

62. 布拉格发出的电报，同上，第2卷，第976页。

63. 希特勒1938年9月27日的信的全文，同上，第2卷，第966—968页。

64. 张伯伦的计划，同上，第2卷，第987—988页。惠勒-本内特根据捷克档案在《慕尼黑》中引用了首相的信，见该书第151—152页，第155页。

65. 同上，第158页。

66. 全文见《英国白皮书》，编号Cmd5848，第1号。这封信是由汉德逊在次日中午交给希特勒的。

67. 汉德逊：《使命的失败》，第144页。见《英国外交政策文件汇编》，第3卷，第2册，第614页。

68. 约德尔日记，1938年9月28日，见《纳粹的阴谋与侵略》，第4卷，第368页（纽伦堡文件1780-PS）。

69. 来源是：纽约律师萨姆・哈里斯在纽伦堡提审哈尔德的记录，《纳粹的阴谋与侵略》，附件B，第1547—1571页。另见哈尔德的备忘录，在纽伦堡的媒体通讯中，但未收入《纳粹的阴谋与侵略》和《主要战犯的审讯》中。吉斯维乌斯：《至死方休》，第283—328页。他在纽伦堡的证词，见《主要战犯的审讯》，第12卷，第210—219页。沙赫特：《账目已清》，第114—125页。

70. 吉斯维乌斯：《至死方休》，第325页。另见他在纽伦堡的证词，载《主要战犯的审讯》，第12卷，第219页。

71. 埃里希·科尔特给本书作者的备忘录。艾伦·杜勒斯著《德国的地下运动》，第46页也谈到了这次访问。

72. 9月28日上午在总理府的会议，有几个参与者的叙述，见施密特：《希特勒的译员》，第105—108页；弗朗索瓦-庞赛：《决定命运的年代》，第265—268页；汉德逊：《使命的失败》，第166—171页。

73. 施密特：《希特勒的译员》，第107页。

74. 同上。

75. 汉德逊：《使命的失败》，第168—169页。施密特：《希特勒的译员》，第108页。

76. 马萨里克后来把这一场面告诉过本作者，他也告诉过他的许多其他友人。但我的笔记已遗失，此处引的是惠勒-本内特在《慕尼黑》中所做的动人叙述，见该书第170—171页。

77. 根据1946年2月25日对哈尔德的提审，见《纳粹的阴谋与侵略》，附件B，第1553—1558页。

78. 沙赫特：《账目已清》，第125页。

79. 吉斯维乌斯：《至死方休》，第326页。

80.《齐亚诺秘密日记（1937—1938年）》，第166页。墨索里尼在1940年6月26日的电报中提醒希特勒，在慕尼黑时他曾保证参加进攻英国。电报全文收入《德国外交政策文件汇编》，第10卷，第27页。

81. 张伯伦和贝奈斯照会全文，《英国外交政策文件汇编》，第3卷，第2册，第599，604页。

82. 两次慕尼黑会议记录，见《德国外交政策文件汇编》，第2卷，第1003—1008和第1011—1014页。

83. 汉德逊：《使命的失败》，第171页。弗朗索瓦-庞赛：《决定命运的年代》，第271页。

84. 施密特：《希特勒的译员》，第110页。

85.《慕尼黑协定》全文，见《德国外交政策文件汇编》，第2卷，第1014—1016页。

86. 根据马萨里克博士给捷克外交部的正式报告。本节关于慕尼黑会议的材料来源有：《德国外交政策文件汇编》，第2卷，同本章注82；协定全文，同上，第1014—1016页：《英国外交政策文件汇编》，第3卷，第2册，第1号，第227页；齐亚诺、施密特、汉德逊、弗朗索瓦-庞赛、魏茨泽克等著上引书。

87.《柏林日记》，第145页。

88. 这次张伯伦-希特勒会谈的材料来源有：声明全文，见《德国外交政策文件汇编》，第2卷，第1017页。施密特关于这次会谈的正式报告，同上，第4卷，第287—293页。施密特：《希特勒的译员》，第112—113页。《英国外交政策文件汇编》，第3卷，第2册，第1228号所提供的情况略有不同。

89.《德国外交政策文件汇编》，第4卷，第4—5页。

90. 约德尔的日记，见《纳粹的阴谋与侵略》，第4卷，第368页（纽伦堡文件1780-PS）。

91. 凯特尔1946年4月4日作的证词，见《主要战犯的审讯》，第10卷，第509页。

92. 曼施坦因1946年8月9日作的证词，同上，第20卷，第606页。

93. 约德尔1946年6月4日作的证词，同上，第15卷，第361页。

94. 甘末林：《为国效劳》，第344—346页。这是一本令人失望的书！佩蒂纳克斯所著《法兰西的掘墓人》一书第3页中证实了这位将军的话。甘末林在9月26日和28日的意见的来源同此。

95. 丘吉尔：《风暴欲临》，第339页。

96.《德国外交政策文件汇编》，第4卷，第602—604页。

97. 沙赫特在纽伦堡的证词，见《主要战犯的审讯》，第12卷，第531页。

98. 1939年11月23日对三军总司令的讲话，见《纳粹的阴谋与侵略》，第3卷，第573页（纽伦堡文件789-PS）。

第十三章

捷克斯洛伐克再也不存在了

《慕尼黑协定》签字还不到十天，甚至苏台德区的和平占领还没有完成，阿道夫·希特勒就给最高统帅部长官凯特尔将军发出了一份绝密急电。

> 1. 在目前形势下，要击破波希米亚和摩拉维亚捷克人的全部抵抗力量需要多少增援部队？
>
> 2. 集结或者调动新部队需要多少时间？
>
> 3. 上述措施如果在实行原定的复员、撤兵计划之后执行的话，需要多少时间？
>
> 4. 要达到10月1日那样的待命状态需要多少时间？[1]

凯特尔在10月11日给元首回了一个电报，做了详尽的答复。不需要很长的时间，也不需要太多的增援部队，在苏台德区已经有24个师，其中包括3个装甲师和4个摩托化师。凯特尔说："统帅部认为，鉴于目前捷克抵抗力量微弱，有可能无须增援即能开始行动。"[2]

在得到这样的保证以后十天，希特勒就把他的想法通知了他的军事负责人。

绝　密

柏林，1938年10月21日

武装部队未来的任务以及为执行此项任务所需进行的战争准备工作，我将在以后的命令中予以规定。

在该项命令下达以前，武装部队必须随时准备：

1. 确保德国边界的安全。

2. 清算捷克斯洛伐克的残存部分。

428 3. 占领梅梅尔区。

梅梅尔是波罗的海沿岸一个大约有4万人口的港口，是德国人在《凡尔赛和约》以后割让给立陶宛的。既然立陶宛比奥地利和捷克斯洛伐克还要小、还要弱，夺取这一城市对德国军队来说实在算不了一回事，而希特勒在这个命令中也只是说，它应予“归并”。至于捷克斯洛伐克：

必须在任何时候都能够扫荡残存的捷克斯洛伐克，如果它采取敌视德国的政策的话。

武装部队为应付上述事变所需进行的准备工作，规模要比“绿色方案”小得多；不过，因为这一次没有事先计划好的动员措施，他们必须保证处于高度的准备状态，受命执行这一任务的部队的编制、战斗序列与准备状态，在平时即应按进行突然袭击的需要予以安排，俾使捷克斯洛伐克没有任何可能进行有组织的抵抗，目标是迅速占领波希米亚和摩拉维亚，并且切断斯洛伐克。[3]

当然，斯洛伐克是可以用政治手段来切断的，这样就可以不必动用德国军队。德国外交部正是为了这个目的而在努力工作。10月份头几天，里宾特洛甫和他的助手们就不断催促匈牙利人要求在斯洛伐克分一杯羹。但是当匈牙利（其实它并不需要德国人来吊它的胃口）说到要干脆拿下斯洛伐克的时候，威廉街就拿出它自己的主意来了。它对这块地方的前途还有别的打算。布拉格政府在慕尼黑会议以后已立即给了斯洛伐克以范围极广的自治，德国外交部建议暂时“容忍”这种处理，至于将来，德国外交部政治司司长恩斯特·韦尔曼在10月7日的备忘录中把德国的想法概括地说明了。他写道："一个独立的斯洛伐克先天就是软弱的，因此最有利于德国向东方渗入与殖民。"[4]

这对第三帝国说来又是一个转折点。这是希特勒第一次想动手征服非日耳曼人居住的地区。在过去六个星期之内，他一直在私下或者公开向张伯伦担保苏台德区是他在欧洲最后的领土要求。尽管英国首相在相信希特勒的话这方面容易受骗到几乎难以置信的程度，但是他确有一些根据可以认为这位德国独裁者在吸收了原来住在德国境外而现在住在德国境内的日耳曼人以后是会罢休的。元首不是一再说过他在第三帝国之内不要一个捷克人吗？他不是在《我的奋斗》和无数次公开演说里面一再重申德国要强大就得在种族上保持纯粹，因而绝不能要外国人特别是斯拉夫人的那种纳粹理论吗？这些都是他说过的。但是也许伦敦忘掉了，他也曾在《我的奋斗》中多次以狂妄的口气宣扬德国的前途在于在东方征服生存空间。一千多年以来，这块空间一直是斯拉夫人占着的。 429

砸玻璃窗的一周

1938年秋天，纳粹德国又到了另一个转折点。它发生在后来在党内称为"砸玻璃窗的一周"内。

11月7日，一个叫作赫舍尔·格林斯潘的17岁的德籍犹太难民开枪刺杀了巴黎德国大使馆三等秘书恩斯特·冯·拉特。这个年轻人的父亲不久以前同其他10 000个犹太人被装在封闭式货车车皮里押送出境到波兰。这个青年人为了给父亲报仇，为了报复纳粹德国对犹太人的迫害，特意到德国大使馆去想刺杀德国大使约翰内斯·冯·韦尔切克伯爵。但是出来接见他的人却是那位年轻的三等秘书，因而就把他当作了替死鬼。拉特可谓死得冤枉，因为他本人是反纳粹的，因此已受到秘密警察的监视，至少他从来不赞成德国统治者的排犹狂。

11月9日晚上，纳粹党的头子们在希特勒和戈林的领导下对慕尼黑啤酒馆政变举行了一年一度的庆祝。庆祝刚完，第三帝国迄今为止最疯狂的排犹运动就开始了。照戈培尔博士和他所控制的报纸的说法，这是德国人民听到巴黎的凶讯以后“自发”举行的示威。但是在战后发现的文件证明了这种运动到底有多少“自发性”。[5]这些文件是战前纳粹时代的秘密档案中暴露性最强的——也是最骇人听闻的——一批文件。

据党内法庭的首席法官瓦尔特·布赫少校所做的一份秘密报告说，戈培尔博士曾在11月9日黄昏发出指示要在当晚“组织并进行”“自发的示威”。但是实际上组织的人是仅次于希姆莱的党卫军第二号人物莱因哈德·海德里希。他年方34岁，为人凶残阴险，掌管着党卫军的保安处和秘密警察，他那天晚上用电传打字机发出去的命令现在已在缴获的德国文件中发现了。

11月10日凌晨1点20分，他用电传打字机向国家警察和党卫军保安处的各分部和各站发出了一道紧急命令，指示他们会同党和党卫军的领导人“商议组织示威的问题”。

> 甲、采取的行动须不致危及德国人的生命财产。（举例来说，只有
> 430 在火势不致延及邻近房屋时方得焚毁犹太人会堂。）*
>
> 乙、犹太人的店铺与私人住宅可以捣毁，但不得劫掠……
>
> 丁、……2. 警察不得拦阻即将举行的示威……
>
> 5. 犹太人，特别是有钱的犹太人应予逮捕，人数视现有监狱能容纳多少而定……逮捕这些犹太人以后，应立即与有关的集中营联系，以便尽快把他们关进集中营。

在整个德国，这一夜都是恐怖的一夜。犹太人会堂，犹太人的住宅和店铺，到处都烈焰飞腾，犹太男女老幼在逃出火窟的时候，有很多被杀死了。第二天（11月11日）海德里希就给戈林打了一个初步的秘密报告。

> 犹太人店铺和住宅摧毁的规模还不能得到确切的数字……就纵火所造成的实际损害而言，已知有815处店铺被毁，171处住宅着火或捣毁，然而这只是一小部分而已……有119处犹太人会堂着火，另有76

---

*括号为原件所有。

处完全捣毁……有20 000犹太人被捕。据报死亡者有36人，受重伤者也有36人。上述死伤者都是犹太人……

那一天晚上被杀害的犹太人的最后数字估计要比初步数字大好几倍。海德里希自己在做上述初步报告之后的第二天就说，犹太人店铺遭到抢劫的有7 500家。还发生了几起强奸案，这在布赫少校的党内法庭（根据他自己的报告）来看是比杀人更坏的事情，因为这违反了禁止非犹太人与犹太人发生性关系的纽伦堡种族法律。犯这一法律的人都被开除出党而交给普通法庭处理。布赫少校认为，党员如果只是杀害犹太人“不得予以惩办”，因为他们不过是在执行命令。在这一点上，布赫倒是说得十分坦率。他还写道：“社会上尽人皆知，像11月9日那样的政治运动是由党所组织和指挥的，不论党是否承认这一点。”*

无辜的德国犹太人由于拉特在巴黎被刺而受到的苦难还不仅是被杀、被焚、被抢劫而已。犹太人还得自己赔偿自己的财产损失。因为他们应得 431
的保险金被国家没收了。不但如此，他们还得集体付出一笔10亿马克的罚款，用戈林的话来说，“赎回他们可恶的罪行等等”。这笔附加的罚款，是在这位肥头胖耳的元帅所主持的、有12名内阁部长和高级军官参加的一次奇怪的会议上确定的，这次会议还有一部分速记记录保留到今天。

德国保险公司如果要讲信用而对那些洗劫一空的房子和砸得稀烂的货物付保险金的话，那么有很大一批都得破产。这些房子虽然是犹太人住的，然而绝大部分房主都是非犹太人。据到会议上去为保险公司说话的希尔加德先生告诉戈林，仅仅砸破的门窗玻璃一项就值500万马克（合125万美元），而且大部分替换的玻璃要用德国非常缺乏的外汇到外国去买。

“不能再这样干了！”戈林嚷了起来。要知道他不但担任许多要职，而

* 布赫少校的报告如实地画出了第三帝国司法状况的真面目。其中说道：“凡属下列杀害犹太人案件等，业已停止起诉或只判以轻罪。”接着他列举了一系列这种“案件”和被害者与凶手的姓名。“党员奥古斯特·弗鲁林因枪杀犹太夫妇戈尔德堡及枪杀犹太人西那森……党员威利·白林和约瑟夫·海克因枪杀犹太人罗森鲍姆和犹太女人兹维尼茨基……党员海因里希·施密特和恩斯特·梅克勒因淹死犹太人伊尔索法……”，等等。

遭毁坏的犹太人店铺，门窗上被涂满了反犹标语。

且还是德国经济的主宰。“照这样干的话，我们受不了。不行！”他接着又冲着海德里希叫道：“我宁愿你杀掉200个犹太人也不要毁掉那么多值钱的东西！”*

“已经杀掉35个了。”海德里希答道。他是在为自己辩护。

当然在保留下来的这一部分一万字速记记录中，并不是所有的对话都是这样一本正经的。戈林与戈培尔在研究如何进一步侮辱犹太人的问题时说了不少寻开心的话。宣传部长说应当让犹太人来清除犹太会堂的废墟，把腾出来的地方做停车场，他认为什么地方都不能让犹太人去：学校、戏院、电影院、休养地、海滩、公园，甚至连德国的森林都不许去。他建议铁路上要有专门给犹太人乘的车厢和房间，不过只有在全体雅利安人都有了座位以后才能给他们用。

戈林哈哈大笑地说：“很好，要是火车太挤了的话，我们就把犹太人撵出去，让他们一路都单独待在厕所里。”

---

* 杰克逊法官在纽伦堡问过戈林是否真说过这一番话。戈林回答说：“说过，这是在脾气不好、心情激动的时候说的……并不是真打算这样做。”[6]

当戈培尔一本正经地要求禁止犹太人进入森林的时候，戈林回答说：“我们应当给犹太人一部分树林，好让不少长得特别像犹太人的野兽——大角鹿就有他们那样的鹰钩鼻子——也到那里去过日子。”

在1938年这严酷的一年中，第三帝国的领导人就是以这种谈话和更多类似的谈话来打发时间的。

但是由谁来赔偿国家所鼓动和组织的排犹运动所造成的2 500万马克的损失的问题是一个严重的问题，对于现在负责纳粹德国经济状况的戈林来说尤其如此。希尔加德代表保险公司指出，如果他们对犹太人不守信用的话，那么，无论在国内还是在国外，人们对德国保险业的信任就要丧失净尽。另外一方面，他又实在看不出许多小公司要是付出保险费的话怎么能 432
不破产。

这个问题很快就被戈林解决了。保险公司足额地赔偿了犹太人的损失，但是每笔钱都由国家没收，然后再由国家补偿保险公司一部分损失。这种办法并没有使希尔加德感到满意，从会议记录来看，他一定感到自己碰上了一群疯子。

戈林：犹太人可以从保险公司得到保险金，不过这笔保险金将予以没收。保险公司因为可以不必负担全部的损失，因此还可以落得一点赚头。希尔加德先生，你该觉得自己的运气还不错哩！

希尔加德：我没有理由这样觉得。我们不过是不必赔偿全部损失而已，你却说这有赚头！

这位元帅是不习惯于听这种话的，他很快就压了一下这个莫名其妙的生意人。

戈林：等一等！照规矩你本来非得出500万不可。突然间，你面前来了一位像我这样有点胖胖的天使，告诉你可以留下100万，说句良心话，这算不算是赚头？我倒想跟你二一添作五平分呢，或者随便你怎么说都行。我一眼就看出来了，你满意得浑身都轻松了。你得到了好大一笔好处！

这位保险商人还是很难领悟。

希尔加德：所有的保险公司都要赔钱。事实本来就是这样。现在还是这样。谁都说不出有什么两样。

戈林：那你为什么不注点意，让玻璃窗少砸破几块！

元帅跟这位一副生意脑筋的人实在谈不下去了。希尔加德先生被请走，从此在历史上就未再出现了。

有一名外交部代表居然大胆提出，对犹太人采取下一步行动的时候得考虑到美国舆论的反应。* 这个意见气得戈林大叫："那个流氓的国家！……
433 土匪的国家！"

经过冗长的讨论之后，大家一致同意以下述方式解决犹太人问题：把犹太人从德国经济中清除出去；把全部犹太人的企业和产业，包括珠宝和艺术品在内，转交给雅利安人，对犹太人则以证券的形式给予若干赔偿，犹太人可以动用这种证券的利息，但是不得动用本金。关于把犹太人排除出学校、休养地、公园、森林等地方的问题，以及在剥夺了他们的全部财产以后是驱逐他们出境还是把他们封锁在犹太隔离区内进行强迫劳动的问题，由一个专门委员会以后再去研究。

正如海德里希在会议快要结束时所说的那样："即使把犹太人清除出经济生活，主要的问题还会存在，那就是把犹太人撵出德国的问题。"财政部长什未林·冯·克罗西克，这位荣获罗得奖学金在牛津留过学，自命为在纳粹政府中代表"传统的、正派的德国"的伯爵表示同意说："我们要尽一切力量把犹太人撵到外国去。"至于犹太隔离区问题，这位德国贵族温顺地说："我想，犹太隔离区的景象不会是看了很舒服的。这个建议不是个十分令人愉快的建议。"

---

* 11月14日，即戈林召集这次会议后两天，罗斯福总统把美国驻柏林大使休·威尔逊召回国内"有所咨询"，威尔逊以后就再也没有返回任所。德国驻华盛顿大使汉斯·迪克霍夫在同一天向柏林报告说，由于德国的排犹运动，"这里掀起了一场风暴"。11月18日，他就奉召返国，同样也就再也没有返回任所。11月30日，德国驻华盛顿代办汉斯·汤姆森用密码电报向柏林提出："鉴于两国关系紧张"，而且使馆中的"秘密文件安全缺乏保障"，建议把"秘密的政治档案"运往柏林。他说："这些档案数量过多，如有万一，无法很快销毁。"[7]

在进行了将近四小时的讨论之后，到下午2点30分，戈林结束了会议。

> 我想以这几句话来结束这次会议：德国的犹太族应当捐献出10亿马克，以此作为对他们各种可恶的罪行的惩罚。这是会起作用的。这些猪猡将再也不敢杀人了。附带说一句，我要说，我是不想在德国做一个犹太人的。

这个人，这个国家，还有它的元首，以后还给了犹太人比这次严重得多的打击，时间也隔了没有多久。从1938年11月9日那一个到处起火、全国鼎沸的夜晚开始，第三帝国就一心一意走上了一条再也不能回头的黑暗野蛮的道路。在此以前也有许许多多犹太人被杀害、被拷打、被抢劫，但是这些罪行，除了在集中营里的而外，大部分还是褐衫党的暴徒由于本人的残忍与贪欲而犯的，至于国家当局则只是袖手旁观或者假装没看见。现在，德国政府自己组织和进行了一次大规模的排犹运动。11月9日夜间的杀人，抢劫，放火烧毁犹太人的会堂、住宅和店铺，都是它干的事情。而且向犹太人强征10亿马克、把他们排除在经济生活之外、剥夺他们剩余的财产而且把他们赶入犹太隔离区的官方法令，也是它在《国家公报》上公布的，其中三个就是在戈林召集会议的当天公布的。

在这样一个自称有上千年基督教和人道主义文化传统的国家里，竟发生这样野蛮的行为，这不免使世界舆论震惊和激动。反过来，希特勒又因为全世界的这种反应而怒不可遏，并且更加认定这只不过证明了“犹太人的世界性阴谋”的力量和规模。 434

现在回过头来看的话，不难发现，11月9日加诸德国犹太人身上的恐怖和此后马上用来对付他们的横暴残忍的手段，不过是预示纳粹统治已开始趋于削弱的一个凶兆，最后终将为那个独裁者、他的政权和他的国家带来彻底的崩溃。希特勒的自大狂是我们在本书几百页的记载中到处可以看得见的，然而，直到现在为止，他在他和他的国家上升的每一个重大关头，他对这种自大狂一般都能加以克制。在那种关头，他表现出不但能大胆行动而且往往只是在对可能发生的后果仔细盘算以后才行动的天才，因而取得了一个接着一个的压倒性的胜利。但是现在，11月9日的事件及其后果清楚地表明，希特勒已开始失去自制能力。他的自大狂已经占了上风。那份由戈林在11月12日召开的会议速记记录表明，归根到底，希特勒才是那一夜浩劫的罪魁祸首；批准发动这场暴行的是他，要戈林提出把犹太人排斥出德国社会生活的也是他。从此以后，这位第三帝国的绝对主宰就很少再表现出过去曾一再使他自己脱身危难的那种自制能力。虽然他个人的以及他的国家的天才以后还会继续取得不少惊人的胜利，对于这位独裁者和他的国家来说，引向最后自我毁灭的有毒的种子，现在就已经种下了。

希特勒的病是有传染性的，整个国家都感染上了，就像感染上一种病毒一样。从每一个个人来说，作者根据亲身的体验感觉到，许多德国人对11月9日的暴行正如美国人、英国人和其他外国人一样感到惊恐。但是，不论是基督教会的领袖们，还是将军们，还是任何其他所谓“善良的”德国的代表，都没有一个人立刻公开提出抗议。他们慑服在冯·弗里奇将军所称为“不可避免的”东西或者“德国的劫数”面前。

慕尼黑的气氛很快就烟消云散了。那年秋天，在萨尔布吕肯，在魏玛，在慕尼黑，希特勒都发表了气势汹汹的演说，警告其他各国，特别是英国人，还是专管自己的事情好，不要管“德国疆界以内的德国人的命运”。他咆哮说，德国人的命运纯粹是德国自己的事情。用不了很久，即使是对德国政权做了这样多姑息的内维尔·张伯伦，也开始认识到德国政权的本性了。在多事的1938年渐渐向凶险的1939年过渡的时候，英国首相已逐步风闻到，他为欧洲和平着想而曾尽心竭力想讨好的德国元首在背地里策划些
435 什么勾当了。*

慕尼黑会议以后不久，里宾特洛甫就到了罗马。据齐亚诺在10月28日的日记中说，他的心思“完全都在”战争上。[9]

元首［德国外交部长告诉墨索里尼和齐亚诺说］深信，我们不可

* 1939年1月28日，哈利法克斯勋爵秘密警告罗斯福总统说：“早在1938年11月，就有越来越明确的迹象表明，希特勒正策划1939年春天在国外进行下一步的冒险。”这位英国外交大臣说：英国方面接到的“报告说，希特勒在里宾特洛甫、希姆莱和其他人的怂恿下，正在考虑对西方国家发动进攻，为以后在东欧采取行动做准备”。[8]

> 避免地必须估计到，在几年之内，也许在三年或四年之内，同西方民主国家发生战争……捷克危机已经表明了我们的力量！我们处于能先发制敌的有利地位，并且能完全掌握局面。我们是不会受人进攻的。军事形势好到无与伦比：从［1939年］9月起，我们就可以同各民主大国打仗了。*

在这位年轻的意大利外相看来，里宾特洛甫是“自命不凡、举止轻浮而且喋喋不休的”。他在日记里做了这样一番描写以后又加上一句说：“领袖说你只要看一看他的脑袋就可以看得出他的脑子有多小了。”德国外交部长到罗马来是为了说服墨索里尼签订德日意军事同盟条约。在慕尼黑的时候，这个条约的草案就已经交给了意大利人，但是墨索里尼一直在拖时间。据齐亚诺说，他还没有打算对英国和法国关上大门。

希特勒自己那年秋天一直在想离间法国和同它隔海相望的盟国。10月18日当希特勒在贝希特斯加登高山顶上那座名为“鹰巢”的怪诞的堡垒中†接见弗朗索瓦-庞赛的时候，他在那位来向他告别的法国大使面前，对英国大加攻击。大使发现元首脸色苍白，满脸倦容，但是还没有疲劳到没有力气痛骂英国的程度。他说，英国接连不断“以威胁和要动武”的口吻叫嚷着，它是自私的而且总带着“优越的”架子。英国人毁掉了慕尼黑精神，以及诸如此类的话。法国就不同了，希特勒说，他希望同法国建立更友好更紧密的关系。为了证明这一点，他愿意立即签订一项友好条约，保证尊重它的现有边界（因此也就是再次表示德国对阿尔萨斯-洛林没有任何领土要求），并且建议以协商的方法解决以后的任何分歧。

---

* 德国方面关于里宾特洛甫10月28日在罗马同齐亚诺的谈话的记录（那是施密特博士记的）证实了里宾特洛甫的好战态度，他曾说德国和意大利必须对在“此时此地……即同西方民主国家发生武装冲突”有所准备。在这次会议上，里宾特洛甫也向齐亚诺保证慕尼黑已经表明了美国国内孤立主义的力量，“因此对美国是没有什么可以害怕的”。[10]

† 这一座异想天开的高山别墅是花了极大的代价和用了整整三年的时间才造起来的。要到那里十分困难，先得沿山走10英里长的一线小道，然后进入一条长长的凿山开出来的地道，到尽头处有一架电梯，把人送到370英尺上面的一所房子。这所房子坐落在一处海拔6 000英尺的山顶上。从那里可以看到阿尔卑斯山区令人惊心动魄的奇景壮观，远处可以看得到萨尔茨堡。弗朗索瓦-庞赛在后来描写这所房子的时候说，他弄不清“这所房子到底是一个正常的头脑的产物呢，还是一个受到自大狂的折磨、受到征服欲与孤独感的侵凌的头脑的产物？”

希特勒位于贝希特斯加登的别墅伯格霍夫，几英里之上为“鹰巢”。

这项条约终于在1938年12月6日由德法两国外长在巴黎签了字。当
436 时，法国已从慕尼黑会议刚过以后那种失败主义的惊恐中多少恢复过来了一点儿。条约签字那天作者刚好在巴黎，因而得以亲身感受到那种阴冷的气氛。当里宾特洛甫坐着汽车在街道上经过时，街上没有一个人欢迎他。有好几位内阁阁员和法国政治界和文化界的领袖人物，包括参众两院议长让尼内和赫里欧在内，都拒绝出席招待这位纳粹贵宾的社交活动。

博内和里宾特洛甫的这次会面产生了对今后的事变会起一定影响的一些误解。德国外交部长宣称博内曾向他保证，在慕尼黑会议以后，法国对东欧已不再感兴趣，他后来就把这一点解释为法国将听任德国在这一地区自由行动，特别是对残存的捷克斯洛伐克和波兰，博内却不承认这一点。根据施密特对这次会谈的记录，博内在回答里宾特洛甫要求法国承认德国在东欧的势力范围这一点时曾宣称：“自从慕尼黑会谈以来，局势已有了根本的改变。”[11] 这种模棱两可的说法很快就被狡猾的德国外交部长引申为一种明确的表示。他是这样报告希特勒的：“在巴黎的时候，博内宣称他不再对有关东欧的问题感兴趣。”法国在慕尼黑那样快就屈服早就使元首相信了这一点。然而事实并非如此。

斯洛伐克“赢得了独立”

希特勒在慕尼黑庄严地答应，德国要对捷克斯洛伐克的残存部分给予担保，而今如何呢？当新任法国驻柏林大使罗贝尔·库隆德尔1938年12月21日向魏茨泽克问起这一点的时候，这位德国外交部的国务秘书回答说，捷克斯洛伐克的命运是在德国掌握之中，他拒绝英法担保的建议。在此以前，当新任捷克外交部长弗朗齐歇克·赫瓦尔科夫斯基在10月14日卑躬屈膝地到慕尼黑来乞讨希特勒手中的那一点残羹剩饭，并且问德国是否准备同英国和法国一起保证他的国家的大大缩短了的边境时，元首鄙夷不屑地回答说：“英国人和法国人的担保不值一文钱……只有德国的担保才有用。”[12]

可是，到1939年年初，仍然迟迟不见这种担保，理由十分简单。元首并不想给予这种担保。这种担保会影响他紧跟着慕尼黑会议以后就定下的计划。很快就根本不会有捷克斯洛伐克的存在了，还要什么担保呢？要实现这一点，首先得引诱斯洛伐克分裂出去。

慕尼黑会议过了没有几天，戈林就在10月17日接见了两个斯洛伐克领袖斐迪南·杜尔坎斯基和马赫，还有斯洛伐克境内日耳曼少数民族的领袖弗朗茨·卡尔马辛。杜尔坎斯基是新近取得自治地位的斯洛伐克的副总理，437
他向戈林保证，斯洛伐克所真正需要的是“完全独立，同时与德国建立政治上、经济上和军事上十分紧密的联系”。同一天外交部的一项秘密备忘录中曾提到，戈林决定，斯洛伐克的独立必须予以支持。“一个没有斯洛伐克的捷克国家，更可以受我们自由摆布。斯洛伐克境内的空军基地在对东方作战时十分重要。”[13] 这就是10月中旬戈林对这个问题的看法。

我们在这里必须同时注意德国计划中的两套平行的做法：一方面是使斯洛伐克脱离布拉格而独立，一方面是准备用军事占领捷克本土波希米亚和摩拉维亚的办法来清算这个国家的剩余部分。如前面所述，希特勒在1938年10月21日曾命令德国国防军准备好进行上述清算*，12月17日，凯

* 11月24日，希特勒发布了另一项密令，指示国防军准备武装占领但泽，不过这一步要进行得晚一点。元首早已在考虑全部征服捷克斯洛伐克以后的问题了。

特尔将军发布了他所谓的“对于10月21日命令的补充命令”。

绝　密

关于“清算残存的捷克国家”，元首下达了下列命令。

作战行动的准备工作，应以估计不会有值得一提的抵抗为前提。

在外界看来，此项行动必须清楚地显得仅仅是一项和平的行动，而不是一种作战的行为。

因此，此项行动必须**仅仅**由平时的武装部队执行，不必用动员办法增援……[14]

尽管捷克斯洛伐克亲德的新政府尽力讨好希特勒，它在新的一年开始的时候，也已逐渐认识到这个国家的命运已经定局了。为了进一步讨好希特勒，捷克内阁在1938年圣诞节以前就解散了共产党，并且解除了日耳曼人学校里所有犹太教员的工作。1939年1月12日，外交部长赫瓦尔科夫斯基在给德国外交部的一份电报中强调说，他的政府“将在各方面满足德国人的愿望，以此来努力证明它的诚心善意”。同一天，他还促请驻布拉格的德国代办注意“捷克斯洛伐克即将并入德国”之说甚嚣尘上。[15]

为了想探明这点残山剩水还能不能挽救，赫瓦尔科夫斯基最后说服希特勒答应于1月21日在柏林接见他。这是一幕极惨的景象，虽然对捷
438 克人来说，接踵而来的下一幕还要更惨。捷克外交部长在这个不可一世的德国独裁者面前摇尾乞怜，希特勒当时盛气凌人的样子达到了极点。希特勒说，捷克斯洛伐克是由于“德国的克制”才免于惨遭浩劫的。虽然如此，捷克人若不改弦易辙，他还是要“消灭”他们。他们必须忘却自己的“历史”，那不过是“给小学生听的废话”。他们必须唯德国人的命令是听，这是他们唯一的自全之道。具体地说，捷克斯洛伐克必须退出国际联盟，大大缩减它的军队——“因为反正它一点作用也没有”——参加反共公约，在外交政策方面接受德国的指导，同德国订立优惠的贸易协定，其中有一个条件是，未经德国同意，捷克不得建立任何新

工业，[*] 解雇一切对德国不友好的政府官员和报刊编辑，最后还有，像德国人已经根据其纽伦堡法律所做的那样，宣布犹太人不受法律保护。（希特勒对他的客人说："在我们看来，犹太人是要加以消灭的。"）同一天，赫瓦尔科夫斯基又从里宾特洛甫那里听到了新的要求。后者威胁说，捷克人若不立即悔过自新，并且照办德国人要他们做的一切行事，将有"不堪设想的后果"。这位德国外交部长在希特勒面前虽然是一个驯良的奴才，在他能占上风的人面前却是一个霸道的好汉，他叮嘱赫瓦尔科夫斯基不能对英国人和法国人提起德国的新要求，而只坚决照办就是。[17]

捷克斯洛伐克这么做的时候，且不用担心德国究竟会不会对捷克边界做出担保！在巴黎和伦敦，显然没有什么人有这种担心。《慕尼黑协定》签订以后已经过去四个月了，希特勒仍然还没有履行他的诺言——在英法的担保之外，加上德国的担保。一直到2月8日，英国和法国才终于向柏林联合提出了一项口头照会，说两国政府"现在如能获悉德国政府将以何种最佳的方式来实施在慕尼黑达成的关于给予捷克斯洛伐克担保的谅解，将不胜欣慰"。[18]

据缴获的德国外交部文件证实，德国的答复是希特勒亲自起草的，而且直到2月28日才做出。它说由德国方面做出担保的时机尚未到来。德国将"首先等待捷克斯洛伐克内部局势的澄清"。[19]

元首早就在左右那里的"内部局势"，使之按显而易见的结局发展了。2月12日他在柏林总理府接见了伏伊特赫·图卡博士，后者是斯洛伐克的领袖之一，由于长期被囚禁而对捷克人深怀怨愤。[†] 据关于这次会见的德国秘密文件的记载，图卡博士称希特勒为"我的元首"，他要求这位德国独裁 439
者使斯洛伐克独立自主。"我把我国人民的命运交在你的手中，我的元首，"他说，"我国人民期待从你这里获得完全的解放。"

希特勒的答复多少有点闪烁其词。他说，很不幸，他不了解斯洛伐克

---

* 希特勒还要求捷克斯洛伐克国家银行把一部分为数达3.912亿克朗的黄金准备转交给德国的国家银行。2月18日，戈林写信给德国外交部说："鉴于通货状况日益困难，我最强烈地要求迅速将所需的3 000万至4 000万金马克（从捷克斯洛伐克国家银行那里）转交到我们手中；这笔黄金是执行元首的重要命令所迫切需要的。"[16]

† 见本书原文第359页。

问题。要是他知道斯洛伐克人想要独立的话，他在慕尼黑早就会这么安排了。“斯洛伐克一旦能够独立，将使他至感快慰……他可以在任何时候担保斯洛伐克独立，甚至今天都可以……”对图卡教授来说，听到这些话同样至感快慰。[20] 他后来说：“这是我一生中最伟大的一天。”

捷克斯洛伐克悲剧的下一场现在可以开幕了。在这里又出现了一次在本书中屡见不鲜的历史恶作剧，逼着这场戏没有完全准备好就提前开幕的竟是布拉格的捷克人。1938年3月初，他们陷入了进退两难、走投无路的局面。我们上面已经知道，由德国政府所鼓动起来的斯洛伐克和卢西尼亚的分裂运动（在卢西尼亚，还要加上匈牙利的鼓动，后者如饥如渴地要并吞那块弹丸之地）已闹到这样的地步，如果不把它们镇压下去，捷克斯洛伐克就会瓦解。在这种情况下，希特勒肯定会占领布拉格。然而，如果分裂主义者被中央政府压下去，同样可以肯定的是，元首也会利用由此引起的纷乱，照样进军布拉格。

捷克政府在反复犹豫之后，最后只是在对分裂主义者的挑衅已忍无可忍的情况下，选择了第二条路。3月6日，捷克斯洛伐克总统哈查博士解散了卢西尼亚的自治政府。3月9日夜间，又解散了斯洛伐克的自治政府。第二天，他下令逮捕了斯洛伐克总理蒂索神父、图卡博士和杜尔坎斯基，并且宣布在斯洛伐克实行戒严。这个对柏林百依百从的政府一共就采取了这么一个勇敢行动，然而这个行动却很快就变成了使它遭到毁灭的一场惨祸。

摇摇欲坠的布拉格政府居然采取如此果断的行动，这完全出乎柏林的意料。戈林这时已经到阳光明媚的圣雷默休假去了。希特勒正准备动身去维也纳庆祝德奥合并一周年。但是这位善于当机立断的大师现在立刻紧张地工作起来，3月11日，他决定发出最后通牒，要占领波希米亚和摩拉维亚。这个文件是由凯特尔将军奉希特勒之命在当天起草并且在当天送达德国外交部的。它要求捷克人接受军事占领时不得抵抗。[21] 不过，它暂时还是“最高军事机密”。

现在是希特勒“解放”斯洛伐克的时候了。哈查总统任命斯洛伐克自治政府驻布拉格代表卡洛尔·西多尔代替蒂索出任斯洛伐克的新总理。西
440 多尔于3月11日（星期六）回到斯洛伐克的首府布拉迪斯拉发，当天就马

上召集了新内阁会议。到晚上10点钟的时候，会议突然被一群奇怪的不速之客打断了，奥地利的吉斯林、纳粹省长赛斯-英夸特和奥地利的纳粹党组织领袖约瑟夫·比克尔率领五名德国将军闯进了会议厅，要阁员们立即宣布斯洛伐克独立。如果他们不这样宣布的话，那么现在已经决定马上彻底解决斯洛伐克问题的希特勒就将再也不管斯洛伐克的命运了。[22]

西多尔是反对同捷克人割断一切联系的，因此迟迟不决。但是第二天，蒂索神父就从他据说是受软禁的一个修道院里逃了出来。他本人虽然已不再是阁员，却要求立即召开内阁会议。为了防止受到德国高级官员与将军们的干扰，西多尔把阁员们召集到自己的寓所来开会，后来看到这样也不安全——因为德国冲锋队已开入市区接防——他又把会议挪到当地一家报纸的办公室里继续开下去。这时蒂索通知他，他刚刚收到比克尔的一份电报，请他立刻到柏林去见元首，比克尔威胁他，要是他拒绝这项邀请的话，在布拉迪斯拉发附近多瑙河对岸的两师德国军队就将开进来，而斯洛伐克也将由德国和匈牙利瓜分。第二天早晨（3月13日，星期一），这位矮小圆胖的神父*就到了维也纳，他本来想在那里搭火车去柏林，不料一到那里就被德国人装上飞机送到了柏林。对元首来说，是一点时间都不许浪费的。

当蒂索和杜尔坎斯基在3月13日晚上7点40分到达柏林总理府的时候，他们发现希特勒旁边不但坐着里宾特洛甫，而且还坐着两名最高级将领：德国陆军总司令布劳希奇和最高统帅部长官凯特尔。虽然这两位斯洛伐克人也许不熟悉，但是他们两人还是发觉元首这时正处于一种典型的精神状态中。这里，我们又一次多亏缴获了会议的内部记录，才得以透过这位德国独裁者不可思议的心灵，看到他日益严重的自大狂，看到他如何编造荒唐的谎言，发出可怕的威胁，而在当时他一定是自以为这种谎言和威胁只有在场的人你知我知，绝不会为外人所知的。[23]

“捷克斯洛伐克，”他说，“完全靠德国的恩惠才得以免于进一步被肢

---

* 在作者的回忆中，蒂索神父的宽度几乎同他的高度相等。他的胃口大得惊人。他有一次告诉保罗·施密特博士：“在我精神紧张的时候，我就吃半磅火腿，这样就能使我的精神和缓下来。”他后来是死在绞刑架上的。他在1945年6月8日被美国军方逮捕，然后转交给当时刚刚重建故国的捷克斯洛伐克，在经过四个月的审讯以后，于1947年4月15日判处死刑，于4月18日执行。

解。”德国已经表现了“最大限度的自制”。然而捷克人却还不知道感恩戴德。“最近几个星期以来，”他毫不费力地就酝酿出一腔怒气，接着说下去，“情况变得无法容忍了。过去的贝奈斯精神又在借尸还魂了。”

441 斯洛伐克人也使他失望了。《慕尼黑协定》签订以后，他曾经因为不让他的匈牙利朋友并吞斯洛伐克而同他们“发生了争吵”。他本来以为斯洛伐克是想要独立的。

> 他现在把蒂索召来，是要他在**极短的时间内***澄清这个问题……问题是：斯洛伐克究竟是否想要独立过日子？……这不是可以用几天来考虑答复的问题，而是在几个小时内就要答复的问题。要是斯洛伐克想独立的话，他会给予支持，甚至给予担保……如果它犹豫不决或者不愿同布拉格脱离关系，他就听任今后发生的事情去决定斯洛伐克的命运，而他对这些事情再也不能负什么责任了。

就在这个当儿，据德国记录透露，里宾特洛甫“交给元首一份刚刚收到的报告，报告中说匈牙利军队已在斯洛伐克边境调动。元首看了这份报告，把内容告诉了蒂索，并且表示希望斯洛伐克马上就做出决定”。

蒂索当时并没有表明自己的决定，他请元首“原谅他，在听了德国总理这番话以后，他还不能立刻做出确定的决定”。不过，他马上又说，斯洛伐克人“将证明自己不会辜负元首的恩惠”。

在那天在德国外交部一直进行到深夜的会议上，斯洛伐克人终于证明了自己没有辜负元首的恩惠。并吞奥地利前夕曾在维也纳充当希特勒的秘密代理人的凯普勒，现在又在布拉迪斯拉发充当同样角色，他后来在纽伦堡作证时说，德国人帮助蒂索起草了一份好让这位“总理”一回到布拉迪斯拉发就发出的电报，其中将宣告斯洛伐克独立并且迫切要求元首负责保护这个新国家。[24] 它使人想起刚好一年以前由戈林口授的赛斯-英夸特那份吁请希特勒派遣德国军队到奥地利的电报。这一次，纳粹党人制造“电报”的技术已臻完善无缺。这份电报大为简短，由蒂索在3月16日及时发到了

---

* 着重体是德国记录原有的。

柏林，希特勒马上答复说，他将乐于“负责保护斯洛伐克国家”。

那天晚上，里宾特洛甫也在德国外交部起草了一份斯洛伐克“独立”宣言，并且把它赶译成斯洛伐克文让蒂索带回到布拉迪斯拉发。第二天（3月14日，星期二）这位“总理”就向议会宣读了这份宣言（据一个德国特务报告说，宣读时曾略有更动）。有几个斯洛伐克议员提出至少还该对它进行一下讨论，但是就连这种提议也被日耳曼少数民族的领袖卡尔马辛压了下去，他警告说，要是对宣布独立再有任何耽误的话，德国军队就要来占领了。在这样的威胁面前，狐疑满腹的议员们只好屈服。

“独立的”斯洛伐克就这样在1939年3月14日诞生了。虽然英国的外交代表很快就向伦敦报告了它诞生的经过，我们马上就会看到，在希特勒当天晚上（3月14日）完成了他在慕尼黑会议上未完成的事业以后，张伯 442
伦很快就抓住了斯洛伐克的“独立”作为英国之所以没有履行它对捷克斯洛伐克的担保的借口。

马萨里克和贝奈斯缔造的捷克斯洛伐克共和国至此已经寿终正寝。布拉格被逼得走投无路的领导人又一次帮了希特勒的忙，完成了自己国家的最后一幕悲剧。龙钟老迈、不知所措的哈查总统请求希特勒予以接见。* 希特勒慷慨地答应了。这正好给了他一个机会，使他有一个舞台来演出他一生事业中最厚颜无耻的一场戏。

这个德国独裁者在3月14日等候捷克斯洛伐克总统光临的时候，舞台上的一切都已经准备就绪了。在他的巧妙的摆布之下，斯洛伐克和卢西尼亚都已宣布独立，因而布拉格政府手里现在只剩下波希米亚和摩拉维亚这两块捷克人的土地了。捷克斯洛伐克，这个英国和法国曾担保其边界完整的国家，实际上是不是已经不再存在了？同希特勒在慕尼黑一起做出庄严的担保的张伯伦和达拉第早已“下戏退场”了。他们会这样做，他是没有怀疑的——而且是料得很准的。这就消除了任何引起外国干涉的危险。但

---

* 历史学家关于这一点的意见是有分歧的。有人认为，是德国人强迫哈查到柏林去的。他们的根据可能是法国驻柏林大使曾发出一份电报，说他曾“从可靠方面”获悉这一消息。但是从后来发现的德国外交部的文件中可以很清楚地看到，是哈查采取的主动。他在3月13日第一次通过德国驻布拉格的使馆要求会见希特勒，3月14日上午再次提出这一要求。希特勒在那天下午表示同意。[25]

是为了做得加倍保险——为了保证他的下一步行动按照国际法的含混的标准来说，能做得至少在纸面上看起来完全合法、完全正当，他就要强迫那个登门求见的软弱昏聩的哈查接受他本来打算用武力达到的解决办法。用这种做法，他就可以使人感到那确实是捷克斯洛伐克总统正式请求他这样做的——就像并吞奥地利和慕尼黑会议所已经证明了的一样，在欧洲只有他一个人完全掌握了这种兵不血刃就夺人之国的新式手段。他在取得德国政权时做得天衣无缝的“合法”外表，在征服非德国的领土时也将做得无懈可击。

希特勒还演了一场活剧来欺骗德国人民和其他容易受骗的欧洲人民。好几天以来，德国的挑衅分子都一直设法在布拉格、布尔诺和伊格劳这样一些捷克城市里寻衅滋事。然而，他们并没有取得多大的成就，因为据德国驻布拉格使馆报告，捷克“警察奉命即使受到挑衅，也不得对日耳曼人采取任何行动”。[26] 不过，虽然滋事不成，戈培尔博士也还是煽动德国报纸捏造捷克人迫害可怜的日耳曼人的消息，并且据此进行疯狂的宣
443 传。据法国大使库隆德尔报告巴黎说，这些消息就是戈培尔博士在苏台德危机时期所编造出来的消息，连标题也是那样——其中包括捷克野兽击倒怀孕的日耳曼女人以及捷克蛮人使赤手空拳的日耳曼人普遍受到“血浴”（“Blutbad”）这类的消息。这样，希特勒就可以向自尊的德国人民保证，他们的同胞绝不会长此以往无人保护。

这就是当时的形势，这就是希特勒的计划。我们现在从德国档案中得知，就在这样的局面下，载着哈查总统和他的外交部长赫瓦尔科夫斯基的火车在3月14日晚上10点40分开进了柏林安哈尔特车站。因为心脏衰弱，哈查总统不能乘坐飞机。

哈查博士的劫难

德国人的礼节是无可挑剔的。捷克总统受到了一个国家元首所应当享有的一切正式的礼遇。车站上排列着仪仗队，德国外交部长亲自迎接贵宾并且塞给他的女儿一束鲜花。总统一行在豪华的阿德隆饭店最好的套房里下榻。那里专门为哈查小姐备着巧克力糖，那是希特勒亲自送的礼物，他

认为人人都同他那样喜欢吃甜食。当年迈的总统和他的外交部长到达总理府的时候，那里还有党卫军的仪仗队向他致敬。

他们直到夜半1点15分才见到希特勒。哈查想必已经知道有什么在等待他了。他的火车还没有离开捷克的国境，他就得到布拉格来的消息说，德国军队已经占领了重要的捷克工业城市摩拉夫斯卡-俄斯特拉发，而且沿着波希米亚和摩拉维亚的边境摆好了阵势。他在深更半夜一走进元首的书房，就看到除了里宾特洛甫和魏茨泽克以外，希特勒旁边还站着戈林元帅（他是在圣雷默休假地奉急令赶回来的）和凯特尔将军。他在走进这个龙潭虎穴的时候，大概没有注意到希特勒的私人大夫、江湖庸医特奥多尔·莫雷尔博士也在那里。然而，那位医生确实就在旁边，他在旁边是大有理由的。

德国方面的秘密记录表明，会谈一开头就是一副悲惨的场面。可怜的哈查博士，尽管过去当过德高望重的最高法院法官，却抛弃了一切个人尊严，在傲慢自大的德国元首面前摇尾乞怜。也许总统认为只有用这种办法才能使希特勒大发慈悲，为他的人民挽回一点东西，但是不管他的动机如何，从德国秘密档案中的记录看来，他所说的话即使在事隔多年以后的今天看来也是令人作呕的。哈查要希特勒相信他自己从来没有搞过政治。他很少见到缔造捷克斯洛伐克共和国的马萨里克和贝奈斯，即使偶尔在他们身上所看到的东西，也都是他所不喜欢的。他说他们的政府对他来说是“格格不入”的——“格格不入到这样的程度：甚至在［慕尼黑会议以后］ 444
政府刚刚改组时，他就自己问自己，捷克斯洛伐克成为一个独立国到底是不是一件好事”。

> 他深信捷克斯洛伐克的命运是操在元首手中的，而且他认为在元首的手中是保了险的……然后他谈到了他所最关心的事情就是人民的命运。他感到元首会完全理解他认为捷克斯洛伐克有权保持民族传统……捷克斯洛伐克的错处在于那里仍然还有许多人支持贝奈斯制度……政府正在用一切办法来压制他们。这大体上就是他要说的东西。

阿道夫·希特勒于是讲了要讲的话。在详细列举了马萨里克和贝奈斯的捷克斯洛伐克种种对不起德国和德国人的事情，并且再次表示捷克人在慕尼黑会议以后不幸没有丝毫改变以后，他说到节骨眼儿上来了：

> 他认为总统这次不辞年高体弱，长途跋涉，对他的国家会有极大的好处，因为现在离德国出兵干预不过只有几小时了……他对任何国家都不抱恶意……残存的捷克斯洛伐克国家之所以能存在，完全是由于他的一片好心……去年秋天，他并没有想得出最后的结论，因为他认为两国还可能共处，但是他毫不怀疑，如果贝奈斯的倾向不能完全消失的话，他就要把这个国家完全消灭。

这种倾向并没有消失，他举出了“例子”。

> 因此，在上星期日，即3月12日，他做出了最后决定……**他已下令德国军队进驻捷克斯洛伐克，并且下令把捷克斯洛伐克并入德国。***

据施密特博士的观察，“哈查和赫瓦尔科夫斯基坐在那里，就像一块木头似的。只有他们的眼睛才表明他们还活着”。但是希特勒还没有完，他还得用条顿式的恐怖†的威胁来羞辱他的客人。

> 德国军队［希特勒继续说］已经在今天进军了。在某一处兵营遇到了抵抗，但已经无情地予以扑灭。
>
> 明天早晨6点钟，德国军队即将从四面八方进入捷克，德国空军将占领捷克飞机场。有两种可能性。第一种可能性是德军进驻时可能发生战斗。在这种情况下，一切抵抗均将以凶猛的武力予以扑灭。另
> 445 外一种可能性是德军进驻将以和平方式实现，在这种情况下，元首不难慷慨允许捷克斯洛伐克保持它自己的生活方式，允许给它以自治以及某种程度的民族自由。

---

* 德国文件原文为着重体。

† 古代条顿民族实行一种裁判法，被告把手放到火、热水中或服毒药，若不受伤，便算无罪，这里所谓“条顿式的恐怖”即指类似的酷刑。——译者

他之所以要做这一切，都不是出于仇恨，而是为了保护德国。要是去年秋天捷克斯洛伐克没有让步的话，捷克民族早已消灭干净了。没有人会阻止他这样做。要是打仗的话……两天之内捷克军队就不会再存在了。当然，也会有一些德国人死伤，而这只会产生仇恨，这种仇恨又会迫使他为自卫计，而拒绝给予［捷克人］自治。全世界谁也不会管这件事。他在读外国报纸的时候是同情捷克人民的。他所得到的印象可以用一句德国谚语来概括："摩尔人已经尽到责任了，摩尔人可以走了。"……

正因为如此，他才请哈查到这里来，这是他能对捷克人民做一番好事的最后一个机会……也许哈查此行可以防止发生最坏的情况……

时间一小时一小时地过去。到6点钟，德国军队就要开进去了。他几乎不好意思说，德国和捷克的兵力比例是德军一个师对捷军一个营。他现在愿意建议他［哈查］还是同赫瓦尔科夫斯基下去商量一下该怎么办才好。

该怎么办才好呢？完全垮了的总统并不需要退下去做决定。他立刻就告诉希特勒，"形势十分清楚，抵抗是无谓的"。但是，问题是，现在已经过了两点了，他怎么才能在短短四小时的时间里设法使全体捷克人民克制自己不要抵抗呢？元首回答说，他最好同他的同伴去商量。德国的军事机器已经开动因而已经无法停止了。哈查应当立即同布拉格联系。根据德国人的会议记录，希特勒最后说："这是一个严重的决定，然而他也在这上面看到两国人民之间可能获致长期和平的时代的曙光。要是这个决定换一个样子的话，他就会看到捷克斯洛伐克的毁灭。"

说完了这些话，他就请客人们暂时退出去。那时是凌晨2点15分，在隔壁的一间房间里戈林和里宾特洛甫对那两个苦命人加紧施压。法国大使发给巴黎的一份正式电报中描绘了这个场面。据他说，他从他认为确实可靠的方面获悉，哈查和赫瓦尔科夫斯基抗议对他们的国家的凌辱。他们说，他们不能在投降的文件上签字。如果他们这样签了字，他们将永远受到他们的人民的诅咒。

> 两位德国部长［指戈林和里宾特洛甫］毫无任何怜悯之心［库隆德尔先生在他的电报中写道］。他们硬是围着桌子追逐哈查博士和赫瓦尔科夫斯基先生，一次又一次把放在桌上要他们投降的文件掷到他们面前，把笔塞到他们手里，不断地重复说，要是他们继续拒绝的话，
> 446 两小时之内，布拉格就有一半会被炸成废墟，这还只不过是开始。成百架轰炸机正在等待起飞的命令，如果不签字的话，他们在早晨6点钟就会得到命令。*

似乎不论什么时候，不论什么场合，只要第三帝国的戏剧达到高潮的时候总会设法在场的施密特博士，在这个当口听到戈林大声叫莫雷尔医生。

“哈查昏过去了！”戈林大叫。

这些纳粹凶徒当时很害怕那位精疲力竭的捷克总统会死在他们手里，而且据施密特说，害怕“第二天全世界都会说他是在总理府被谋害的”。莫雷尔医生的专长是打针——几年以后他差一点儿把希特勒给打针打死——这回也给哈查博士打了针，使他醒了过来。总统总算恢复了一些，能够拿得住德国人塞给他的电话听筒，在里宾特洛甫下令接通的专线上同他在布拉格的政府讲话。他把所发生的事情告诉了捷克内阁并且建议投降。然后，莫雷尔医生又给他打了一针，他的精神多少又好一些。这样，已经完蛋了的捷克斯洛伐克共和国的总统又踉踉跄跄地回到阿道夫·希特勒的面前，在他自己国家的死刑判决书上签了字。时间是1939年3月15日凌晨3点55分。

据施密特的记载，文件是“希特勒在事先”准备好的，而当哈查晕倒的时候，这个德国翻译又在忙着誊写官方公报。公报也是在“事先”写好的，也是要强迫哈查和赫瓦尔科夫斯基签字的。公报的全文如下：

---

* 戈林在纽伦堡的被告席上承认，他曾告诉哈查：“如果我不得不轰炸美丽的布拉格的话，我将甚为抱歉。”他解释说，他并不打算当真实行这一威胁——“因为不会有此必要。不过，我认为这样的说法可以作为一种论据，加速整个事情的发展。”[27]

哈查与希特勒在柏林会谈。

柏林，1939年3月15日

元首应捷克斯洛伐克总统哈查博士和捷克斯洛伐克外交部长赫瓦尔科夫斯基博士的要求，今天在柏林接见他们。接见时，外交部长冯·里宾特洛甫也在座。在会谈中，双方以完全坦率的精神研究了最近几个星期以来在目前的捷克斯洛伐克领土上发生的事件所造成的严重局势。

双方一致认为，必须尽一切努力来保全中欧这一部分的安宁、秩序与和平。捷克斯洛伐克总统宣告，为了达到这一目标，并且为实现最后的和平起见，他满怀信心地把捷克人民和捷克国家的命运交到德国元首的手中。元首接受了这一宣告，并且表示他愿意把捷克人民置于德国保护之下，并且保证他们的民族生活能够在自治的条件下按照 447
合乎他们的特点的方式得到发展。

至此，希特勒诡辩欺诈的伎俩也许已经达到登峰造极的地步了。据他的一个女秘书说，希特勒在签完了字以后，冲进他的办公室，拥抱了每一个在场的女人，高声叫道："孩子们！这是我平生最伟大的一天！我将作为最伟大的德国人而名垂青史！"

他没有想到，捷克斯洛伐克的末日可能就是德国的末日的开始。他怎么能想到呢？我们现在都已看到，从1939年3月15日的黎明开始，引向战争，引向失败，引向灾难的大路已经平铺在面前了。这是一条又短又直的路。希特勒一旦走上了这条路，顺势而下，就像他以前的亚历山大和拿破仑一样，就是要停也停不住了。[28]

3月15日，清晨6点，德国军队大举进入了波希米亚和摩拉维亚。他们一点抵抗都没有遇到。因此到黄昏的时候，希特勒就可以以胜利者的姿态进入布拉格。在他看来，由于张伯伦在慕尼黑的捣鬼，使他当时没有能够实现这个愿望。在离开柏林以前，他对德国人民发表了一篇堂皇的宣言，重复那些无聊的谎言，说什么捷克人的"野蛮行为"和"恐怖行为"逼得他不得不出面制止。然后，他狂妄地宣告："捷克斯洛伐克再也不存在了！"

那天晚上，他睡在俯视着伏尔塔瓦河的赫拉德欣宫里。这是古代波希米亚国王宝座所在的地方，也是不久以前才被抛弃的马萨里克和贝奈斯住在那里为中欧历史上第一个民主国家工作的地方。元首的报仇是彻底的，而且从他所发布的一系列告示中流露出他感到报仇的甜蜜滋味。三十年前，他作为一个奥地利人在维也纳流浪的日子里对捷克人所怀的宿怨，以及去年因为贝奈斯胆敢反抗他这位不可一世的德国独裁者而重又燃起的新仇，这一下完全报清了。

第二天，他就在赫拉德欣宫宣布成立波希米亚和摩拉维亚保护国。这个国家，虽然声明说要让捷克人"自主和自治"，但是它的措辞本身就已经说明要使捷克人完全匍匐在德国人脚下。一切权力都交给"德国保护长官"，交给他的国务秘书和他的民政首脑，他们全由元首任命。为了缓和英国和法国舆论的激烈反对，希特勒起用了早已打入冷宫的"温和分子"牛赖特，任命他为保护长官。* 苏台德的两位最高领袖康拉德·亨莱因和打手
448 头子卡尔·赫尔曼·弗兰克分别被任命为民政首脑和国务秘书，好让他们

* 牛赖特在纽伦堡受审时说，当希特勒任命他做保护长官时，他"完全出乎意料"，而且他在担任这一职务时还有"顾虑"。不过，他还是担任了这一职务，因为希特勒向他解释说，之所以任命他是为了向英国和法国证明，"他不想执行对捷克斯洛伐克敌视的政策"。[29]

有机会对捷克人肆意报仇雪恨。不久以后，德国警察头子希姆莱就在保护国确立了坚强的控制。他让臭名远扬的弗兰克为他工作，做了保护国的警察头子兼党卫军队长。*

> ［希特勒在他那宣布保护国成立的公告里说］一千年以来，波希米亚和摩拉维亚一直是德国人民生存空间的一部分……捷克斯洛伐克已表明是先天就不能存在的，因此现在已不能不归于解体。德国不能容忍这些地区继续动乱不已……因此，德国按照自卫的法则现在决定断然加以干涉，在中欧重建一种合理秩序的基础。因为一千年来它的历史已经证明，由于德国人民的伟大与品格，只有他们才能承担这一任务。

德国野蛮统治的漫漫长夜现在已降临到布拉格和捷克的土地上了。

3月16日，希特勒答复了号称是蒂索总理发来而实际上我们已经知道是在柏林起草的电报，把斯洛伐克也置于他的仁慈的保护之下，德国军队很快就开进了斯洛伐克以实行“保护”。3月18日，希特勒到维也纳去批准“保护条约”。这个条约由里宾特洛甫和图卡博士于3月23日在柏林签字，它附有一项秘密议定书，把开发斯洛伐克经济的权利完全交给了德国人。[30]

至于位于捷克斯洛伐克东端的卢西尼亚，它在3月14日宣布成立“喀尔巴阡-乌克兰共和国”，但是它的独立只存在了24小时。它要求希特勒予以“保护”的呼吁没有起作用。希特勒早已把这块土地赏给匈牙利了。在缴获的德国外交部档案中有一封很有趣的信是匈牙利摄政霍尔蒂·米克洛什在3月13日亲笔写给阿道夫·希特勒的。

---

* 把这里所说的这一出戏里几个角色的下场先在这里提一下是很有意思的。弗兰克在战后被捷克法院判处死刑，而且于1946年5月22日在布拉格公开绞死。亨莱因1945年在被捷克抵抗军逮捕以后自杀了。赫瓦尔科夫斯基成了保护国驻柏林的代表，在1944年被盟国飞机炸死。哈查于1945年5月14日被捷克人逮捕，但是在审讯以前就死了。

> 阁下：谨致衷心的感谢！我无法表达我有多么快乐，因为这块水源地区［卢西尼亚］对匈牙利来说——我不喜欢用夸大的字眼——**是一个根本问题**……我们以极大的热忱来处理这件事情。计划已经制订了。星期四即3月16日将发生边境事件，星期六将继之以大举
> 449 进攻。[31]

事情发展的结果是，并不需要什么“事件”。匈牙利军队只要在3月15日早晨6点开进卢西尼亚就行了。进军的时间是同德国人在西方行动的时间配合好了的。第二天这块土地就正式并入了匈牙利。

这样，哈查抵达柏林总理府是在3月15日凌晨1时15分，而到这一天结束时，捷克斯洛伐克就像希特勒所说的已不再存在了。

不论是英国还是法国，都没有动一动来挽救它，虽然在慕尼黑会议的时候它们都曾庄严地担保捷克斯洛伐克不受侵略。

在那次会议以后，不但希特勒而且连墨索里尼都得出了这样的结论：英国太软弱了，正因为如此，英国的首相才变得那样事事通融，他们今后对伦敦已不必再放在心上了。1939年1月11日，张伯伦在哈利法克斯勋爵的陪同下到了罗马，希望改进英意关系。当这两个英国人到达罗马车站的时候，作者也刚好在那里。我在当天的日记里记着墨索里尼在欢迎客人的时候，“做作出一副笑脸”。在这一批人离开车站时，“墨索里尼在我面前经过的时候，他同他的女婿［齐亚诺］开着玩笑，说着俏皮话”。[32] 当然，我听不出他们到底在谈什么，但是，齐亚诺后来在他的日记里透露了他们所谈的要点。

> 张伯伦到达［齐亚诺在1月11日和12日的日记中写道］……我们同这些人的距离有多远！那是另一个世界，我们在饭后同领袖一直在谈这个题目。他说：“这些人同创造了大英帝国的弗朗西斯·德雷克那样的伟大冒险家不是一样材料做成的人。说到底，这些人不过是一个有钱人的没出息的末代子孙而已，他们会把他们的帝国败掉的。”
>
> 英国人没有斗志。他们想尽可能退得慢一点，然而他们并不斗

争……我们同英国人的会谈结束了，但是什么结果都没有。我给里宾特洛甫打了电话，告诉他这次访问是“一个大空炮”［一场笑剧］……

我随领袖到车站去给张伯伦送行［齐亚诺在1月14日写道］……当火车开动的时候，张伯伦眼睛里充满了眼泪，他的同胞们就唱“因为他是一个顶呱呱的好人”。领袖问道：“他们唱的什么歌？”[33]

虽然在苏台德危机的时候希特勒还顾到张伯伦的意见，但是从缴获的德国文件中却找不出一个字可以证明，从那时以后，在他不顾英国的担保从而也就是不顾《慕尼黑协定》而消灭残存的捷克斯洛伐克时英国首相会怎么想，他有什么顾忌。3月14日，当希特勒在柏林等着要羞辱哈查的时候，当伦敦下院就德国策划斯洛伐克的“分裂”以及此事对英国保证布拉格不受侵略的担保的影响提出愤怒的质问的时候，张伯伦气冲冲地回答： 450
“根本没有发生这样的侵略。”

但是到第二天（3月15日）在这样的侵略已经发生以后，首相就又利用斯洛伐克宣告“独立”来作为不履行诺言的借口了。他解释说：“这一宣告已使我国承诺担保其国界的国家，因为内部分裂而归于结束。英王政府因此认为自己已不再受到这项义务的任何约束。”

希特勒的战略因此取得了尽善尽美的结果，他给了张伯伦一个下台阶的机会，而张伯伦也果然接受了。

有趣的是，首相甚至不愿指责希特勒食言悔约。他说：“我经常听到有人在传播关于背信弃义的指责，这些话在我看来似乎并没有充分的根据，因此我今天并不愿意支持任何这类性质的指责。”他对元首连一个字的非难都没有，甚至对他对待哈查的做法，对3月15日这一天清早显然在德国总理府设下的那一套卑鄙的骗局——即使当时还不能知道细节——也一个字的非难都没有。

因此，就无怪乎那一天英国人提出的抗议——如果可以称作抗议的话*——会那样不痛不痒，也无怪乎德国人对它以及英法两国以后的意见采取那样自大、那样藐视的态度了。

---

* 3月16日张伯伦告诉下院，“迄今为止”还没有对德国政府提出任何抗议。

英王政府无意不必要地干涉其他政府可能对之有更直接的关系的事情……不过，它深为关切一切在欧洲恢复信任与缓和紧张的努力能获得成功，这一点德国政府想必也能理解。它对任何能在中欧挫伤这种普遍信任的行动都感到遗憾……[34]

这份照会是作为哈利法克斯勋爵的一份正式函件由汉德逊大使在3月15日交给里宾特洛甫的，其中一个字都没有具体提到这一天发生的事情。

法国人倒至少还具体一点。新上任的法国驻柏林大使罗贝尔·库隆德尔，既没有汉德逊那种对捷克人的轻蔑，也没有他的英国同事那种对纳粹主义的幻想。3月15日上午，他要求见里宾特洛甫，但是这位爱好虚荣而且报复心重的德国外交部长已经动身到布拉格去了，他想同希特勒一起去羞辱一个打垮了的民族。那天中午，国务秘书冯·魏茨泽克接见了库隆德尔。大使一上来就说出了张伯伦和汉德逊还没有准备说的话：由于对波希米亚和摩拉维亚进行军事干涉，德国已经违反了《慕尼黑协定》和12月6日的法德
451 宣言。后来自称一直坚决反纳粹的冯·魏茨泽克男爵，当时态度极为傲慢，足以使里宾特洛甫相形见绌。据他自己在关于这次会见的报告中说：

我对大使说得很不客气，并且告诉他不要再提他硬说已被违反的《慕尼黑协定》，不要再给我们作教训……我告诉他，从昨天晚上同捷克政府达成的协议来看，我看不出法国大使有什么理由要采取任何行动……我可以肯定，在他回到大使馆的时候，就会看到新的指示，可以让他安心。[35]

三天以后，到3月18日，英国和法国政府才在国内愤怒的舆论的压力下最后向德国提出了正式抗议。这一次魏茨泽克在傲慢狂妄方面又胜过了他的上司里宾特洛甫，而且又是他自己提供了证据。在从德国外交部档案中发现的一份报告中，他以显然洋洋自得的口吻谈到他如何拒绝接受法国的正式抗议照会。

我立刻把照会装回到信封中，扔还给大使，并且说，我断然拒

绝从他手里接受有关捷克-斯洛伐克问题的一切抗议。我也不愿表示已注意到了这项照会，我愿建议库隆德尔先生请他的政府修改这一照会……[36]

库隆德尔并不像这时的汉德逊那样是一个被德国人一吓就倒的大使。他回敬说，他的政府的照会是经过适当的考虑以后才写的，他无意请求加以修改。当国务秘书仍然拒绝接受这一文件时，大使请他注意通常的外交惯例，并且说，法国完全有权让德国政府知道它的观点。魏茨泽克最后（据他自己的说法）就让那份照会放在桌子上，并解释说，他将“认为它是通过邮政局寄给我们的”。但是在他厚着脸皮做出这番表示以前，还曾说出了这样一番话：

从法律的观点来说，事实上有一项由元首和捷克-斯洛伐克总统共同发表的宣言。捷克总统自己请求来到了柏林，然后马上宣布他愿意把他的国家的命运置于元首的手中。我不能设想法国政府能比教皇还要管得宽，甚至想干涉柏林和布拉格已经合适地解决了的问题。* 452

英国大使在3月18日傍晚递交了英国政府的抗议书。魏茨泽克对这位好好先生的态度大不相同。英国现在说，它“不能不认为过去几天内发生的事情是对《慕尼黑协定》的彻底否定”，并且认为“德国的军事行动”“缺乏任何法律根据”。魏茨泽克在写到这件事情的时候，指出英国照会在这方面并不如法国的抗议那样严重，因为法国照会曾说，法国“不承认德国占领的合法性”。

汉德逊在3月17日就曾见过魏茨泽克，告诉他自己奉召返国，“以备咨询”。而据这位国务秘书说，汉德逊还向魏茨泽克试探一些“他可以提供张伯伦能用以对付其政敌的论点……汉德逊解释说，英国对捷克斯洛伐克的

---

* 库隆德尔关于这次会晤的报告，刊载在法国黄皮书（第78号，法文版第102—103页）上。他证实了魏茨泽克的说法。后来在纽伦堡审讯时，这位德国外交部国务秘书申辩说，他在写有关这类会晤的报告时，总是有意地夸张他的亲纳粹感情，以掩盖他实际上的反纳粹活动。但是库隆德尔的报告不过是足以证明魏茨泽克根本没有夸张的一个例子。

领土并没有切身利益。他——汉德逊——所关心的更多的是将来”。[37]

甚至希特勒摧毁捷克斯洛伐克的行动都没有使这位英国大使惊醒，使他认清他所奉使的政府的本质，他也似乎丝毫没有觉察到他所代表的政府这一天发生了什么。

因为，非常出人意料地，内维尔·张伯伦在3月17日，也就是希特勒消灭捷克斯洛伐克以后两天，突然感到大梦初醒。这是受到相当大的外界刺激的结果。对希特勒最近这一次侵略，绝大部分英国报纸（甚至包括《泰晤士报》在内，不过没有《每日邮报》）和下院反应都极为强烈，这使张伯伦大吃一惊。更严重的是，议会里许多支持他的人和内阁里他的半数阁员都起来反对对希特勒做任何进一步的姑息。据德国驻英大使给柏林的报告，哈利法克斯勋爵尤其极力主张首相要认清新的形势并且当机立断，改弦更张。[38] 张伯伦开始感到他自己作为政府首脑和保守党领袖的地位已岌岌可危了。

他改变主意来得非常突然。直到3月16日晚间，约翰·西蒙爵士代表政府在下院发言时，他对于捷克人的态度还是极其冷酷无情的，整个发言充满了“慕尼黑精神”，因此，据报纸报道，在议会里引起了“罕见的愤慨”。第二天，张伯伦在70寿辰的前夕，原来预定要在他的家乡伯明翰发表一篇演说。他已经起草好了一篇专谈国内问题而且特别着重谈社会福利的演说。到下午火车开往伯明翰的时候，据法国外交界人士告诉本书作者，张伯伦最后下了决心。他扔掉了准备好的讲稿，很快写下了一份完全不同的演说提纲。

张伯伦对全英国而且也对世界大部分地区（这篇演说是广播的）道歉，因为两天以前他感到不得不向下院做了一篇“极其克制、极其谨慎……而且有点失之于冷淡和客观的声明”。他说：“我希望在今天晚上纠正那个
453 声明。”

首相终于看到阿道夫·希特勒欺骗了他。他重新举出了希特勒的历次保证：希特勒曾经说过，苏台德区是他在欧洲最后的领土要求，他“不想要一个捷克人”，而现在他却食言背信了——“他是一个无法无天的人”。

> 现在他们告诉我们并吞这块土地是捷克斯洛伐克国内纷扰的局面

逼出来的……如果那里有动乱的活，难道不是从外部煽动起来的吗？这到底是一场老的侵略的结束呢，还是一场新的侵略的开始呢？这到底是最后一次对一个小国的进攻呢，还是会有别的进攻继之而来呢？是不是这在事实上只是想以武力征服世界的计划中的一个步骤呢？我虽然并不准备做出什么新的泛泛的保证，说我国在现在不能预见的条件下将如何行动，但是，如果以为我国由于认为战争是一件无谓而残酷的事情因而已失尽血性，以至在受到挑战的时候也不会尽其全力来同其他国家一起予以抵抗，那就是大错而特错了。

对张伯伦和英国来说，这是一个突然的而且决定性的转折。第二天，希特勒就接到机警的德国驻伦敦大使的警告。赫伯特·冯·迪克森3月18日发出了一份长篇报告，告诉德国外交部，“继续幻想英国对德国的态度无根本改变就错了”。[39]

对于任何一个读过《我的奋斗》，看过一眼地图并且看到德国军队在斯洛伐克的新部署，对慕尼黑会议以后的德国外交行动的风向有些了解的人来说，或者对任何一个曾经研究过过去12个月中希特勒对奥地利和捷克斯洛伐克兵不血刃的征服的行动规律的人来说，哪一个小国是希特勒的“时

温斯顿·丘吉尔与内维尔·张伯伦，1940年5月10日张伯伦辞职，丘吉尔接任英国首相。

间表”上的下一个目标，是十分明显的。张伯伦，像几乎任何别人一样，也是完全了然的。

3月31日，在希特勒进入布拉格之后16天，首相告诉下院说：

> 如果一旦发生显然威胁到波兰的独立而且波兰政府认为必须尽全力予以抵抗的行动，英王政府将认为自己有责任立即给予波兰政府以全力支持。他们已给予了波兰政府大意与此相同的保证。我还可以加一句，法国政府也授权我明白表示，它在这个问题上与我们持同样的立场。

454 现在已轮到波兰了。

注 释

1. 绿色方案档案第48件，见《纳粹的阴谋与侵略》，第3卷，第372—374页（纽伦堡文件388-PS）。

2. 同上。

3. 希特勒1938年10月21日的指令，同上，第6卷，第947—948页（纽伦堡文件C-136）。

4.《德国外交政策文件汇编》，第4卷，第46页。

5. 海德里希指示警方组织这次暴行的命令，见《纳粹的阴谋与侵略》，第5卷，第797—801页（纽伦堡文件3051-PS）。他给戈林的关于死伤损失的报告，同上，第854页（纽伦堡文件3058-PS）。党内首席法官瓦尔特·布赫关于这次暴行的报告，同上，第5卷，第868—876页（纽伦堡文件3063-PS）。布赫少校对于许多起杀害犹太人事件做了生动的叙述，把这些暴行归咎于戈培尔。戈林和内阁阁员、政府官员以及一名保险公司代表在11月12日的会议的速记记录，同上，第4卷，第425—457页（纽伦堡文件1816-PS）。该记录虽残缺不全，但缴获部分长达一万字。

6.《主要战犯的审讯》，第9卷，第538页。

7.《德国外交政策文件汇编》，第4卷，第639—669页。

8.《英国外交政策文件汇编》，第3卷，第4册，第5号。

9.《齐亚诺秘密日记》，1938年10月28日，第185页；《齐亚诺外交文件集》，第242—246页。

10.《德国外交政策文件汇编》，第4卷，第515—520页。

11. 施密特：《希特勒的译员》，第118页；他关于这次会议的笔记，见《德国外交政策文件汇编》，第4卷，第471—477页。

12. 同上，第69—72页。

13. 同上，第82—83页。

14. 同上，第185—186页；另见《纳粹的阴谋与侵略》，第6卷，第950—951页（纽伦堡文件C-138）。

15. 代办的电报，见《德国外交政策文件汇编》，第4卷，第188—189页。

16.《德国外交政策文件汇编》，第4卷，第215页。

17. 赫瓦尔科夫斯基1939年1月21日同希特勒和里宾特洛甫的两次会谈的报告，同上，第190—202页。赫瓦尔科夫斯基本人1月23日向捷克内阁的报告，存捷克档案，惠勒-本内特在《慕尼黑》中曾加引用，见该书第316—317页。另见《法国黄皮书》，第55—56页。

18. 全文，见《德国外交政策文件汇编》，第4卷，第207—208页。

19. 全文，同上，第218—220页。

20. 会议的报告，同上，第209—213页。

21. 全文，同上，第234—235页。

22. 根据英国驻布拉格公使后来的报告，见《纳粹的阴谋与侵略》，第7卷，第88—90页（纽伦堡文件D-571）。

23. 蒂索-希特勒会谈秘密记录，见《德国外交政策文件汇编》，第4卷，第243—245页。

24. 同上，第250页。

25. 同上，第249，255，260页。库隆德尔大使的电报，见《法国黄皮书》第96页（第77号）。

26. 1939年3月13日布拉格发出的电报，见《德国外交政策文件汇编》，第4卷，第246页。

27.《主要战犯的审讯》，第9卷，第303—304页。

28. 以上这节“哈查博士的劫难”的材料来源是：希特勒和哈查会谈的秘密记录，见《德国外交政策文件汇编》，第4卷，第263—269页，另见《纳粹的阴谋与侵略》，第5卷，第433—440页（纽伦堡文件2798-PS）。德捷两国政府1939年3月15日宣言全文，见《德国外交政策文件汇编》，第4卷，第270—271页。第一部分作为公报发表，实际上是3月14日在外交部起草的。元首3月15日对全国人民的文告，见《纳粹的阴谋与侵略》，第8卷，第402—403页（纽伦堡文件TC-50）。库隆德尔的电报，见《法国黄皮书》，第96页（第77号）。施密特关于会议的描述，见《希特勒的译员》，第123—126页。汉德逊的描述，见《使命的失败》，第9章。同女秘书们的场面，见佐勒编：《希特勒私生活》，第84页。

29.《主要战犯的审讯》，第16卷，第654—655页。

30. 全文，见《德国外交政策文件汇编》，第6卷，第42—45页。

31. 全文，同上，第4卷，第241页。

32.《柏林日记》，第156页。

33.《齐亚诺日记（1939—1943年）》，第9—12页。

34. 全文，见《德国外交政策文件汇编》，第4卷，第274—275页。

35. 同上，第273—274页。

36. 同上，第6卷，第20—21页。

37. 同上，第16—17，20页。

38. 迪克森1939年3月18日的报告，同上，第24—25，36—39页。

39. 同上，第39页。

第十四章

轮到了波兰

1938年10月24日，慕尼黑会议之后不到一个月，里宾特洛甫在贝希特斯加登的格兰德饭店请波兰驻柏林大使约瑟夫·利普斯基吃饭。波兰，同德国一样，而且事实上同德国沆瀣一气，夺得了一块捷克的土地。这顿饭吃了三个钟头。据德国外交部的一份材料指出，餐桌上的谈话“是在非常友好的气氛中进行的”。[1]

虽然如此，那位纳粹外交部长闲话不多就言归正传。他说波兰和德国之间达成全面解决的时机已经来了。他接着说，第一件事情就必须“同波兰谈一谈但泽的问题”。那块地方应当“归还”德国。德国还想造一条超级公路和一条双轨铁路经过波兰走廊把德国同但泽和东普鲁士连接起来。两者都要享有治外法权。最后，希特勒还希望波兰参加反共公约对付俄国。为了报答这些让步，德国情愿把波德条约从十年延长到二十年并且担保波兰的边界完整。

里宾特洛甫强调说，他是把这些问题作为“极端秘密的事情”提出来的。他建议波兰大使“口头”向贝克外交部长报告——“因为要不然的话，就有极大的危险可能走漏风声，特别是可能走漏给报界知道”。利普斯基答应向华沙报告，不过他告诉里宾特洛甫，他个人“看不出有什么可能”会把但泽归还德国。他还进一步提醒德国外交部长注意最近发生的两件事情——在1937年11月5日和1938年1月14日，希特勒曾两次亲自向波兰人保证他不会主张对但泽法规做任何变更。[2] 里宾特洛甫回答说，他并不希望现在就得到答复，不过他建议波兰人“考虑考虑”。

华沙政府并不需要很多时间来仔细思量。一个星期以后，10月31日，外交部长贝克就给波兰驻柏林大使发来了如何答复德国人的详细指示。但是直到11月19日，后者才有机会见到里宾特洛甫，纳粹党人显然要波兰人 455
好好地考虑考虑他们的答复。答复是否定的。不过作为一种表示谅解的姿态，波兰愿意签订一项关于但泽的地位的德波协定来代替国际联盟对这个自由市的担保。

“任何其他的解决办法，”贝克在他给利普斯基的备忘录中写道，“特别是任何想把这个自由市并入德国的企图，一定会不可避免地引起冲突。”他还在这份由利普斯基读给里宾特洛甫听的备忘录中说，已故的波兰独裁者毕苏斯基元帅曾在1934年谈判一项互不侵犯条约的时候说过：“但泽问题是判断德国对波兰的意图的最可靠的标准。”

这样的答复是不合里宾特洛甫的口味的。“他对贝克所采取的态度感到遗憾”，并且忠告波兰人“值得再费一番脑筋来认真地考虑考虑德国的建议”。[3]

对波兰在但泽问题上的拒绝，希特勒的反应要激烈得多。11月24日，在里宾特洛甫–利普斯基会晤以后五天，他对三军司令又发出了一个命令。

绝　密

元首下令：除了在1938年10月21日训令中所提及的三项紧急任务*而外，还应当做好准备，使德国军队能出敌不意占领但泽自由邦。

准备工作应在下面的基础上进行：条件是，利用政治上有利的形势，对但泽实行**准革命式的占领，而不是对波兰发动战争**†……

用于这一目的的部队绝不能同时担任占领梅梅尔的任务，以便在必要时，两项军事行动得以同时进行。**海军**将从海上进击，以支援陆

* 见本书原文第428页。三项“紧急任务”是：清算残存的捷克斯洛伐克，占领梅梅尔，保护德国边境。

† 着重体为原件所用。

军的作战……各兵种作战计划应在1939年1月10日以前交上来。

虽然贝克刚刚警告过，德国如企图夺取但泽，将“不可避免地”引起冲突，但希特勒现在却深信他可以办到这一点而不致引起战争。但泽在当地的纳粹党人控制之下，而他们是像苏台德人一样听命于柏林的。因此不难在那里造成一种“准革命式的”形势。

因此，兵不血刃就占领了奥地利和苏台德区的希特勒在1938年临近岁尾的时候，又已经一心在盘算进一步征服残存的捷克斯洛伐克、梅梅尔和但泽了。凌辱一下许士尼格和贝奈斯并没有费什么力气。现在要轮到约瑟
456 夫·贝克了。

可是，刚过了新年不久，1939年1月5日，元首在贝希特斯加登接见波兰外交部长的时候，他还没有准备给他以他刚给过许士尼格并很快也就要给哈查的那种待遇。先得把残存的捷克斯洛伐克清算掉再说。从波兰人和德国人关于这次会晤的秘密记录来看，希特勒的态度显得比较和解。一开头他就说，他“随时准备为贝克效劳”。然后他又问，波兰外交部长是不是有什么“特别的”心事？贝克回答说，但泽是他心上的一块疙瘩。显然，这也是希特勒心上的一块疙瘩。

“但泽是德国人的，”元首对他的客人说，“它永远是德国人的，而且迟早要成为德国的一部分。”不过，他可保证，“不会在但泽制造什么既成事实”。

他要求得到但泽，要修一条经过走廊的德国公路和德国铁路。要是他和贝克能够“摆脱老方式而按照全新的方式寻求解决办法的话”，他肯定他们会达成对两国来说都是公平合理的协议。

贝克可不敢这样肯定。虽然，他第二天对里宾特洛甫老实说，他当时并不想对元首过于直率，他还是回答说“但泽问题是极其困难的一个问题”。他在总理的建议中看不出能给波兰什么“对等的东西”。希特勒因此指出，“波兰的对德边界包括走廊在内受到条约的担保”对波兰来说是“极大的好处”。这显然并不能打动贝克，不过，最后，他答应继续考虑这一问题。[4]

在盘算了一夜以后，波兰外交部长第二天同里宾特洛甫在慕尼黑做了

一次谈话，他请后者转告元首，虽然以前同德国人的历次谈话都使他十分乐观，而同希特勒的会面却第一次使他今天深为悲观。特别是在总理所提出的但泽问题上，他"看不出有什么可能取得协议"。[5]

贝克上校，像本书所写过的许多其他人一样，是经过了一段时间才有所觉醒而有这种悲观的看法的。同绝大多数波兰人一样，他是激烈反俄的。不但如此，他也不喜欢法国人。他在1923年在巴黎任波兰大使馆武官时，曾经被法国当局以出卖同法国陆军有关的文件的罪名驱逐出境，因此对法国人怀有宿怨。也许对他这样一个人来说，在1932年成为波兰外交部长以后，倾向德国是很自然的。他从一开始就对纳粹独裁政权抱有热烈的同情。过去六年之中，他曾尽力使他的国家接近第三帝国而削弱它同法国的传统关系。

在所有同德国接壤的国家中，从长期来说，波兰是最应该有所戒惧的。
但是在所有这些国家中，它却是最没有看到德国的危险的。《凡尔赛和约》 457
中，再没有哪一条比建立波兰走廊、给波兰以出海通道并且把东普鲁士同德国分开的条款更使德国人怨恨的了。把自古以来汉萨同盟的港口但泽从德国分割出去，使它成为处于国际联盟监督下然而在经济上又完全处于波兰支配下的一个自由市，这件事情也同样引起德国舆论的愤怒，就是软弱和平的魏玛共和国也把这看成是波兰毁伤了德国的肢体而不肯予以承认。我们上面已经看到*，早在1922年，冯·塞克特将军已经这样说明了德国陆军的态度。

> 波兰的存在对德国生存的基本条件来说是不能容忍的，不能并存的。波兰必须去掉——由于它自己内在的孱弱而且由于俄国的行动的结果——也一定会在我们的协助下去掉……消灭波兰必须成为德国政策的一个根本目标……［这］是可以利用俄国并且在俄国的协助下达到的。

多么像预言啊！

---

* 见本书原文第212页。

德国人忘记了，也许是不愿意记起，凡尔赛和会给予波兰的土地，包括构成了波兰走廊的波森省和波属波美拉尼亚（波莫瑞）在内几乎全部都是在普鲁士、俄罗斯和奥地利三国瓜分波兰时被普鲁士抢走的。有一千多年，那里住的都是波兰人——在很大程度上，目前也仍然是如此。

《凡尔赛和约》所缔造的新国家，没有一个像波兰那样命运多舛。在刚刚复国以后那几年动荡的岁月里，它对俄国、立陶宛、德国，甚至捷克斯洛伐克都曾进行过侵略战争（同捷克斯洛伐克的那一次是为了争夺煤矿丰富的切申地区）。波兰人由于有一百五十多年被剥夺了政治自由，因而缺乏现代的自治经验，他们无法建立稳定的政府，也不能开始解决经济问题和农业问题。1918年革命的英雄毕苏斯基元帅，在1926年引兵进入华沙，夺取了政权并且逐步地以他自己的独裁统治（虽然他是一个老社会党人）代替了混乱的民主政体。他在1935年逝世以前最后所做的事情中，有一件就是同希特勒签订了一项互不侵犯条约。这项条约是在1934年1月26日签订的，上面已经说过[*]，这是最早开始破坏德国的东方邻国和法国之间的同盟体系、削弱国际联盟和它的集体安全观念的行动之一。在毕苏斯基死后，波兰主要是由一小群“上校”统治着，他们是在毕苏斯基麾下曾在第一次世界大战时对俄国作战的波兰军团的一些领导人。居于魁首地位的是希米格维-雷兹元帅，他是一个出色的军人，然而却完全不是一个政
458 治家。外交政策归于贝克上校掌握，从1934年起，这个政策就越来越亲德了。

这种政策必然是自杀的政策。说真的，谁要是研究一下波兰在《凡尔赛和约》以后欧洲的地位，很难不得出下面的结论：波兰人在1930年代，就像在几个世纪以前一样，被他们民族性中某种致命的弱点所驱使而走向自我毁灭，而这一次，就像前几次一样，他们自己就是自己最大的敌人。只要但泽和波兰走廊继续保持现状，在波兰和纳粹德国之间就不可能有持久的和平。波兰的国力也绝不足以吃得消同它的两个强大的邻国俄国和德国发生不和。它同苏联的关系自从1920年以来一直是不好的，在那一年，它进攻了由于世界大战和内战而大为削弱的俄国，结果发生了一场残酷的

---

* 见本书原文第212—213页。

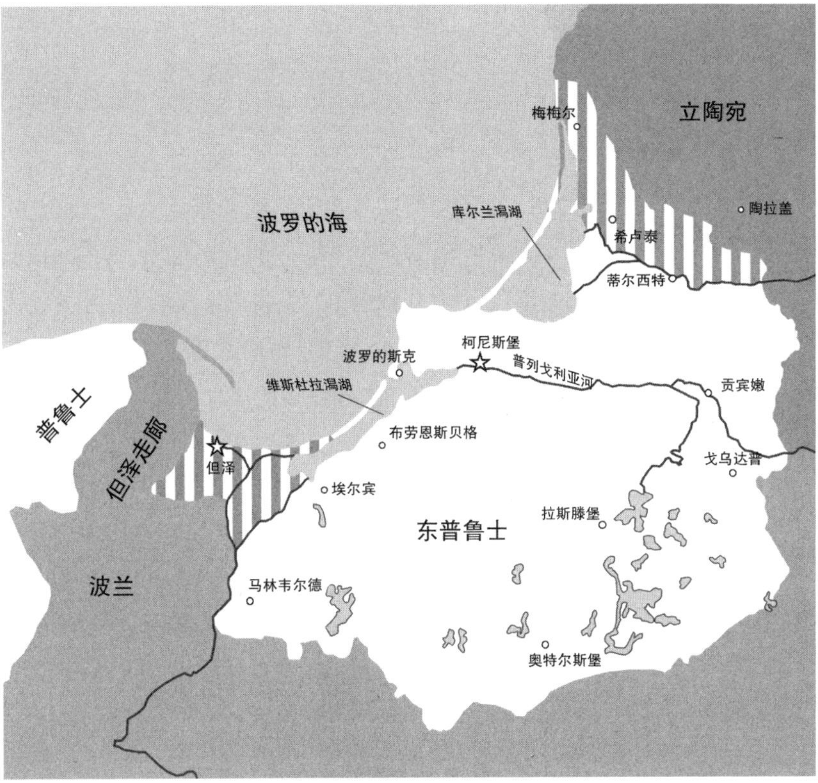

1923—1939年期间的东普鲁士、但泽、梅梅尔周边地图。

战争。*

希特勒采取主动同波兰签订了1934年的波德条约，目的就是要乘机取得一个如此坚决反俄的国家的友谊，而且同时使它疏远日内瓦和巴黎，从而破坏《凡尔赛和约》所造成的欧洲体系。这在德国并不是一个很得人心的行动，从塞克特将军的时代起就是亲俄反波的德国陆军是对之愤愤不满的。但是当时这对希特勒却有很大的好处。波兰对德国同情友好的关系使他能腾出手来办该先办的事情：进兵莱茵兰，摧毁独立的奥地利和捷克斯

* 由于这场战争的结果，波兰牺牲苏联把它的东部边界向按人种划分的寇松线以东推进了150英里。这条边界把450万乌克兰人和150万白俄罗斯人归于波兰人的统治之下。因此，波兰的西部边界既已被德国人认为是不可接受的，它的东部边界又被俄国人认为是不能接受的。西方民主国家在柏林和莫斯科1939年夏天开始靠拢合作的时候，似乎竟然没有看到这个事实。

洛伐克。对所有这些加强德国、削弱西方、威胁东方的行动，贝克和华沙的其他上校们都以无法解释的完全盲目的态度欣然作壁上观。

如果波兰外交部长，像他自己所说，在新年开始的时候就已因为希特勒的要求而陷入悲观的话，他的情绪随着春天的到来而更加大大低沉了。虽然1939年1月30日，希特勒在向国会做一年一度的讲话时，客气地谈到了“德国和波兰之间的友谊”，并且宣称这是“保持欧洲政治生活稳定的因素之一”，里宾特洛甫在四天以前到华沙做国事访问时却谈得要直率得多。他再次向贝克提出了希特勒关于但泽和走廊交通的要求，一再说这些要求
459 是“极其公道的”。但是不论在这些问题上，还是在要波兰参加反共公约对付苏联的问题上，这位德国外交部长都没有得到满意的答复。[6]贝克上校对他的朋友现在非常警惕，事实上他已开始有所行动了。2月26日，德国驻华沙大使报告柏林，贝克已主动设法使英国邀请他在3月底访问伦敦，而且他还可能在那以后访问巴黎。尽管为时已晚，波兰，正如德国大使毛奇在电报里所说的那样，还是“希望同西欧民主国家取得联系…… ［因为它］害怕可能在但泽问题上同德国发生冲突”。[7]贝克就像别的许多想迁就希特勒永无餍足的欲壑的人们一样，眼睛里的翳障开始掉下来了。

当3月15日希特勒占领波希米亚和摩拉维亚并且派兵保护“独立的”斯洛伐克的时候，他们眼睛里的翳障终于完全而且永远掉下来了。波兰在那天早晨醒来的时候发现它的南部边界已经被斯洛伐克的德国军队包围了，就像它的北部边界早已被在波美拉尼亚和东普鲁士的德国军队包围了一样，仅仅一夜之间它在军事上就三面被围，变得无可防守了。

1939年3月21日，在欧洲走向战争的这一段历史上是一个值得记忆的日子。

这一天在柏林、华沙和伦敦都有频繁的外交活动。法兰西共和国总统在外交部长博内陪同下，到达英国首都进行国事访问。张伯伦向法国人建议，他们两国同波兰和苏联一起发表一项正式声明，宣布四国将立即协商制止在欧洲进行进一步侵略的步骤。三天以前，李维诺夫曾建议——像他在刚好一年以前在德国并吞奥地利以后曾建议过的那样——召开欧洲会议，

这一次由法国、英国、波兰、俄国、罗马尼亚和土耳其参加，它们将采取共同行动来制止希特勒。但是英国首相认为这一建议“尚未成熟”。他对莫斯科十分不信任，因而认为由四国（包括苏联在内）发表一项宣言，就是他所能做的极限了。*

他的建议由英国驻华沙大使在同一天（3月21日）提交给贝克，但是就包括俄国人在内这一点而论，却受到了颇为冷淡的对待。波兰外长甚至比张伯伦还要不相信苏联，除此而外，他也同英国首相一样认为俄国的军事援助没有什么价值。他保持着这种看法，一直到大祸临头都毫未改变。

但是，在3月21日这一天，对波兰来说最致命的事件还是发生在柏林。里宾特洛甫请波兰大使在中午去见他。据利普斯基在事后所写的报告中说，德国外长这一次破天荒地对他不但态度冷淡，而且咄咄逼人。里宾特洛甫 460
警告说，元首“对波兰的态度已愈来愈感到惊讶”。德国希望它关于但泽和通过走廊的铁路和公路的要求能得到满意的答复。这是继续维持波德友好关系的一个条件。里宾特洛甫明白指出，“波兰必须认清它不能在俄国和德国之间采取中间道路”。它唯一的自救之道就是“同德国和它的元首保持合理的关系”。其中就包括采取共同的“反苏政策”。不但如此，元首还希望贝克“早日访问柏林”。同时，里宾特洛甫极力建议波兰大使赶回华沙亲自向他的外交部长解释目前的局势。利普斯基向贝克报告说：“他建议，不要推迟［同希特勒的］会谈，免得总理会得出这样的结论，认为波兰已拒绝了他的全部建议。”[8]

附带一表一场小型侵略

在离开威廉街以前，利普斯基问里宾特洛甫能否告诉他一点同立陶宛外交部长谈话的内容。德国人回答说，他们曾讨论了梅梅尔问题，“这个问题应该解决了”。

---

* 张伯伦3月26日在一封私人信件中写道：“我必须承认对俄国有最深刻的不信任。我丝毫不相信它有能力进行一场有效的攻势，即使它想这样做。而且我还不相信它的动机……此外，它还受到许多小国，特别是波兰、罗马尼亚和芬兰的憎恨和猜疑。”（见费林：《内维尔·张伯伦》［*The Life of Neville Chamberlain*］，第603页）

实际上，里宾特洛甫确曾在前一天接见了访问罗马以后回国途中路过柏林的立陶宛外交部长尤奥扎斯·乌尔拜斯，要求立陶宛立即把梅梅尔区归还德国。要不然的话，“元首就要以闪电般的速度采取行动了”。他还警告说，立陶宛人绝不能欺骗自己，以为可以希望“从外国得到什么援助”。[9]

事实上，几个月以前，在1938年12月12日，法国大使和英国代办曾请德国政府注意传闻梅梅尔境内的日耳曼人在计划策动叛乱的消息，并且请德国政府运用其影响，务使由英法两国担保的梅梅尔法规能受到尊重。德国外交部的答复表示对英法这一行动“不胜惊异”，而且里宾特洛甫还下了命令，如果今后还有这类行动，就该告诉两国大使馆“我们真心希望法国和英国最后会对干涉德国的事情感到厌倦”。[10]

相当一个时期以来，德国政府的领导人，尤其是党和党卫军的领袖们，就在按照我们在奥地利事件和苏台德事件中已经熟知的那种手法，组织梅梅尔的日耳曼人闹事了。德国武装部队也受命予以合作，而且，我们已经知道[*]，慕尼黑会议以后三个星期，希特勒就曾命令他的军事首脑在准备清算残存的捷克斯洛伐克的同时，准备占领梅梅尔。因为海军没有得到机会
461 分享向四面都是陆地围绕的奥地利和苏台德区进军的光荣，希特勒决定梅梅尔应从海上出兵占领。11月间，海军方面就已经拟好了执行这次侵略的计划，代号叫作“斯德丁运输演习”。希特勒和雷德尔对于显示海军威力的小小表现兴趣极高，硬是在3月22日从斯维内明德出海，登上袖珍战列舰“德意志号”前往梅梅尔。这一天刚好是元首胜利进入布拉格之后的一星期，毫无防御的立陶宛甚至还没有来得及向德国人的最后通牒表示屈服。

3月21日，若干年以后自称对纳粹的残暴手段一贯反感的魏茨泽克通知立陶宛政府，必须派全权代表“在明天乘专机”到柏林来签字，把梅梅尔地区交给德国，“绝不容许拖延时间”。立陶宛人顺从地在3月22日下午来了，但是，尽管由里宾特洛甫亲自施行压力，尽管晕船的希特勒坐在他那战列舰上不断催促，他们在决定是否投降的问题上还是要花些时间。据缴获的德国文件透露，元首从“德意志号”上两次发出急电给里宾特洛甫，问他立陶宛

---

* 见本书原文第428—429页。

1939年3月23日，希特勒乘车进入梅梅尔。

是否已按照德国人的要求投降。这位独裁者和他的海军上将必须知道他们是否不得不开炮冲进梅梅尔港。最后，到3月23日凌晨1点30分，里宾特洛甫才总算能发电报，把立陶宛人已经签字的消息告诉他的主子。[11]

3月23日下午2点30分，希特勒再一次以胜利者的姿态进入一个刚刚被占领的城市，并且在梅梅尔市剧院里再一次对着如醉如狂的“解放了的”日耳曼人发表演说。《凡尔赛和约》的又一条被撕毁了。又一次不流血的征服完成了。尽管元首不可能知道，这是最后一次不流血的征服了。

波兰问题炽热化

德国并吞梅梅尔这一举动对波兰政府说来是“一桩极不愉快的意外”，这是德国驻波大使汉斯-阿道夫·冯·毛奇在第二天从华沙报告柏林的话。他还说：“主要的理由是，人们普遍担心下一次就该轮到但泽和走廊了。”[12] 他还报告德国外交部，波兰的后备兵已征召入伍。第二天，3月25日，谍报局局长卡纳里斯海军上将报告说，波兰已动员了三级役龄的后备兵，并且正在把部队向但泽周围地区集中。凯特尔将军并不认为这能表明“波兰人有什么寻衅的意图”，不过他指出，“但是陆军参谋总部却持有比较严重的看法”。[13]

希特勒在3月24日从梅梅尔回到了柏林，第二天就同陆军总司令冯·布劳希奇做了长时间的谈话。从后者关于这次谈话的内部记录来看，
462 元首似乎还没有下定决心到底用什么办法来对付波兰。[14] 事实上，他那一刻不停的脑筋里似乎充满了各式各样的矛盾。利普斯基大使第二天就该回来了，但是元首却并不打算见他。

> 利普斯基将在星期天（3月26日）自华沙返任［布劳希奇写道］。他原来是奉命前去探询波兰是否愿在但泽问题上达成妥协的。元首在3月25日晚间走了：他不愿在利普斯基回来的时候待在柏林。里宾特洛甫将首先同他谈判。不过元首并不愿意用武力解决但泽问题。他不想因此把波兰推入英国的怀抱之中。
>
> 只有在利普斯基暗示波兰政府在波兰人民面前负不起自动割让但泽的责任的情况下，才会考虑对但泽实行军事占领。这种解决办法将造成一种既成事实而使波兰政府易于应付。

这对希特勒当时的心思和性格是一个很有趣的透视。三个月以前，他曾经亲自向贝克保证，德国不会在但泽制造什么既成事实。可是他也还记得波兰外交部长曾向他强调指出，波兰人民永远不会容许把但泽转交德国。要是德国人干脆把它拿过来的话，是否会使波兰政府比较容易接受这样一个既成事实呢？迄今为止，希特勒在估计他的外国敌手的弱点和利用这种弱点方面一直是一个天才，但是这一次，他的判断第一次开始失灵了。统治着波兰的“上校们”是一批昏庸糊涂的人，然而在但泽问题上他们却实在不想要，也不会接受什么“既成事实”。

这个自由市是希特勒心上的第一件大事，但是他想的还不止于此，正如他在慕尼黑会议给了他苏台德区以后他还想要捷克斯洛伐克一样。

> 就目前来说［布劳希奇写道］，元首并不想解决波兰问题。不过现

> 在就该着手了。在最近的将来寻求解决，必须要有特别有利的政治条件。在这种情况下，波兰将被彻底打垮，以至于在今后几十年内不必视为一个政治因素。元首心里想的解决办法是要把边界线推进到从东普鲁士的东部边界直到上西里西亚的东端。

布劳希奇十分清楚这条边界的意义。那是德国在战前的东部边界，它是被凡尔赛会议所取消的，而且过去只有在没有波兰存在的情况下才存在过。

如果希特勒对波兰将做什么答复曾有怀疑的话，那么当利普斯基大使在星期天（3月26日）回到柏林并且以书面备忘录的形式提出波兰的答复[15]以后，这种怀疑就都消散了。里宾特洛甫马上就看了这个备忘录而且拒绝了
它。他对波兰的动员措施大发雷霆，并且警告大使注意“可能的后果”。他 463
也宣布波兰军队对但泽领土的任何侵犯都将被认为是对德国的侵略。

波兰的书面答复，虽然是用息事宁人的口气措辞的，但是对德国的要求来说，却是坚决的拒绝。它表示愿意进一步讨论便利德国在波兰走廊的铁路交通和公路交通的方法，但是拒绝考虑给予这类交通以治外法权。至于说到但泽，波兰愿意以波德联合担保来代替国际联盟的担保，但是并不想看到这个自由市成为德国的一部分。

纳粹德国这时还从来没有碰到过一个小国敢于拒绝它的要求，因此里宾特洛甫对利普斯基说“这使他想起另一个国家所采取过的某些冒险的步骤”——所谓另一个国家显然是指波兰帮着希特勒一起肢解掉的捷克斯洛伐克。当利普斯基第二天再次被里宾特洛甫召到德国外交部去的时候，他心里一定也清楚，第三帝国现在要用它过去用来对付奥地利和捷克斯洛伐克且非常成功的同样手段来对付波兰了。纳粹外交部长对据说在波兰境内发生的对日耳曼少数民族的迫害大发雷霆。他说，这件事情“在德国”造成了“严重的影响”。

> 最后，［德国］外交部长表示他再也无法理解波兰政府的态度了……波兰大使昨天交来的建议不能认为是解决争执的基础。两国之间的关系已因此迅速恶化。[16]

华沙并不像维也纳和布拉格那样容易吓倒。第二天，3月28日，贝克

召见了德国大使并且告诉他，为了答复里宾特洛甫所称波兰对但泽的任何行动都将形成开战的理由，他不得不声明，由德国或者由纳粹的但泽参议会任何改变这个自由市现状的企图都将被波兰认为是开战的理由。

“你这是想用刺刀逼着谈判！”大使大声说。

“这是你们自己的方法。”贝克回答道。[17]

觉醒了的波兰外交部长对柏林之所以能够比贝奈斯更强硬，是因为他知道，一年以前还是竭力帮助希特勒实现他对捷克斯洛伐克的要求的英国，现在在波兰问题上已采取了完全相反的方针。贝克本人因为宣称波兰拒绝在任何形式下与俄国联合在一起，而曾搞垮了英国提出的发表四国宣言的建议，在3月22日，他却向英国驻华沙大使霍华德·肯纳德爵士建议立即缔结一项秘密的英波协定，规定在遭到第三国进攻的威胁时，两国立即进

464 行协商。但是，这时张伯伦和哈利法克斯已经听到德国在但泽和走廊地区附近调集军队的消息，听到英国情报机关提供的德国对波兰提出要求的消息（但是狡诈的贝克却向英国人否认有这回事），他们要求两国关系不仅止于“协商”，而且还要更进一步。

3月30日晚间，肯纳德向贝克递交了英法两国的联合建议，主张同波兰签订互助条约，以便在一旦受到德国侵略时互相支援。[*] 但就是这一个行动也已经赶不上事态的发展了。英国政府又接到了德国可能立刻进攻波兰的消息，这使它当天晚上就问贝克，他是否反对英国单方面对波兰的独立做出临时担保。张伯伦要求在第二天就得到答复，因为他要回答议会就这个问题提出的质询。贝克——可以想见他心上一定感到一块石头落了地——对此当然没有什么好反对的。事实上，他告诉肯纳德，“他毫不犹豫地表示同意”。[19]

第二天，3月31日，如我们上面已知道的那样，张伯伦在下院做了他那历史性的演说，宣布如果波兰受到进攻并且进行抵抗的话，英国和法国“将给予波兰政府全力支持”。[†]

---

* 在用电报发给肯纳德的指示[18]中说得很清楚，这个条约将不包括俄国在内。电报说：“现在已很清楚，如果让俄国公开参加发起这一计划的话，我们打算稳定局势的努力将归于失败。英王政府若干驻外使团最近拍回来的电报警告我们，如果让俄国参加，不但会危害我们的建设性的努力，而且还会加强参加反共公约各国之间的关系，并且引起若干友好国家的不安。”

† 见本书原文第454页。

对任何一个在1939年3月最后一个周末曾在柏林的人（作者刚好也在那里）来说，英国突然对波兰做出单方面保证的消息，虽然受到德国东西两方的邻邦的欢迎，却似乎是无法理解的。我们已经看到，一次又一次，当1936年德国人进军不许驻兵的莱茵兰的时候，当1938年他们夺取奥地利而且以发动欧洲大战相威胁而夺取苏台德区的时候，甚至在半个月以前他们夺走了捷克斯洛伐克的时候，英国和法国本来都可以在俄国的支持下采取行动来制止希特勒的，而它们自己只要付出很小的代价。但是，如饥似渴要求和平的张伯伦却避不采取这样的行动。不但如此，他还做过了头，用他自己的话说，他不惜以自己的政治生命为赌注来帮助希特勒在毗邻各国取得他想要的东西。他没有做任何事情来挽救奥地利的独立。他配合那位德国独裁者摧毁了捷克斯洛伐克的独立，而捷克斯洛伐克却是德国东方唯一真正的民主国家，西方的唯一友邦，唯一支持国际联盟和集体安全的国家。他甚至连捷克斯洛伐克在山地工事中凭险固守的35师训练与装备俱臻上乘的军队对**西方**的军事价值都不加考虑，而这个时候，英国还只能拿 465
出两个师到法国去，而德国军队又不能在两条战线上同时作战，而且照德国将领们看来，甚至没有力量击破捷克的防线。

现在一夜之间，张伯伦在一心一意、毫无顾惜地抛弃了许多东西以后，终于对希特勒占领残存的捷克斯洛伐克的行动感到了可以理解的愤慨，终于单方面出面担保一个由一批政治上愚钝的“上校”所统治的东欧国家了，这批上校到目前为止一直是同希特勒密切合作的，而且像一群狼一样同德国人一起瓜分了捷克斯洛伐克，就因为他们和英国人帮助德国征服了捷克斯洛伐克，他们的国家才陷入了军事上无法防守的地位。* 张伯伦在最后关

---

* 张伯伦不可能不知道波兰在军事上的弱点。一周以前，英国驻华沙武官索德上校曾在3月22日向伦敦发了一个长篇报告，谈到波兰“三面被德国包围”的极坏的战略地位，也谈到了波兰武装部队的弱点，特别是缺乏现代武器与装备。[20]

4月6日，当贝克上校正在伦敦谈判互助条约的时候，索德上校还有英国驻华沙空军武官韦切尔空军上校又提出了一项新的报告，内容更加令人沮丧。韦切尔强调说，在今后12个月中，波兰空军“至多只能有飞机600架左右，多数不是德国飞机的对手”。索德报告说，波兰的陆军与空军同样缺乏现代化装备，他们在受到德军全面进攻时只能做有限的抵抗。肯纳德大使在归纳这两位武官的报告时告诉伦敦，波兰人在德国人的进攻面前将守不住走廊地区和西部边界，他们将不得不退到波兰中部的维斯杜拉河上，“因此，一个友好的俄国对波兰是绝顶重要的”。[21]

头决定冒这样一场风险的时候，还根本不想得到俄国的帮助，他在一年之内已经两次拒绝了它关于采取联合行动以防止纳粹进一步侵略的建议。

终于，他做了恰恰是一年多以前他坚决声称英国永远不会做的事情：让另外一个国家来做出他自己的国家是否走向战争的决定。

虽然如此，首相这个激烈的行动，尽管已经拖得很晚了，还是给希特勒造成了一个完全不同的局面。十分明显，从现在起，英国已成了阻挡他实行进一步侵略的障碍。他再也不能施展过去的伎俩，对周围的国家逐个地蚕食鲸吞，而西方民主国家却只是站在一旁讨论怎么办才好。不但如此，张伯伦的行动看起来是形成各国反对德国的同盟的第一个认真的步骤，这个同盟如果不能很好地加以对付的话，就很可能再次形成自从俾斯麦时代以来德国一直所恐惧的包围。

白色方案

张伯伦给予波兰担保的消息，使得德国独裁者又一次暴跳如雷。他
466 当时刚好同谍报局局长卡纳里斯海军上将在一起。据后者说，希特勒听到这个消息以后，就绕室狂走，攥着拳头使劲捶大理石的桌面。他气得咬牙切齿，嘴歪眼斜。他大骂英国人："我要给他们点苦头尝尝，让他们受不了！"[22]

第二天，4月1日，他在威廉港举行的战列舰"提尔皮茨号"下水典礼上发表演说，当时他的情绪极其好斗，看来显然连他自己都对自己的话感到没有把握，因此临时下令取消把他的演说直接广播。他指示可以在以后用他的录音重新广播，而录音是可以改编的。* 然而就是改编过的重新广播的演说也有不少对英国和波兰的警告。

---

* 实际上，在希特勒已开始讲话以后，才突然切断美国广播网的转播路线。这件事情在纽约引起了希特勒被刺的谣传。我当时正在柏林德国广播公司短波部的控制室里，亲自照料对纽约哥伦比亚广播公司的转播线路。线路切断以后，我提出了抗议，德国官员回答说，这个命令是希特勒亲自下的。不到一刻钟，哥伦比亚广播公司就从纽约给我打电话，要我查对关于希特勒遇刺的消息，我当时正从一条直通威廉港的电话线中清清楚楚地听着希特勒在咆哮，因此很容易就证明了这个消息是无稽之谈。那天要行刺是不容易的，因为元首讲话的时候四面都有防弹玻璃屏挡着。

如果它们［指西欧盟国］以为今天的德国会耐心十足地坐在一旁，一直等到它们建立起卫星国而且拿它们来对付德国的话，那么它们就是把今天的德国错当成战前的德国了。

那种宣称自己准备为那些大国从火中取栗的人必须明白他会烫坏自己的手指头……

他们在自己国内说，他们将武装起来，并且将继续不断武装下去，我只能对那些政治家们说："你们休想把我拖垮！"我下定决心要这样继续干下去。

从取消直接广播这一点就看得出，希特勒还相当谨慎，知道避免过分刺激外国舆论。那一天，柏林本来有消息说，他将宣布废除英德海军条约作为对张伯伦的第一个回击。但是，他在演说里只是说，如果英国不再想遵守这一条约的话，德国"将毫不在乎地予以同意"。

希特勒这一回也像过去那样，用呼吁和平的老调来结束他的演说："德国没有任何进攻他国人民的打算……正是出于这种愿望，我在三个星期以前决定把即将召开的党代表大会命名为'和平的党代表大会'。"——这是一个随着1939年夏季形势的演变越来越令人啼笑皆非的口号。

这是做给群众看的。实际上，在两天以后，希特勒就在4月3日以最秘密的方式给了张伯伦和贝克上校以答复。这个答复包含在给武装部队的一项绝密命令中。它一共只复写了五份，代号叫作"白色方案"，它在以后的世界史中带来了越来越严重的威胁。 467

绝　　密

白色方案

波兰目前的态度要求……在军事上开始进行准备，以便在必要时永远消除从这个方向来的威胁。

1. 政治上的要求与目的

……目的是要消灭波兰军事力量并且在东方造成一种能满足国防要求的局面。至迟在战争爆发之时，必须宣告但泽自由邦为德国领土的一部分。

政治领导人认为在这种情况下，他们的任务是在可能范围内孤立波兰，这就是说把战争限制在波兰境内。

法国国内危机日益发展，英国态度因此而趋于持重，有可能在不太远的将来就形成这样一种局面。

俄国的干涉……不能认为会对波兰有什么用处……意大利的态度是罗马–柏林轴心已经决定了的。

2. 军事上的结论

加强德国武装部队这一伟大目标仍然要由西方民主国家的对立程度来决定。“白色方案”只包括这类准备工作的一些预行补充措施……

如果我们能以突然的、有力的打击来开始战争，并且迅速取得进展的话……孤立波兰将格外容易做到，即使在战端已启以后也是如此。

3. 武装部队的任务

德国国防军的任务是歼灭波兰武装力量。为达到这一目的，必须准备进行突然袭击。

至于对但泽：

如果出现有利的政治形势可资利用，对但泽的突然占领也许会在“白色方案”之外单独执行……军事占领将由东普鲁士境内的陆军予以执行，海军将从海上支持陆军的行动。

白色方案是一个冗长的文件，另外还有若干“附件”、“附录”和“特别命令”，其中绝大部分曾在4月11日一起重新发布过，后来随着冲突的时间日益逼近，当然还有所增补。但是，早在4月3日，希特勒就已经给白色方案加上了下列命令：

1. 准备工作之进行，务须做到能在1939年9月1日以后的任何时
468 间内发动军事行动。

希特勒在取得苏台德区以前很早就定下了行动的日期——1938年10

月1日，这一回也是一样，1939年9月1日这个更加重要的日期也要严格遵照。

> 2. 武装部队最高统帅部负责定出白色方案的确切的时间表，并且负责协调海陆空三军的行动时间。
>
> 3. 三军作战计划与详细的时间表务须在1939年5月1日以前送交最高统帅部。[23]

现在的问题是希特勒到底能不能像他在奥地利人和（在张伯伦的帮助下）在捷克人身上所做到的那样对波兰人施加压力，一直搞到他们肯接受他的要求的程度，或者说波兰人到底会不会坚持立场，在纳粹进攻的时候予以抵抗，而如果抵抗的话，用什么来抵抗。作者曾花了4月份第一个星期的时间在波兰寻求答案。就作者所能见到的来说，答案是，波兰人不会向希特勒的威胁屈服，如果他们的国土受到侵略，他们是会起来抵抗的，然而从政治上和军事上来说，他们的地位实在糟糕透顶。他们的空军已经过时了，他们的陆军臃肿不灵，他们受到德国人的三面包围的战略地位几乎是绝望的。不但如此，德国已经加强了它的西壁防务，因而在波兰受到进攻时，英法要对德国发动攻势将极为困难。最后，越来越清楚的是，即使德国人已经到了华沙的大门口，那批刚愎自用的波兰"上校们"也永远不会同意接受俄国的援助。

事变发展得越来越快。4月6日贝克上校在伦敦同英国签订了一项协定，把英国单方面的担保改变为一项临时的互助条约。双方宣布，一俟细节商妥以后即将签订长期条约。

第二天（4月7日）墨索里尼派兵进入阿尔巴尼亚，这样他在征服了埃塞俄比亚以后，又征服了这个小小的山国。他因此得到了一块进入希腊和南斯拉夫的跳板。在欧洲已经十分紧张的空气中，这使得敢于抵抗轴心国家的小国更加胆战心惊。德国外交部的材料证实，意大利的行动是在德国完全赞同之下进行的，意大利事先就把意图通知了德国。4月13日，法国和英国对希腊和罗马尼亚做了担保，以此来回击轴心国家。这样，双方的阵线就在逐渐形成了。4月中旬，戈林到了罗马，而且颇使里宾特洛甫难堪地在15日、16日两日同墨索里尼进行了两次长谈。[24] 他们同意，他们“需要两到三年的时间”来准备一场“全面战争”，但是戈林宣称，即使战争来得更快的话，“轴心国家的地位也已十分坚强”“能够击败任何可能的敌人”。

这次会谈也谈到了在4月15日到达罗马和柏林的罗斯福总统的一项呼
469 吁。据齐亚诺说，领袖开头连看都不屑一看，戈林说根本不值得给予答复。墨索里尼认为这是“小儿麻痹症的结果”，但是戈林的印象是“罗斯福害了初期神经病”。美国总统在给希特勒和墨索里尼的电报里提出了一个直率的问题：

你们是否愿意做出保证，声明你们的武装部队不会进攻或者侵入下列独立国家的领土？

下面开列了31个国家的名单，其中包括波兰、波罗的海诸国、俄国、丹麦、荷兰、比利时、法国和英国。总统希望这种不侵略的担保有效期“至少应有十年”，或者“四分之一个世纪，如果我们敢于看得那么远的话”。如果能做出这种保证的话，他答应美国将参加世界范围的“谈判”，来使世界解除“军备竞赛的重负”，并且打开国际贸易的道路。

“你曾一再声明，”他提醒希特勒说，“你和德国人民并不想要战争。如果这是真的话，世界上就不需要战争了。”

现在看起来，这似乎像一个天真的呼吁，但是元首却感到颇为狼狈，因而不得不表示他要答复——不是直接答复，而是在德国国会4月28日专门召集的一次会议上发表演说。

与此同时，从缴获的德国外交部材料得知，威廉街在4月17日一份电报中，向除了波兰、俄国、英国和法国四个国家而外所有罗斯福曾提到的国家，提出两个问题：它们是否感到自己受到德国的任何威胁？它们曾否授权罗斯福做这一呼吁？

里宾特洛甫在发给驻在上述各国的使节的电报中说：“我们毫不怀疑，对两个问题的答案都将是否定的，但是，虽然如此，为了特殊的理由，我们想要立即得到确凿的证实。”所谓“特殊的理由”，到希特勒在4月28日演说的时候就完全清楚了。

到4月22日，德国外交部就可以向元首提出报告，绝大部分国家，包括南斯拉夫、比利时、丹麦、挪威、荷兰和卢森堡在内，都“已经对两个问题做了否定的答复”——这个答复很快就表明这些国家的政府对第三帝国的看法多么天真。然而，从罗马尼亚还是来了一个尖刻的答复：“德国政府自己知道是否会有这样的威胁。”波罗的海边上的小小的拉脱维亚开头不知道到底要它做出什么样的答复，但是德国外交部马上让它明白了过来。4月18日，魏茨泽克打电话给他驻在里加的公使：

> 告诉他，我们不懂拉脱维亚外交部长对我们就罗斯福来电所提出的问题的答复。其他的政府几乎都已经答复了这个问题，而且当然是否定的，可是蒙特斯先生却把这种可笑的美国宣传当作一个他要同内阁讨论的问题。要是蒙特斯先生不能对我们的问题干脆回答“不”的话，我们就要把拉脱维亚算在那些甘愿做罗斯福先生的同党的国家里面去了。我是说，我估计，只要冯·科策先生［德国公使］照上面这些话去说，就足以从他那里得到明白的答复了。[25] 470

结果果然如此。

希特勒对罗斯福的答复

这些答复都是给希特勒的弹药，在1939年4月28日这个宜人的春日里，当他口若悬河地开始国会演说的时候，他充分地利用了这些材料。我相信这是他从来没有做过的最长的重要公开演说，讲了足足两小时以上。在许多方面，特别在打动德国人和纳粹德国在外国的朋友这一点上，也许是他最精彩的一次演说，肯定是作者亲耳听到他所做的最了不起的演说。他雄辩滔滔，机锋横溢，极尽尖酸刻薄、虚伪狡诈之能事，这种本领已经达到空前未有的高峰，而且以后再也没有能达到过。演说虽然是准备给德国人听的，但它不仅在全德国电台上广播，而且在全世界几百家电台上广播：在美国也由各大广播公司转播。在此以前和以后，都不曾再有过他那

美国共和党参议员博拉正在阅读《华盛顿时代先驱报》1939年4月28日头版标题，题为“希特勒谴责罗斯福：废除《英德海军协定》”。

天那么遍及全世界的听众。*

在通常一上来先诉说一通《凡尔赛和约》的罪恶和它所加在德国人民头上的种种不平和长期痛苦的开场白以后，这篇演说首先对英国和波兰做了答复，这个答复震动了忧心忡忡的欧洲。

他先说他对英国的钦佩和友谊，然后就攻击它对他不信任，攻击它对德国实行新的“包围政策”，他宣布废除1935年的《英德海军协定》。他说：“它的基础已经消失了。”

对波兰也一样，他公开了一直保守秘密的他关于但泽和走廊地带向波兰提出的建议，把这个建议称作“为了欧洲和平的利益而可能想象得出的最大的让步”，并且告诉德国国会，波兰政府已经拒绝了这个“独一无二的
471 建议”。

我对波兰政府这种不可理解的态度感到遗憾……最坏的是，波兰

---

* 在发表这篇演说的那一天，魏茨泽克打电报给德国驻华盛顿代办汉斯·汤姆森，要他使元首的演说在美国得到最广泛的宣传介绍，并且告诉他为此将给他额外的经费。5月1日，汤姆森回电说：“对这篇演说的兴趣超过了迄今所知的任何演说，我已因此按照原定计划指示把英译本在这里印刷寄发……给千千万万各阶级行业的人们。费用以后再报销。”[26]

> 现在同捷克斯洛伐克一年前一样，在一个国际诽谤运动的压力之下，相信它非征召军队不可，虽然德国并没有征召过一个人，而且连想都没有想到过要以任何方式来反对波兰。这件事本身就是令人遗憾的，后代终有一天将能够判断它拒绝这一建议是否确实正确……这是我一度提出的……实在是独一无二的妥协……

说德国打算进攻波兰的消息——希特勒接着说——“不过是国际新闻界的捏造”。（在上千万听他演说的人里面，不见得有一个人能知道，仅仅三个星期以前，他就给他的武装部队下达了书面命令，要他们准备“至迟”在9月1日消灭波兰。）新闻界的这种捏造——他继续说——已使得波兰同英国签订了一个协定，这种协定“在某种条件下会强迫波兰对德国采取军事行动”。因此，波兰已经背弃了波德互不侵犯条约！“因此，我认为这一协议已经受到波兰单方面的破坏，从而已经不再有效。”

在他自己单方面地撕毁了两个正式条约以后，希特勒接着向国会说，他愿意商谈一个替换办法！“我只能欢迎这样的建议，”他说，“没有人比我对这种前景更感到高兴了。”我们已经知道，这是他过去每当撕毁一项条约时常用的老手法，但是，这一回却行不通了，尽管他很可能还不知道。

希特勒下面就转向罗斯福总统，德国独裁者的辩才在这里发挥到了顶点。可以肯定地说，在普通人听来，这些话充满了伪善与欺骗，但是对那些仔细挑选出来的国会议员们和成千上万德国人来说，他那运用自如的嬉笑怒骂，听起来却真是一番享受。当德国元首用越来越动人的效果，几乎无止无休地取笑美国总统的时候，那些脑满肠肥的议员们不断地哄堂大笑。他先把罗斯福来电中的论点一个一个举出来，然后笑容满面地停了一会，于是就像一个教师那样压低了嗓子说了一个字，“答”——然后就做了答复。（本书作者只要一闭上眼睛，就能看见当时的景象，希特勒每过一会儿就要停下来，轻轻说一声“答”［Antwort］，这时高高坐在主席座位上的戈林就忍俊不禁笑了起来，而议员们早就等着，只要“**答**”这个字一出口，就大笑大叫起来。）

> 罗斯福先生宣称，他认为一切国际问题都可以在会议桌上解决。

答：……要是这些问题果真能在会议桌上得到解决的话，我将不胜高兴。然而，我的怀疑是有事实做根据的，那就是，最明显地表示不信任会议有用处的国家正是美国自己。因为历史上最伟大的会议就是国际联盟……它代表全世界各国人民，并且是按照一位美国总统的
472 意志而建立起来的，然而，第一个在这种努力面前表示退缩的国家就是美国……只是在无目的地参加了国际联盟好多年以后，我才决意学美国的样……

北美的自由并不是从会议桌上获得的，同样，南北战争也不是在会议桌上决定胜负的。至于为达到最后征服整个北美大陆而进行的无数斗争，我就不说了。

我之所以提起这些话，只是为了表明，您的意见，罗斯福先生，尽管毫无疑问应当受到最大的尊重，然而却不能在您自己国家的历史或者世界其他各国的历史里找到任何证明。

希特勒提醒总统，德国曾经参加过——在凡尔赛开的——一次会议，不是去参加讨论，而是去听别人叫它做什么：它的代表“受到的屈辱甚至比苏族*的酋长所受到的屈辱还要大”。

希特勒对罗斯福总统要求他保证不进攻31个国家中任何一个国家所做的答复，最后接触到了核心。

答：罗斯福先生怎么知道哪一个国家认为自己受到德国政策的威胁而哪一个国家又认为自己没有受到这种威胁呢？或者说，罗斯福先生，既然在他自己的国家内定然有大量的工作压在他身上，怎么还居然能够自以为认识到其他国家人民和政府的所有这些内在的精神上和心理上的感受呢？

最后，罗斯福先生要求我们向他保证德国武装部队不会进攻，尤其是不会侵入下列各独立国家的领土或者属地……

---

* 苏族（Sioux）是北美印第安人的一个部族。——译者

希特勒然后慢吞吞地宣读了各个国家的名字，我还记得，在他抑扬顿挫拉着调子念到这些名字的时候，国会的笑声越来越大。我相信，没有一个议员，没有一个在柏林的人，包括作者本人，曾注意到他狡猾地漏掉了波兰的名字。

这时候，希特勒就打出了他的王牌，至少他自己心里一定是这样想的。

> **答**：我曾经不厌其烦向上面所提到的那些国家调查了一下，第一，它们是否认为它们自己受到了威胁，而最重要的是，第二，美国总统向我们所提出的问题是应它们的请求提出来的呢，还是至少在它们的同意下提出来的呢?
>
> 所有的答复都是否定的……诚然，我并没有对某些国家提出询问，因为这些国家——例如，叙利亚——目前还没有取得自由，而是在民主国家的军队占领之下，因而被剥夺了它们的权利。
>
> 虽然如此，除了这些国家而外，一切与德国接壤的国家都得到了保证……比罗斯福先生在他那奇怪的电报里要我做的保证……约束力要大得多…… 473
>
> 我必须请罗斯福先生注意一两个历史的错误。他提到了，举例来说，爱尔兰，并且要求我声明德国不会进攻爱尔兰。我刚刚读到爱尔兰总理德·瓦莱拉*的一篇演说，奇怪的是，他在这篇演说里，同罗斯福先生的意见相反，并没有非难德国压迫爱尔兰，而是谴责英国不断侵略爱尔兰……
>
> 同样，罗斯福先生也没有注意到下面的事实：巴勒斯坦目前并不是在德国军队占领下而是在英国军队占领下，这个国家的自由受到了最残暴的武力手段的压制。……

希特勒接着说，虽然如此，他还是准备“给予罗斯福先生所提出来的每一个国家以他所要求的那种保证”。而且，还不仅如此！说到这里，他的

---

* 希特勒在这里对“总理”这个字用的是盖尔语Taoiseach，这是大有讲究的。

眼睛猛然亮了起来。

我不想错过这个机会，因此首先要对说到最后是美国总统最为担心的地区，即美国本国和美洲所有其他国家，向他提出保证。

我在这里庄严地宣告一切关于德国打算进攻或者侵入美洲的说法，不论以何种方式在流传，都是纯属捏造的欺人之谈。且不谈这种说法，仅就军事上的可能性来说，也只能出自愚蠢的想象。

德国国会议员们笑得声振屋瓦，然而希特勒却一丝笑容不露，保持着他那一本正经的神态，以期达到最大的效果。

下面就是长篇大论的结束语——我相信在德国人的耳朵听起来，一定是他历来讲得最精彩的一段演说了。

罗斯福先生！我深知贵国幅员广大，财富充盈，使您自诩要对全世界的历史和所有国家的历史负责任。而我，先生，所处的地位却要平凡得多，局面也要小得多……

我接受了这样的一个国家，它因为信任外国的诺言和由于民主政府的恶劣制度而面临着彻底的毁灭……我克服了德国的混乱，重新建立了秩序，并且大大增加了生产……发展了交通，使庞大的公路网得以兴建，运河得以开凿，巨大的新工厂得以出现，同时也致力于提高我国人民的文化与教育水平。

我曾做到了使700万失业工人全体重新得到工作……我不但使德国人在政治上团结了起来，而且使他们重新武装了起来，我也曾致力于一页一页地撕毁那长达448条的条约，其中包含着任何国家人民和任何一个人都无法忍受的最卑鄙的压迫。

474

我把1919年从我们手里抢走的地方夺回来给了德国。我把成百万被迫与我们分离而饱受辛酸的德国人领回到了自己的祖国……然而，罗斯福先生，没有流一滴血，没有给我国人民，当然也没有给别国人民带来战争的苦难……

你的任务，罗斯福先生，比较起来要容易得多。你在1933年出任美国总统，我也在那一年出任德国总理。你在发轫之初就是世界上最大最富的国家的首脑……贵国的局面之大，足以使你有时间、有闲暇来注意世界性的问题……你的关心和主张所涉及的地区要比我的地区大得多，因为，罗斯福先生，上苍所命我托生的地区，因而也是我必须为之工作的地区，不幸要小得多，虽然对我来说，它要比任何其他东西更加可贵，因为它完全是我国人民所有的！

虽然如此，我相信，正是这样，我才能对我们全都关心的事情尽最大的贡献，那就是：全人类的正义、幸福、进步和和平。

就欺骗德国人民这一点来说，这篇演说是希特勒最光辉的杰作。但是对前一些日子里曾在欧洲旅行过的人来说，可以很容易地看得出，它已不像希特勒以前许多演说那样再能欺骗外国的人民和政府了。和德国人相反，他们能够看破这种骗人的迷魂阵。而且他们明白这位德国元首，尽管是辩才无碍而似乎把罗斯福驳得体无完肤，实际上并没有真正答复总统的根本问题：他的侵略是否已经到头？他是否要进攻波兰？

从后来的事实来看，这是希特勒一生中在和平时期所做的最后一篇重大的公开演说。迄今为止这个前奥地利流浪汉是尽可能以他的口才来建功立业的，从今以后，他就企图在历史上给自己留下征战者的名声了。

希特勒随后就到贝希特斯加登避暑去了。虽然贝克上校5月5日在向议会做演说时对他的演说做了答复而且当天又给了德国一份正式的政府备忘录，希特勒对之却并没有做公开的答复。波兰的声明和贝克的演说提出了一种语调和解然而立场坚定的庄严答复：

十分清楚，［它说］那种只有一个国家提出要求而另外一个国家必须对这些要求照单全收的谈判并不是谈判。 475

俄国的插手：一

希特勒在4月28日对国会的演说中，没有像往常那样攻击苏联。他一个字都没有谈到俄国。贝克上校在答复中提到德国所做的"许多其他暗示""比表面上谈到的问题含义远为深远"，并且表示保留"在必要时回到这个问题"的权利——话虽说得很含蓄，然而指的显然是德国以前想劝诱波兰参加反共公约一起对付俄国的企图。不过贝克并不知道，张伯伦也不知道，这些反俄的努力现在已经放弃了，柏林和莫斯科都在酝酿着新的念头。

纳粹德国和苏维埃俄国之间达成后来在全世界产生了巨大后果的谅解一事，在两国首都到底是什么时候开始采取步骤的，很难确切搞清楚。上面曾经提到*，早在1938年10月3日，也就是慕尼黑会议以后四天，就可以微微看出风向开始转变的迹象了。当时德国驻莫斯科大使馆的参赞报告柏林，斯大林将从苏台德问题的解决中（这次解决是把他排除在外的）得出某种结论，很可能变得对德国"更加积极"。这位外交官竭力主张"扩大"两国之间的经济合作，而且一个星期以后又在第二份电报中重新提出了这项建议。[27] 到10月底，德国驻莫斯科大使弗里德里希·维尔纳·冯·德·舒伦堡伯爵通知德国外交部说，他"打算在最近的将来去见人民委员会主席莫洛托夫，设法找到解决妨碍德苏关系的问题的办法"。[28] 鉴于希特勒以往一直对莫斯科抱极端仇视的态度，这种主意很难是大使自己设想出来的。这种暗示想必是从柏林来的。

研究缴获的德国外交部档案的结果表明，事实果然如此。在德国人看来，第一步应当改进两国之间的贸易关系。1938年11月4日，外交部有一项备忘录透露："戈林元帅办公室催得很紧，至少要设法恢复我们同俄国的贸易，特别是在俄国的原料方面。"[29] 俄德经济协定到那年年底就要期满了，因此双方就延长这一协定进行了谈判，威廉街这个时期的档案中尽是反映这次谈判过程的材料。双方彼此都有很大的猜疑，但是大体上又都有所接近。12月22日这一天，俄国贸易官员和德国第一流的解决经济问题的老手尤利乌斯·施努雷举行了长时间的谈判。

新年刚过，苏联驻柏林大使阿列克谢·梅利卡洛夫颇为难得地光临威

---

* 见本书原文第427页。

廉街，通知德国外交部“苏联希望在德苏经济关系方面开始一个新时代”。 476
双方举行了前途似乎大可乐观的谈判有几个星期之久，但是到1939年2月就几乎完全停顿了。表面上是因为解决不了应当在莫斯科还是在柏林举行主要的谈判的问题，然而德国外交部经济政策司司长1939年3月11日的一份备忘录表明，真正的理由是：虽然德国急需俄国的原料，而且戈林一直在要求把这些原料弄到手，德国却没有商品来同苏联交换。司长认为，“就德国在原料方面所处的地位而言”，“谈判破裂”是“极可惋惜的”。[30]

但是，即使第一次加强两国经济关系的尝试暂时失败了，当时仍不乏其他一些迹象。1939年3月10日，斯大林在莫斯科第十八次党代表大会上做了长篇演说，三天之后，用心细密的舒伦堡就为这篇演说给柏林打了一个长长的报告。他认为：“斯大林对英国的讽刺和批评要比对所谓侵略国家，特别是对德国的讽刺和批评尖锐得多，这点很值得注意。”大使着重举出了斯大林说的这几句话：“民主国家的弱点……清楚地表现在它们已经放弃了集体安全的原则而转向不干涉政策和中立政策这一事实上。这个政策骨子里是希望使侵略国转而以其他国家为目标。”他还援引苏联独裁者指责西方盟国

> 在继续推动德国人东进，容许他们得到可能轻易获得的胜利品，而且劝告他们说：“你们只要对布尔什维克开战就行了，以后一切都会顺遂的。这看来很像是鼓励……看起来目的似乎……是要激起苏联对德国的愤怒……挑拨我们去同德国发生没有根据的冲突。”

在结论中，斯大林提出了下列指导原则：

> 1. 继续实行维护和平和巩固我国和世界各国经济联系的政策。
>
> 2. ……绝不让那些惯于使他人为自己火中取栗的战争贩子把我国拖入冲突中去。[31]

决定俄国大政方针的那个人是在发出明白的警告，声明苏联不打算中别人的圈套，去同纳粹德国打仗而使英法得以脱身。如果伦敦没有注意到

477 这一点的话，至少柏林是注意到了这一点的。*

即令如此，斯大林的演说和随之而来的许多外交往来表明，苏联的外交政策虽然十分审慎，仍然是完全公开的。我们上面曾提到，纳粹在3月15日占领捷克斯洛伐克三天之后，俄国政府就曾建议召开六国会议来讨论防止进一步侵略的办法†，可是张伯伦说它还“没有成熟”而把它否定掉了，‡ 那是3月18日的事情。两天以后，莫斯科发表了一项官方公报，否认苏联曾向波兰和罗马尼亚保证“在它们一旦受到侵略时”给予援助。理由是:“不论是波兰还是罗马尼亚都没有要求苏联政府给以援助，也没有告诉［它］它们遭到任何威胁。”[34] 德国大使急急忙忙把这个声明拍电报报告柏林。

英国政府在3月31日对波兰所做的单方面担保，很可能使斯大林相信英国人认为同波兰人结盟要比同俄国人结盟好，而且张伯伦一心一意要把苏联排除在欧洲大国集团之外，就像他在慕尼黑时代所做的一样。[35]

在这种情况下，德国人和意大利人开始看到了有些空子可钻。现在在外交方面对希特勒已有重大影响的戈林在4月16日到罗马去见了墨索里尼，并且请意大利领袖注意斯大林最近在共产党代表大会上的演说。他自己对苏联独裁者所说的“俄国人绝不会让资本主义国家利用自己做炮灰”的话印象甚深。他说他“要问一下元首是否有可能谨慎地对

---

* 虽然美联社曾从莫斯科发出一条消息（载3月12日《纽约时报》）说，斯大林谴责外国力图把俄国拖入对德战争的话已在莫斯科外交界人士中引起了苏德可能修好的谈论，但是英国大使威廉·西兹爵士却显然没有参加过这种谈论。他在就斯大林的演说向英国外交部做的报告中，一点都没有提到这种可能性。不过，有一个西方的外交官即现在驻在布鲁塞尔的前美国驻莫斯科大使约瑟夫·E.戴维斯从斯大林的演说中得出了正确的结论。他在3月11日的日记中说，“这是一个非常重要的声明”“它显然意味着对英国和法国政府的警告，苏联人已经对‘不现实地’反对侵略者感到厌倦了。这……对英国外交部和苏联之间的谈判……是一个真正的凶兆。这肯定是我所见到的最有意义的危险信号”。3月2日他又写信给参议员基·皮特曼说:“……希特勒正在拼命设法使斯大林疏远法国和英国。除非英国人和法国人觉醒过来，我担心他会成功。”[32]

† 见本书原文第460页。

‡ 哈利法克斯勋爵曾在3月19日向苏联驻伦敦大使伊凡·迈斯基解释英国为什么认为俄国所提出的最好在布加勒斯特举行会议的建议是“不能接受的”。他说英国政府没有一个大臣抽得出时间到布加勒斯特去。这一拒绝十分明显伤了俄国人的感情，使他们因此而在以后历次同英国人和法国人的谈判中闹别扭。迈斯基后来告诉保守党议员罗伯特·布斯比说，这次对俄国建议的拒绝对“争取有效的集体安全的政策是又一次毁灭性的打击”，而且它决定了李维诺夫的命运。[33]

俄国放出一些触角……试探有无**修好**的希望”。他还提醒墨索里尼“在元首最近的一些演说中绝口没有提到过俄国”。据德国方面关于这次会谈的秘密记录记载，意大利领袖热烈地欢迎轴心国家同苏联**修好**的建议。意大利独裁者也感到莫斯科有一些变化，他认为**修好**可能“比较容易实现”。 478

> 目标是［墨索里尼说］要诱使俄国大体根据斯大林的演说的方针，对英国的包围政策表示冷淡和不赞成的态度……不但如此，轴心国家在反对富豪政治和资本主义的意识形态斗争方面，在某种程度上同俄国政府的目标是相同的。[36]

这在轴心国家政策方面是一个根本性的转变，毫无疑问，要是张伯伦知道了的话，他一定会吃惊的。也许这也会使李维诺夫吃惊。

就在戈林和墨索里尼会谈的当天（4月16日），这位苏联外交人民委员在莫斯科接见了英国大使，并且正式建议英国和法国同苏联缔结三边互助条约。这个条约要求缔约国签订一项军事协定来使互助条约具有实效，还要求由签字国（如果认为合适的话，还可以加上波兰），对中欧和东欧所有认为自己受到纳粹德国威胁的国家做出担保。这是李维诺夫最后一次努力争取三国结盟对付第三帝国，这位俄国外交部长是把自己的政治生涯押在以集体行动制止希特勒的政策上的，他这次一定认为自己终将能够把西方民主国家同俄国团结起来以实现这一政策的目的。正如在5月4日发表演说、抨击伦敦迟迟不接受苏联建议的丘吉尔所说，“如果没有俄国的积极协助，要组成一条反对纳粹侵略的东方战线是绝不可能的”。东欧任何其他国家（肯定包括波兰在内）都没有在那个地区维持一条战线的力量。然而俄国的建议却竟然在伦敦和巴黎引起了惊愕。

但是，甚至在这一建议被拒绝以前，斯大林就采取了第一步认真的行动，同另一方面打起交道来了。

在李维诺夫向英国驻莫斯科大使提出内容广泛的建议的第二天，即4月17日，苏联驻柏林大使就前往德国外交部拜访了魏茨泽克。据这位国务秘书在事后的纪要中说，这是梅利卡洛夫将近一年以前上任以来第一次来访。在开头就德俄经济关系谈了一些意见以后，大使就转到政治方面来，并且

> 直截了当地问我［魏茨泽克写道］对德俄关系抱什么看法……大使的话大致如下：
>
> 俄国的政策是始终一贯的。主义上的分歧对俄国和意大利之间的关系并没有发生多大不利的影响，也不应当妨碍它同德国的关系。俄
> 479 国并没有利用德国和西方民主国家之间的摩擦来反对我们，它也不想这样做。就俄国而论，它没有理由不该同我们在正常基础上相处，而从正常的关系之中就可以产生越来越改善的关系。
>
> 梅利卡洛夫先生是以这番话（这是他这次谈话的最终目标）来结束这次会谈的。他打算在一两天内回莫斯科去。[37]

在这位苏联大使要到那里去述职的俄国首都，正在酝酿着一件非常的事情。

事情在5月3日透露了出来。这一天，在苏联报纸里页，一个不引人注意的地方，在叫作“简讯”的一栏里面，夹着一条短短的消息：“李维诺夫已因为他自己的请求而被解除了外交人民委员的职务。”他的职位由人民委员会主席维亚切斯拉夫·莫洛托夫继任。

第二天，德国代办就这次人事更动向柏林做了如下的报告：

> 这次突然更动在此间引起了最大的惊奇，因为李维诺夫正在同英国代表团谈判，而且在五一节的检阅中就站在斯大林的近旁……
>
> 因为李维诺夫刚在5月2日接见了英国大使，而且就在昨天的报纸上还出现在五一节检阅的要员席名单中，他的免职看起来一定是斯大林自己临时决定的……在上一次党代表大会上，斯大林曾要求人们小心，免得苏联被人拖入冲突。莫洛托夫不是犹太人，而且以斯大林“最亲密的朋友和最紧密的合作者”著称。他的任命显然是为了保证使外交政策能严格按照斯大林制定的路线执行。[38]

李维诺夫突然去职一事的重要性是谁都看得到的。这意味着苏联外交政策有了剧烈的转变。李维诺夫是鼓吹集体安全，鼓吹加强国际联盟的力量，鼓吹以同英国和法国结盟对付德国来保障俄国安全的主要人物。张伯伦在缔结这样一种同盟的建议面前迟疑退缩，注定了这位俄国的外交人民委员的命运。照斯大林的判断——而在莫斯科只有他的判断才能算数——李维诺夫的政策已经失败了。不但如此，这种政策还有使苏联被拖到一场同德国进行的战争中去的危险，而西方民主国家却很可能设法置身局外。斯大林因此感到现在是该试一试新方针的时候了。* 如果张伯伦能同希特勒 480
拉关系的话，难道这位俄国独裁者就不能吗？至于李维诺夫这个犹太人被（德国大使馆在致柏林的电报中着重指出不是犹太人的）莫洛托夫所代替这一事实，可以想象在高级纳粹人士中是会有相当影响的。

为了使德国人不致看不到这一人事更动的重要性，苏联代办格奥尔基·阿斯塔霍夫在5月5日同德国外交部东欧经济问题专家尤利乌斯·施努雷博士会谈时也提到了这件事情。

> 阿斯塔霍夫谈到了李维诺夫免职的事情［施努雷报告说］并且设法……打听这件事情是否会引起我们对苏联的态度的改变。他着重指出莫洛托夫的身份具有极重要的意义。他绝不是在外交政策方面的一个专家，然而他却会对未来的苏联外交政策起更大的作用。[39]

这位代办也请德国人恢复在2月间破裂了的贸易谈判。

英国政府对苏联4月16日关于缔结军事联盟的建议直到5月8日才答

---

* 如果可以对公开发表的李维诺夫的日记（《一部日记的注释》［*Notes for a Journal*］）寄予若干信任而不失审慎的话，斯大林在没有让苏联参加的慕尼黑会议以后就已经在考虑这样一种变化了。日记中有一处说1938年临近年底的时候，斯大林告诉李维诺夫说："我们准备同德国人达成协议……而且还要使波兰不能为害。" 1939年1月，这位外交人民委员写道："看来他们已经决定要把我免职了。" 在同一天的日记中，他透露他同苏联驻柏林大使馆之间的全部往来现在都必须通过斯大林，而且梅利卡洛夫大使在斯大林的指示下即将同魏茨泽克谈判，以便让希特勒"实际上"明白："我们在此以前一直不能达成协议，但是现在能够了。" 这份日记是一本可疑的书。英国研究苏联的权威爱德华·霍列特·卡尔教授曾对之做过一番研究，认为虽然它毫无疑问在某些地方已被修改到"纯属虚构"的程度，但是有很大一部分仍然足以代表李维诺夫的观点。

复，而答复实际上是拒绝。它使得莫斯科更加怀疑张伯伦不愿意同俄国缔结军事条约来防止希特勒取得波兰。

因此，俄国人也就无怪要加紧同德国人拉关系了。5月17日，阿斯塔霍夫再次到外交部见了施努雷，在讨论过有关贸易的问题以后，就把话题又转到了更大的问题上。

> 阿斯塔霍夫宣称［施努雷报告说］德国和苏联之间在外交政策上并没有冲突，因此在两国之间并没有抱敌意的理由。确实，在苏联有一种受德国威胁的感觉。但是，毫无疑问，这种受威胁的感觉和在莫斯科的不信任心理是有可能消除的……在回答我偶然问到的一个问题时，他谈到了英苏谈判，大意是说，照目前的情况看来，英国所希望的结果很难成为现实。[40]

三天以后，到5月20日，冯·德·舒伦堡大使同莫洛托夫在莫斯科做了一次长谈。新上任的外交人民委员态度“至为友好”，并且告诉德国大使，如果能建立**必要的政治基础**的话，两国之间的经济谈判是可以恢复的。这是莫斯科的一种新的试探，然而老奸巨猾的莫洛托夫做得却非常审慎。481 当舒伦堡问他所谓“政治基础”是什么意思时，这位俄国人回答说，这是两国政府都该考虑的东西。大使用尽一切办法想从这位足智多谋的人民委员嘴里套出点东西来，结果都是枉然。“他是，”舒伦堡告诉柏林说，“以态度有点顽强著称的。”大使在离开俄国外交部的时候，乘便去看了一下苏联副外交人民委员弗拉季米尔·波将金，告诉后者，他没有能搞清楚莫洛托夫要的政治性质的东西是什么。舒伦堡报告说：“我请波将金先生帮我搞清楚。”[41]

柏林和莫斯科之间重新恢复接触一事，并没有逃过法国驻德大使的警惕的眼睛。早在5月7日，在李维诺夫去职以后四天，库隆德尔先生就报告法国外交部长，根据元首的一个亲信告诉他的消息，德国正在设法与俄国取得谅解，其结果，除了别的不谈，将意味着波兰的第四次瓜分。两天以后，法国大使又给巴黎发出了一个电报，谈到柏林新近谣传“德国已经或者即将向俄国提出瓜分波兰的建议”。[42]

钢铁条约

虽然德国武装部队的高级将领对意大利的军事实力评价很低，希特勒现在却急于要同意大利成立军事同盟，而墨索里尼却一直不忙于缔结。两国最高统帅部参谋人员之间的谈判从4月份起就已经开始了，凯特尔向最高统帅部报告他的“印象”是，无论是意大利的部队还是它的军备，情况都不佳。他认为，要打仗就得当机立断，要不然意大利人就不会参加了。[43]

到4月中旬，齐亚诺在日记里说[44]，他觉察到有越来越多的迹象表明，德国随时都可能进攻波兰，从而掀起一场意大利思想上并无准备的欧洲大战。他对此颇为震惊。4月20日，在柏林的阿托利科大使打电报告诉齐亚诺说，德国对波兰的行动已“迫在眉睫”以后，齐亚诺就催大使赶快安排他同里宾特洛甫的会谈，好让意大利不致弄得措手不及。

5月6日，两位外交部长在米兰会面了。齐亚诺带来了墨索里尼的书面指示，向德国人强调指出意大利至少在三年之内希望避免战争，大出意大利人意料的是，里宾特洛甫同意德国也希望能维持这么久的和平。说真的，齐亚诺觉得这位德国外交部长还是“第一次”那样“心平气和，轻松愉快”。他们研究了欧洲的形势，同意改进轴心国同苏联的关系，然后休会进晚餐，庆祝会谈成功。

晚餐以后，墨索里尼来了电话，要了解会谈进行得怎么样。齐亚诺告诉他进行得很顺利。这时，意大利领袖突然心血来潮，要他的女婿向报界发表一项公报，宣布德国和意大利已决定缔结军事同盟。里宾特洛甫开始有些犹豫，最后同意把这件事情向希特勒请示，而德国元首一接到电话以后，马上就同意了墨索里尼的建议。[45] 482

这样，墨索里尼在经过一年多的徘徊犹豫以后，就在这一时冲动之下，把自己同希特勒的命运无可改变地结合到一起了。这件事情也是一个最早的迹象，表明这位意大利的独裁者，同德国的那位一样，已开始丧失那种铁一般的自制力。而直到1939年这一年为止，他们两个人都一直是靠这种自制力来冷静清醒地谋求自己的民族利益的。对墨索里尼来说，后果很快就证明是一场灾难。

1939年5月22日，齐亚诺（左）、希特勒（中）、里宾特洛甫（右）在柏林签署钢铁条约。

这个条约后来被称为“钢铁条约”。它是5月22日在柏林总理府以相当盛大的排场签订的。齐亚诺赠给里宾特洛甫一枚阿农齐亚塔颈章。它不但使得戈林妒火中烧，而且，据意大利外长的观察，还使得他差一点眼泪都流了出来。事实上，这位肥头胖耳的元帅硬是闹了一场，大发牢骚说这个颈章实际上应当赠给他，因为真正促成了这一同盟的是他。

“我答应［德国驻罗马大使］马肯森，”齐亚诺报告说，“我会设法给戈林弄到一枚颈章。”

齐亚诺发现希特勒看起来“身体甚好，举止安详，不那么咄咄逼人”。虽然他看起来似乎老了一些，眼角周围的皱纹也似乎更深了一些，这很可能是因为缺乏睡眠的缘故。* 当元首看着两位外交部长在文件上签字的时候，

---

* 齐亚诺5月22日的日记充满了关于希特勒和他周围那批奇怪人物的珍闻逸事。戈培尔夫人抱怨元首使他的朋友们通宵不眠。她还大声嚷“老是希特勒一个人在讲话，他叨唠个没有完，使客人都厌烦了”，齐亚诺也听到有人暗示“元首对一个美丽的女郎怀有爱慕的感情。她年华双十，有一双美丽文静的眼睛，容貌端正，体态风流，名字叫西格丽德·冯·拉普斯。他们经常亲密地相会”。（见《齐亚诺日记》［*The Ciano Diary*］，第85页）齐亚诺自己就是一个猎艳能手，显然对此大感兴趣。他一定还没有听说过希特勒的情妇爱娃·布劳恩，她这个时候很少获准到柏林来。

他的精神极好。

这是一个措辞直率的军事同盟条约。它的侵略性质突出地表现在希特勒一定要放在序言里的一句话上。这句话说：两国“为它们的主义的内在的血缘关系团结在一起……决心并肩协力行动以**取得它们的生存空间**”。条约的核心是第三条。

> 如果违反缔约双方的愿望而发生其中有一方陷入与另一个国家或几个国家的军事纠纷之中的情况，则另一个缔约国应立即以盟国的身份以其全部军事力量在地面、海上和空中予以援助和支持。

第五条规定在一旦发生战争时，两国中的任何一国都不得单独停战或媾和。[46]

后来的事实证明，墨索里尼打开头就没有遵守前一条，而到结局的时候也没有遵守后一条。 483

希特勒破釜沉舟：1939年5月23日

在钢铁条约签字的次日，5月23日，希特勒就把他的军事首脑召到了柏林总理府的书房里，直率地告诉他们，若不流血就不可能再取得什么胜利，因此战争是不可避免的。

这次会议比1937年11月5日同样的一次会议要大一些，那一次元首首次把他要进行战争的决定告诉了三军首长。[*] 这一次在场的军官有14人，其中包括陆军元帅戈林、海军元帅雷德尔（现在他已晋级元帅）、布劳希奇将军、哈尔德将军、凯特尔将军、空军总监埃尔哈德·米尔希将军、海军参谋长奥托·施尼温德海军上将等。元首的副官鲁道夫·施蒙特中校也在场；而且从历史的观点来说，值得庆幸的是，他做了记录。在缴获的德国文件中就有他的这项记录。十分明显，希特勒在这次会议上讲的话是当作头等机密的，因此没有誊录任何副本；我们所引用的是施蒙特手写的

---

* 见本书原文第305页。

原稿。[47]

在说明希特勒如何走向战争的秘密文件中，这是最能说明问题也是最重要的文件之一。在一小撮将在一场武装冲突中指挥武装部队的军官面前，希特勒抛开了他自己那一套宣传和外交上的欺骗，老实说明了他为什么一定要进攻波兰，而且在必要时还要对英国和法国作战。他以令人咋舌的精确性，对战争的进程，至少是头一年的战争进程做了预言。但是尽管他讲得十分干脆率直，他的演说——这次会上只有这个独裁者一个人说话——仍然透露出他迄今为止还没有完全表现出来的心里的惶惑和混乱。尤其是，英国和英国人总是使他感到摸不透，这种情况一直要持续到他生命的最后一天。

但是关于战争在什么情况下到来以及他在发动战争时的目标，他是说得十分清楚、十分确切的，没有哪一个陆海军将领在5月23日离开总理府的时候心里还不明白到夏天完了的时候会发生什么事情。他一开头就说，德国的经济问题只有在欧洲取得更多的生存空间后才能解决，而“如果不侵略或者不进攻其他国家人民的领土，这是办不到的”。

> 不流血已再也不能取得新的胜利了……
>
> 但泽根本不是争执的中心问题。中心问题是要把我们的生存空间向东方扩张，是要得到我们的粮食供应，是要解决波罗的海国家的问题……在欧洲已没有别的出路……如果命运强迫我们同西方摊牌的话，能在东方拥有大片地区就具有不可估量的价值。我们在战时要比在平时更难依靠丰收。

484 除此而外，希特勒还说，还可以从东方非日耳曼国家的领土上的居民那里得到劳动力——这里已经露出了他后来实施的奴隶劳动制度的端倪。

以谁为第一个对象是十分明显的。

> 根本不存在放过波兰的问题，我们只有一个决定要做：

一有合适的时机就进攻波兰。[*]

我们不能期望重演捷克事件。这次得打仗了。我们的任务是孤立波兰。能否把它孤立是有决定性意义的。

这样，这次是得打仗了。是不是同“被孤立了的”波兰一国打呢？元首在这一点上并没有说清楚。事实上，他显得思想有点混乱，而且自相矛盾。他说，最后发动攻击的命令必须由他来下。

绝不能同时同西方——法国和英国——摊牌。

如果不能肯定德波冲突不致导向同西方作战的话，那么，战斗主要应当针对英国和法国。

因此根本问题是：（以进攻波兰开始的）同波兰的冲突只有在西方国家置身事外的条件下才能取胜。

要是不能办到这一点的话，最好一面同西方干起来，一面把波兰结束掉。

在听到这种连珠炮式的前后矛盾的话的时候，那些将军们想必曾感到犹豫畏缩，也许松了一松他们的单镜片，虽然在施蒙特的记录里并没有说到发生过这种事情，也没有说到在这批经过挑选的听众中有人胆敢提出问题，要求把事情说得明白一些。

希特勒接着把话题转到了俄国。他说：“俄国也许不想过问消灭波兰的事情，这种可能性不能排除。”另一方面，如果苏联同英国和法国结盟的话，“那就将使我给英国和法国来几下破坏性的打击”。这将是重犯威廉二世在1914年所犯的错误，但是，虽然在这次演说中，希特勒从第一次世界大战中得出了若干条教训，他却并没有得出这一条。他的思路现在转到了英国身上。

元首怀疑是否有同英国实行和平解决的可能。必须对摊牌有思想

---

[*] 着重体为原件所用。

> 准备。英国把我国的发展看成将形成一种称霸的局面而削弱英国的地位。因此英国是我们的敌人，同英国的冲突是生死斗争。
>
> **这种冲突究竟将是什么样的一种局面呢？**[*]
>
> 英国不可能用几次有力的打击就把德国结束掉，把我们打倒。对
> 485 英国来说，把战争尽可能推进到鲁尔区一举具有决定性的意义。他们将不惜流法国人的血。（西壁呢！）我们能存在多久，决定于我们能否保有鲁尔。

在下定决心重蹈德皇之覆辙——如果英法同俄国结盟就向它们进攻——以后，希特勒现在宣布，他还将在另一点上步德皇之后尘，这一点最后证明给德国带来了大祸。

> 必须对荷兰和比利时的空军基地实行军事占领。中立的宣告可以置之不顾。如果英国想干涉波兰战争的话，我们就必须对荷兰进行闪电式的进攻。我们的目标是必须在荷兰境内建立一条新的防线，一直推到须德海。对英法的战争是一场决定生死存亡的战争。
>
> 认为我们可以侥幸取胜的想法是危险的。这种可能性是没有的。我们必须破釜沉舟，有进无退，而且它将不再是谁是谁非的问题，而是8 000万人民生死存亡的问题。

虽然他刚刚宣布德国将“一有合适的时机”就进攻波兰，虽然他的听众知道几乎德国的全部军事力量都已集中起来要达到这个目的，希特勒一边唠唠叨叨，一边还是忘怀不了英国。

“英国，”他强调说，“是反对德国的主力。”从此开始，他就讨论起英国的长处和短处来了。

> 英国人的本性是骄傲、勇敢、顽强、坚忍的，而且是天生的组织家。他们懂得如何利用每一种新形势。他们爱好冒险，而且有着北欧

---

[*] 着重体为原件所用。

人种固有的胆略……

英国本身就是一个世界大国：三百年来一直如此，它的力量由于有盟国而更加强大。这种力量不但表现在具体的东西上，而且还必须看到是一种心理上的力量，它遍布整个世界。

除此而外，还有无可估量的财富以及随之而来的偿付能力。

还有地缘政治上的安全地位，而且受到强大的海军和英勇的空军的保护。

但是，希特勒告诉他的听众说，英国也有它的弱点，接着他就一一列举如下：

要是我们在上次大战中再多两艘战列舰和两艘巡洋舰，而且从早晨就开始日德兰战役的话，英国舰队早就被歼灭，英国早就屈服了。* 世界大战就会那样结束。在从前……要征服英国就必须派兵入侵。因为当时英国可以自给粮食，今天它再也办不到了。

一旦英国的供应被切断，它就将被迫投降。因为粮食和石油的进口完全要靠海军保护。 486

德国空军袭击英国不会迫使它投降。但是如果英国舰队被歼灭的话，它就会立即投降。没有疑问，突然袭击可以迅速决定大局。

拿什么来进行突然袭击呢？雷德尔海军元帅肯定会认为希特勒是在吹牛。按照1938年年底制订的所谓Z字计划，德国的海军力量要到1945年才能开始赶上英国。而当时在1939年的春天，德国还没有足以击沉英国海军的重型军舰，即使突然袭击也不行。

也许英国还可以用别种办法来加以打垮。这里希特勒倒又是实事求是的，他提出了一项战略计划，一年之后，这项计划居然一一实现，而且获得了惊人的成功。

---

* 希特勒对日德兰战役的认识明显是错误的。

必须要做到在一开始就猛击敌人或者给以最后的决定性的打击。关于谁是谁非、条约义务之类的考虑可以根本不去管它。这只有当我们在波兰问题上没有“滑入”对英作战的情况下才能做到。

必须既为**长期战争**也为突然**袭击**进行**准备**，英国在大陆上可能进行的任何干涉都必须予以击溃。

陆军必须占领对海军和空军有重要意义的基地。如果我们能占领并且保住荷兰和比利时，同时打败法国的话，就创造了能够战胜英国的基础。

这样，空军就能从法国西部就近封锁英国，而海军就能以潜艇做范围更广的封锁。

一年多以后发生的情况竟然同他所说的完全一样。元首在5月23日还着重提出，另一个决定性的战略计划也要付诸实行。他说，如果德军在上次大战开始的时候不向巴黎进攻而向英吉利海峡各港口迂回包抄的话，战争的结局就会不同。也许是那样。无论如何他要在1940年这样试一试。

希特勒在结束的时候说:“目标永远是要逼得英国屈膝投降。”他显然已经暂时完全把波兰抛到脑后了。

还有一个最后的考虑。

保密是成功的决定性前提。我们的目标必须对意大利和日本保守秘密。

就是希特勒自己的陆军参谋总部，虽然它的参谋总长哈尔德将军也坐在那里静听，都没有受到完全的信任。元首宣布:“我们的计划工作绝不能交给参谋总部，那样秘密就无法保证了。”他下令最高统帅部成立一个计划
487 小组来制订各项军事计划。

这样，希特勒就在1939年5月23日像他自己所说的那样，下定了破釜沉舟的决心。仗是打定了。德国要在东方取得生存空间。为此，在一有机会的时候就要进攻波兰。但泽算不了一回事。那不过是一个借口。英国是主要的障碍，它是反对德国的主力。好，连它一起搞掉拉倒，法国也一样。

这是一场生死斗争。

当1937年11月5日元首第一次对他的三军首脑讲起他的侵略计划的时候，冯·勃洛姆堡元帅和冯·弗里奇将军曾提出过抗议——至少是认为德国没有力量打一场欧洲大战。[*]第二年夏天，贝克将军为了同样的理由辞去了陆军参谋总长的职务。但是在1939年5月23日，至少从记录上看，竟没有任何一个陆海军将领敢吭一声，对希特勒的方针是否明智提出任何疑问。

他们看到，他们的工作不是提出疑问，而是盲目服从。他们早已运用他们的大才制订军事侵略的计划了。早在5月7日，同冯·伦德施泰特将军和冯·曼施坦因将军一起组成一个“工作小组”的陆军参谋总部的君特·布鲁门特里特上校，已经就实行白色方案可能遭遇的形势提出一项估计。事实上它就是征服波兰的计划。这是一个设想大胆的计划，后来在实际执行中只做了很少的改动。[48]

雷德尔海军元帅在5月16日签发的一项绝密命令中提出了白色方案的海军作战计划。[49]因为波兰只在但泽以西沿波罗的海有几英里的海岸线，而且只有一支极小的海军，因此并没有估计会遭到什么困难。元帅所主要担心的是法国和英国。波罗的海的门户将由潜艇布防。两艘袖珍战列舰和两艘战列舰准备同“其余的”潜艇一起在“大西洋作战”。根据元首的指示，海军应当准备好在9月1日执行“白色方案”所规定给它的任务。但是雷德尔催他属下的司令官赶紧把计划定好，因为“由于最近的政局发展”，行动可能来得更快。[50]

在1939年5月结束的时候，德国预定在夏末开始战争的各项准备工作已经在全力进行了。巨大的军火工厂日夜开工，紧张地生产着枪炮、坦克、飞机和军舰。陆军、海军、空军的能干的参谋人员拟订计划的工作已经进入最后一个阶段。部队也因为征召新人进行“夏季训练”而扩大了。希特勒看到他所取得的成就大可心满意足了。

在希特勒向他的军事首脑讲话的第二天，5月24日，最高统帅部经济与军备局局长格奥尔格·托马斯将军在对外交部工作人员所做的一次内部报告中就曾列举了这些成就。托马斯告诉他的听众，从前的帝国陆军花了 488

---

* 见本书原文第308页。

十六年的时间——从1898年到1914年——才把兵力从43个师增加到50个师，而第三帝国的陆军在四年之内就从7个师一跃增加到51个师。其中有5个重装甲师，4个轻装甲师，一支任何其他国家都没有的“现代化骑兵”*。海军在几乎是一无所有的基础上建立了一支有2艘26 000吨的战列舰、† 2艘重巡洋舰、17艘驱逐舰、47艘潜艇的舰队。它已经有两艘35 000吨的战列舰、1艘航空母舰、4艘重巡洋舰、5艘驱逐舰、7艘潜艇下了水，而且还在计划造多得多的舰艇。空军从完全一无所有开始，白手起家建立了一支有飞机21个中队、人员26万人的力量。至于军火工业，托马斯将军说，已经在生产比它在上次大战中产量最高的时期还要多的军火，而且在大部分部门内，产量远远超过任何其他国家。这位将军宣布，事实上，德国重整军备的总成绩“在世界上很可能是独一无二的”。

尽管德国的军事力量在1939年夏初已经十分强大，希特勒计划在秋初进行的战争能否取胜还要看这是一场什么样的战争。德国仍然还没有，也许永远不会强大到能打败法国、英国和俄国再加上波兰的联合力量。在这个决定命运的夏天开始的时候，一切都决定于元首有没有能力限制战争的范围——首先是，使俄国不致同西方结成军事同盟。这种军事同盟是李维诺夫在他下台以前还曾建议过的，而且是张伯伦虽然在最初似乎已予以拒绝但到5月底的时候又在重新考虑的。

俄国的插手：二

在下院5月19日的辩论中，英国首相继续对苏联的建议采取了被丘吉尔认为是冷淡甚至不屑的态度。他有点懒洋洋地向下院解释说：“在两国政府之间有一道幕，或者说一道墙，极难穿过。”另一方面，丘吉尔在劳合·乔治的支持下争论说，莫斯科提出了一个“公平的建议”……比张伯

---

* 指摩托化部队。——译者

† 在谈到德国战列舰的吨位的时候，托马斯将军甚至是在欺骗德国外交部。有一份日期标明为1938年2月18日的德国海军文件[51]很有意思地提到，曾根据英德海军协定把假的战列舰吨位数字提供给英国政府。它说，号称26 000吨的舰只，实际吨位是31 300吨；号称35 000吨的战列舰（这是英国和美国海军舰只的最高吨位），实际吨位是41 700吨。这是纳粹骗术的一个绝妙的典型。

伦自己的建议要"更简单，更直接，更有效"。他请英王政府"给脑袋里装上点儿残酷的现实。如果没有一条有效的东方战线，就不可能在西方有令人满意的防务，而如果没有俄国，就不可能有一条有效的东方战线"。 489

张伯伦在四面八方暴风雨般的批评之下只得屈服，最后在5月27日指示英国驻莫斯科大使表示同意开始谈判互助条约、军事条约和对受希特勒威胁的国家做出担保。* 冯·迪克森大使从伦敦通知德国外交部，英国政府虽然采取了这一步骤，心里却是"老大不愿意的"。不但如此，迪克森还看穿了很可能是张伯伦之所以采取这一行动的主要理由。他在发给柏林的急电中报告说，英国外交部已经得到"德国在莫斯科伸出触角"的风声，并且害怕德国可能会做到使苏俄保持中立甚至诱使它保持同情的中立。那样就将是包围政策的彻底瓦解。[53]

5月份的最后一天，莫洛托夫在苏联最高苏维埃会议上以外交人民委员的身份做他上任以后的第一次演说，他痛斥西方国家犹豫不前，并且宣告，它们要是认真想同俄国一起制止侵略的话，就必须抛开枝节问题，在三个主要点上达成协议：

1. 缔结一项纯属防御性质的三边互助条约。

2. 对中欧和东欧的国家，包括**所有**与苏联接壤的欧洲国家在内，做出担保。

3. 缔结一项明确的协定，规定三国彼此间提供并且向受到侵略威胁的小国提供的即时而有效的援助的形式和范围。

莫洛托夫还宣布，同西方谈判并不意味着俄国将放弃同德国和意大利"从实际出发建立商务联系"。他说，事实上，可能同德国恢复商务谈判的问题"并非不在考虑之中"。冯·德·舒伦堡大使在向柏林报告这篇演说内容的时候指出，莫洛托夫表示俄国仍然准备同英国和法国缔结条约，"条件是必须接受它的全部要求"，但是从这篇演说中也可以清楚地看出，还得花很长时间才能达成任何真正的协议。他指出莫洛托夫曾"避免刺激德国并且表示愿意继续进行已在柏林和莫斯科开始的谈判"。[54]

---

* 5月27日，驻莫斯科的英国大使和法国代办向莫斯科提出了英法两国关于拟议中的条约的草案。出乎两位西方使节意料的是，莫洛托夫对之甚为冷淡。[52]

希特勒在柏林现在也突然表示出愿意继续谈判了。

5月份的最后十天，希特勒和他的顾问们想尽了千方百计，要解决如何向莫斯科提出建议来阻挠英俄谈判的棘手问题。莫洛托夫在5月20日同
490 冯·德·舒伦堡大使的谈话[*]给柏林的感觉是给德国泼了冷水。第二天（5月21日），魏茨泽克就打电报给大使说，鉴于外交人民委员说的话“我们必须静坐等待，看俄国人是否会说得更明白点”。[55]

但是希特勒已经把9月1日规定为进攻波兰的日子，因而无法静坐等待了。在5月25日或者这一天前后，里宾特洛甫把魏茨泽克和德国外交部法律司司长弗里德里希·高斯召到了他在佐内堡的乡间别墅，（据高斯在纽伦堡提出的口供[†]说）告诉他们，元首想“在德国和苏联之间建立比较过得去的关系”。里宾特洛甫写好了一个给舒伦堡的指示草稿，相当详细地说明了他应当对莫洛托夫采取的新路线，并且要他立即去见莫洛托夫，“越快越好”。这份草稿现在也在缴获的德国外交部文件中。[56]

根据文件上面的一个批注来看，这项文件是5月26日交给希特勒的。它是一个很能说明问题的材料。它表明，到这一天，德国外交部还深信，英俄谈判可以成功，除非德国进行决定性的干涉。里宾特洛甫因此建议舒伦堡告诉莫洛托夫：

> 德国和苏俄之间在外交事务方面并不存在着实际的利害对立……现在是考虑使德苏关系和平化和正常化的时间了……意德同盟并不是针对苏联的，它完全是针对英法联盟的……
>
> 如果事与愿违，我们竟致同波兰发生冲突的话，我们坚定地相信，就是这样的事情也完全无须引起对苏俄的利害冲突……我们甚至可以说到这样的地步，在解决波德问题的时候，不论解决的方式如何，我

---

* 见本书原文第481—482页。

† 此项口供曾遭到纽伦堡法庭的拒绝，未被当作书面证据，也未收入《纳粹的阴谋与侵略》（*Nazi Conspiracy and Aggression*）或者《主要战犯的审讯》（*Trial of the Major War Criminals*）的几大卷书面证据集。然而这并不能损害其真实性。法庭对一切涉及纳粹-苏联在这一时期的合作的文件都处理得十分谨慎，四位法官中有一位是俄国人。

们将尽可能考虑到俄国的利益。

下面接着就要指出俄国同英国结盟的危险。

> 我们还看不出有什么东西能真正诱使苏联积极参加英国的包围政策……这意味着俄国要承担单方面的义务而得不到英国任何真正有价值的报酬……不论条约怎么订，英国都无法给予俄国任何真正有价值 491 的报酬。由于西壁的存在，一切西欧的援助都是不可能的……我们因此深信，英国将再次遵行它的传统政策，让其他国家为它火中取栗。

舒伦堡还得强调说明德国“对俄国没有任何侵略意图”。最后，他还奉命告诉莫洛托夫，德国不但准备同苏联讨论经济问题，而且还准备同它讨论“在政治关系方面恢复正常”的问题。

希特勒认为这份草稿说过了头，因此下令留下不发。据高斯说，元首对两天以前张伯伦在5月24日的乐观声明印象甚深。首相当时告诉下院说，由于英国提出新建议的结果，他希望“不久”就可以同俄国达成全面的协议。希特勒害怕的是碰钉子。他并没有放弃同莫斯科修好的想法，但是决定暂时还是采取比较谨慎的态度为好。

5月份的最后一周之内，元首心中的逡巡犹豫，在缴获的德国外交部文件中也有记载。5月25日或者这一天前后——确切的日期无法确定——他突然主张立即同苏联谈判来阻挠英俄谈判。舒伦堡为此要立刻去见莫洛托夫。但是里宾特洛甫给他的指示在5月26日给希特勒看了以后根本没有发出去。元首把它取消了。那天晚上，魏茨泽克打电报给舒伦堡，要他保持“完全保留的态度——你个人在得到进一步的指示以前不能采取任何行动”。[57]

德国外交部国务秘书给驻莫斯科大使的这份电报和一封信都是5月27日写好的，然而直到5月30日加上一段重要的附言以后才发出去。这很足以说明柏林的犹豫。[58] 魏茨泽克在5月27日给舒伦堡写信的时候告诉他，柏林的看法是英俄协议“很不容易防止”，因此德国徘徊犹豫，不想对之进行决定性的干涉，因为害怕那样会在莫斯科引起“一阵鞑靼人的大笑”。此外，国务秘书还透露，日本和意大利对德国打算在莫斯科采取的行动反应冷淡，盟国的这种保留态度也对柏林产生了影响，使它决定静观待变。他最后说："因此，我们现在还想观望一下莫斯科和巴黎-伦敦相互间的关系到底要进展到多深。"

由于某种理由，魏茨泽克并没有把他的信立即发出；也许他觉得希特勒还没有完全打定主意。当他到5月30日发出这封信的时候，他加了一个附言。

> 附言：除以上所写的而外，我还必须再说几句。元首已经批准，
> 492 即令如上所述，现在还得同俄国人进行一次联系，虽然是一次十分有限的联系。这件事将通过我今天同俄国代办谈话来进行。

这次同格奥尔基·阿斯塔霍夫的谈话并没有太多的收获，但是它表明德国人做了一番新的尝试。魏茨泽克召见俄国代办的借口是讨论苏联驻布拉格贸易代表团的前途。俄国人渴望继续保持这个代表团。两位外交家围绕这个题目兜来兜去，想摸对方的底。魏茨泽克说，他同意莫洛托夫所说，政治问题和经济问题不能截然分开，并且表示对"苏德关系正常化"感兴趣。阿斯塔霍夫说，莫洛托夫并不打算"把今后的苏德谈判关上大门"。

虽然两个人都小心翼翼，德国人还是感到受了鼓励。5月30日晚上10点40分，魏茨泽克给在莫斯科的舒伦堡发出了一份"特急"电报[59]：

> 同迄今为止所采取的策略相反，我们现在已最后决定同苏联进行某种程度的接触。*

也许是墨索里尼在5月30日给希特勒的一份长长的秘密备忘录加强了

---

* 在美国国务院1949年出版的《纳粹-苏联关系》（*Nazi-Soviet Relations*）这本与这一题目有关的德国外交部文件集中，这份电报的英译文措辞要强烈得多。主要的一句是这样翻译的："我们现在已经决定同苏联进行肯定的谈判。"这一句话使得许多历史学家，包括丘吉尔在内，都认为这份5月30日的电报标志着希特勒想同莫斯科做一笔交易的一个决定性的转折点。实际上，这样一个转折点来得还要晚一些。如魏茨泽克5月30日在给舒伦堡的信的附言中所说的，希特勒所批准的德国人的这一次行动是"十分有限的"。

元首转向苏联的决心，虽然这种转向是十分谨慎的。在夏季开始的时候，意大利领袖对于很快就开战的主意是否明智越来越感到怀疑。他对希特勒说，轴心国家“同富豪统治的、自私自利的、保守主义的国家之间的战争”，他认为是“不可避免的”。但是——“意大利需要有一个准备的时期，时间可能要延长到1942年底……只有从1943年开始，进行战争的努力才能有最大的成功希望”。在列举了为什么“意大利需要有一段和平时期”的一些理由以后，意大利领袖的结论是：“由于所有这些理由，意大利不希望匆促进行欧洲大战，虽然它深信这样的大战是不可避免的。”[60]

希特勒还没有把他已经决定在9月1日进攻波兰的秘密告诉他这位好友与盟友。他回答说，他以“最大的兴趣”读了墨索里尼的秘密备忘录，并且建议两位领袖在将来会面时进行讨论。同时，元首决定试一试能不能在克里姆林宫墙上撬开一条缝。6月份整整一个月，德国大使馆和俄国对外贸 493
易人民委员阿纳斯塔斯·米高扬之间一直在莫斯科进行关于签订新贸易协定的预备性谈判。

苏联政府对柏林仍然是十分猜疑的。据舒伦堡在6月27日给柏林的报告，克里姆林宫认为德国人之所以迫切要谈判贸易协定，是想破坏俄国同英法的谈判。他告诉柏林说：“他们害怕一等到我们达到了这个目的，我们就会让谈判慢慢不了了之。”[61]

6月28日，舒伦堡同莫洛托夫做了长谈。据他在给柏林的一份“急密”电里说，这次谈话是“在友好的气氛中”进行的。虽然如此，当德国大使以一种向对方提保证的口吻谈到德国刚刚同两个波罗的海国家缔结的互不侵犯条约*时，苏联外交人民委员尖刻地回答说：“鉴于波兰的经验，他必须怀疑这种条约的持久性。”舒伦堡对这次谈话的结论是：

> 我的印象是，苏联政府对了解我们的政治观点和同我们保持接触感到很大的兴趣。虽然莫洛托夫所说的话，毫无问题地表现出强

---

* 德国担心英法俄可能对与苏联接壤的拉脱维亚和爱沙尼亚做出担保。为了抢先一步，它匆匆忙忙在6月7日同这两个波罗的海小国签订了互不侵犯条约。甚至在此以前，德国就曾在5月31日同丹麦订了一个类似的条约，这个条约看来给了丹麦一种安全感。考虑到最近的形势发展，丹麦人居然有这种感觉是很令人惊讶的。

烈的不信任，他还是说同德国关系的正常化是值得欢迎的，也是可能的。[62]

大使要求用电报指示他下一步该怎么办。舒伦堡是塞克特、马尔赞、布罗克多夫–兰曹派硕果仅存的人物。这一派在1919年以后一直主张德国同苏俄修好，并且在拉帕洛条约中实现了这种修好。他在1939年整整一年中所发的电报表明，他真诚地想恢复魏玛共和国时期同俄国的密切关系。但是，也像所有老派的德国职业外交家一样，他不了解希特勒。

突然在6月29日，希特勒从贝希特斯加登的山间别墅中下令中断同俄国人的谈判。

贝希特斯加登，1939年6月29日

……元首决定如下：

告诉俄国人，我们从他们的态度中看出，他们要把我们是否接受他们在1月份给两国经济谈判所确定的原则，作为今后的谈判能否继
494 续的条件。因为这些原则是我们所不能接受的，我们目前没有兴趣同俄国恢复经济谈判。

元首已同意上项答复可以稍稍推迟几天。[63]

事实上，这项命令的内容在第二天就用电报告诉了莫斯科德国大使馆。

外交部长［魏茨泽克在电报中说］……的意见是，在有新的指示以前，在政治方面说的话已经够了，在目前来说，我们不要再提出谈判。

关于可能同俄国政府举行的经济谈判，此间的考虑还没有结论。在这一方面，你暂时也不要采取进一步的行动，听候指示。[64]

在德国秘密文件中找不到任何迹象能解释希特勒为何突然改变主意。俄国人本来已经开始对他们在1、2月份提出的建议表示让步了。而施努雷早在6月15日就曾警告过，经济谈判的破裂，对德国来说，不但是经济上

的挫折，而且是政治上的挫折。

英法苏谈判当时进展迟缓，因此也不可能使希特勒丧气到要采取这样的决定。他从莫斯科德国大使馆的报告中知道，俄国同西方国家在对波兰、罗马尼亚和波罗的海国家提供担保的问题上陷入了僵局。波兰和罗马尼亚很乐意得到英国和法国的担保，但是在一旦德国对之侵略的时候，英法两国除了采取建立西方战线的间接办法而外，很难对它们有什么帮助。可是它们又拒绝接受俄国的担保，甚至不许苏联军队通过它们的国境去抗击德国的进攻。拉脱维亚、爱沙尼亚和芬兰也坚决不愿接受俄国的任何担保。这种态度，照德国外交部文件后来的透露，是由于德国悍然威胁要是它们的决心动摇的话，就要对它们采取报复。

在这种僵局之下，莫洛托夫在6月初建议英国派外交大臣到莫斯科来参加谈判。显然，在俄国人看来，这样不但有助于打破僵局，而且将表明英国是有诚意要同俄国达成协议的。哈利法克斯勋爵不愿意去。* 安东尼·艾登（他至少是前任外交大臣）表示愿意代他前去，可是张伯伦拒绝了他的建议。后来决定派外交部一位能干的职业外交官威廉·斯特朗去。斯特朗曾在莫斯科英国大使馆任职而且能讲俄语，但是在国内外都并不知 495
名。派这样一个低级的人物去领导这样重要的一个代表团，而且是去同莫洛托夫和斯大林直接谈判，这对俄国人说来是一个信号——他们后来这么说——表明张伯伦仍然没有严肃认真地看待同苏联建立同盟来制止希特勒这样一件事情。

斯特朗在6月14日到达莫斯科。但是，虽然他和法国代表一起同莫洛托夫会谈了11次，他的出场对英苏谈判的进展却并没有多大影响。半个月以后，俄国的猜疑和愤懑公开在《真理报》的一篇文章上表现了出来。那是安德烈·日丹诺夫写的，题为《英国和法国政府不想在平等的基础上同苏联缔结条约》。虽然日丹诺夫自称是“作为私人而不是代表苏联政府”写的，但是他不但是政治局委员和最高苏维埃外交委员会主席，而且，如舒

* 根据英国外交部的文件，哈利法克斯在6月8日告诉迈斯基，他曾考虑向首相建议应当派他到莫斯科去，“但是实在抽不开身来”。迈斯基在斯特朗走了以后，在6月12日向哈利法克斯提出，“在时局比较平静的时候”，外交大臣能到莫斯科去是一大好事。但是哈利法克斯再次强调，“目前”他实在不可能离开伦敦。[65]

伦堡在就此事向柏林所做的报告中所说的那样，还是“斯大林的心腹之一，［他的］文章无疑是奉上面的命令写的”。

在我看来［日丹诺夫写道］，英国和法国政府似乎并不想努力达成一项苏联能接受的真正的协议，而只是想谈论谈论一项协议，以便向他们本国的舆论表明所谓苏联的不妥协态度，从而好同侵略者缔结协定。今后几天之内就将表明事实是不是如此。[66]

斯大林对英国和法国的不信任以及他对西方盟国可能到最后像一年以前在慕尼黑那样同希特勒做成一笔交易的猜疑，就这样公之于世而让大家都来考虑。冯·德·舒伦堡大使在考虑了它以后，告诉柏林，这篇文章的目的之一是“把谈判可能的破裂归咎于英国和法国”。[67]

计划进行总体战

阿道夫·希特勒仍然还不肯来吞俄国的钓饵。也许这是因为整个6月份他都在贝希特斯加登忙着监督一项工作：把夏末进攻波兰的军事计划准备完毕。

到6月15日，他就收到了冯·布劳希奇将军关于陆军对波兰进行军事行动的绝密计划。[68]这位陆军总司令学着他主子的话说：“进行这一军事行动的目的，是摧毁波兰的武装力量。政治领导上要求战争应当以沉重的突然打击开始，而且迅速取得胜利。陆军总司令部的打算是要用突然攻入波兰
496 领土的方法不让波兰军队进行通常的动员与集中，同时以西里西亚为一翼，以波美拉尼亚-东普鲁士为另一翼向同一中心发动进攻，歼灭大概集中在维斯杜拉河-纳雷夫河一线以西的波军主力。”

为了实现他的计划，布劳希奇成立了两个集团军——南路集团军：由第八军团、第十军团、第十四军团组成；北路集团军：由第三军团、第四军团组成。南路集团军由冯·伦德施泰特将军指挥，将从西里西亚发动进攻，“以华沙为总方向，击溃抗击的波兰军队，以尽可能强大的兵力尽速占领维斯杜拉河**两岸**的华沙，目标在于同北路集团军合作，歼灭波兰境内仍

然在顽抗的波兰军队”。北路集团军的第一个任务是打开走廊，“建立德国和东普鲁士之间的联系”。各个集团军所属各军团和空军及海军都有详细具体的目标。布劳希奇说，在开战的第一天，但泽就要被宣布为德国领土，并且将由德国指挥下的地方力量把它拿下来。

同时发布的一项补充命令规定，为执行“白色方案”而部署军队的命令将于8月20日执行，“一切准备工作必须在那一天完成”。[69]

一个星期以后，即6月22日，凯特尔将军向希特勒交上了一份“白色方案的初步时间表”。[70]元首审阅以后表示“基本上”同意，但是“为了不致因征召较通常数量为大的后备兵入伍而惊动群众起见……在一切非军事的机构、雇主或其他私人问到时，就告诉他们，这次征兵是为了进行秋季演习”。希特勒还规定，“为了安全的理由，陆军总司令部所建议的在7月中把边境一带的医院腾空的工作切勿进行”。

希特勒所计划打的是总体战，它不但要求军事动员，而且要求国家全部资源总动员。为了统一调度这个规模庞大的工作，第二天（6月23日）就在戈林主持下召开了国防会议。出席会议的大约有35名高级文武官员，包括代表军队的凯特尔、雷德尔、哈尔德、托马斯、米尔希和内政部、经济部、财政部、运输部的部长以及希姆莱等人。自从国防会议成立以来，这还只是第二次开会，但是，据戈林解释，这个机构只有在要做出最重要的决定时才开会，而且从缴获的这次会议的秘密记录可以看出，他毫不含糊地让到会者都明白，战争已近在眼前，但是在为工农业提供劳动力和其他许多有关全面动员的问题上还有许多工作有待完成。[71]

戈林告诉国防会议，希特勒已决定征召大约700万人，为了扩大劳动力的供应，经济部长冯克博士应安排“何种工作可以交给战俘和交给监狱及集中营里的犯人去做”。希姆莱马上凑上来说：“在战时可以大大利用集中 497
营。”戈林接着又说：“可以从捷克保护国雇几十万工人到德国在监督之下做工，特别在农业方面。他们可以住在临时营房里。”很明显，纳粹的奴隶劳动计划已经在形成了。

内政部长弗里克博士保证在“公共行政方面节约劳动力”。他承认在纳粹统治之下，官僚的人数已经增加了“20倍到40倍——真是一件吃不消的事情”。会议决定成立一个委员会来纠正这种可悲的局面。

陆军参谋总部运输处处长鲁道夫·格尔克上校所做的报告，甚至还要更悲观。“**在运输方面**，”他直率地说，“**德国目前还没有准备好打仗**。”

德国的运输条件能否适应任务的要求，当然要看战争能否限制在波兰而定。如果德国要在西线对法国和英国作战的话，那么运输系统根本就不够用。国防会议7月间曾召开两次紧急会议，目的就在于“使西壁防线至迟到8月25日能用到当时为止尽最大努力所能取得的物资达到最大限度的准备状态”。克虏伯兵工厂和钢铁卡特尔的高级职员被请来设法一点一滴地搜罗必要的钢铁来完成西线工事的装备。因为德国人知道，在德军主力投入波兰的时候，英法军队是否会对德国西部发动重大进攻将取决于西线工事的坚固程度。

虽然希特勒在5月23日曾难得那么坦率地告诉他的将领们说，但泽根本不是同波兰发生争执的原因，但是这个自由市在这年仲夏还是有几个星期好像成了一个火药桶，随时都有可能爆炸而引起战争。相当一段时期以来，德国人一直在把武器偷偷运入但泽，并且偷偷运入正规军军官去训练当地的警卫队使用这些武器。* 武器和军官都是从东普鲁士越过边境偷运进去的，而为了对他们加强监视，波兰人还增加了海关官员和边防部队。这时已完全按照柏林的命令行事的但泽地方当局，就设法阻挠波兰官员执行
498 任务，以此来进行对付。

这种冲突在8月4日达到了高潮，当时有四名波兰驻但泽的外交代表通知地方当局，波兰海关稽查已奉命“携带武器”执行他们的任务，但泽市民任何妨碍他们执行任务的行动都将被认为是对波兰官员的“暴力行为”，如果发生这种情况，波兰政府将“毫不延迟地对自由市采取报复”。

对希特勒来说，这又是一个表明波兰人不能被吓倒的迹象，德国驻华

---

* 6月19日，陆军总司令部通知外交部，有168名德国军官“已获准穿便服到但泽自由邦去进行以考察为目的的旅行”。7月初，凯特尔将军问外交部，“但泽现有12门轻炮和4门重炮，如果公开出来并且带着它们来进行操练的话，在政治上是否明智，或者是否还是把这些武器隐蔽起来为好”。[72] 德国人到底是怎样把重炮在波兰稽查眼皮底下偷运进但泽的，德国文件没有透露。

沙大使的意见又加深了这种印象。他在7月6日给柏林的电报中说，如果“明显地侵犯了”波兰在但泽的权利，波兰是会打仗的，这点“已很难有什么怀疑”。从这封电报边上里宾特洛甫的亲笔批语中可以知道，它是给元首看过了的。[73]

希特勒怒不可遏，第二天（8月7日）就把但泽的纳粹党领袖阿尔伯特·福斯特召到贝希特斯加登，告诉后者说，他对波兰人的耐心已经达到了极限。柏林和华沙之间连续交换了怒气冲冲的照会——语调之激烈使双方都不敢公布。8月9日，德国政府警告波兰，它要是再给但泽下最后通牒，“将造成德波关系的严重化……德国政府对此绝不可能负任何责任”。第二天，波兰政府尖刻地回答说：

> 它将一如既往继续反对自由市当局想损害波兰在但泽所享有的利益的任何企图，并且将以它自己认为合适的手段与方法来这样做，它将把德国政府的任何干涉……视为侵略行为。[74]

没有一个横在希特勒道路上的小国曾用过这样的措辞。第二天，8月11日，当希特勒接见国际联盟驻但泽高级专员卡尔·布尔克哈特的时候，脾气极坏。希特勒告诉这位已经接受了德国对但泽的大部分要求的瑞士人说：“如果波兰人敢动一个小指头的话，他就将用他手中的强大武器以雷霆万钧之势压下去，这种武器波兰人连想都没有想到过。”

> 布尔克哈特先生说［这位高级专员后来报告说］，这样会引起全面冲突。希特勒先生回答说，要是他不得不打仗的话，他与其留到明天打，还不如就在今天打，他不会像威廉二世时代的德国那样行事，德国皇帝对充分使用各种武器，老是有各式各样的顾忌，而他将毫无怜 499
> 悯，无所不用其极。[75]

这是对付谁呢？当然是对付波兰。必要时也要对付英国和法国。是不是也要对付俄国呢？对苏联来说，希特勒终于拿定了主意。

俄国的插手：三

俄国人采取了一个全新的主动步骤。

7月18日，苏联驻柏林的商务代表巴巴林带着两名助手，到德国外交部拜会了尤利乌斯·施努雷，通知他俄国愿意延长并且加强德苏经济关系。他带来了一份详细的备忘录，建议签订一项贸易协定，大大增加两国货物的交易，并且宣称，如果双方之间少数分歧之点能得到澄清的话，他已受权能在柏林签订一项贸易条约。施努雷博士关于这次会谈的内部报告表明，德国人对此颇为高兴。施努雷指出，这样一个条约，“至少在波兰和英国不会不产生影响”。[76] 四天以后，在7月22日，俄国报纸在莫斯科宣布，苏德贸易谈判已在柏林恢复。

就在这一天，魏茨泽克相当兴奋地用电报给在莫斯科的冯·德·舒伦堡大使发去了一些颇为有趣的新指示。关于贸易谈判的问题，他告诉大使说：“我们将在这里以明显的合作态度采取行动，因为这里出于总的考虑，希望尽可能早日签订条约。”他接着还说：“就我们同俄国人的谈判的纯政治方面而言，我们认为，在我们［6月30日］的电报*中要你静观等待的时期已经过去了。你因此有权在那里把线再接起来，不过也不必做得太急。”[77]

事实上，这些线是四天以后即7月26日在柏林接上的。施努雷博士奉里宾特洛甫之命请苏联代办阿斯塔霍夫和巴巴林在柏林一家豪华的饭馆里吃饭，向他们进行试探。这两个俄国人并不用怎么试探。据施努雷在关于这次谈话的内部报告中说，“俄国人一直待到夜里12点半”，而且“以非常活泼而又关心的态度谈到了我们感兴趣的政治和经济问题”。

在巴巴林的热烈赞同下，阿斯塔霍夫宣称苏德政治修好符合两国的根本利益。他说，在莫斯科，人们总是无法了解为什么纳粹德国对苏联这样敌视。而那位德国外交官在回答的时候就解释说：“德国在东方的政策现在已采取了完全不同的方针。”

---

* 本书原文第495页。

就我们这方面来说，根本不存在威胁苏联的问题。我们的目标针对着一个完全不同的方向……德国的政策是针对英国的……我可以想象在适当地考虑到对俄国极为重要的问题的情况下，会对双方的利益做出意义深远的安排。 500

虽然如此，一旦苏联同英国结盟反对德国的话，这种可能性就不存在了。现在是德国和苏联达成谅解的良好时机，但是在同伦敦缔结条约以后就不再会如此了。

英国能给俄国什么呢？说得最好，也无非是参加欧洲大战和同德国作对。与此对比，我们能给俄国什么呢？中立和使之置身于可能发生的欧洲冲突之外，而且，如果莫斯科愿意的话，还有德苏对两国共同利益的谅解，这种谅解，正如过去历次一样，将有利于两国……从波罗的海到黑海到远东全线，在我看来，都不存在［德国和俄国之间］有争执的问题。除此之外，尽管它们对生活的看法有所不同，在德国、意大利和苏联的意识形态方面有一点却是共同的：它们都反对西方的资本主义民主政体。[78]

这样，在7月26日的深夜，在柏林一家小小的饭馆里，靠着一顿由几个二流外交家享用的美酒佳肴，德国第一次认真地提出了想同俄国完成一笔交易的要求。施努雷所采取的新路线是由里宾特洛甫面授的。阿斯塔霍夫听得十分高兴。他答应施努雷立即把他的话报告莫斯科。

在威廉街，德国人焦急地等待着要看苏联首都会有什么样的反应。三天以后，魏茨泽克让信使给在莫斯科的舒伦堡送去了一份密信。

我们急欲知道对阿斯塔霍夫和巴巴林谈的话是否在莫斯科引起了任何反应，此事对我们十分重要。如果你能有机会安排再同莫洛托夫做一次谈话的话，请循同样的方针对他进行试探。如果莫洛托夫放弃了他迄今为止所采取的矜持态度的话，你可以再进一步……在波兰问题上尤其是如此。不论波兰问题如何发展，我们都准备……保全苏联的利益并且同莫斯科政府达成谅解。在波罗的海地区的问题上，如果

> 谈判进行得顺利的话，也可以提出，我们将调整我们对波罗的海国家的态度，以尊重苏联在波罗的海的重大利益。[79]

两天后，7月31日，国务秘书又给舒伦堡发了一个“急密”电：

> 参看我们7月29日的信件，该信将由信使于今日送达莫斯科：
>
> 在你与莫洛托夫下一次会晤的日期确定以后，请立即电告日期和时间。
>
> 501 我们急盼你能早日见到他。[80]

柏林给莫斯科的指示中有着急的表示，这还是第一次。

柏林的着急是有充分理由的。7月23日，法国和英国已最后同意了俄国的建议——立即举行军事参谋人员的谈判，拟定一项具体规定三国如何对付希特勒军队的军事条约。虽然张伯伦直到7月31日才在下院宣布了这一协议，德国却早就得到了风声。7月28日，冯·韦尔切克大使从巴黎电告柏林，他从“一个消息极其灵通的人士”那里得悉，法国和英国已在筹组军事代表团赴莫斯科，法国代表团将由杜芒将军率领，大使把他说成是“一个特别能干的军官”，曾在马克西姆·魏刚将军手下任副参谋总长。[81] 据德国大使在两天后发来的一份补充电报中说，他的印象是，巴黎和伦敦已同意举行军事参谋人员谈判，并把这看作是防止莫斯科谈判中断的一个最后办法。[82]

这个印象是有充分根据的。从英国外交部的内部文件中可以看出，莫斯科的政治谈判到7月份最后一个星期已陷入僵局，主要因为无法对“间接侵略”下定义。英国人和法国人认为，俄国人对这个名词的解释太宽了，这样它就有可能会被俄国人利用为干涉芬兰和波罗的海国家的借口，即使那里并没有什么严重的纳粹威胁。对于后面这一点，至少伦敦是不能同意的，法国人倒准备比较马虎一点。

而且，俄国人在6月2日还坚持在签订互助条约的同时签订一项军事协定，详细规定三国彼此间的军事援助的“方法、方式和范围”。西方国家对俄国的军事力量估价并不太高，* 因此想推托莫洛托夫的这一要求。他们只同意在签订政治协定以后才开始军事参谋人员的谈判。但是俄国人坚决不让步。后来，英国人为了想做成这笔交易，在7月17日建议立即开始军事参谋人员的谈判，条件是苏联不再坚持同时签订政治协定和军事协定，并且—— 502
外加一条——接受英国关于“间接侵略”的定义，但是，莫洛托夫的答复是干脆的拒绝。他说，除非法国人和英国人同意把政治和军事协定一揽子解决，否则就没有继续进行谈判的必要。俄国人要终止谈判的威胁在巴黎引起了惊慌，那里对苏联-纳粹之间暗送秋波的行动似乎比伦敦要感觉敏锐得多。很大程度上是由于法国的压力，英国政府才在8月23日一面拒绝接受俄国人关于“间接侵略”的解释，一面勉强同意了开始谈判三国军事条约。[84]

张伯伦对军事参谋人员谈判这件事实在谈不上有什么热心。† 8月1日，迪克森大使从伦敦报告柏林，英国政府人士对同俄国人举行军事谈判一事“都抱怀疑态度”。

> 这一点［他写道］可以从英国军事代表团的成员来证明。‡那位海军上将……事实上已列入退休名单，而且从来没有在海军参谋部工作过。那位陆军将领也纯粹是一员作战军官。那位空军将领是一位出色的驾驶员和教练，但并不是一位战略家，这似乎可以表明这个军事代

---

* 英国最高统帅部像德国最高统帅部后来那样，远远低估了红军的潜力。这很可能主要是它的驻莫斯科武官发回来的报告所造成的印象。举例来说，陆军武官法尔布拉斯上校和空军武官哈拉威尔空军中校曾在3月6日给伦敦打了一个很长的报告，大意说，虽然红军和俄国空军的防御能力相当大，但是它们没有能力发动真正的攻势。哈拉威尔认为俄国的空军“同陆军一样，由于后勤工作的垮台而有陷于瘫痪的可能，不排除由于敌人的进攻而陷于瘫痪的可能”。法尔布拉斯认为对高级军官的清洗已经使红军大大削弱。不过他也曾向伦敦指出，“红军认为战争是不可避免的，而且毫无疑问正在尽力准备迎接战争”。[83]

† 同莫洛托夫在莫斯科谈判的斯特朗甚至比张伯伦还要冷淡。他在7月20日报告外交部说：“老实说，在我们还不能肯定苏联将成为我国的盟国以前，就希望我们去同他们谈军事机密确实是有点出格的。”

俄国人的看法恰恰相反，莫洛托夫在7月27日向英法代表明白表示：“重要的是要弄清楚，每一个缔约国到底能对共同的事业提供多少个师，这些师将驻在什么地方。”[85] 俄国人在政治上承担义务以前，他们首先要知道，他们到底能指望从西方得到多大的军事帮助。

‡ 英国代表团的人员是海军上将雷金纳德·普伦克特-恩尔-埃尔-德拉克斯爵士（他曾在1935—1938年任朴次茅斯基地司令）、空军中将查尔斯·伯内特爵士和陆军少将海伍德。

表团的任务与其说是去缔结作战协定，还不如说是去摸一摸苏军战斗力的底……德国武官也看到英国军界人士对即将同苏联武装部队举行的谈判抱有一种令人吃惊的怀疑态度。[86]

事实真是如此，英国政府的怀疑态度竟然严重到忘了给德拉克斯海军上将以参加谈判的证明文件——伏罗希洛夫元帅在第一次参谋人员会议上就对这样一种疏忽（如果可以称之为疏忽的话）表示不满。这位海军上将的全权证书直到8月21日才送到，这时早已没有用处了。

但是，虽然德拉克斯海军上将没有带着书面的证明文件，他可确实带着书面的秘密指示，告诉他在莫斯科的军事谈判中该采取什么方针。据很久以后公布的英国外交部文件透露，德拉克斯海军上将奉命要“使［军事］
503 谈判进行得极慢，密切注视政治谈判的发展”，一直等到政治方面达成协议为止。[87] 这项指示还向他说明，在政治条约签订以前，不能告诉俄国人什么机密的军事情报。

但是，既然政治谈判已在8月2日中断，而且莫洛托夫已经表明，除非军事谈判能有若干进展，否则他不会同意重开谈判，人们就很难不得出这样的结论：张伯伦政府并不急于确定参加拟议中的互助条约各国所承担的军事义务，而是蓄意拖延时间。* 事实上，英国外交部的机密文件使人很难怀疑，到8月初的时候，张伯伦和哈利法克斯几乎已经放弃了同苏联达成协议以制止希特勒的希望，当时他们认为，如果他们能继续莫斯科的军事谈判的话，这倒也许还可以制止德国独裁者在今后四个星期之内采取触发战争的决定性步骤。†

---

* 这是阿诺德·汤因比和他的合作者在《大战前夕，1939年》（*The Eve of War, 1939*）一书中所做的结论，主要是根据英国外交部文件得出的，见该书第482页。

† 8月16日，空军中将查尔斯·伯内特爵士从莫斯科报告伦敦：“我认为，如果我们不能使对方同意签订条约的话，政府的政策就是把谈判尽可能地延长。”英国驻莫斯科大使西兹也在7月24日，即英国政府同意举行军事谈判的第二天，打电报给伦敦：“我对军事谈判的成功不表乐观，我也不认为军事谈判能迅速结束。但是现在开始谈判，将给轴心国家一种有益的震动，也可以给我们的友邦一种刺激，而且这一谈判可能延长到足以避过今后几个危险的月份。”[88] 英法谍报机关早就知道，莫洛托夫曾同德国大使会谈过，知道德国力图使俄国参与再次瓜分波兰——那是库隆德尔早在5月7日就警告过巴黎的（见本书原文第482页）——知道德国已在波兰边境集结重兵，也知道希特勒的意图，从这些事实来看，英国人还相信能在莫斯科耍拖延策略，真有点令人吃惊。

同英国人和法国人相反，俄国人派出的军事代表团成员都是最高级的军官：国防人民委员伏罗希洛夫元帅、红军总参谋长沙波什尼科夫将军和海军及空军的最高司令官。俄国人不可能不注意到，英国人曾在7月间派帝国参谋总长陆军上将埃德蒙·艾恩赛德爵士到华沙去同波兰参谋总部谈判军事问题，而现在竟然不考虑派这样高级的军官到莫斯科来。

英法军事代表团实在不能说是赶赴莫斯科的。坐飞机的话，一天就到了。可是他们却是坐一条慢船，一条既载客又装货的轮船去的，路上所花费的时间足够“玛丽皇后号”把他们送到美国去。他们在8月5日启程开赴列宁格勒，到8月11日才到莫斯科。

这时已经太迟了，希特勒已经抢在他们前头了。 504

当英国和法国的军官们还在等那艘把他们送到列宁格勒去的慢船的时候，德国人却在迅速行动。在柏林和莫斯科，8月3日是一个关键性的日子。

那天中午12点58分，历来都是无例外地让国务秘书冯·魏茨泽克来起草电报的外交部长冯·里宾特洛甫，亲自给莫斯科的舒伦堡发了一份标明“机密——特急”的电报。

> 我昨天曾同阿斯塔霍夫做了一次很长的谈话，详情另电告知。
>
> 我表示，**德国方面**希望改善德俄关系，并且说，从波罗的海到黑海没有一个问题不能加以解决，使双方都感满意。阿斯塔霍夫希望就目前的重大问题进行更具体的会谈，为此……我宣称，如果苏联政府愿意通过阿斯塔霍夫通知我，他们也希望把德俄关系置在新的确定的基础之上的话，我自己随时准备参加这种会谈。[89]

外交部已经知道，舒伦堡当天稍晚的时候将去会见莫洛托夫。在里宾特洛甫的电报发出以后一个小时，魏茨泽克也发出了自己的电报，同样标明“机密——特急”。

> 鉴于政局演变甚快，并且为了利于迅速行动，不管你今天同莫洛托夫的谈话结果如何，我们都急需更加具体地在柏林继续进行协调德

俄意图的谈判。为此目的，施努雷将在今天接见阿斯塔霍夫，并将告诉他，我们准备更加具体地继续谈判。[90]

虽然里宾特洛甫突然表示希望就从波罗的海到黑海的每一个问题进行“具体”谈判一举定然会使俄国人大吃一惊——里宾特洛甫在下午3点47分发给舒伦堡的第二份电报中说，他曾“给了［阿斯塔霍夫］一个微微的暗示，表明我们将同俄国对波兰的命运达成谅解”——这位德国外交部长却向他驻莫斯科的大使强调，他曾告诉俄国代办“我们并不着急”。[91]

这是装腔作势，而那位机灵的苏联代办也看透了这一点。他在12点45分在外交部见到施努雷的时候故意说，虽然施努雷看起来很着急，德国外交部长昨天“可并没有表示这么着急”。对此，施努雷巧妙地应付了过去。

我告诉阿斯塔霍夫先生［他在一份内部报告中写道］，[92] 虽然外交部长昨夜并没有对苏联政府表示任何着急，我们仍然认为最好是利用

505 **今后几天***来继续谈判，好尽快打下一个基础。

这样，对德国人来说，这就成了今后几天就要见分晓的问题。阿斯塔霍夫告诉施努雷说，他从莫洛托夫那里得到了对德国建议的“一个临时答复”。这个答复在很大程度上是否定的。虽然莫洛托夫也希望改善关系，但是阿斯塔霍夫说：“莫洛托夫说，迄今为止对德国的态度还不了解有什么具体的东西。”

苏联外交人民委员那天晚上在莫斯科直接向舒伦堡表达了他的看法。午夜刚过，德国大使就发回了一份长长的电报[93]，报告他曾同莫洛托夫谈了一个小时又一刻钟，莫洛托夫“放弃了他往常那种矜持的态度而显得不平常地直爽”。这点看来是没有什么疑问的。因为在舒伦堡重申了德国认为两国之间“从波罗的海到黑海”都不存在任何分歧的看法，而且重申了德国想“达成”谅解的愿望以后，那位硬邦邦的俄国外长就举出了几件德国对苏联的敌对行为：反共公约，支持日本反俄，不让苏联人参加慕尼黑

* 着重体为原文件所加。

会议。

莫洛托夫问道:“怎么能说德国最近的声明能同这三件事情没有矛盾呢？德国政府态度的改变目前还没有证明。”

舒伦堡看来有点灰心了。

> 我的总的印象是［他打给柏林的电报说］，苏联政府目前已决心同英国和法国缔结协定，只要他们能满足苏联全部愿望……我相信我的话已经给莫洛托夫留下了印象，但是我们这方面仍然要做巨大的努力，才能使苏联政府改变方针。

虽然这位德国老外交家对俄国事务十分熟悉，但他显然过高估计了英法谈判代表在莫斯科的进展。他也还看不出柏林为了做出他认为要改变苏联外交方针所必需的“巨大努力”现在已准备做到什么程度。

在威廉街，对苏联外交方针可以改变的信心越来越高。要是苏联保守中立的话，英国和法国就不会为波兰打仗，就是打的话，也可以很容易把它们挡在西线工事之外，等到德国军队把波兰人迅速打垮以后，再以全力回师西向来对付它们。

机警的法国驻柏林代办雅克·塔尔贝·德·圣阿杜安注意到了德国首都气氛的改变，就在8月3日这一天，当柏林和莫斯科两地苏德外交活动十分频繁的时候，他报告巴黎说:“过去一个星期之内，在柏林可以觉
察到政治气氛有一种十分肯定的改变……在纳粹领导人当中，进退两难， 506
徘徊犹豫，想拖延时间，甚至想姑息迁就的时期已经让位给一个新的时期了。”[94]

德国的盟国的犹豫

德国的盟国意大利和匈牙利的态度就不然了。夏天一天天过去，布达佩斯和罗马的政府越来越害怕自己的国家会被拖到希特勒发动的战争中去，而且是站在德国一边。

7月24日，匈牙利总理泰莱基伯爵给希特勒和墨索里尼发出了内容完

全相同的信，通知他们“一旦发生全面战争的话，匈牙利将按照轴心国家的政策决定其政策”。说完这番豪语以后，他又缩了回来。同一天，他就给两位独裁者发出了第二封信，声明“为了防止对我7月24日的信可能发生任何误解，我……再说一遍，从道义立场来说，匈牙利不能够对波兰采取武装行动”。[95]

布达佩斯来的第二封信使希特勒又一次大发雷霆。当他8月8日在上萨尔茨山接见匈牙利外交部长恰基伯爵的时候（里宾特洛甫也在场），他一开头就说匈牙利总理的信使他“大为震惊”。据为外交部所写的内部纪要说，他强调指出，在“一旦发生德波冲突的时候”，他从来也没有指望要匈牙利——或者任何其他国家——援助。他还说，“泰莱基伯爵的信是不能忍受的”。他提醒他的匈牙利客人，匈牙利是靠了德国的慷慨大度才从捷克斯洛伐克收回那么多领土的。要是德国在战争中失败了的话，他说，“匈牙利也必然会随之被粉碎”。

缴获的外交部文件中有德国方面关于这次谈话的纪要，它暴露了希特勒在这个决定命运的8月份的心理状态。他说，波兰对德国来说，在军事上根本不是什么问题。尽管如此，他还是从一开始就在考虑同时在两条战线上作战。他口出大言：“世界上没有任何力量可以攻破德国的西线工事，在我的一生中没有一个人能够吓唬我，英国也办不到。我也不会因人们经常预言的神经衰弱而垮下来。”至于俄国：

> 苏联政府是不会对我们打仗的……苏联人不会重复沙皇的错误，为英国流血牺牲。虽然如此，他们可能设法使自己不参加军事行动，而靠牺牲波罗的海国家或者波兰来占点便宜。

希特勒这一番话效果十分显著，在同一天举行的第二次会谈结束的时
507 候，恰基伯爵要求他“把泰莱基写的两封信就当没有写一样”。他还说，他也要对墨索里尼作同样的请求。

几个星期以来，意大利领袖一直在为德国元首可能把意大利拖入战争而焦躁不安。他派驻柏林的大使阿托利科不断送来越来越使他吃惊的消息，

报告希特勒已决心进攻波兰。* 自从6月初以来，墨索里尼一直在要求同希特勒再次会晤，终于在7月中决定于8月4日在布伦纳山口会晤。7月24日，他通过阿托利科向希特勒提出了关于他们的讨论的“若干基本原则”。如果元首认为战争“不可避免”的话，意大利将站在它一边。但是领袖提醒元首，对波兰的战争是不能限制在波兰境内的，它将扩大为欧洲大战。墨索里尼认为，现在还不是轴心国发动这样一场战争的时候。他因此提出“在今后几年内实行建设性的和平政策”，德国同波兰，意大利同法国都通过外交谈判来解决它们的分歧。不但如此，他还建议举行另一次大国会议。[97]

元首的反应，据齐亚诺在7月26日的日记中所记，是不赞同的。因此，墨索里尼决定最好还是推迟他同希特勒的会晤。[98] 8月7日，他提出两国外交部长立即会晤，以代替原来的首脑会议。齐亚诺在这些日子里写的日记表明，罗马的不安情绪在与日俱增。8月6日，他写道：

> 我们必须寻找一条出路。要是一味跟随德国的话，我们就将走向战争，而且是在对轴心国，尤其是对意大利，最为不利的条件下进入战争。我们的黄金储备已经减少到几乎荡然无存了。我们的钢铁储备也是如此……我们必须避免战争。我向领袖建议由我同里宾特洛甫会谈……在这次会谈中，我将设法继续讨论墨索里尼关于举行世界会议的建议。 508
>
> 8月9日——里宾特洛甫已同意了我们会谈的建议。我决定在明天

---

* 典型的例子是阿托利科就他同里宾特洛甫在7月6日举行的一次会谈发回的一份生动的报告。纳粹外交部长告诉他，如果波兰胆敢攻击但泽的话，德国将在48小时以内在华沙解决但泽问题！如果法国为但泽出面干涉，从而掀起大战的话，也随它去；德国没有比这再高兴的了。这样法国就会被“消灭”；英国如果敢蠢动的话，结果将是大英帝国的覆灭。俄国呢？它马上就会签订一项俄德条约，俄国绝不会出兵。美国呢？元首的一篇演说就足够把罗斯福打败了。美国人无论如何也不会动的。对日本的恐惧就足以使美国老实了。

> 当里宾特洛甫在描绘这幅战争图景的时候，我［阿托利科报告说］难以置信地静静听着，他的想象力已在他脑袋里树立了这幅不可磨灭的图景……除了他这幅图景，即德国在一切方面对一切对手都必然胜利——这可确实是令人惊奇——而外，什么别的可能也都看不见……最后，我提到，就我所知，领袖和元首之间曾有一项完全的谅解：意大利和德国是在准备一场不是马上就打的战争。[96]

但是机灵的阿托利科根本不相信最后这一点。整个7月里，他的电报都是预告德国在波兰的行动已迫在眉睫。

晚上动身，以便同他在萨尔茨堡会面。领袖切望我用确凿的证据向德国人证明，在这个时候爆发战争是一件蠢事。

8月10日——领袖比过去更加深信必须推迟战争。他亲自拟定了关于萨尔茨堡会谈的报告的大纲。报告的结尾暗示应举行国际谈判来解决如此危险地扰乱了欧洲生活的各种问题。

在让我走以前，他嘱告我应该坦率地告诉德国人，我们必须避免同波兰发生冲突，因为这种冲突将无法限制在波兰境内，而全面的大战对任何人都是一场灾难。[99]

这位年轻的法西斯外交部长是带着这样一种值得称赞的，然而在当时的环境下是天真的想法和建议到德国去的，在那里，在以后的三天内——8月11日、12日、13日——他从里宾特洛甫那里，尤其是从希特勒那里，经历了他一生中最震惊的时刻。

齐亚诺在萨尔茨堡和上萨尔茨山：8月11日、12日、13日

8月11日，齐亚诺同里宾特洛甫在萨尔茨堡郊外后者的别墅中谈了大约十个小时。这所别墅在富施尔，是那位纳粹外交部长从一个奥地利的保皇党人那里夺过来的，至于那位保皇党人，为方便起见，已经送到集中营里去了。那位容易冲动的意大利人发现（他后来报告），气氛甚为阴冷。当两个人在圣沃尔夫冈的白马旅舍吃晚饭的时候，一句话都没有交谈。实在也没有多大必要。里宾特洛甫这天早些时候已经告诉过他的客人，进攻波兰的决定是不容修改的。

“那么，里宾特洛甫，你们到底想要什么？”齐亚诺说他曾这样问过，“是走廊还是但泽？”

“再也不是那点儿东西了，”里宾特洛甫用他那闪闪发亮的眼睛冷冷地瞪着他回答说，“我们要战争！”

齐亚诺说，同波兰的冲突不可能限制在波兰，如果波兰受到攻击，西方民主国家会打仗；但是这种种论据都遭到了干脆的拒绝。四年以后，

1939年8月13日，意大利外交部长齐亚诺（左一）与希特勒（右一）在伯格霍夫。

1943年圣诞节的前两天，当齐亚诺躺在维罗纳监狱的第27号牢房中等待处决（那是德国人指使的）的时候，他仍然还记着在萨尔茨堡郊外富施尔所度过的8月11日这阴冷的一天。1943年12月23日，他在他最后一页日记上写道，里宾特洛甫"有一次同他在萨尔茨堡的奥地利皇宫饭店里冷冰冰地吃饭的时候"曾同他打赌说，法国和英国一定会保守中立，里宾特洛甫以一批古代德国盔甲同齐亚诺赌一幅意大利名画——他不堪回首地提到，输家以后根本就没有付出这笔赌注。[100]

齐亚诺后来又到了上萨尔茨山。希特勒在8月12日和13日在那里的两次会议上重申法国和英国绝不会打仗。同纳粹外交部长相反，元首的态度 509
倒很亲热，但是他要打仗的决心却一样没有转圜的余地。这不但可以从齐亚诺的叙述中得到证实，而且可以从缴获文件中德国方面关于这次会谈的秘密记录中得到证实。[101] 意大利外长看到希特勒站在一张大桌子前面，上面摊着军用参谋地图。他一开始就解释德国的西壁防线的力量。他说，这是攻不破的。除此之外，他轻蔑地补充说，英国只能派3个师到法国去。法国的师当然要多得多，但是因为波兰"在很短的时间内"就会被击败，德国那时就可以在西线集中100个师来进行“那时就将开始的生死存亡的斗争”。

事实会不会如此？几分钟以后，被齐亚诺的初步反应弄得心烦意乱的元首就自相矛盾起来了。意大利外交部长按照原来的打算向希特勒慷慨陈词。据德国人的记录说，他表示“意大利对完全意料不到的严重局势大感惊讶”。他抱怨德国没有经常把情况通知它的盟国。“相反，德国外交部长［5月间在柏林和米兰］还曾声明但泽问题将在适当时候予以解决。”当齐亚诺接着宣称对波兰的战争将扩大为欧洲大战的时候，他的主人打断了话头说，他的看法并不如此。

“我个人，”希特勒说，“绝对相信西方民主国家到最后无路可走的时候就会退缩而不敢发动全面战争。”德国方面的记录接着说。对这番话，齐亚诺回答说，“他希望元首的话会证明是对的，不过他可并不相信”。意大利外交部长接着就详细列举了意大利的弱点，照德国人的记载来看，他这番长篇诉苦最后想必已经使希特勒认识到意大利在未来的战争中对他并没有多大用处。* 齐亚诺说，墨索里尼之所以要推迟战争的理由之一是，他“极为重视按原定计划举行1942年的世界博览会”。希特勒这时已经完全沉迷在军事地图上，一心在盘算怎样打仗，听了这句话一定感到很惊异。同样一定曾使他大感意外的是，齐亚诺居然天真地拿出一份公报的草稿请他同意发表，其中说轴心国外交部长的会议“重申了两国政府的和平愿望”，并且表示相信能“通过正常的外交谈判”来保持和平。齐亚诺说明领袖心里本来想的是要举行一个有欧洲主要国家参加的和平会议，但是由于尊重“元首的顾虑”，他愿意退而求其次，只进行通常的外交谈判。

希特勒在头一天还没有完全拒绝举行国际会议的建议，但是他提醒齐
510 亚诺，“在今后列强开会时再也不能把俄国排除在外了”。这是第一次提到苏联，然而并不是最后一次。

最后，当齐亚诺设法想要他的主人明确表示到底决定在哪一天进攻波兰的时候，希特勒回答说，因为秋天多雨，他的装甲师和摩托师那时在一

---

* 有一次里宾特洛甫显然被激怒了，他对齐亚诺说：“我们用不着你们！”齐亚诺反唇相讥说：“等着以后瞧吧！”（见哈尔德将军未出版的日记，1939年8月14日。[102]哈尔德说，他是从魏茨泽克那里听来的。）

个很少有高级路面的公路的国家里会无法行动，因此“同波兰算账就必须在8月底的时候，不是用这种办法就是用那种办法来进行”。

齐亚诺终于得到了这个日期，或者说是可能的一个日期中最后的一个日期。因为过了一会儿之后，希特勒就又大发雷霆，说要是波兰人采取任何新的挑衅行动的话，他决定“在48小时之内进攻波兰”。因此，他接着说，“任何时候都可能对波兰采取行动”。这场发作结束了第一天的谈话，只是希特勒还答应要考虑一下意大利的建议。

在给了这些建议以24小时的考虑以后，他在第二天告诉齐亚诺，最好还是不要就他们的谈话发表任何种类的公报。[*] 由于预计秋天的气候不好，

> 就很有必要：[他说] 第一，让波兰在尽可能最短的时间内明白表明其意图。第二，德国将绝不容忍任何进一步的挑衅行动。

齐亚诺问他，“什么叫尽可能最短的时间”，希特勒回答说，“至迟到8月底”。他解释说，虽然打败波兰只要半个月就够了，“彻底清算”还得再花两个星期到四个星期——后来的事实证明，这是精确的预言。

最后，到会谈结束的时候，希特勒又按他的惯例对墨索里尼大加奉承，而事实上他从齐亚诺的话里一定已经明白，他再也不能指望墨索里尼了。他说，他个人感到十分有幸“生在这样一个时代，除了他自己以外，另外还有一个政治家将作为伟大而独特的人物而名垂青史。他能同这样一个人交朋友是他个人极大的幸福。当共同战斗的时刻到来的时候，不论发生什 511
么情况，他都将永远在领袖的左右”。

---

* 虽然德国方面的记录明明写着齐亚诺已同意希特勒的意见：“在会谈结束时不发表任何公报”，德国人却马上就出卖了他们的意大利盟友。德国官方通讯社“德意志通讯社”（D. N. B.）在齐亚诺走了之后两小时就发表了一项公报，丝毫没有同意大利人做任何商量。公报说，双方讨论了当前的一切问题——特别讨论了但泽问题——结果达成了“百分之百”的协议。公报还说，没有任何一个问题悬而未决，已不再需要继续会谈，因为已经没有必要了。阿托利科发了火。他向德国人提出抗议，责备他们背信食言。他向汉德逊暗示，战争已迫在眉睫。他在发给罗马的怒气冲冲的电报中把德国人发表的公报说成是“马基雅维里式的”。他指出这种做法是处心积虑想要在德国进攻波兰以后把意大利同德国拴在一起。他要求墨索里尼对希特勒要硬一点，要坚决要求德国人履行“钢铁条约”中关于事先要“商量”的条款，并且根据这项条款，坚持要有一个月的宽限，通过外交途径来解决但泽问题。[103]

不论爱戴高帽子的墨索里尼会被这些话打动到什么程度，他的女婿可是无动于衷。他第二次同希特勒会谈以后，在8月13日的日记中写道：“我回罗马的时候，对德国人，对他们的领导人，对他们办事的方法，真是讨厌透顶了。他们出卖了我们，对我们撒谎。现在他们是在把我们拖进一场冒险中去。这场冒险是我们不想干的，而且是会危及我们的政权和我们整个国家的。”

但是，当时意大利是希特勒最不在乎的国家。他的心思集中在俄国身上。在8月12日同齐亚诺的谈话临近结束的时候，有“一封莫斯科来的电报”（德国方面的记录是这样说的）交给了元首。由于希特勒和里宾特洛甫要看电报，谈话中断了一会儿。然后他们把电报的内容告诉了齐亚诺。

“俄国人，”希特勒说，“已经同意德国派一个政治谈判代表去莫斯
512 科了。”

注 释

1. 德国方面关于这次会谈的报告，见《德国外交政策文件汇编》，第6卷，第104—107页。利普斯基致贝克的报告，见《波兰白皮书》，第44号，载《纳粹的阴谋与侵略》，第8卷，第483页（纽伦堡文件TC–73，第44号）。

2. 希特勒于1937年11月15日给利普斯基的保证，见《德国外交政策文件汇编》，第6卷，第26—27页。1938年1月14日给贝克的保证，同上，第39页。

3. 贝克于1938年10月31日给利普斯基的指示，见《波兰白皮书》，第45号，载《纳粹的阴谋与侵略》，第7卷，第484—486页。里宾特洛甫关于11月19日与利普斯基会谈的报告，见《德国外交政策文件汇编》，第5卷，第127—129页。

4. 施密特关于这次会谈的报告，同上，第152—158页。波兰的记录，见《波兰白皮书》，第48号，载《纳粹的阴谋与侵略》，第8卷，第486—488页（纽伦堡文件TC–73）。

5. 里宾特洛甫关于会谈的报告，见《德国外交政策文件汇编》，第5卷，第159—161页。波方记录，见《波兰白皮书》，第49号，《纳粹的阴谋与侵略》，第8卷，第488页（纽伦堡文件TC–73）。

6. 里宾特洛甫关于1939年1月26日在华沙与贝克会谈的报告，见《德国外交政策文件汇编》，第5卷，第167—168页。贝克的记录，见《波兰白皮书》，第52号。

7. 毛奇在1939年2月26日的电报，见《德国外交政策文件汇编》，第6卷，第172页。

8. 利普斯基关于这次会谈给华沙的电报，见《波兰白皮书》，第61号，载《纳粹的阴谋与侵略》，第8卷，第489—492页（纽伦堡文件TC–73，第61号）。里宾特洛甫关于会谈的报告，见《德国外交政策文件汇编》，第6卷，第70—72页。

9. 外交部关于这次会谈的报告，同上，第5卷，第524—526页。

10. 同上，第502—504页。

11. 这一段来源，同上，第528—530页。

12. 同上，第6卷，第97页。

13. 同上，第110—111页。

14.《纳粹的阴谋与侵略》，第7卷，第83—86页（纽伦堡文件R-100）。

15. 全文见《德国外交政策文件汇编》，第6卷，第122—124页。里宾特洛甫关于3月26日与利普斯基会谈的报告，同上，第121—122页。波兰的记录，见《波兰白皮书》，第63号。

16. 施密特关于这次会谈的报告，见《德国外交政策文件汇编》，第6卷，第135—136页。

17. 毛奇的电报，同上，第147—148页。《波兰白皮书》，第64号。

18.《英国外交政策文件汇编》，第4卷，第538号。

19. 同上，第485，518，538（英法建议全文），561，563，566，571，573号。

20. 同上，第498号。

21. 同上，第5卷，第12号。

22. 吉斯维乌斯在《至死方休》中引用，第363页。

23. 白色方案全文，见《纳粹的阴谋与侵略》，第6卷，第916—928页。部分译文见《德国外交政策文件汇编》，第6卷，第186—187，第223—228页（纽伦堡文件C-120）。德文原文见《主要战犯的审讯》，第34卷，第380—422页。

24. 德国方面关于戈林-墨索里尼会谈的机密报告，见《德国外交政策文件汇编》，第6卷，第248—253，第258—263页。另见《齐亚诺日记》，第66—67页。

25. 1939年4月17日电报，见《德国外交政策文件汇编》，第6卷，第264—265页。外交部关于各方答复的报告，同上，第309—310页。魏茨泽克4月18日给德国驻里加公使的电话，同上，第283—284页。

26. 同上，第355，399页。

27. 同上，第4卷，第602—607页。

28. 同上，第607—608页（1938年10月26日电报）。

29. 同上，第608—609页。

30. 同上，第631页。

31. 同上，第6卷，第1—3页。

32. 戴维斯：《出使莫斯科》，第437—439页。西兹大使的电报，见《英国外交政策文件汇编》，第4册，第419号。

33. 布斯比：《我为生存而斗争》，第189页。哈利法克斯对迈斯基的声明，见《英国外交政策文件汇编》，第4册，第433号。

34.《德国外交政策文件汇编》，第6卷，第88—89页。

35. 同上，第139页。

36. 德国方面1939年4月16日关于戈林与墨索里尼会谈的报告，同上，第259—260页。

37. 同上，第266—267页。

38. 同上，第419—420页。

39. 同上，第429页。

40. 同上，第535—536页。

41.《纳粹-苏联关系（1939—1941年）》，第5—7，8—9页。

42.《法国白皮书》，第123，125号电报。我采用了法文本，但我相信英文本编号相同。

43.《德国外交政策文件汇编》，第6卷，第1，111页。本卷附录Ⅰ中有一些根据德国海军档案的参谋会议备忘录。

44.《齐亚诺日记》，第67—68页。

45. 米兰会议德国方面记录，见《德国外交政策文件汇编》，第6卷，第450—452页。齐亚诺的记录，见《齐亚诺外交文件集》，第282—287页。

46. 同盟条约全文，见《德国外交政策文件汇编》，第6卷，第561—564页。秘密议定书没有什么重要的东西。

47. 施蒙特1939年5月23日的记录，见《纳粹的阴谋与侵略》，第7卷，第847—854页（纽伦堡文件L-79）。英译文见《德国外交政策文件汇编》，第6卷，第574—580页。德文全文见《主要战犯的审讯》，第37卷，第546—556页。

48. 计划详情，见纽伦堡文件NOKW-2584。载《战犯的审讯》。

49.《纳粹的阴谋与侵略》，第6卷，第926—927页（纽伦堡文件C-120）。

50.《主要战犯的审讯》，第34卷，第428—442页（纽伦堡文件C-126）。这个文件的英译文载《纳粹的阴谋与侵略》，第6卷，第937—938页，但删节过多，无甚价值。

51. 同上，第827页（纽伦堡文件C-23）。

52. 英法草案全文，见《英国外交政策文件汇编》，第5册，第624号。英大使关于莫洛托夫反应的报告，同上，第648，657号。

53. 5月31日"急"电，见《德国外交政策文件汇编》，第6卷，第616—617页。

54. 6月1日电报，同上，第624—626页。

55. 同上，第547页。

56. 同上，第589—593页。

57. 同上，第593页。

58. 魏茨泽克5月27日给舒伦堡的信和5月30日的附笔，同上，第597—598页。

59. 同上，第608—609页。

60. 同上，第618—620页。

61. 同上，第790—791页。

62. 同上，第805—807页。

63. 同上，第810页。

64. 同上，第813页。

65.《英国外交政策文件汇编》，第5册，第5，38号。

66. 1939年6月29日《真理报》。

67. 6月29日的电报，见《德国外交政策文件汇编》，第6卷，第808—809页。

68.《主要战犯的审讯》，第34卷，第493—500页（纽伦堡文件C-142号）。在《纳粹的阴谋与侵略》第6卷第956页上的英译文简短得多。

69.《纳粹的阴谋与侵略》，第4卷，第1035—1036页（纽伦堡文件2327-PS）。

70. 同上，第4卷，第934页（纽伦堡文件C-126）。

71. 德国国防会议1939年6月23日会议秘密记录，同上，第718—731页（纽伦堡文件3787-PS）。

72.《德国外交政策文件汇编》，第6卷，第750，920—921页。

73. 同上，第864—865页。

74. 全文，同上，第7卷，第4—5，9—10页。

75. 布尔克哈特1940年3月19日致国际联盟的报告全文，见《国际问题文件集（1939—1946年）》，第1卷，第346—347页。

76.《德国外交政策文件汇编》，第6卷，第936—938页。

77. 同上，第955—956页。

78. 施努雷的报告，同上，第1106—1109页。

79. 同上，第1015—1016页。

80. 同上，第1022—1023页。

81. 同上，第1010—1011页。

82. 同上，第1021页。

83.《英国外交政策文件汇编》，第4卷，第183号。

84. 同上，第6册，第329，338，346，357，358，376，399号。

85. 同上，第376，473号。

86. 8月1日的两封电报，见《德国外交政策文件汇编》，第6卷，第1033—1034页。

87.《英国外交政策文件汇编》，附录V，第763页。

88. 伯内特的信，同上，第7册，附录II，第600页。西兹的电报，同上，第6册，第416号。

89.《德国外交政策文件汇编》，第6卷，第1047页。

90. 同上，第1048—1049页。

91. 同上，第1049—1050页。

92. 同上，第1051—1052页。

93. 同上，第1059—1062页。

94.《法国白皮书》，法文版，第250—251页。

95. 两封信的全文，见《德国外交政策文件汇编》，第6卷，第973—974页。

96. 阿托利科关于他在7月6日同里宾特洛甫会谈的电报，见《意大利外交文件汇编》，第7卷，第12册，第503号。我用的引文和转述取材自阿诺德·汤因比和弗罗尼卡·汤因比编：《大战前夕》一书。

97. 魏茨泽克备忘录，见《德国外交政策文件汇编》，第6卷，第971—972页。

98.《齐亚诺日记》，第113—114页。

99. 同上，第116—118页。

100. 同上，第8—19，582—583页。齐亚诺关于与里宾特洛甫会谈的记录，见《齐亚诺外交文件集》，第297—298页，另见《意大利外交文件汇编》，第8卷，第13册，第1号。德国方面的记录没有找到。

101. 德国方面关于8月12日和13日会谈的记录，在纽伦堡提出时编号为1871-PS和TC-77。后者较完全，英译文载《纳粹的阴谋与侵略》，第8卷，第516—529页。我用的是施密特签名的一份，载《德国外交政策文件汇编》，第7卷，第39—49页，第53—56页。齐亚诺的记录，见《齐亚诺外交文件集》，第303—304页，另见《意大利外交文件汇编》，第13册，第4，21号。1939年8月12日、13日及1943年12月23日的日记，见他的《日记》，第119—220，582—583页。

102. 这段哈尔德日记载《德国外交政策文件汇编》，第7卷，第556页。

103. 见《意大利外交文件汇编》，第7卷，第13册，第28号；《英国外交政策文件汇编》，第6册，第662页。

第十五章

纳粹-苏联条约

8月12日下午，希特勒在上萨尔茨山向齐亚诺透露内容的“莫斯科来的电报”，就像在本书以前所出现过的某些“电报”一样，来源甚为可疑。在德国档案里并没有找到这样一份从俄国首都来的电报。舒伦堡确实曾在8月12日从莫斯科发过一份电报给柏林，但是它只不过报告了英法军事代表团的到达以及俄国人同他们的客人亲热地相互敬酒的消息而已。

可是，希特勒和里宾特洛甫显然想用来打动齐亚诺的“电报”也仍然不无根据。8月12日曾从威廉街向上萨尔茨山传去过一份电报，报告俄国代办那一天在柏林拜会施努雷的结果。阿斯塔霍夫通知施努雷说，莫洛托夫现在准备讨论德国人提出来的问题，包括波兰和其他政治性问题在内。苏联政府建议以莫斯科为谈判地点。但是，阿斯塔霍夫说，此事不必着急。施努雷在那份显然赶发到上萨尔茨山的报告中谈到，阿斯塔霍夫强调说：“莫洛托夫给他的指示中主要着重之处就在‘逐步’这个词上……谈判只能逐步进行。”[1]

但是，阿道夫·希特勒可不能等待同俄国的谈判“逐步”进行。正如他刚刚对震惊莫名的齐亚诺透露的那样，他已经把突袭波兰的最后期限规定在9月1日，而现在已经将近8月中旬了。如果他要有效地破坏英法同俄国之间的谈判而同斯大林办成他自己的交易的话，就该快动手——不是一步一步来，而是大跳一步。

8月14日是星期一，又是一个关键性的日子。这一天，显然并没有完全得知希特勒和里宾特洛甫天机的冯·德·舒伦堡大使从莫斯科给魏茨泽克打了一份电报，说莫洛托夫是一个“古怪而难办的人”，而“我仍然认为在对苏关系方面应当避免采取任何操之过急的行动”，然而，就在同时，柏林却 513
给他发去了一份“特急”电报。[2]这份电报是里宾特洛甫发出的，发报地点是威廉街（外交部长当时仍旧在富施尔），时间是8月14日晚上10点53分。它指示德国大使立即去见莫洛托夫并向他“一字不改地”照读一封长信。

这封信，说穿了，是希特勒出的大价钱。里宾特洛甫的电报说：德苏关系已经“临到了一个历史性的转折点……德国和俄国之间并不存在任何实际的利害冲突……历史上，当两国是友邦的时候就一切顺遂，当两国是敌国的时候，那就不然了”。

> 由于英国的政策而在波德关系上所发生的危机，［里宾特洛甫接着说］以及实行那种政策势所必至的组织联盟的企图，已使迅速澄清德俄关系成为必要。要不然的话，情况……很可能逆转，而使两国政府不再有恢复德俄友谊从而协同澄清东欧领土问题的可能。因此，两国领导人绝不能坐失时机而应该当机立断。如果，由于双方不了解彼此的观点与意向而使两国人民终归仳离的话，将是极大的不幸。

德国外交部长因此“以元首的名义”，准备在适当时机采取行动。

> 我们获悉，苏联政府也有澄清德俄关系的愿望。不过，根据过去的经验。这种澄清通过通常的外交途径只能慢慢地来达到，因此，我准备到莫斯科做一次短期访问，以元首的名义向斯大林先生提出元首的意见。在我看来，只有通过这样的直接讨论才能使局面有所改变，从而不是不可能为德俄关系的最后解决奠定基础。

英国外交大臣一直不愿到莫斯科去，而现在德国外交部长却不但愿意去，而且急着要去——纳粹领袖们正确地估计到，这样一种对比一定会给多疑的斯大林以强烈的印象。* 德国人认为最重要的就是要把他们的意见直接提给那位俄国独裁者本人。因此里宾特洛甫在他的急电后面又加上了一个“附言”。

> 我要求你［里宾特洛甫告诉舒伦堡］不要把这项书面指示交给莫洛托夫先生，而是要使它尽可能像我所指示你的那样确切地直达斯大林先生；我授权你，如果有机会的话，请莫洛托夫先生允许你代表我晋见斯大林先生，那样，你就可以把这封重要的信件直接向他面陈了。除了同莫洛托夫会晤以外，同斯大林进行详细讨论也是我做这次访问的一个条件。[3]

514

在德国外交部长的建议里，有一个没有什么掩饰的钓饵，德国人一定认为克里姆林宫是会上钩的。德国人这样想不是没有理由的。在重申“从波罗的海到黑海没有任何问题不能按两国完全满意的方式解决”的时候，里宾特洛甫具体提到了“波罗的海国家、波兰、东南欧问题等等”，而且他还说，有必要“协同澄清东欧的领土问题”。

德国已经准备同苏联瓜分东欧，包括波兰在内。这是英国和法国所无法出的大价钱，而且显然，即使它们能够出，也是不愿出的。希特勒在出了这笔价钱以后，显然很有把握不会被拒绝，因此，就在当天（8月14日）再次召集了他的三军司令长官，来听他讲进行战争的计划和预测。

上萨尔茨山的军事会议：8月14日†

“伟大的戏剧，”希特勒告诉他的挑选来的听众说，“现在已经接近高

---

* 见本书原文第523页。

† 关于这次会议情况的唯一资料来源是没有出版的陆军参谋总长哈尔德将军的日记。这本日记的第一页就是1939年8月14日。哈尔德是用加贝尔斯伯格式速记记的。它记录了从1939年8月14日到1942年9月24日他被免除参谋总长的职务这段时期内纳粹德国最机密的军事和政治活动，有极大的历史价值。在上萨尔茨山写的日记中，有希特勒讲话时他做的速记记录，最后还有他自己做的摘要。很奇怪，没有一家美国或者英国的出版商出版过哈尔德的日记。作者在写作本书时曾看到过这本日记的德国普通书写体本，是哈尔德自己从速记本译出来的。希特勒的工作日志证实了这次会议的日期，那上面还说除了三军总司令布劳希奇、戈林和雷德尔而外，建造了西壁防线的工程师托特博士也参加了这次会议。

潮了。”虽然要取得政治上和军事上的胜利就不能不冒风险，他还是肯定英国和法国不会打仗。光说一点就够了，英国“没有一个真正有胆略的领袖。我在慕尼黑领教过的人物都不是能打一场新的世界大战的人物”。但是就像前几次同他的军事首脑们开会时一样，元首总是忘怀不了英国，他相当详细地谈到了英国的力量和弱点，特别是后一方面。

［据哈尔德的记录说］同1914年不同，英国不会再冒冒失失参加一场要持续好几年的战争了……这就是富国的命……即使英国，现在也没有钱打世界大战。英国要打仗是为了什么？谁肯为了一个盟国而找死？ 515

希特勒问道，英国和法国在军事上有什么办法呢？

硬攻西壁是不大可能的［他自己回答道］。向北经过比利时和荷兰包抄不可能迅速取胜。这些办法都帮不了波兰人的忙。

这些因素都表明英国和法国不会参加战争……没有什么东西逼它们非打不可。到慕尼黑来的那批人是不会冒险的……英国和法国的参谋总部对武装冲突的前途有清醒的估计，因而是反对打仗的……

所有这一切都支持这样一种看法：虽然英国可能大唱高调，甚至召回大使，也许在贸易上实行全面禁运。它还是肯定不会进行武装干涉。

因此，波兰很可能单独应战，但是希特勒解释说，仍然必须把它“在一两个星期内”打败，好让全世界都看到它已完全垮台，这样就不会再设法搭救它了。

希特勒还没有完全准备好告诉他的听众，他就在这一天同俄国做的那笔交易要达到什么样的程度，虽然这个消息一定会使那些深信德国不能同时在两条战线上打一场大战的将军们大为快慰。不过他告诉他们的那一点也已经足以引起他们要求知道更多消息的欲望了。

“俄国，”他说，“绝不是肯为人火中取栗的。”他讲了一下同莫斯科之间从贸易谈判开始的"稀疏的接触"。他现在正在考虑是否"该派一个谈判代表到莫斯科去，这个人是否该是一个显要人物"。他说，苏联并不感到对西方有什么义务。俄国人是了解必须摧毁波兰的道理的。他们对"划定势力范围"是有兴趣的。元首"准备同他们互相迁就"。

在哈尔德记得十分详尽的速记记录中，没有一处提到这位陆军参谋总长自己，或者陆军总司令冯·布劳希奇将军，或者戈林，曾对元首把德国引入欧洲大战的方针提出过异议——因为，虽然希特勒信心十足，法国和英国是不是一定不会打仗，俄国是不是一定会袖手旁观，还不是绝对肯定的。事实上，刚好一个星期以前，戈林就曾接到过一个直接的警告说，如果德国进攻波兰的话，英国人肯定会打仗。

7月初，他有一个名叫比尔格·达勒鲁斯的瑞典朋友，曾设法让他相信英国舆论再也不会容忍纳粹进一步的侵略行动。当德国空军总司令表示怀疑的时候，达勒鲁斯8月7日又曾在靠近丹麦边境的石勒苏益格-荷尔斯泰因自己的一所房子里安排一个机会，让戈林以私人的身份会
516 见了七名英国企业界人士。这几个英国人竭尽全力要戈林相信，如果德国发动进攻的话，英国一定会履行它对波兰的条约义务。他们不但在口头上说，而且还提出了一个书面备忘录。他们是否达到目的是可以怀疑的，不过，自己也是一个商人的达勒鲁斯是相信他们达到了目的的。*这位好事的瑞典人肯定在柏林和伦敦都同上层有联系。在今后几个紧张的星期中，他曾在德国和英国之间担当了某种调解人的角色。他能直通唐宁街，而且曾于7月20日在那里受到了哈利法克斯勋爵的接见，他同后者讨论了英国企业界人士即将会见戈林的事情。此后不久，他又被希特勒和张伯伦亲自召见。然而，虽然他争取和平的努力出于好意，但他实在太天真了，要当一个外交家，更是幼稚外行得惊人。几年以后在纽伦堡审讯中，大卫·马克斯威尔-费夫爵士曾多方盘诘，使这个瑞典业余外交家痛苦地承认上了戈林

---

* 达勒鲁斯1946年3月19日在纽伦堡为戈林的案子作证的时候，告诉庭上，戈林曾"以他的荣誉"向英国商人们担保，他将尽其全力来避免战争。但是也许戈林在会见英国商人之后两天所做的一项声明才更确切地表明他当时的心理状态。他大吹德国空军的空防能力说："一颗炸弹也扔不到鲁尔来。要是有一架敌机到达鲁尔的话，我的名字就不叫赫尔曼·戈林：你们叫我什么都行。"这是他很快就要后悔的一次吹牛。

和希特勒的大当。[4]

哈尔德将军是11个月以前要推翻希特勒的密谋中的为首人物，为什么他在8月14日不发言反对元首走向战争的决定呢？或者，如果他认为说话没有用的话，为什么不根据慕尼黑前夕同样的理由——战争将给德国带来大祸——再次策划推翻那位独裁者呢？多年以后，哈尔德在纽伦堡受审的时候解释说，甚至在1939年8月中旬，他还根本不相信希特勒，不管他嘴上怎么说，到头来会冒险发动战争。[5]哈尔德在8月15日即伯格霍夫会议后的次日所记的日记还表明，他也不相信法国和英国会冒战争的危险。

至于布劳希奇，他不是一个能对希特勒已经打定的主意提出疑问的人。在8月15日从吉斯维乌斯那里知道了上萨尔茨山军事会议的消息的哈塞尔曾托人带话给这位陆军总司令说，他“绝对相信”，如果德国侵入波兰的话，英国和法国一定会干涉。然而哈塞尔在日记中伤心地写道：“同他没有什么好谈的。他不是害怕，就是根本不懂这件事……对这些将军们是没有什么指望了……只有几个人脑袋还清醒：哈尔德、卡纳里斯、托马斯。”[6]

只有最高统帅部才智出众的经济与军备局局长托马斯将军敢公开对元首提出异议。8月14日的军事会议过了没有几天，托马斯在同现在大体上已不活动的密谋分子格德勒、贝克和沙赫特讨论以后，写了一个条陈，亲 517
自读给最高统帅部长官凯特尔听。他说，速战速决完全是幻想。对波兰的进攻将触发世界大战，而德国却缺少进行这场大战的原料和粮食。但是全部思想完全来自希特勒的凯特尔，却对这种认为会引起大战的看法置之一笑。他说，英国太老朽了，法国太腐败了，美国太不关心了，它们都不会为波兰来打仗的。[7]

这样，当1939年8月下半月开始的时候，德国的军事首脑们就全力准备起消灭波兰的计划来了，同时也准备万一西方民主国家出乎一切意料而出兵干涉的时候保卫德国西部。原定在9月份第一个星期开始举行的一年一度的纽伦堡党代表大会，希特勒曾在4月1日把它宣布为“和平的党代表大会”的，在8月15日暗暗地取消了。有25万人被征召入伍，到西线的军队中去。对铁路提前发出了动员令。陆军总司令部已计划好迁移到柏林东面的措森。同一天，海军方面报告，袖珍战列舰“施佩伯爵号”和“德意志号”及21艘潜艇已准备好开赴大西洋防区。

8月17日，哈尔德将军在日记里记下了一段奇怪的话：“卡纳里斯同第一局［作战局］查对过。希姆莱、海德里希，上萨尔茨山：给上西里西亚送150套附件齐全的波兰军服。”

这是什么意思？直到战后才弄清楚。这牵涉到纳粹党人所制造的最离奇的一个事件。我们还记得，为了能使侵略奥地利和捷克斯洛伐克有所借口，希特勒和他的将领们曾打算制造像谋杀德国公使这样的“事件”，这一次也正如过去一样，他们因为看到时间越来越少，就又想制造一个事件，至少照他们的想法，这样就可以使他们在全世界面前有了侵略波兰的理由。

这一事件的代号叫“希姆莱计划”，做法十分简单——也十分露骨。党卫军的秘密警察将利用集中营里的死囚穿着波兰陆军的制服向靠近波兰边境格莱维茨地方的德国广播电台发动假进攻。这个地方靠近波兰边境，这样就可以指责波兰进攻了德国。8月初，最高统帅部谍报局局长卡纳里斯海军上将接到了希特勒的手令，要他发给希姆莱和海德里希150套波军制服和若干波军小型武器。这使他大为奇怪，8月17日，他问最高统帅部长官这是怎么回事。那位没有骨气的凯特尔说，他也不怎么看得起“这种行为”，不过他告诉卡纳里斯说，既然是元首亲自下的命令，也就“没有什么法子”了。[8]卡纳里斯虽然十分反感，但还是服从了希特勒的命令，把制服交给了海德里希。

这位党卫军保安处处长选定了一个叫阿尔弗雷德·赫尔穆特·瑙约克
518 斯的年轻的党卫军老特务来执行这项计划。对这个奇怪的人物来说，接受这样的任务既不是第一次，也不是最后一次。早在1939年3月，在德国占领捷克斯洛伐克以前不久，瑙约克斯就曾受海德里希指使把炸药运入斯洛伐克，据他后来供认，这批炸药就是用来“制造事件”的。

阿尔弗雷德·瑙约克斯是党卫军秘密警察的典型产物，是一种有文化的匪徒。他曾在基尔大学学过工程，在那里第一次尝到了同反纳粹分子殴斗的滋味，有一次他的鼻子给共产党人打瘪了。他是在1931年参加党卫军的，在1934年保安处成立时就到了那里。像海德里希周围许多别的年轻人一样，他喜欢从事党卫军内被认为是一种花脑筋的研究——特别是“历史”和“哲学”。同时他也很快地成了一个被认为是难对付的年轻人（另一个斯科尔兹内也是这样一个人），可以被委托去执行希姆莱和海德里希所设想出来的那种不大光彩的任务。[*] 1944年10月19日，瑙约克斯投奔了美国人，一年以后在纽伦堡做了一批画押口供，其中之一就是希特勒为了使进攻波兰能有所借口而制造的“事件”的经过，这样就为历史保存了一段实录。

> 1939年8月10日或者这一天前后，保安处处长海德里希亲自下令，让我伪装进攻波兰边境附近的格莱维茨电台，［瑙约克斯在1945年11月20日在纽伦堡的一份画押口供中说］而且要装作这支进攻部队像是波兰人组成的那样。海德里希说：“对外国报界和德国宣传来说，都需要有足以证明是波兰人进行这次进攻的真凭实据……”
>
> 给我的命令是攻占广播电台，占领时间要长到足以让一名归我指挥的能说波兰话的德国人广播完一篇波兰语的演说。海德里希告诉我说，这篇演说应当讲到德国人同波兰人之间开战的时间已经到了……海德里希还告诉我说，他预料德国在几天之内即将进攻波兰。
>
> 我到格莱维茨去，在那里等候了14天……8月25日至31日之间，我去见了秘密警察头子海因里希·米勒，他当时正在附近的奥波莱。米勒当着我的面同一个叫梅尔霍恩的人[†]讨论了制造另一个边境事件的 519
> 计划，要把事情做得看起来是波兰士兵进攻德国军队那样……米勒说他有12名到13名的死囚，要让他们穿上波军制服，把他们弄死后放在

---

* 瑙约克斯在“文洛事件”中也参加了一手，这将在以后详加叙述。在1940年5月德军西进时，他曾参加过德军伪装荷兰和比利时边防军的活动。战争初期，他在保安处管过一个科，专门伪造护照，在做这件事情的时候还提出了一项“伯恩哈德计划”，异想天开地想在英国上空散发伪造的英国钞票。海德里希后来对他感到厌倦了，硬把他派到党卫军的一个团里在俄国服役，他在那里负了伤。1944年，他到比利时做一名经济管理官，但是他在当时的主要工作似乎是在丹麦执行暗杀一批丹麦抵抗运动分子的任务。他在比利时投奔了美国军队，很可能是为了保全他的脑袋。事实上，他确实神通广大。1946年，在他作为战争罪犯囚禁期间，他惊险地逃出设在德国境内的一个专门监禁战争罪犯的拘留营，因此逃脱了审讯。在写作本书的时候，他仍然没有逮捕归案，其踪迹也无人闻知。关于他越狱逃亡的事情，绍姆堡·利普在《皇冠与监狱之间》（*Zwischen Krone und Kerker*）一书中曾有叙述。

† 此人是党卫军大队长梅尔霍恩博士，他在海德里希之下负责保安处。施伦堡在回忆录（《迷宫》［*The Labyrinth*］，第48—50页）中详细谈到梅尔霍恩曾在8月26日告诉他，他受命在格莱维茨发动一次假进攻，但是后来梅尔霍恩装病没有去。梅尔霍恩的胃口后来几年中要好得多。他是战时秘密警察在波兰搞恐怖行为的一个著名的指使者。

> 出事地点，以此表明他们是在进攻时被打死的。为了这个目的，海德里希部下的医生要给他们打毒药针，然后再用枪打，在他们身上造成伤口。事件发生之后，要把报界人士和其他人士带到现场去……
>
> 米勒告诉我，他从海德里希处得到一个命令，要给我这样一些死囚来布置格莱维茨的事件。他在提到这批死囚时所用的代号是“罐头货”。[9]

当希姆莱、海德里希和米勒在希特勒的命令下准备利用这批“罐头货”为德国侵略波兰制造借口的时候，元首在部署三军方面也做出了第一个决定性的行动，准备应付可能会打大的战争。在8月19日——这是又一个关键性的日子——给德国海军下达了出发的命令。21艘潜艇奉命进入不列颠群岛以北和西北的阵地，“施佩伯爵号”启碇开赴巴西沿岸海面，它的姊妹舰“德意志号”也进驻能切断北大西洋中英国海上航路的阵地。*

向各战舰下达出发令以准备可能对英国采取行动的这一天是十分重要的。因为正是在8月19日这一天，在柏林进行了一个星期的疯狂的呼吁以后，苏联政府终于给了希特勒以他所要求的答复。

纳粹–苏联谈判：1939年8月15—21日

冯·德·舒伦堡大使在8月15日晚上8时见了莫洛托夫，而且，按照柏林的指示，向他宣读了德国外交部长表示准备到莫斯科来解决苏德关系的急电。据那天深夜德国大使发往柏林的“特急绝密”电报说，苏联外交人民委员“以最大的兴趣”听取了他的陈述，并且“热烈欢迎德国想改善对苏关系的愿望”。虽然如此，莫洛托夫毕竟是个外交的老手，仍然不露一
520 丝着急的迹象。他说，像里宾特洛甫所建议的那种访问，“要求有充分的准备，才能使双方的意见交换得到结果”。

什么结果？这个诡计多端的俄国人是给了一点暗示的。他问道，德国

---

* 潜艇是在8月19日与23日之间启航的，“施佩伯爵号”的启航日期是8月21日，“德意志号”是8月24日。

政府是否有兴趣在两国之间签订一项互不侵犯条约呢？它是否准备发挥它对日本的影响来改善苏日关系并且“消除边境冲突”呢？（指的是在“满洲-蒙古”已经打了整整一个夏天的没有宣战的战争。）最后，莫洛托夫问道，如果苏德联合担保波罗的海国家的话，德国以为如何呢？

他最后说，所有这一类问题“都必须具体讨论，那样，在德国外交部长来到了这里以后，就不会仅仅是交换交换意见，而是能做出具体决定”。他再一次强调“对这些问题进行充分的准备是必不可少的”。[10]

这样看来，缔结纳粹-苏联互不侵犯条约的建议还是俄国人第一个倡议的——而且是在他们同法国和英国谈判必要时协同作战来制止德国侵略的时候倡议的。* 希特勒对“具体讨论”这样一个条约当然大喜过望，因为这个条约将使俄国置身于战争之外，从而能使他放胆进攻波兰而无须害怕苏联干涉。而如果苏联置身于外的话，他深信英国和法国是会不寒而栗的。

莫洛托夫的这些建议正好就是希特勒所希望的东西；而且，它们比他所敢于提出的更具体、更痛快。只有一个困难：8月份快完了，而莫洛托夫还在那里坚持在德国外交部长访问莫斯科以前要有“充分准备”，希特勒可等不及苏联人这种慢吞吞的步子。威廉街在8月16日清晨6点40分就把舒伦堡关于他同莫洛托夫的谈话的报告用电话传给了在富施尔的里宾特洛甫，里宾特洛甫又急急忙忙翻过山到上萨尔茨山去向元首请示。到了午后，他们就拟好了给莫洛托夫的答复，从电传打字机上传给在柏林的魏茨泽克，指示他立即以“特急”电报发往莫斯科。[12]

纳粹独裁者无条件地接受了苏联的建议。舒伦堡奉里宾特洛甫之命再次进见莫洛托夫并且通知他：

> 德国准备同苏联缔结一项互不侵犯条约，而且，如果苏联政府也有同样愿望的话，这项条约的期限可定为25年，期满以前不得废除。除此而外，德国还准备同苏联一起对波罗的海各国做出担保。最后，德国也愿意发挥影响来改进并巩固俄日关系。 521

* 这个消息英国政府很快就知道了。8月17日，美国副国务卿萨姆纳·威尔斯曾把莫洛托夫对舒伦堡的建议通知了英国驻华盛顿大使。那是美国驻莫斯科大使斯泰恩哈特在前一天把这件事情报告给华盛顿的，而且十分确切。[11] 斯泰恩哈特曾在8月16日见过莫洛托夫。

德国政府一切装作不急于同莫斯科做交易的伪装都抛掉了。

元首的意见是［里宾特洛甫的电报接着说］，鉴于目前时局的变化，并且鉴于不论哪一天都有可能发生严重的事变（在这一点上请向莫洛托夫先生说明，德国绝不能无限期地容忍波兰的挑衅），亟须从根本上迅速澄清德俄关系，并澄清各自对当前问题的态度。

为此，我已准备在星期五（8月18日）以后的任何时候飞赴莫斯科，由元首授以全权，来谈判德俄关系的全部问题，而且，如果时机成熟的话，签订相应的条约。

里宾特洛甫再次在这封电报后面加上了一段“附言”——他个人给大使的指示。

我要求你再一次把这一指示逐字读给莫洛托夫听，并且要求立即知道俄国政府和斯大林先生的意见。为让你心中有数起见，再告诉你一句绝对要保密的话，如果我能在本周末或者下周初到莫斯科的话，对我们将特别有利。

第二天，希特勒和里宾特洛甫在高山顶上十分着急地等待着莫斯科的回答。莫斯科和柏林之间的电讯来往当然不可能说来就来——然而那两位高居在巴伐利亚阿尔卑斯山顶上的人却似乎忘记了这一事实。到8月17日中午，里宾特洛甫又给舒伦堡发了一封“特急”电，要求对方“用电报报告：你是什么时候求见莫洛托夫的，会谈安排在什么时候”。[13] 到吃晚饭的时候，那位被逼得很紧的大使的复电来了，也是“特急”，说的是他在前一天深夜11点钟才接到外交部长的电报，要进行任何外交活动都太晚了。今天（8月17日）早上他做的第一件事情，就是同莫洛托夫约好在晚上8点见面。[14]

对于现在急得如热锅上的蚂蚁一般的纳粹领导人来说，这次会谈的结果是令人失望的。俄国外交人民委员不但知道希特勒在着急，而且无疑也完全知道是为了什么理由，因此他就想种种办法耍弄他们。在舒伦堡向他读里宾特洛甫的电报的时候，莫洛托夫并不怎么关心它的内容，听完了以后，他就拿出了苏联政府对德国外交部长8月15日第一次来信的书面答复。 522

这份复照一开头就尖刻地回溯了纳粹政府以前对苏俄的敌视行为，并且说:“直到最近以前，苏联政府行事都一直假定德国政府是在找机会同苏联发生冲突……更不用提德国政府利用所谓反共公约努力建立而且已经建立了一批国家反对苏联的统一战线这件事实了。”复照解释说，正是由于这个理由，俄国“才参与组织一个反对［德国］侵略的联合防御阵线”。

> 虽然如此［照会继续说］，如果德国政府现在要对过去的政策实行改变，准备认真改善同苏联的政治关系的话，苏联政府只能对这样一种改变表示欢迎，并且准备在自己这方面修改政策，以便认真改善对德关系。

但是，俄国照会坚持，这一定要通过“认真而实际的步骤”来做到——而不是像里宾特洛甫所建议的那样跨一大步。

到底是什么样的步骤?

第一步：缔结一项贸易与贷款协定。

第二步:“可在不久以后”缔结一项互不侵犯条约。

在采取第二个步骤的同时，苏联人要求“签订一项特别议定书，明确规定缔约双方在这个或那个外交政策问题上的利益”。这显然是暗示，至少是在瓜分东欧问题上，莫斯科已经同意德国人的意见，认为可以做一笔交易了。

至于德国方面所建议的里宾特洛甫访苏之举，莫洛托夫宣称，苏联政府对此“甚为满意”，“因为派遣这么一位显要的政治家前来，突出地表明了德国政府的态度是十分认真的，与英国形成显著的对比，后者只派了像斯特朗那么一个二流角色到莫斯科来。虽然如此，对德国外交部长的来访，仍然需要做充分准备。这种访问必然会大事张扬，苏联政府却并不喜欢招摇，而宁愿不声不响地做些实际工作”。[15]

莫洛托夫提都没有提到里宾特洛甫所说的他要在周末到莫斯科来的那项迫切的具体的建议，而舒伦堡则也许因为谈话的结果有点出乎他意料，也没有多提这件事。

第二天，里宾特洛甫在接到大使的报告以后，就催起这件事来了。十分明显，希特勒现在是不顾一切了。8月18日晚间，他在上萨尔茨山的夏令总部又给舒伦堡发出了一封由里宾特洛甫署名的“特急”电报。这封电报是在8月19日清晨5点45分到达莫斯科德国大使馆的，它指示大使“立即安排再次晋见莫洛托夫先生，并且尽可能争取马上同他会谈”。再也没有
523 时间可以坐失了。“我要求你，”里宾特洛甫在电报里说，“告诉莫洛托夫以下的话”：

> ……我们在正常情况下，当然也愿意通过外交途径来设法调整德俄关系，并且以通常的方式予以实现。但是目前的不同寻常的形势，按照元首的意见，已使我们有必要采取不同的方法以取得迅速的结果。
>
> 德波关系一天比一天尖锐。我们必须估计到不论哪一天都可能发生会使公开冲突无法避免的事件……元首认为，我们必须不致在正当努力澄清德俄关系的时候，对德波冲突的突然爆发缺乏心理准备。他因此认为，必须在事先就加以澄清。仅仅为了在发生这样一种冲突的时候能考虑到俄国的利益就有此必要，如果不加以澄清的话，是很难做到这一点的。

德国大使还说，莫洛托夫所提到的谈判的“第一步”即缔结贸易协定已经在当天（8月18日）在柏林完成了，现在是“着手”第二步的时候了。为此，德国外交部长建议自己“立即动身来莫斯科”。他来的时候“将由元首授以全权，来全面地而且最后地解决全部问题”。里宾特洛甫补充说，到了莫斯科以后，他将能够“考虑俄国人的愿望”。

什么愿望？德国人现在已不再兜圈子了。

> 我也将能够［里宾特洛甫接着说］签订一项特别议定书，明确规定缔约双方在这个或那个外交政策问题上的利益；例如在波罗的海地区划定势力范围的问题。然而，这种解决只有口头讨论才办得到。

这一次，大使绝不能从俄国人嘴里得到一个“不”字。

> 请你强调［里宾特洛甫最后说］，德国的外交政策在今天达到了一个历史性的转折点……请你一定要求对方迅速同意我访问莫斯科，并且有力地反对俄国人任何相反的意见。在这一点上，你必须牢牢记住这样一个决定性的事实，即公开的德波冲突可能很快爆发，因此，我能立即访问莫斯科是我们最大的利益。[16]

8月19日是决定性的一天，让德国潜艇和袖珍战列舰开赴英国海面的命令一直压在那里，要等莫斯科来了回音才发。这些舰艇要是打算在希特勒预定发动战争的日期9月1日到达指定地点的话，它们本应该马上出发 524
的，因为剩下的时间只有13天了。受命突袭波兰的两路大集团军也应该立即进入阵地了。

柏林，特别是上萨尔茨山，空气紧张得几乎叫人不能忍受。希特勒和里宾特洛甫神经质地等待着莫斯科的决定。外交部那一天的各种文电透露了威廉街这种紧张不安的感觉。施努雷博士报告同俄国人关于贸易协定的谈判已经在前一天晚上“达成完全协议”后结束了，但是苏联却拖着不肯在上面签字。他说，签字仪式本来要在今天（8月19日）中午举行，但是到了中午，俄国人又打电话来说，他们得等莫斯科来的指示。施努雷报告说：“显然，他们是得到了莫斯科的指示，为了政治上的理由而拖延签字。”[17] 从上萨尔茨山，里宾特洛甫又给舒伦堡发去了一份“特急”电报，要他一定用电报报告莫洛托夫所说的任何一句话，或者足以表明“俄国人的意向”的每一个迹象，但是这天白天，从大使那里一共只收到了一份电报，那是照转苏联通讯社塔斯社在莫斯科的一则辟谣声明。塔斯社否认外传俄国和英法军事代表团之间已在远东问题上陷于僵局，不过，它又说三国代表团在“完全不同的问题上”存在分歧。对希特勒来说，这是一个信号——还有时间，也还有希望。

然后，到8月19日晚上7点10分，那份望眼欲穿的电报终于来了。

机　密

特　急

> 苏联政府同意德国外交部长在经济协定宣告签字以后一个星期到

莫斯科来。莫洛托夫说，如果缔结经济协定的消息明天公布的话，德国外交部长就可以在8月26日或者27日到达莫斯科。

莫洛托夫交给了我一份互不侵犯条约草案。

关于我今天同莫洛托夫所做的两次谈话的详细报告以及苏联草案的全文将立即用电报发上。

舒伦堡[18]

据大使报告，8月19日下午2点在克里姆林宫开始的第一次谈话持续了一个小时，进行得并不很好。看起来，似乎无法一下子迫使俄国人接待德国外长。“莫洛托夫坚持，”舒伦堡在电报中说，“即使要在大体上确定访问的日期，目前也是办不到的，因为那需要充分的准备……对于我再三指
525 出而且极其强调的必须赶快的理由，莫洛托夫答称，迄今为止，甚至第一个步骤——缔结经济协定——都还没有完成。首先，经济协定要签字并公布，而且要在国外发生预期的影响。然后才轮得到互不侵犯条约和议定书。”

“莫洛托夫显然毫不为我的异议所动。莫洛托夫声称，他已把苏联政府的观点告诉了我，已经再也没有别的话要补充了，在这以后，第一次谈话就结束了。”

但是，很快，他就有话要补充了。

“这次谈话结束以后还不到半小时，”舒伦堡继续报告说，“莫洛托夫通知我，要我在下午4点30分再到克里姆林宫去见他。他为麻烦我表示歉意，并且向我解释，他已经向苏联政府做了报告。”

接着，这位外交人民委员就交给这位又惊又喜的德国大使一份互不侵犯条约草案，并且告诉他，如果贸易协定能在明天签字并公布的话，里宾特洛甫就可以在8月26日或者27日到莫斯科来。

“莫洛托夫并没有对他突然改变主意举出什么理由。”舒伦堡在电报上补充说，“我猜想是斯大林过问了这件事。”[19]

这个猜想无疑是正确的。据丘吉尔说，苏联想同德国签订条约的意图是斯大林8月19日晚上向政治局宣布的。[20]从舒伦堡的电报中可以看得很清楚，这一天略早一点的时候——大概在下午3点到4点半之间——他把他那决定大局的决定告诉了莫洛托夫。

整整三年以后，在1942年8月间，“有一天清早”（丘吉尔后来报告说）这位苏联独裁者给当时在莫斯科访问的英国首相谈到了他之所以采取这一厚颜无耻的行动的一些理由。[21]

> 我们形成了这样一个印象，［斯大林说］英国和法国政府并没有决心在波兰受到攻击的时候打仗。但是他们希望英国、法国和俄国在外交上的联合会吓退希特勒。我们肯定，这样做是达不到目的的。斯大林曾问过：“法国动员起来以后，能拿出多少个师来对付德国？”答复是：“大约100个。”他又问：“英国能拿出多少个？”答复是：“两个，以后还可以再加两个。”“啊，两个，以后再加两个。”斯大林重复了一遍。然后他问道：“你知道不知道，要是我们同德国打仗的话，我们得在俄国战场上投入多少个师？”停了一下，他自己回答说：“300个以上。”

舒伦堡在报告关于他8月19日同莫洛托夫谈话的结果的电报中还曾说，他想劝诱苏联外交人民委员同意里宾特洛甫早日访问莫斯科的企图，“不幸，没有成功”。

不过，对德国人来说，此事非成功不可，侵入波兰的全部时间表，实际上也就是到底能不能在秋雨大降以前的短短时期内发动进攻的问题，全要看这一点来决定。德国人害怕，要是莫斯科不能在8月26日或者27日以前接待里宾特洛甫的话，要是俄国人稍稍拖延一下的话，9月1日的预定日期就无法保证了。 526

在这个成败关头，阿道夫·希特勒决定直接同斯大林打交道。他放下了架子，亲自请求这位他长期以来一贯痛骂诅咒的苏联独裁者立即同意他的外交部长到莫斯科去。他给斯大林的电报是在星期天（8月20日）下午4点45分急急发到莫斯科去的，离他收到舒伦堡的电报刚好12个小时。元首指示大使“立即”把它交给莫洛托夫。

> 莫斯科
>
> 斯大林先生：
>
> 我衷心地欢迎新的德苏商务协定的签字，认为它是改变德苏关系

的第一步。*

同苏联缔结互不侵犯条约，对我说来，意味着确立德国的长期政策。德国从此将恢复过去若干世纪中对我们两国都属有益的政治方针……

我接受你的外交部长莫洛托夫先生交来的互不侵犯条约草案，但是认为迫切需要尽快地澄清与之有关的问题。

苏联所希望的补充议定书的内容，我深信，能在最短时间内得到澄清，如果能有一位负责的德国政治家亲自到莫斯科去谈判的话。如若不然，德国政府就无法明白，这项补充议定书怎么样才能在短时期内澄清并解决。

德国和波兰之间的紧张关系已变得不可容忍了……不论哪一天都可能爆发危机。德国已经下定决心从现在起以在它支配下的一切手段来保护它的国家利益。

在我看来，鉴于我们两国都有建立彼此间新关系的愿望，最好是不要丧失任何时间。我因此再次建议你在星期二（8月22日）接见我的外交部长，至迟到星期三，8月23日。德国外交部长有最充分的权力来拟定并签订互不侵犯条约和议定书。鉴于目前的国际形势，外交部长在莫斯科只能逗留一天，至多两天，再长是不可能的。我将十分高兴得到你尽早的答复。

阿道夫·希特勒[22]

在以后的24小时中，从星期天（8月20日）晚间希特勒给斯大林
527 的呼吁通过电台发向莫斯科开始，到第二天的傍晚，元首一直是处在近乎精神崩溃的状态中。他连觉都不能睡。半夜里，他还打电话给戈林，说他心里嘀咕斯大林对他的电报会有什么样的反应并且对莫斯科迟迟不作答复感到惶惶不安。到8月21日凌晨3点钟，外交部接到了舒伦堡的“特急”电，说魏茨泽克早先通知他的希特勒要发给他的电报还没有收到。大使提醒外交部，“公务电报从柏林到莫斯科要四到五

* 这个协定是8月20日（星期天）凌晨2点在柏林签字的。

小时，包括两小时的时差在内。此外还必须加上翻译密码的时间”。[23] 8月21日（星期一）上午10点15分，急得不得了的里宾特洛甫给舒伦堡发了一个急电说：“请竭尽全力保证我能成行，日期如前电所示。”[24] 中午过了不久，大使通知柏林：“我将于今日下午3点往见莫洛托夫。”[25]

最后，到8月21日晚上9点35分，斯大林的复电才到了柏林。

致德国总理

A.希特勒：

我感谢你的来信。我希望德苏互不侵犯条约将成为改善我们两国关系的一个决定性的转折点。

我们两国人民都需要彼此间的和平关系。德国政府赞成缔结一项互不侵犯条约，为在我们两国之间消除政治方面的紧张状态并且实现和平与合作提供了基础。

苏联政府命我通知你，他们同意冯·里宾特洛甫先生在8月23日到达莫斯科。

J.斯大林[26]

就翻云覆雨、不讲信义这一点而言，纳粹独裁者在苏维埃暴君身上真算得上是棋逢敌手了。现在他们两个人已经打开了道路，可以在一起最后完成这个不体面的时代的一桩最卑鄙的交易了。

斯大林的复电是晚上10点30分转到在伯格霍夫的希特勒那里的。本书作者还记得，几分钟以后——晚上11点刚过——德国广播电台的音乐节目突然中断了，广播员宣布：“德国政府和苏联政府已经协议缔结一项互不侵犯条约。德国外交部长将在8月23日，星期三，到莫斯科完成这项谈判。”

希特勒在得到斯大林亲自保证俄国将成为一个友好的中立国以后，第二天（1939年8月22日）再一次把他的最高级将领召到了上萨尔茨山，向他们宣扬他自己的伟大，并且要求他们打起仗来必须残酷无情，不要有任何怜悯，并且告诉他们，他很可能在四天以后即星期六（8月26日）就下令进攻波兰——比原定计划提前六天。成全了这样一件事情的是斯大林，是元首的不共戴天的敌人。 528

1939年8月22日的军事会议

将军们发现希特勒又来了他那股极其狂妄和毫不妥协的劲儿。* 他告诉他们说："我把你们叫来，是为了要你们了解目前政治局势的轮廓，这样可以使你们对我据以做出我的无可更改的决定的各项因素能有深入的了解，也可以加强你们的信心。在此以后，我们就可以讨论军事上的各项细节了。"首先，他说，是两项关于个人的考虑。

> 我自己这个人和墨索里尼这个人。
>
> 从根本上说，一切都决定于我，决定于我的存在，原因就在于我的政治才能。除此而外，也在于这个事实：很可能再也没有一个人能享有我所享有的德国全体人民的信任了。从今以后很可能再也没有任何一个人能有比我更大的权力了。我的存在因此就具有极大的价值。但是，任何时候我都可能被一个罪犯或者一个疯子干掉。
>
> 第二个个人的因素是意大利领袖。他的存在也是决定性的。要是他有个三长两短的话，意大利对这个联盟的忠诚就不再靠得住了。意

---

* 希特勒的这次讲话没有找到什么官方的详细记录，只有几份笔记已经公开。其中有两份是由高级军官在会上记下来的。远洋舰队司令赫尔曼·伯姆海军上将的那份笔记曾呈交纽伦堡法庭为雷德尔海军元帅辩护，并且曾以德文原文印行，见《主要战犯的审讯》第41卷（*TMWC*，XLI）第16—25页。哈尔德将军也在他8月22日的日记里以他那自成一格的加贝尔斯贝格式速记做了长篇记录，这篇记录已译成英文，收在《德国外交政策文件汇编》第7卷（*DGFP*，VII）中，见第557—559页。在纽伦堡审讯中，起诉人用作这次会议的证据的主要文件是从美国军队在奥属蒂罗尔的萨尔费尔登缴获的最高统帅部档案中发现的一份纪要。这份纪要没有具名，分为两部分，其英译文曾收在《纳粹的阴谋与侵略》第3卷（*NCA*，III），纽伦堡文件798-PS，第581—586页，纽伦堡文件1014-PS，第665—666页，也收在《德国外交政策文件汇编》第7卷，第200—206页。这份分为两部分的纪要的德文原文，当然已收在《主要战犯的审讯》中。这份纪要所记的希特勒的话要比伯姆海军上将和哈尔德将军所记的更加生动。但是这三份记录的内容都是一样的，因此其真实性是无可怀疑的。在纽伦堡审讯中曾对关于希特勒这次讲话的第四份记录有过一些怀疑，因为虽然曾在审讯过程中引用，最后却并没有作为证据呈交。这份记录的编号是纽伦堡文件C-3（收在《纳粹的阴谋与侵略》第7卷，第752—754页）。它的内容无疑是真实的，但是也许曾由没有出席伯格霍夫会议的人修改。为了拼凑希特勒的原话，我曾用了伯姆与哈尔德的记录和在纽伦堡呈交法庭作为证据的那份无人具名的纪要。

> 大利的王室基本上是反对那位领袖的。

佛朗哥也是一支力量。他会保证西班牙保持“同情的中立”。至于说到“对立一方”，那么，他向他的听众担保，“在英国和法国没有什么杰出的人物”。

这位恶魔一般的大独裁者，大概一直不断地这样唠叨了有好几个钟头，中间只因吃一顿迟开的中饭中断了一会儿。从记录上，找不到任何迹象表明有任何一个陆军将领、海军将领、空军将领敢于打断他的话头，对他的判 529
断提出异议，甚至对他的谎言也不敢否认。他说，他在春天就已经决定同波兰开战是不可避免的，不过他认为他首先得对付西方。不过，后来逐渐“明白”，在那种情况下，波兰会进攻德国，因此，它应当在现在就予以清算。

无论怎么说，发动战争的时间已经来到了。

> 对我们来说，并不难做出决定。我们没有什么东西可以损失，我们只能得到好处。我们的经济情况是，我们支持不了几年了。戈林可以证实这一点。我们没有别的选择，我们必须行动……
>
> 除了个人的因素而外，政治形势也是对我们有利的；在地中海，意大利、法国和英国在争雄；在远东，存在着紧张局面……
>
> 英国处在极大的危险中，法国的地位也在恶化。人口出生率在下降……南斯拉夫内部潜伏着崩溃的种子……罗马尼亚比从前更弱了……在凯末尔死了以后，统治土耳其的是一批眼光短浅、动摇不定、软弱无能的人物。
>
> 所有这些有利的形势在两三年后就不会存在了。谁也不知道我会活多久。因此，最好现在就摊牌，要再拖延个四五年就不保险了。

这些就是纳粹领袖的疯狂的推理。

他认为西方“非常可能”不会打仗，不过这点风险是必须要冒的。难道他过去没有冒过险吗？在将军们想后退的时候进军莱茵兰，难道不是冒险吗？在占领奥地利、苏台德区和残存的捷克斯洛伐克的时候，难道他没有冒过险吗？“汉尼拔在坎尼，腓特烈大王在洛伊滕，兴登堡和鲁登道夫在坦嫩贝格，”他说，“都是冒了险的，因此我们现在也必须冒只能由铁的决心来制胜的风险。”绝不容许软弱退缩。

> 有许多身居高位而心存观望的德国人，在捷克问题解决了以后跟英国人谈过话，写过信，这造成了很大的损害。就在你们动摇失志而过早地屈服的时候，元首达到了他的目的了。

哈尔德、维茨勒本和托马斯，也许还有别的参加过慕尼黑密谋的将军在听到这几句话的时候，一定打了一个寒战。希特勒所知道的，显然比他们以为他所知道的要多。

不论怎么说，现在是要他们全体表现出自己的战斗能力的时候了。希特勒提醒他们，他已经用“政治上的恐吓”建立了一个大德意志，现在必须要“考验军事机器”了。“在西线的大决战以前，军队必须进行一场真刀真枪的战斗。”波兰提供了这样的一个机会。

530 话头接着又转到了英国和法国。

> 西方要同我们作战只有两个可能：
>
> 1. 封锁：这起不了作用。因为我们能自给自足，而且我们能从东方得到援助。
>
> 2. 从马其诺防线进攻西线。我认为这是不可能的。
>
> 另外一个可能性是侵犯荷兰、比利时和瑞士的中立。英国和法国不会侵犯这些国家的中立。事实上，它们帮不了波兰的忙。

会不会变成一场长期战争？

> 谁都不指望打一场长期战争。要是冯·布劳希奇先生告诉我说，我要花四年的时间才能征服波兰，我就会回答说那不行。说英国想打一场长期战争是胡扯。

在踌躇满志地说完了波兰、英国和法国的问题以后，希特勒打出了他最大的王牌，把话题转到俄国。

> 敌人还有一个希望，希望我们征服波兰以后，俄国会与我们为敌。敌人没有估计到我有这样大的决心。我们的敌人是小蛆虫，我在慕尼黑已经领教过他们了。
>
> 我深信斯大林是不会上英国人的当的。只有瞎了眼的乐观派才会相信斯大林会傻到看不穿英国人的打算。维持波兰的存在对俄国人并没有什么好处……李维诺夫的免职是决定性的。对我来说，这就像轰的一声炮响一样，显示了莫斯科对西方国家态度转变的迹象。
>
> 我逐步对俄国做了转变，我们借商务条约转入了政治谈判。最后俄国人提议签订一项互不侵犯条约。四天以前，我采取一项特别步骤，结果，俄国在昨天宣布它愿意签字了。同斯大林的个人接触已经建立了。里宾特洛甫后天就要去签订条约。波兰现在已处在我要它处的地位了……摧毁英国的霸主地位已经开始了。我已经完成了政治上的准备，底下的路要由军人来走了。

底下的路要由军人来走了，这就是说，如果张伯伦不再来一个慕尼黑的话。“我只怕，”希特勒对他的将领们说，“有些猪猡*会提议调停。”

到这里，会议中断，大家吃午饭去了。不过在吃饭以前，戈林还曾对元首表示感谢，感谢他给大家指出了道路，并且向他保证三军一定尽自己的天职。† 531

希特勒下午的演说主要是用来给他的军事首脑打气，设法使他们坚强

---

* 德文原文为“Schweinehund”。

† 根据纽伦堡文件C-3（见本书原文第529页脚注）的记载，戈林跳到了桌子上并且做了“杀机大动的感谢和杀气腾腾的保证。他像一个野人一样转着跳舞。几个心存怀疑的人一声也没有吭”。1945年8月28日到29日戈林在纽伦堡受审的时候，对这段描写大为恼怒。戈林说：“我否认我曾站在桌子上。我希望你们知道这篇演说是在希特勒私邸的大厅里讲的。我并没有在私人住宅里跳到桌子上去的习惯。这是同一个德国军官的仪态完全不相称的行为。”

“但是，事实是，你在讲话完了以后领导大家鼓了掌，你有没有这样做？”讯问他的美国人约翰·哈兰·阿门上校这时向他提出了这个问题。

“是的，不过不是在桌子上。”戈林答道。[27]

起来担当面前的任务。从所有三份粗略的笔记都可看出这番话的性质。

我们必须有最坚强的铁一般的决心。在任何情况面前都不容退缩。每一个人都必须认清我们已经下定决心从一开始起就同西方国家作战。一场生死的斗争……长期的和平对我们不会有什么好处……一种大丈夫的气概……我们的人比他们强……对方比我们弱……我国在1918年之所以崩溃是因为精神上准备不足。腓特烈大王之所以顶得住，只是因为他坚忍不拔。

打垮波兰是第一件要做到的事。目标是消灭有生力量，而不是为了到达一条规定好的界线。即使西线爆发战争的话，打垮波兰仍然是首要目标。由于季节的理由，必须速战速决。

我将提出发动战争的宣传上的理由——不必管它讲得通讲不通。胜利者在事后是没有人问他当初说的是不是实话的。在发动战争和进行战争时，是非问题是无关紧要的，紧要的是胜利。

心要狠！手要辣！8 000万人民一定要得到他们应得的权利……谁强就是谁对……心要硬，不要发慈悲！要心如铁石，不要有怜悯！谁若是仔细想过这个世界的道理的话，谁就懂得它的意义就在于优胜劣败，弱肉强食……

元首这时的情绪已到了条顿式盛怒的程度，在大发了这样一通尼采式的训诫以后平静了下来，对马上要进行的战役发出了几点命令。最根本的是速度。他对德国军人有“不可动摇的信任”，如果发生任何危机的话，只可能是因为司令官丧了胆。第一个目标是要从东南方揳入维斯杜拉河地区，同时从北方揳入纳雷夫河和维斯杜拉河之间的地区。他说，军事行动绝不能受他在打败波兰以后可能对波兰所做的处置的影响。不过对这一点他说得很模糊。他说，新的德国边疆将根据“确当的原则”来决定。可能他会在德国与俄国之间成立一个小小的波兰缓冲国。

他最后说，开战的命令将在以后下达，很可能在星期六（8月26日）早晨。

第二天，8月23日，在最高统帅部各局首长会议以后，哈尔德将军在

日记里写道："Y日已确定在8月26日（星期六）。" 532

莫斯科盟国谈判的僵局

到8月中旬的时候，西方民主国家同苏联之间在莫斯科的军事谈判事实上已陷于停顿——在这方面，波兰人的不肯妥协要负主要责任。大家还记得，英法军事代表团坐了一条慢船到列宁格勒以后，于8月11日到达莫斯科，刚好在出使失败的斯特朗先生离开俄国首都一个星期之后。斯特朗能把同俄国人谈判这个困难而不愉快的差事交给将军们去办，显然感到如释重负。*

现在需要赶快拟定的是一项军事条约，其中将详细规定在什么地方，以何种方式，用什么武力来对付纳粹军队。但是据英国方面对军事谈判的详细记录和英国代表的报告透露，[29] 英法军事代表团不是派到莫斯科去讨论细节的，而是讨论"一般原则"的。虽然如此，俄国人还是坚持要立即着手讨论实际的、具体的，而且——在英法方面看来——难办的问题。对于英法方面由杜芒将军在第一次会议上所宣布的原则，伏罗希洛夫的反应是，它们"太抽象、太不具体了，没有使任何人承担做任何事情的责任……我们在这里开会"，他冷冷地说，"不是为了做抽象的宣言，而且要制定一项全面的军事条约"。

这位苏联元帅提出了一些非常具体的问题：有没有什么条约规定波兰该采取什么行动？一旦战争爆发的话，英国拿得出多少军队来援助法国军队？比利时会怎么办？他所得到的答复是不大能令人放心的。杜芒说，他对波兰的计划一无所知。海伍德将军说，英国人预期"在战争初期可以第一批派出16个师，以后再派出第二批16个师"。伏罗希洛夫逼着要他说明在爆发战争的时候手边到底有多少个师，海伍德回答说："目前英国有5个正规师和1个机械化师"。这种不像样的数目在俄国人听起来，完全出乎意料而且令人不快，他们说，他们已准备好，战争一开始就摆开120个步兵师来对付从西面来的侵略者。

至于比利时，杜芒将军在回答俄国人的问题时说："法国军队不能进入[比利时]，除非人家请他们进去，但是法国准备答应任何请求。"

---

* 斯特朗在7月20日给外交部的一份电报中，把这说成是"一种令人感到屈辱的经验"。[28]

这种答复，在莫斯科的军事谈判代表们面前提出了一个关键性的问题，而这却正是英国人和法国人渴望避免的问题。首先在第一次会议上，接着
533 又在8月14日一次关键性的会议上，伏罗希洛夫元帅强调，根本的问题是波兰是否愿意允许苏联军队进入它的领土去迎击德国人的问题。如果不愿意的话，盟国又怎么能阻止德国军队迅速席卷波兰呢？在8月14日那一次会议上，他具体问道："英国和法国的参谋总部是否认为苏军可以越过波兰，特别是越过维尔纽斯山峡和加利西亚去同敌军接触？"

这是问题的核心。据西兹打电报告诉伦敦说，俄国人现在

> 提出了军事谈判成败所系的根本性问题，这个问题确实也是政治谈判开始以来成为我们一切困难的根子的问题，那就是，如何在苏联的邻国始终维持某种抵制的情况下同苏联达成任何有效的协议，而这种抵制只有到……为时已晚以后才会取消。

如果这个问题提出来的话（它怎么可能不提出来呢？），德拉克斯海军上将锦囊之中是有英国政府教给他如何对付的指示的。英国内部文件中透露出来的这项指示，在今天看起来，实在是天真到令人不可置信。鉴于波兰和罗马尼亚对于"可能进行合作的计划甚至连考虑也不愿考虑"，他要采取的"论点"是：

> 对波兰和罗马尼亚的侵略将大大改变它们的看法。不仅如此，德国如果能在俄国大门口占据一块地盘的话，也是对俄国大大不利的事情……因此，从俄国自己的利益出发，如果波兰和罗马尼亚受到侵略的话，它应当有援助这些国家的计划。
>
> 如果俄国人建议英国和法国政府应当向波兰、罗马尼亚或者波罗的海国家提出同苏联政府或者参谋总部实行合作的建议，代表团不应做任何承诺，而应该向国内请示。

他们果然这样做了。

在8月14日的会议上，伏罗希洛夫要求对他的问题做"直截了当的答复"。"如果没有确切而毫不含糊的答复的话，"他说，"军事谈判继续下去

是没有用处的……苏联军事代表团，”他补充说，“不能向自己的政府建议参加这样一个显然注定要失败的事业。”

甘末林将军从巴黎指示杜芒将军设法把俄国人从这个题目上引开去。但是俄国人不是好甩开的。[30]

据杜芒将军后来报告，8月14日的会议颇富戏剧性。英国和法国代表被将死了。他们自己也知道，然而却还想尽量回避这个问题。德拉克斯和杜芒硬是说，他们肯定波兰人和罗马尼亚人在自己的国家受到进攻时一定会马上请求俄国人援助。杜芒十分有把握地说，他们会“央求元帅支持他们的”。德拉克斯认为，说他们不会请求苏联援助是“不可想象的”。他还——看起来不怎么合乎外交策略——加了一句，“如果他们在必要时还 534
不请求援助，而让他们自己被征服的话，就可以预料他们将成为德国的省份”。这是俄国人最不愿见到的事情，因为它意味着纳粹军队陈兵苏联边境，伏罗希洛夫特别注意到了这位海军上将这句不该说的话。

最后，如坐针毡的英法代表认为，伏罗希洛夫提出了他们所没有资格处理的政治问题。德拉克斯宣称，既然波兰是一个主权国家，首先得由它的政府来许可俄国军队入境。不过由于这是一个政治问题，它应当由有关政府去解决。他提议苏联政府把这个问题向波兰政府提出来。俄国代表团同意这是一个政治问题。但是它坚持必须由英国和法国政府把这个问题向波兰人提出来，并且对他们施加压力，使他们懂道理。

鉴于俄国人在这个时候也在同德国人打交道，他们到底是真心诚意地同英法军事代表进行谈判呢，还是他们像英法外交部（更不用提德拉克斯海军上将了）后来所说的那样，仅仅为了拖延谈判以便等待同希特勒成交而坚持取得军队开进波境的权利呢？*

据英国和法国内幕人士透露，在开始的阶段，西方盟国的确认为苏联

---

* 判断这一点，时间是十分重要的。莫洛托夫直到8月15日晚间才接到纳粹关于里宾特洛甫访问莫斯科的建议（本书原文第520页）。不过，在此以前，他虽然没有明确接受这个建议，却曾暗示俄国对同德国缔结互不侵犯条约一事有兴趣，这当然会使英法谈判军事同盟成为多余。本书作者所能得出的最合适的结论是，当伏罗希洛夫在8月14日要求“毫不含糊地答复”是否允许苏联军队在波兰境内迎击德军的时候，克里姆林宫仍然处于两可之间。遗憾的是，可以澄清这一关键性问题的俄国文件还没有发表。无论如何，斯大林看来是直到8月19日下午才下定最后决心的（见本书原文第526页）。

军事代表团是真心诚意地在谈判，甚至还认为苏联代表团把这件工作看得过于认真了。8月13日，在军事谈判进行了两天之后，西兹大使打电报给伦敦说，俄国军事首脑似乎当真“要搞点名堂出来”。结果，要德拉克斯海军上将“慢吞吞进行”的指示改变了。8月15日英国政府就要他支持杜芒“尽快”使军事谈判得出结果来。原来不让他把机密军事情报告诉俄国人的限制也取消了一部分。

杜芒将军从达拉第总理那里得到的指示，同英国海军上将原来得到的拖延指示不同，是要设法尽早同俄国缔结一项军事条约。尽管英国人害怕消息可能走漏给德国人，但杜芒在第二天的会议上仍把法国兵力的数字告
535 诉了俄国人。他把这称为“高度机密的数字”，而苏联代表也答应一俟会议结束，立即把它们“忘掉”。

杜芒和德拉克斯要求本国政府指示如何回答俄国人关于波兰的问题，等了三天都没有回音。到8月17日，杜芒就给巴黎打电报 :“苏联是想要军事条约的。它不想要我们给它一张没有具体保证的废纸。伏罗希洛夫元帅宣布只要他所说的那个关键性问题解决以后，一切问题……都可以迎刃而解。”杜芒强烈地要求巴黎设法使华沙同意接受俄国的援助。

不但在莫斯科，而且也在西方国家首都，当时流行的看法都是，英法政府并没有做任何工作来劝说波兰人同意苏联军队在波兰领土上迎击德国人。事实并非如此，从最近发表的文件中可以看得很清楚，伦敦和巴黎是做了相当多的工作的——不过还不够多。同样清楚的是，波兰人的反应，其愚蠢简直不能令人置信。[31]

8月18日，在英法两国第一次试图打开波兰人的眼界让他们认清现实以后，波兰外交部长贝克告诉法国大使利昂·诺埃尔，俄国人“在军事上没有什么价值”，而波兰参谋总长斯塔契维奇将军也支持这种看法，宣称他“看不出让红军在波兰领土上作战有什么好处”。

第二天，英法大使再次进见贝克，敦促他同意俄国的建议。波兰外交部长还是拖，不过答应在翌日给他们正式答复。这一天英法使节在华沙的外交行动是同一天（8月19日）法国外交部长博内和英国代办在巴黎会谈的结果。使这位英国人感到有点意外的是，姑息希特勒最积极的博内，因为看到有可能因为波兰人的顽固而失去俄国这样一个盟友也居然着急起来了。

> ［博内告诉他说］如果由于波兰人的拒绝而使同俄国的谈判归于破裂的话，结果将不堪设想……波兰人的拒绝是讲不过去的，因为这是在德国进攻时唯一能立即见效的援助。如果我们要求我们自己的国家参加战争，来保卫拒绝了这一援助的波兰的话，英国和法国政府将处于毫无办法的地位。

如果情况果真如此——毫无疑问它一定如此——那么，英法政府为什么不在这个千钧一发的时刻对华沙施加最后的压力，干脆说除非波兰政府
接受俄国援助，英国和法国看不出它们参战援波有什么用处呢？正式的英 536
波共同安全条约当时尚未签订。为什么不能把波兰接受俄国军事援助作为缔结这一条约的一个条件呢？*

博内在8月19日同英国驻巴黎代办的谈话中是提出了这个建议的。但是，伦敦政府对这样一种“计策”（唐宁街是这样叫它的）感到不合适。张伯伦和哈利法克斯不肯走这样的极端。

8月20日上午，波兰参谋总长告诉英国驻华沙的武官说：“在任何情况下都绝不能同意苏联军队进入波兰。”当天晚上，贝克就正式拒绝了英法的要求。同一天晚上，哈利法克斯通过他驻华沙的大使，敦促波兰外交部长重新加以考虑，并且用强烈的措辞着重指出波兰的态度“破坏了”莫斯科的军事谈判。但是贝克丝毫不为所动。他告诉法国大使说：“我认为，对于外国军队使用我国领土的问题，不论什么样的讨论都是不能进行的。我们同苏联没有军事协定，我们也不想要。”

在波兰政府这样一种盲目顽固的态度面前，法国总理达拉第着急了，他后来在1946年7月18日对法国制宪议会讲话时说，他决定不顾一切，自行其是。在再一次呼吁波兰人要现实一点以后，他在8月21日早晨打电报给杜芒将军，授权他同俄国人按他所能争取到的最好的条件签订军事条约，

---

* 在张伯伦宣布英国单方面给予波兰担保之后四天，劳合·乔治4月3日在下院发表演说，敦促英国政府提出这一条件。他说：“如果我们没有俄国的援助而参加战争的话，我们就是自投罗网。这是唯一能出兵进入那里［波兰］的国家……我不明白为什么我们在承担这样一个巨大的冒险以前不先取得俄国的同意……如果俄国之所以未能参与其事只是由于波兰人有某种感情，不愿意俄国人到他们那里去的话，就该由我们来宣布这一条件。只有有了这个条件，我们才能有效地援助波兰人，波兰人如果不准备接受这一条件，责任就全在他们方面。”

不过有一个条件：这项条约一定要由法国政府批准。与此同时，法国驻苏大使那齐雅也得到博内的命令（这是后者以后说出来的）通知莫洛托夫，法国“原则上”同意苏联军队在德国进攻波兰时通过波兰领土。

但是只要波兰人还没有答应，这就只是一种无用的姿态——而且，我们今天可以知道，鉴于俄德之间正在进行交易，这还是一种毫无意义的姿态。杜芒直到8月21日晚上才接到达位第的电报。当他第二天晚上——正是里宾特洛甫动身赴莫斯科的前夕——把它告诉伏罗希洛夫的时候，这位苏联元帅表示非常怀疑。他要求看一看叫那位法国将军说法国政府已授权他签订一项准许俄国军队通过波兰的军事条约（杜芒是已经这么说的）的证明。显然，杜芒拒绝了这一要求。伏罗希洛夫下一步要求知道英国的反应如何，是否已经得
537 到了波兰的同意。这些都是没法回答的问题，杜芒只好答复说，他一无所知。

但是到这个时候，无论是问题还是答案都已经没有什么实际意义了。它们提得太晚了。里宾特洛甫已经在去莫斯科的路上了。他的访问是前一天晚上宣布的，同时还宣布了此行的目的：在纳粹德国和苏联之间缔结一项互不侵犯条约。

伏罗希洛夫看来似乎已经对那位法国将军产生了一种真正的好感，很婉转地向他示意：他们之间的接触就快结束了。

> ［伏罗希洛夫说］我只担心一件事情。法国和英国方面已经让政治和军事谈判拖得太长了。因此，在这个时候，我们绝不能排除这样一种可能性：也许会发生某种政治事件。*

---

* 在军事代表们前一天即8月21日上午的会议上，伏罗希洛夫要求会谈不定期地休会，理由是他和他的同事因为秋季演习而很忙。英法方面对这种拖延表示抗议以后，元帅答复说：“苏联代表团的愿望过去是，现在仍然是同意组织三国武装部队的军事合作……苏联同德国并无共同边界，只有在苏联军队有权通过波兰和罗马尼亚领土的条件下，它才能给英、法、波、罗以援助……如果不允许苏联军队进入波兰和罗马尼亚的领土，他们就无法同英法军队合作……苏联军事代表团无法设想英国和法国的政府和参谋总部，在派出代表团到苏联来的时候……怎么会在这样一个最基本的问题上不给他们以指示……这只能表明有理由可以怀疑，他们是否有同苏联进行认真而有效的合作的愿望。”

这位元帅从军事上立论的逻辑是颠扑不破的。法国政府，特别是英国政府没有能予以响应，将得到证明是一场灾难。不过，到8月21日这么晚的一个日子还来重复这一番话——和其他的话——却未免虚伪，伏罗希洛夫这个时候不可能不知道斯大林8月19日的决定了。

里宾特洛甫在莫斯科：1939年8月23日

所谓“某种政治事件”现在发生了。

里宾特洛甫是8月22日坐飞机动身去莫斯科的。他随身带着希特勒亲笔的全权证书，握有同苏联缔结一经签字立即生效的互不侵犯条约和“其他协定”的大权，也带着大批随员。第一天晚上，德国代表团在东普鲁士的柯尼斯堡过夜，据施密特博士说，里宾特洛甫在那里工作了整整一夜，不断同柏林和贝希特斯加登通电话，而且为准备同斯大林和莫洛托夫会谈而做了大量的笔记。

载着德国代表团的两架“秃鹫”式运输机在8月23日正午到达莫斯科。538
在大使馆匆匆吃完午饭以后，里宾特洛甫就急急忙忙赶到克里姆林宫去会见苏联独裁者和他的外交人民委员。第一次会议持续了三个小时，据里宾特洛甫在“特急”电报中告诉希特勒，这次会议对德国人说来进行得很好。[32]从德国外交部长的电报来判断，根本没有任何困难就在将使苏联置身于希特勒发动的战争之外的互不侵犯条约的条款方面达成了协议。事实上，据他报告，唯一的困难是如何瓜分赃物这样一个显然很小的问题。俄国人要求德国人承认拉脱维亚的利耶帕亚和温道两个小港“在他们的势力范围之内”。由于拉脱维亚全境都划在两国势力范围的界线的苏联一面，这个要求并不是多么大的问题，希特勒很快就同意了。里宾特洛甫在第一次会议后还告诉元首说：“预期将就整个东欧地区划分势力范围的问题签订一项秘密议定书。”

全部文件——互不侵犯条约和秘密议定书——当天晚上在克里姆林宫举行第二次会谈的时候签字了。德国人和俄国人达成协议太容易了，因此在这次一直开到第二天凌晨一两点钟的宴会式的会议上，绝大部分时间不是花在什么严重的讨价还价上，而是用来对世界局势一个国家一个国家地进行热烈而友好的讨论，中间还充满了克里姆林宫庆祝会上绝不可少的敬酒干杯。出席这次会议的德国代表团的一个团员曾写了一份秘密备忘录记下这个外人难以想象的场面。[33]

斯大林曾问到德国的伙伴——意大利和日本——的野心，里宾特洛甫

1939年8月23日，里宾特洛甫（左）抵达莫斯科中央机场，迎接他的是苏联副外交人民委员弗拉季米尔·波将金（右）。

莫洛托夫在《苏德互不侵犯条约》上签字，他身后站立的是斯大林（右二）和里宾特洛甫（右三）。

对此做了爽快的、令人放心的回答。谈到英国的时候，苏联独裁者和那位现在举止尽量表现得规矩的纳粹外交部长也马上发现彼此的看法一致。斯大林告诉他的客人说，英国派到莫斯科来的军事代表团“从来也没有告诉苏联政府，他们到底要什么”。里宾特洛甫在回答时着重点出，英国老是想破坏德国和苏联之间的良好关系。他大言不惭地说：“英国是软弱的，只想叫别人给它打仗，好让它狂妄地僭取统治全世界的霸权。”

这份德国备忘录说，“斯大林极表同意”，他还说，“如果英国真的统治了全世界的话，那是因为老是让自己被它吓唬的其他国家太傻的缘故”。这个时候，苏联的统治者和希特勒的外交部长已经相处极为融洽，即使提起反共公约也不能使他们感到尴尬了。里宾特洛甫再次解释这个条约不是针对苏联而是针对西方民主国家的。斯大林插话说：“事实上，反共公约主要是吓坏了伦敦城［指英国金融界］和英国的店主们。”

在这个时候，据德国的备忘录透露，里宾特洛甫由于斯大林这种圆通的态度，兴致高到竟然想说一两句笑话——对这样一个毫无幽默感的人来说，这实在是一件了不起的事情。 539

德国外交部长［备忘录接着说］开玩笑地说，斯大林先生肯定没有像伦敦城和英国的店主们那样被反共公约吓倒。德国人民对这件事情的看法可以拿一个笑话来说明，那是一向以机智和幽默出名的柏林人编出来的，他们说，斯大林自己早晚都会参加反共公约的。

最后，纳粹外交部长絮絮不休地谈到德国人民将如何热烈地欢迎同俄国达成的谅解。“斯大林先生回答说，”德国备忘录写道，“他确实相信这一点。德国人要求和平。”

这样的噱头到互相敬酒的时候就愈来愈不堪了。

斯大林先生自动地提议为元首干一杯：

“我知道德国民族多么爱他们的元首，我因此要为他的健康喝一杯。”

莫洛托夫先生提议为德国外交部长的健康干一杯……莫洛托夫先

> 生和斯大林先生一再提议为互不侵犯条约，为德俄关系的新时代，为德意志民族干杯。
>
> 德国外交部长也提议为斯大林先生，为苏联政府，为德国和苏联两国关系的顺利发展干杯。

尽管在这些直到最近以前还是不共戴天的死敌之间说了这么多热情的话，对纳粹党人能否信守这个条约，斯大林看来在思想上还是有保留的。当里宾特洛甫告辞的时候，他把他拉到一旁并且说:“苏联政府对这个新条约是十分认真的。他可以用他的荣誉来担保，苏联绝不会出卖它的伙伴。”

这一对新伙伴到底签订了些什么呢？在公开发表的条约中，双方约定，任何一国都不得进攻对方。如果其中一方成了第三国的“敌对行动的目标”，另一方将“绝不以任何形式给予该第三国以支持”。德国和俄国也绝
540 不“参加直接或间接针对另一方的任何国家集团”。*

这样，希特勒就取得了他具体希望得到的东西：一旦波兰受到进攻，而英国和法国又履行其条约义务出兵救援时，苏联同意不加入英法一方。†

他所付出的代价是在这个条约的“秘密附属议定书”里：

> 值此德国和苏联互不侵犯条约签字之际，在下面签字的全权代表在严守机密的会谈中讨论了在东欧划分他们各自的利益范围的问题。
>
> 1. 在一旦波罗的海国家（芬兰、爱沙尼亚、拉脱维亚、立陶宛）所属的领土上发生领土的或政治的变动时，立陶宛的北部边界应成为德国和苏联两国利益范围的边界。
>
> 2. 在一旦波兰国家所属的领土上发生领土的或政治的变动时，德

---

* 主要条款的措辞几乎完全按照莫洛托夫8月19日交给舒伦堡的苏联草案。它是希特勒在给斯大林的电报中说他已经接受了的。俄国草案特别规定，德苏互不侵犯条约，只有在同时签订一项“特别议定书”并且以之为该条约不可分割的一部分的情况下方属有效。[34]

据参加晚上会议的弗里德里希·高斯说，里宾特洛甫曾放入一段强调苏德友好关系之形成的夸大其词的序言，由于斯大林的坚持而放弃了。这位苏联独裁者发牢骚说:“苏联政府被纳粹政府在脸上抹了六年屎之后不能突然之间把关于友谊的保证拿到群众面前来。”[35]

† 条约第七条规定，该条约在签字以后立即生效。在这样两个极权主义的国家中，正式批准当然只是一种形式，但是也得花几天的时间。希特勒坚持非有这一条规定不可。

国和苏联两国的利益范围将大体上以纳雷夫河、维斯杜拉河和桑河一线为界。

缔约双方的利益是否需要维持一个独立的波兰国家以及这个国家的边界应如何划定的问题，只有在今后政治局势的发展中方能予以明确规定。

在任何情况下，两国政府都将以友好的谅解来解决这个问题。

德国和俄国就像在德皇和沙皇时代一样再一次就瓜分波兰取得了一致。而希特勒还给了斯大林在波罗的海东岸自由行动的权利。

最后，在东南欧，俄国人强调他们在比萨拉比亚（那是苏联在1919年割给罗马尼亚的）的利益，而德国人宣布他们对这一地区没有利害关系——这个让步是里宾特洛甫后来感到后悔的。

议定书最后说："本议定书将由双方严守秘密。"[36]

事实上，它的内容直到战后缴获了德国秘密档案以后才为世人所知。

第二天（8月24日），当兴高采烈的里宾特洛甫飞返柏林的时候，在莫斯科的英法军事代表团要求见伏罗希洛夫。德拉克斯海军上将还曾给那位元帅送去了一封急信，要求他表明对继续谈判的看法。 541

伏罗希洛夫过了一天之后在8月25日下午1时给了英法军事参谋人员以答复："鉴于政治形势业已改变，继续谈判已经没有什么用处了。"

两年以后，当德国军队违反上述条约而大举侵入俄国的时候，斯大林仍然认为他背着到莫斯科谈判的英法军事代表团而同希特勒进行的这笔丑恶的交易是有理的。1941年7月3日他在对俄国人民的广播中自吹自擂地说："我们保证了我国获得一年半的和平及准备自己的力量来回击敌人的可能，如果法西斯德国敢于冒险违反条约来进犯我国的话。因此这毫无疑义是我们赢了，而法西斯德国输了。"*

究竟是不是如此呢？从那时以来，人们对这一点一直在争论。这一笔卑鄙的买卖给了斯大林一个喘息时间——俄文叫peredyshka——正如沙皇亚历山大一世1807年在蒂尔西特从拿破仑手里和列宁1917年在布列斯特-

* 斯大林：《论苏联伟大卫国战争》，莫斯科外国文书籍出版局1949年版，第13页。——译者

立托夫斯克从德国人手里所取得的一样，这一点是显而易见的。它也在一个短时期内给了苏联一个远在俄国原有边界之外的抗德前进阵地，其中包括在波罗的海国家和芬兰的基地——而付出代价的是波兰人、拉脱维亚人、爱沙尼亚人和芬兰人。尤其重要的是，如官方的苏联《外交史》（*History of Diplomacy*）后来所特别强调的那样，它使克里姆林宫可以放心，如果俄国在以后受到德国的进攻的话，西方国家也已经无可挽回地卷入了反对第三帝国的战争，而苏联就不会像斯大林在1939年整整一个夏天都在担心的那样，单独对抗强大的德国了。

所有这些毫无疑问都是事实。但是还有相反的论点。到希特勒掉头进攻俄国的时候，波兰和法国的军队以及英国派到大陆来的远征军已经被摧毁了，因此德国可以调动全欧洲的人力、物力扑向俄国，而又没有西方战场束缚它的手脚。1941年、1942年和1943年整整三年，斯大林一直在抱怨欧洲没有开辟第二战场，俄国不得不承担抗击几乎全部德国军队的压力。现在的1939—1940年是有一个能够牵制德国军队的西方战场的。如果俄国支持波兰而不是在背后给它一刀的话，它也不可能在半个月之内就被扫荡净尽。不但如此，如果希特勒知道他要打波兰和英法就必须也要打俄国的话，很可能根本就打不起来。即使是在政治上胆怯的德国将领们，如果可以根据他们后来在纽伦堡的证词来判断的话，也可能立定脚跟反对同这样强大的一个联盟来进行战争。据法国驻柏林大使说，在5月底的时候，凯特尔和布劳希奇都曾警告过希特勒，如果俄国参加敌人一方，德国很少有战胜的可能性。

542 没有一个政治家，即使独裁者也罢，能够预言长期的形势发展。丘吉尔说，斯大林同希特勒做交易一举固然足以令人齿冷，然而“在当时却是高度现实主义的”，[37] 这种说法是可以讨论的。斯大林的首要考虑，就同任何其他国家政府首脑的考虑一样，是他自己的国家的安全。据他后来告诉丘吉尔说，他在1939年夏天深信，希特勒就要打仗了。他决定俄国绝不能被别人骗到单独对德作战的倒霉局面中去。如果同西方结成靠得住的联盟证明已不可能的话，那为什么不转而联合希特勒呢？他不是已突然来敲门求教了吗？

到1939年7月底的时候，斯大林显然已经深信，法国和英国不但不要一个有约束力的联盟，而且英国张伯伦政府的目的根本就是诱使希特勒在东欧发动战争。他似乎已经十分怀疑英国会对波兰信守自己的条约义务，就同法国没有对捷克斯洛伐克信守义务一样。而过去两年在西方发生的每一件事情都有助于加强他的猜疑：张伯伦在德奥合并和纳粹占领捷克斯洛伐克以后拒绝了苏联关于召开国际会议制定制止希特勒侵略的计划；张伯伦到慕尼黑去姑息希特勒，而且把俄国排除在这次会议之外；张伯伦在就缔结防御同盟共同对付德国而进行的谈判中拖延退缩，而一任1939年夏天稍纵即逝的时光在空话中消磨净尽。

有一件事情，除了对张伯伦以外，几乎对谁都是肯定无疑的。在希特勒每一次行动面前都要动摇的英法外交，现在已经完全破产了。*这两个西方民主国家一步一步后退：1935年，希特勒公然藐视它们而下令征兵；1936年，他进军莱茵兰；1938年，他夺取了奥地利；同一年，他要求得到而且果然得到了苏台德区；1939年3月，他占领了残存的捷克斯洛伐克，而英法只有坐在一旁眼睁睁地看着。有苏联在它们一边，它们还能使那位德国独裁者对发动战争有所顾忌，而如果不能阻止他发动战争的话，它们还有可能迅速把他击败。但是现在，它们把这样一个最后的机会都断送了。† 现在，它们只好在坏到不能再坏的时机和坏到不能再坏的条件下，来 543

---

* 波兰的外交也一样破产了。诺埃尔大使在给巴黎的电报中报告波兰外长贝克对德苏条约的反应说："贝克毫不慌张，而且看起来一点都不担忧。他认为从实质上说，并没有多大变化。"

† 尽管有我们上面所知道的许多警告，表明希特勒在向克里姆林宫讨好。法国驻德大使库隆德尔先生在6月1日曾通知法国外交部长博内，在希特勒的思想里，俄国的影子已越来越大了。库隆德尔写道："如果希特勒不必同俄国打仗的话，他就会冒战争的危险。另一方面，如果他知道他也得同它打仗的话，他就会后退，而不是让他的国家、他的党和他自己自取灭亡。"大使敦促英法同苏联在莫斯科进行的谈判立即取得结果，他还告诉巴黎，英国驻德大使也曾对伦敦做了相似的呼吁（见《法国黄皮书》[*French Yellow Book*]，法文版，第180—181页）。

8月15日，库隆德尔和汉德逊都曾到德国外交部见魏茨泽克。英国大使报告伦敦说，国务秘书深信苏联"最后会参加波兰分赃"（《英国蓝皮书》[*British Blue Book*]，第91页）。而库隆德尔在同魏茨泽克谈话以后，打电话给巴黎说："有必要不惜一切代价尽快在同俄国的谈判中求得某种解决。"（《法国黄皮书》，第282页）

整个6月和7月，美国驻苏大使劳伦斯·斯泰恩哈特都不断发回电报，警告苏联-纳粹之间的买卖即将成交。罗斯福总统曾把这项警告转告英国、法国和波兰的大使馆。早在7月5日，当苏联驻美大使康斯坦丁·奥曼斯基离任返国休假的时候，他曾带了罗斯福总统的一封信给斯大林，信中说："如果他的政府与希特勒联合在一起的话，那么希特勒一旦征服法国以后就会转向俄国，这就像黑夜必将随白天之后到来一样是肯定无疑的事情。"（见约瑟夫·E.戴维斯：《出使莫斯科记》[*Mission to Moscow*]，第450页）总统的警告是用电报发给斯泰恩哈特而由斯泰恩哈特在8月16日转告莫洛托夫的（见《美国外交文件集1939年》[*U. S. Diplomatic Papers, 1939*]，第1卷，第296—299页）。

承担在波兰受到进攻时给它以援助的义务。

伦敦和巴黎对斯大林的两面手段的指摘声浪甚高而且语调激烈。多年以来，这位苏联的专制暴君一直在痛骂“法西斯野兽”，而且号召一切热爱和平的国家团结起来制止纳粹侵略。而现在他自己居然也入伙干起这样的行当来了。克里姆林宫大可为自己辩护（它也这样辩护了），苏联只不过是做了一年以前英国和法国在慕尼黑所做的同样的事情：以牺牲小国为代价，买得了和平和整军经武以备对付德国的时间。如果张伯伦在1938年9月以牺牲捷克斯洛伐克来姑息希特勒是正当的而且很光彩的话，斯大林在一年以后以牺牲始终拒绝任何苏联援助的波兰来姑息德国元首又有什么错误和不光彩的地方呢？

斯大林同希特勒协议瓜分波兰并且得到希特勒默契并吞拉脱维亚、爱沙尼亚、芬兰和比萨拉比亚的无耻密约，除柏林和莫斯科而外，外界是没有人知道的。但是，它很快就从苏联的举动中叫人看出来了。甚至在事隔多年以后的今天，它也仍然会使世界上大部分人震惊骇异。俄国人也许可以说（他们也这样说了），他们只不过是恢复第一次世界大战结束时从他们那里拿走的土地而已。但是，这些土地上的人民并不是俄罗斯人，而且并没有表现出任何想回到俄国去的愿望。只有武力，只有苏联人在李维诺夫政策的全盛时代表示要避免采用的武力才能使他们回来。

自从参加国际联盟以后，苏联曾树立了一定的道义上的力量，以和平的维护者和法西斯侵略的主要反对者的面貌出现在世人面前。现在，那种道义上的资本已经丧失净尽了。

最严重的是，由于同纳粹德国完成了这笔龌龊的买卖，斯大林已发出了一场战争就要揭幕的信号，而这场战争又肯定将演变成为世界大战。他毫无疑问是明白这一点的。* 后来的事实表明，这是他一生中最大的
544 错误。

---

* 好多年以前，希特勒就曾在《我的奋斗》中预言式地写过：“同俄国缔结同盟这个事实本身就包孕了进行下一次大战的计划。其结果将是德国的末日。”（见《我的奋斗》，豪顿·米夫林书店1943年版，第660页）

注 释

1. 施努雷关于这次会谈的备忘录，根据他在1939年8月14日致莫斯科大使馆的电报，载《德国外交政策文件汇编》，第7卷，第58—59页。

2. 舒伦堡的电报全文，同上，第67—68页。

3. 里宾特洛甫的电报全文，同上，第62—64页。

4. 英国企业家的备忘录是在戈林办公室档案中发现的，同上，第6卷，第1088—1093页。上面有许多戈林手迹的批语。有好几处，他显然不相信与他想法相反的话，他批上“嘿！”达勒鲁斯斡旋和平这件异想天开甚至有点荒诞不经的事情的经过，见他本人著《最后的尝试》。另见他在纽伦堡的证词，载《主要战犯的审讯》，第9卷，第457—491页。另见刘易斯·纳米尔爵士著《外交前奏曲》，第417—433页，该章名为“外行插手外交”。

5. 1946年2月26日对哈尔德的提讯，见《纳粹的阴谋与侵略》，附件B，第1562页。

6. 哈塞尔：《冯·哈塞尔日记（1938—1944）》，第53，63—64页。

7. 托马斯：《思想和境遇》，载《瑞士月刊》，1945年12月号。

8. 卡纳里斯关于1939年8月17日同凯特尔谈话的备忘录，见《纳粹的阴谋与侵略》，第3卷，第580页（纽伦堡文件795-PS）。

9. 瑙约克斯的供词，同上，第6卷，第390—392页（纽伦堡文件2751-PS）。

10. 舒伦堡8月16日早上2点48分发出的电报，见《德国外交政策文件汇编》，第7卷，第76—77页。他后来由信使带去一份比较全面的报告，并在致魏茨泽克的信中补充了细节，同上，第87—90，99—100页。

11.《英国外交政策文件汇编》，第3卷，第7册，第41—42页。斯泰恩哈特大使的报告，见《美国外交文件汇编（1939年）》，第1卷，第296—299，334页。

12. 里宾特洛甫8月16日发给舒伦堡大使的电报，见《德国外交政策文件汇编》，第7卷，第84—85页。

13. 同上，第100页。

14. 同上，第102页。

15. 舒伦堡8月18日上午5点58分电报，同上，第114—116页。

16. 里宾特洛甫8月18日上午10点48分电报，同上，第121—123页。

17. 施努雷8月19日备忘录，同上，第132—133页。

18. 舒伦堡8月19日下午6点22分电报，同上，第134页。

19. 舒伦堡8月20日上午12点8分电报，同上，第149—150页。

20. 丘吉尔：《风暴欲临》，第392页，他未指明来源。

21. 同上，第391页。

22. 希特勒8月20日致斯大林电报，见《德国外交政策文件汇编》，第7卷，第156—157页。

23. 舒伦堡8月21日凌晨1点19分电报，同上，第161—162页。

24. 里宾特洛甫8月21日电报，同上，第162页。

25. 舒伦堡8月21日下午1点43分电报，同上，第164页。

26. 斯大林8月21日致希特勒的信，同上，第168页。

27.《纳粹的阴谋与侵略》，附件B，第1103—1105页。

28.《英国外交政策文件汇编》，第6册，第376号。

29. 同上，第3卷，第7册，附录II，第558—614页。附录中有莫斯科军事会谈的每日详尽记录，在盟国方面关于这次会谈的材料中，这是我所见到的最全面的。其中并有伯内特空军中将和海伍德将军在会谈期间向伦敦发出的报告，德拉克斯海军上将所写的英国代表团最后报告。还有杜芒将军和伏罗希洛夫元帅在8月22日晚间的一次戏剧性会谈的逐字记录，当时这位法国军事代表团长拼命想挽回局势，尽管已宣布里宾特洛甫将于次日抵达莫斯科。还有盟国代表团8月26日与伏罗希洛夫最后一次痛苦的会谈的记录。第7册中还收入英国外交部与驻莫斯科大使馆的许多函电往来，说明了这次事件的经过。

本章此节主要根据的是英国的这些机密文件。不幸，据我所知，俄国人从来没有发表过他们方面的材料，虽然尼科诺夫的《第二次世界大战的起因》一书提供了苏联方面的记述，其中充分利用了英国外交部的文件。苏方的记述还可见波将金编的《外交史》。

30. 保罗·雷诺:《斗争最前线》，第212页。雷诺在第210—233页中提出了法国方面关于1939年8月莫斯科会谈的情况的叙述。他在第211页中说明了材料来源。博内在其所著《欧洲的末日》一书中提出了他的看法。

31. 文件见《英国外交政策文件汇编》，第7册（见本章注29）。有意义的是，《英国蓝皮书》和《法国黄皮书》中都只字未提英法在华沙进行的外交活动（这些活动的目的是要使波兰人接受苏联的援助），也没有提到莫斯科军事会谈的情况。

32. 里宾特洛甫8月23日晚上9点5分从莫斯科发出的电报，见《德国外交政策文件汇编》，第7卷，第220页。

33. 8月24日德国秘密备忘录，同上，第225—229页。

34. 苏联草案全文，同上，第150—151页。

35. 高斯在纽伦堡的供词，见《主要战犯的审讯》，第10卷，第312页。

36. 1939年8月23日德苏互不侵犯条约和秘密议定书全文，见《德国外交政策文件汇编》，第7卷，第245—247页。

37. 丘吉尔:《风暴欲临》，第394页。

第十六章

最后几天的和平日子

英国政府并没有袖手坐待德苏条约在莫斯科正式签订。8月21日深夜，柏林宣布里宾特洛甫乘机飞往莫斯科缔结德苏协定的消息，使英国内阁行动起来。22日下午3时，内阁举行会议，会后发表了一个公报，断然声明："英国对波兰所承担的义务曾经一再公开宣布，并且决心履行，绝不受［德苏互不侵犯条约的］影响。"与此同时，议会也决定在8月24日开会，要通过《紧急权力（国防）法案》。此外还采取了某些预防性的动员措施。

虽然内阁声明已经说得尽可能地明白，但是张伯伦还是要让希特勒不发生任何疑问，于是便在内阁会议结束之后立刻又以个人名义给这位元首写了一封信。

> ……柏林某些方面显然认为，德苏协定一经宣布，大不列颠为维护波兰利益而进行干预的可能就已无须再加考虑。这是一个莫大的错误。无论德苏协定的性质如何，都绝不能改变大不列颠对波兰所承担的义务……
>
> 有人曾经说过，要是英王陛下政府在1914年把立场表示得更明确一些，那场巨大的灾难就可能不致发生。姑不论这种说法是否有道理，这一次英王陛下政府决心不再让这种悲剧性的误解重演。

一旦发生上述这种情况，英王陛下政府决心并且准备毫不迟延地使用所拥有的一切力量。而敌对行动一旦发生之后，其结果是难以预料的……[1]

这位首相“这样彻底明确地阐明了我国的立场”（这是他自己后来附加
545 的话）之后，再一次呼吁希特勒通过和平途径来解决他和波兰之间的分歧，并再次表示英国政府愿意提供合作来实现这一点。

这封信由汉德逊大使从柏林乘飞机送到贝希特斯加登，于8月23日午后1点过后不久交给了希特勒，纳粹独裁者看了之后勃然大怒。汉德逊在拍给哈利法克斯的电报中说：“希特勒暴跳如雷，不论说什么话他都不肯听，当他提到英国和提到波兰的时候，措辞都极为粗暴而又夸张。”[2] 关于希特勒那段长篇攻击的内容，汉德逊在这次会见的报告中所做的记载跟后来从被缴获的纳粹档案中所发现的德国外交部有关这一问题的备忘录是一致的。他咆哮道，波兰的顽固全是英国造成的，就像一年以前它应该对捷克斯洛伐克不讲道理的态度负有责任一样。波兰有数以万计的日耳曼族人正在受到迫害。他声称甚至还发生了六起阉割事件——这是一桩使他忐忑不安的事。他说他已经忍无可忍。要是波兰人再继续迫害日耳曼人，就会马上引起实际行动。

我在每一个问题上都和他做了争辩［汉德逊拍给哈利法克斯的电报写道］，并且一再指出他的话是不确实的，但结果只是又引起他一通长篇攻击。

最后，希特勒答应两小时以后就英国首相的来函做出一个书面答复。于是汉德逊便回到萨尔茨堡去稍事休息。* 当天下午晚些时候，希特勒召见这位大使，把复信交给了他。据汉德逊向伦敦提出的报告，同第一次会见相比，这位元首“显得十分安详而且始终没有提高嗓门”。

---

* 当时在场的魏茨泽克后来写道：“大使刚一出门，希特勒就拍着大腿大笑并且说：听到这番谈话以后张伯伦就要完蛋了，今天晚上他的内阁就会垮台！”（见魏茨泽克：《回忆录》［*Memoirs*］，第203页）

1939年4月20日，希特勒在50岁生日庆祝会上获赠一辆定制汽车。

> 希特勒说［汉德逊报告道］，他已经50岁了，要打现在就打，他不想等到55岁或者60岁再打。

这个德国独裁者在山顶别墅中发出叫嚣时所显露的不可一世的狂妄态度，在德国人的会谈记录中甚至表现得更加露骨。记录在记述了他表示愿意在50岁的时候打仗而不想等到以后再打的话之后，接着写道：

> ［希特勒说］英国最好别忘了，作为一个上过前线的军人，他懂得战争是怎么一回事，并且会使用一切可以使用的手段。不用说，谁都明白，如果世界大战［指1914—1918年的战争］期间由他当德国首相，德国是不会战败的。

自从波兰人胆敢和希特勒对抗以来，希特勒一直在对国外人士和德国人民吹牛说谎、虚声恫吓。他给张伯伦的复信就是集这种谎言与恫吓之大成的混合物。他说，德国并不想和大不列颠发生冲突。德国一直准备“以一个真正空前慷慨大度的建议为基础”同波兰人讨论但泽和走廊问题。但 546

是英国对波兰的无条件的保证，只是鼓励波兰人“对居住在波兰境内的150万日耳曼居民掀起骇人听闻的恐怖迫害的浪潮”。他宣布，这样的“暴行对于受害者来说是可怕的，而对于德意志帝国这样一个大国来说，则是不能容忍的”。德国将不再容忍这种暴行。

最后他谈到英国首相保证英国将信守对波兰所承担的义务这一点，他用坚定的口吻告诉英国首相说："这丝毫不能动摇德国政府捍卫德国利益的坚定意志……如果英国竟然发动进攻，它将发现德国是有准备而且有决心的。"[3]

这次函件来往的结果如何呢？现在，希特勒从张伯伦那一方得到了一个庄严保证说，一旦德国进攻波兰，英国就要投入战争。而首相从元首方面得到的回答是：这不会有什么不同的结果。但是，此后紧张的八天中的一系列事件表明，在8月23日那一天，他们两个人谁也不相信自己所听到的对方的话已无转圜余地了。

希特勒尤其是这样。来自莫斯科的好消息使他大为振奋，他相信，尽管张伯伦刚刚写了那封信给他，但在俄国转了向之后，英国一定会重新考虑是不是要履行对波兰的义务的问题，而在英国之后，法国也会重新考虑。因此，这位元首在8月23日傍晚当汉德逊飞返柏林的时候，决定了向波兰发动进攻的日期：8月26日，星期六，拂晓4点30分。

“关于发动进攻的具体日期和时刻，将不再发布命令，”哈尔德将军在日记中写道，“**一切都将按计划自动进行**。”

但是这位陆军参谋总长没有说对。8月25日发生了两件事，使希特勒在他的部队按计划应当突破波兰国境之前不到24小时的时候从灾难的深渊边缘缩了回来。一件事发生在伦敦，另一件发生在罗马。

希特勒在8月24日回柏林欢迎了从莫斯科归来的里宾特洛甫，听取了关于俄国人方面的情况的第一手报告，然后在25日这天上午给墨索里尼发了一封信。这封信就他何以未能把他和苏联谈判的情况及时通知这位轴心伙伴的原因做了事后的解释。他说他“没有想到”谈判会进展得这样快，会得到这样的结果。他说，苏德条约“必须看成是轴心方面所能取得的最重大不过的收获”。

但是，这封已从缴获的文件中找到原件的信的真正目的，还在于先向

THIS WORLD TODAY

By ROYCE BRIER

San Francisco Chronicle

THE CITY'S ONLY HOME-OWNED NEWSPAPER

FOUNDED 1865—VOL. CLV. NO. 40 CCCC** SAN FRANCISCO, THURSDAY, AUGUST 24, 1939 DAILY 5 CENTS, SUNDAY 10 CENTS

COMPARATIVE TEMPERATURES

Nazis, Soviet Sign Pact; Hitler Tells Britain It's 'Too Late' For Peace; All Europe Arms!

Waterfront Employers Renew Offer To Bargain

LONDON:

Der Fuehrer's Polish Stand Stuns British

European Situation At a Glance

BERLIN:

Germany Now Demands All Territory Lost to Warsaw, Protectorate Over Rest

By LOUIS P. LOCHNER

MOSCOW:

Ten-Year Treaty Blasts Allies' Hopes of Signing Russia; Balance Shifts

The Treaty Text

Poland Begins To Mobilize Her Reserve Troops

ANY BUSINESS MAN WILL TELL YOU...

美国《旧金山纪事报》1939年8月24日头条新闻，标题为“纳粹、苏联签订和约；希特勒告诉英国和平已‘错过机会’；整个欧洲武装起来！”。

这位意大利领袖打一个招呼，告诉他德国随时可能对波兰发动进攻。不过希特勒并没有把他所定的确切日期告诉他的盟友。他说：“波兰方面如果发生令人不可容忍的事件，我将立即采取行动……在这种情况下，没有人能够预言下一个小时将会发生什么事情。”希特勒没有明确要求意大利给予援助。因为根据意德同盟条约，意大利自动给予援助是理所当然的事。因此他在信中仅表示希望获得意大利的谅解。[4] 虽然如此，他仍然盼望立即得到一个答复。这封信由里宾特洛甫亲自从电话中口述给德国驻罗马大使，于当天下午3点20分送到那位领袖手里。 547

在这期间，元首于下午1点30分在总理府接见了汉德逊大使。他摧毁波兰的决心毫未动摇，但是他比两天前在贝希特斯加登同汉德逊谈话的时候更加急于做最后一次努力，使英国置身于战争之外。* 据大使发给伦敦的报告，他发现元首“十分冷静和正常，话也说得非常认真，显然流露出诚意”。尽管有着过去一年来的切身经验，但汉德逊甚至到了这个时刻还看不透这位德国元首的“诚意”。因为希特勒要说的话是十分荒唐的。他对这位大使说，他“承认”英帝国的存在，他个人准备“亲自保证英帝国的继续存在，并且愿意用德意志帝国的威力来达到这一目的”。

> 他希望［希特勒解释道］，对英国采取一个其性质同对俄国所采取的行动一样具有决定意义的行动……元首准备同英国缔结协定，不仅要在一切情况下（只要涉及德国）保证英帝国的存在，而且如有必要的话，还愿意保证不论英帝国在哪方面需要援助，德国都将给予援助。

他补充道，他“还准备接受一项合理的军备限制”，并且把德国的西部国境看成是最后的疆界。据汉德逊讲，希特勒说着说着又像惯常一样，开始唠唠叨叨地说起一些矫揉造作的话来，虽然这位大使向伦敦发出的电报中重述那段话时并没这样说。元首说：

> 他的天性是一个艺术家而不是政治家，一旦波兰问题解决以后，他就要作为一个艺术家而不是作为战争贩子了此余生。

但是这位独裁者却是用另外一种调子结束他的发言的。

> 元首重复强调［据德国人拟给汉德逊的口头声明说］，他是一个意志坚定的人……这是他最后的建议。如果他们［英国政府］拒绝他所

* 据埃里希·科尔特在《幻想与现实》（*Wahn und Wirklichkeit*）一书第192页中说，希特勒被他在莫斯科的胜利冲昏了头脑，在8月25日一清早就叫他的新闻局把报道巴黎和伦敦内阁危机的消息送给他。他满以为那两个政府是非垮台不可的。及至他听到张伯伦和哈利法克斯前一天在议会发表的坚定的演说之后，才如梦初醒。

提出的这些意见，那么就会发生战争。

在会谈的过程中，希特勒不止一次地指出，他对英国提出的“慷慨而又全面的建议”附有一个条件，那就是这一建议只有“在德波问题解决**以后**”才能生效。汉德逊一再表示，除非这意味着德波问题的和平解决，否则英国将不能考虑他的建议。希特勒的回答是：“如果您认为我的建议毫无用处，那您就不必把它发回去。” 548

但是，这位大使刚刚回到威廉街上离总理府没有几步远的大使馆，施密特博士就带着希特勒那番谈话的书面副件（其中颇有删节）叩门求见，同时还带来元首的话说，元首请汉德逊敦促英国政府“十分认真地对待这一建议”，并且主张这位大使亲自乘飞机把建议送到伦敦去，德国政府可以派一架飞机供他使用。[5]

读者已经读完本书这么多章节，自然就会知道，要想看透希特勒那颗狂热的脑袋中的那些离奇古怪、异想天开的想法不是那么容易的。他在8月25日提出那个荒唐的“建议”，说要保证英帝国存在，显然是他一时心血来潮的杰作，因为两天以前在他和汉德逊讨论张伯伦的来信以及就此复信的时候，连提都没有提到过这么个建议。即使说这位独裁者神经有点失常，也难于相信他本人在这个问题上的确像他对英国大使提出时那样认真。再说，当时张伯伦根本连信也来不及看，纳粹军队就要在第二天拂晓冲进波兰（这位元首此时尚未更改他原定的发动进攻的日期），试问，又怎么能够指望英国政府像他所要求的那样“十分认真”地看待这个建议呢？

但是在这个“建议”的背后确实隐藏着一个认真的打算。希特勒显然相信，张伯伦和斯大林一样，也希望得到一个借口，能让他的国家置身于战争之外。* 两天以前，他付出一笔代价，让俄国人在东欧方面“从波罗的海到黑海”的整个地区内自由行动，已经买得了斯大林的善意中立。难

---

* 或者，如果不能完全置身于战争之外，至少不要认真地参加进去。哈尔德将军在他8月28日的日记中追述8月25日那天发生的“一系列事件”时隐约地提到了这一点。写到25日午后1点30分希特勒接见汉德逊时，他补充一句说：“如果英国想虚应故事地打一打，元首是不会见怪的。”

道他就不能向英国首相保证第三帝国永远不会像霍亨索伦德国那样成为英帝国的威胁，以此为代价买到英国的不干涉吗？可是希特勒当时没有认识到——同样斯大林也没有认识到这一点，这使得他后来付出了可怕的代价——现在终于睁开眼睛看清了现实的张伯伦认为，德国称霸欧洲大陆对英帝国来说是一切威胁中最大的威胁。其实，对于苏俄帝国又何尝不是如此。希特勒在《我的奋斗》一书中早已说过，若干世纪以来，英国外交政策的首要任务就是防止任何一个国家单独称霸欧洲。

下午5点30分，希特勒接见了法国大使，但并没有对他说什么重要的话，只是再一次重复“波兰对于德国的挑衅”已经到了令人不能容忍的地步，说他不会进攻法国，但是如果法国竟然参与冲突，他就要和法国拼到底。谈到这里，希特勒就从椅子上站起来，对法国大使表示送客了。但是库隆德尔对这位第三帝国的元首却还有些话要说，而且坚持非说出来不可。
549 他凭军人的荣誉向希特勒担保，他毫不怀疑，“一旦波兰遭到攻击，法国将以全力支持波兰”。

希特勒的回答是：“想到不得不同贵国交战，是使我感到痛心的事，但是问题不决定于我。请把这个意思转告达拉第先生。”[6]

这是柏林时间8月25日下午6点钟的事。首都的紧张气氛在这一天里有增无已。从中午刚过一会儿的时候起，同国外的一切无线电、电报以及电话联系，都按照威廉街的命令被切断了。前一天晚上，最后一批英法记者和无官职平民都已经匆匆奔向最近的国境线。25日是星期五，在那一天里，人们都知道了德国外交部已经用电报通知驻波兰、英国和法国的大使馆和领事馆，叫他们要求德国公民选择最快的路线离境。我在8月24日和25日所记的日记到今天还能使我回想起当时笼罩着整个柏林的紧张气氛。天气闷热，所有的人都好像热锅上的蚂蚁似的。在这个大城市里，到处支起了高射炮，轰炸机群不断地从头顶上掠过，朝着波兰的方向飞去。24日晚间我在日记上匆匆忙忙地写了这样几个字：“已是一片战争景象。”第二天，我又重复了一句：“战争迫在眉睫。”我还记得，在那两天的晚上，我们在威廉街上看见德国人窃窃私语相互传告：希特勒已经命令部队在第二天拂晓开入波兰国境。

我们现在知道，给他们的命令是要在8月26日星期六拂晓4点30分进攻。* 而直到25日那天下午6点，所发生的事情都不能使希特勒按照预定的时间表发动侵略的决心有丝毫动摇，汉德逊和库隆德尔两位大使关于英、法两国一定将履行对波兰的义务的个人保证肯定也没有发生这种影响。但是到了下午大约6点钟，或者说6点稍过一点的时候，来自伦敦和罗马的消息使得这位看起来意志不可动摇的人犹豫起来了。

德国的秘密档案和威廉街官员们战后的证词，都没有清楚地说明希特勒究竟是在什么时候得知英波正式条约在伦敦签字的，这个条约把英国对波兰的单方面保证变成了一项互助协定。† 但在哈尔德的日记和德国海军记 550
事册中有一些证据表明，威廉街在8月25日中午就得到了这一条约将于当天签字的风声。参谋总长在他的笔记中说，中午12点，他接到最高统帅部的一个电话，问他进攻计划推迟执行的最后时限。他回答说：下午3点。海军记事册也说，有关英波条约以及“意大利领袖的通知”的消息是在中午收到的。[7]但是，这是不可能的。根据德国人在墨索里尼的信上所做的标记来看，送到的时间不会早于“下午6点钟左右”。希特勒一直要到那个时间前后才可能知道英波条约在伦敦签字的消息，因为签字直到下午5点35分才举行——而且那个时间距离波兰驻伦敦大使爱德华·拉钦斯基伯爵接到本国外交部长授权签字的电话的时间也仅仅15分钟。‡

无论是什么时候收到的——下午6点钟左右是个正确可靠的推测——总之，伦敦的消息使希特勒动摇了。这很可能是英国对他那个“建议”的答复，那个建议的内容这时一定已经送到了伦敦。这就是说，他企图像买通俄国人那样买通英国人的打算落空了。报告送到时施密特博士正在

---

* 虽然希特勒的长期有效的命令此时尚未撤销，要求在这一天的这一时刻发动进攻，并像哈尔德说的那样，“一切都将按计划自动进行”，但据许多德国著作家说，元首在那天下午3点过几分的时候曾发出在第二天清晨开始执行“白色方案”（Fall Weiss）的具体命令（见魏茨泽克：《回忆录》；科尔特：《幻想与现实》；瓦尔特·霍费尔：《1939年预谋的战争》[*War Premeditated, 1939*]）。霍费尔说，命令是下午3点2分发出的，并且说，这是他从冯·福尔曼将军处听到的，命令发出的时候这位将军正在总理府。关于这一点，德国档案材料中却没有找到任何正式记载。

† 这一条约附有一份秘密议定书，其中声明，条约第一条所提到的两国如遇需要实行军事互助以对付其侵略的那个“欧洲强国”指的是德国。由于这一规定，才使英国政府在苏联红军与德国人合谋侵入波兰东部的时候不致有必要采取向苏联宣战这一严重的步骤。

‡ 当时德国不像英国那样实行夏季时间。因此，柏林与伦敦之间就没有一小时的时差。

希特勒办公室里，据他后来回忆，元首看完报告之后，就坐在书桌旁沉思起来。[8]

墨索里尼临阵胆怯

他的沉思很快就被罗马传来的同样不利的消息打断了。据施密特博士的描写，这位德国独裁者整个下午都怀着“毫不掩饰的焦躁情绪”等待着意大利领袖的复信。下午3点钟，汉德逊前脚刚走，意大利大使阿托利科后脚就应召来到总理府，但是这位大使只能告诉元首，他还没有收到罗马方面的回信。这时候，希特勒神经紧张到了极点，他叫里宾特洛甫去用长途电话找齐亚诺谈话，可是外交部长没法找到他通话。于是，施密特说，阿托利科就被“不大客气地”打发走了。[9]

若干天以来，希特勒不断收到罗马方面传来的报警消息，说他的轴心伙伴可能在他进攻波兰的紧要关头抛下他不顾。这个情报不是没有根据的。齐亚诺在8月11日到13日同希特勒和里宾特洛甫举行了那场使他幻想破灭的会谈后，一回去就着手撺掇墨索里尼抛弃德国人，他的这种活动没有逃过罗马德国大使馆严密监视的耳目。这位法西斯外交大臣的日记，详细地记载了他力图说服意大利独裁者认清大局，及时避免被希特勒拖入战争的
551 种种经过。[10] 8月13日，齐亚诺从贝希特斯加登回来，当天晚上马上就去晋见领袖，向他报告同希特勒和里宾特洛甫会谈的经过之后，就试图说服他的上司，“德国人已经背弃了我们，欺骗了我们”，并且“正在拖着我们跟着他们一起去冒险”。

> 领袖的反应变化无常［那天晚上齐亚诺在日记里写道］。起初，他同意我的看法。隔了一会他又说，为了信誉关系，他必须同德国人并肩前进。最后，他表示他要把克罗地亚和达尔马提亚作为他的一份战利品。
>
> **8月14日**——我发现墨索里尼忧心忡忡，于是便毫不迟疑地想尽一切方法极力挑起他心中可能对德国人抱有的反感。我说他的威望已减，他所扮演的是个次要的二等角色。最后，我给他看一堆文件，证

明德国人在波兰问题上对我们言而无信。两国同盟所根据的前提条件现在已经被他们否定了；他们既然背信弃义，我们就应当抛弃他们，不必有所顾虑。但是墨索里尼仍然顾虑重重。

第二天，齐亚诺为这个事情同墨索里尼彻底谈了六个小时。

8月15日——领袖……已经相信，我们不应该盲目地跟着德国人走。但是……他要有一段时间做好准备才能和德国人决裂……他越来越相信，民主国家一定会打的……这一回就意味着一场大战。而我们却不能卷入战争，因为我们的困难处境不容许我们这样做。

8月18日——上午与领袖谈了一次话。他还和往常一样三心二意。他仍然认为民主国家有可能按兵不动，德国人会做成一笔大有好处的便宜买卖，他不愿看着这笔买卖不能插上一手。同时，他还怕希特勒会发火。他相信，废除同盟条约或类似的行动可能使得希特勒丢下波兰问题而同意大利算账。凡此种种考虑，弄得他心烦意乱，坐立不安。

8月20日——领袖突然变了卦。他要在这场迫在眉睫的冲突中不惜任何代价地支持德国……墨索里尼同我和阿托利科进行了商谈。[那位大使已从柏林回罗马述职。]大意是：现在要背弃德国已经为时太晚了……全世界的舆论都会说意大利胆怯……我试图争辩，但已无济于事。墨索里尼顽固地坚持他的看法……

8月21日——今天，我把话说得很明白……我一进屋，墨索里尼就肯定地说，他决心和德国人同进退。"领袖，您不能这样做，万万不能这样做……我到萨尔茨堡本来是去商定共同行动的方针的，但是我所碰到的却是一项绝对命令［Diktat］。背弃盟约的是德国人而不是我们……撕了那个条约吧！……把它扔给希特勒！……"

这次谈话的结果是，让齐亚诺去和里宾特洛甫安排第二天在布伦纳山口举行会谈，并且通知他，意大利将置身于德国进攻波兰所挑起的冲突之 552
外。中午时分齐亚诺给里宾特洛甫打电话，等了好几个钟头他都没有来接，但是到下午5点30分的时候他终于来接电话了。纳粹外交部长表示，布伦纳会谈通知得这样仓促，他不能立刻作答，因为他“正在等候莫斯科方面的一份极为重要的电报”，要过一会儿再给齐亚诺回电话。晚上10点30分，他回电话了。

> **8月22日**——昨晚10点30分，新的一幕开始了［齐亚诺在日记上说］。里宾特洛甫打电话告诉我，他希望在因斯布鲁克而不是在国境线上和我会见，因为会后他就要动身到莫斯科去同苏联政府签订一项政治协定。

对于齐亚诺和墨索里尼来说，这是一个新闻，而且是最为惊人的新闻。他们认定两国外长的会晤“已不再适宜了”。他们的德国盟友不让他们知道德国和莫斯科进行的秘密交易，又一次表现了对他们的轻视。

这位领袖的犹豫动摇，齐亚诺的反德情绪，以及意大利可能背弃钢铁条约第三条所规定的义务，即缔约一方一旦“卷入同另一国家的敌对行动中”时另一方就自动参战，在8月22日里宾特洛甫动身到莫斯科去以前，柏林方面就已经知道了。

8月20日，意大利驻柏林代办马西莫·马吉斯特拉蒂伯爵到外交部拜会魏茨泽克。这位国务秘书在一份秘密备忘录里告诉里宾特洛甫说[11]，那位伯爵向他透露了“意大利人的心情，虽然我对此并不感到惊讶，但是我认为肯定必须加以考虑”。马吉斯特拉蒂引起魏茨泽克注意的是，既然德国没有遵守盟约中规定双方在重大问题上必须保持紧密联系和进行磋商的条款，而且又把它和波兰之间的冲突完全看作德国一国的问题，“这样德国就自己放弃了意大利方面的武装援助”。因此，如果事情的发展同德国的看法相反，德国同波兰的冲突竟然发展成为一次大战，意大利就会认为同盟的“前提条件”已不再存在。一句话，意大利在寻找脱身的借口。

两天以后，8月23日，柏林又收到汉斯·格奥尔格·冯·马肯森大使从罗马发来的警告。他写信给魏茨泽克，报告了一些“幕后”情况。根据缴获的这封信上魏茨泽克亲笔写下的批语，这封信已“呈交元首”。这封信一定使希特勒打开了眼睛。马肯森在报告中说，墨索里尼同齐亚诺和阿托利科进行了一系列的商谈以后，意大利的态度是：德国如果进攻波兰，就破坏了钢铁条约，因为这条约的基础是双方同意在1942年以前不投入战争。而且，同德国的看法相反，墨索里尼相信，如果德国进攻波兰，英国 553
和法国都会出面干涉，“而且过不了几个月，美国也会出面干涉”。当德国在西线处于守势的时候，法国和英国

> 据这位领袖看来，就会倾全力攻打意大利。在这种情势下，意大利将不得不首当其冲，承受战争的全部重担，以使德国有机会在东方收拾残局……[12]

希特勒考虑了这些警告之后，终于在8月25日上午给墨索里尼发去一封信，怀着越来越焦急不安的心情等回信足足等了一天。头天夜里，里宾特洛甫向元首详细陈述了他在莫斯科所取得的胜利，半夜刚过不久的时候，他“在元首的指示下”给齐亚诺去了个电话，把“由于波兰的挑衅所引起的极端严重的局势”通知了对方。* 魏茨泽克有一则笔记透露出，这次电话的用意在于“使意大利人没有借口说事态的发展出乎他们意料”。

到8月25日下午3点30分，马肯森大使在罗马威尼斯宫把希特勒的那封信交给墨索里尼的时候，这位领袖才知道德国人对波兰的进攻马上就要开始了。同希特勒的看法不同，他肯定相信英国和法国会立即参战，这会给意大利带来不堪设想的后果，因为意大利的海军不是英国地中海舰队的对手，而它的陆军又不堪法国的一击。† 马肯森晚间10点25分发给柏林的急电描述这次会见的情形说，墨索里尼当面把这封信仔细地看了两遍以后声称他“完全同意”德苏条约，他认识到“同波兰的武装冲突已不再能避

---

* 不要忘记，这些日子以来希特勒和里宾特洛甫在同英国人、法国人、俄国人、意大利人举行的会议和交换的照会中都一再唠叨不休地大谈“波兰的挑衅”，而且纳粹控制的报纸以煽动性的标题发表了关于这种“挑衅”的新闻，但是这种“挑衅”几乎全部是德国人的捏造。在波兰发生的绝大部分挑衅活动都是德国人按照柏林的指示制造的。被缴获的德国档案中充满了这方面的证据。

† 前一天，8月24日，齐亚诺在皮埃蒙特的夏宫觐见了国王。这位日渐衰老的君主已经被墨索里尼打入冷宫，他以极其轻蔑的口气谈到了本国的武装部队。齐亚诺引他的话说：“陆军的状况极糟。就是我们的边防军也都远远不够。他做过32次视察，深信法国人可以轻而易举地长驱直入。意大利的陆军军官都不称职，我们的装备已经陈旧过时。”（《齐亚诺日记》［*Ciano Diaries*］，第127页）

免”。最后——马肯森报告说，“他特别强调这一点”——“他将尽一切力量无条件地站在我们这一边”。[13]

但是，这位德国大使并不知道，领袖写给元首的信里却不是这样说的。这封信是由齐亚诺匆匆地用电话传给已经回到柏林办公室的阿托利科的，阿托利科“大约在下午6点钟左右”到总理府亲自把信交给了阿道夫·希
554 特勒。据当时在场的施密特说，这封信就像一颗炸弹一样打击了元首。墨索里尼在表示了他对德苏条约的“完全同意”和“对波兰问题的谅解”之后，就掉转话头，言归正传。他写道（信中的着重体是他自己用的）：

> 至于在一旦发生军事行动时意大利的实际态度，我的观点如下：
>
> 如果德国进攻波兰，而冲突又是局部化的，那么意大利就会根据德国的要求提供一切政治援助和经济援助。
>
> 如果德国进攻波兰*，而后者的盟国又向德国展开反攻，那么我事先通知您，鉴于**目前**意大利的战争准备状况，我觉得最好在军事行动方面不采取**主动行动**。关于意大利的战争准备状况，我们曾经不止一次地而且及时地告诉过您，元首，也告诉过冯·里宾特洛甫先生。
>
> 不过，如果德国能立即把军事物资和原料交给我们，以便抵抗法国和英国主要是针对我们的进攻，我们就可以立即参战。
>
> 在我们历次的会谈中，战争都预定在1942年；到那时候，按照预先协商的计划，我在陆、海、空三方面将准备就绪。
>
> 我还认为，意大利目前已经采取的纯军事措施以及以后将采取的其他措施，都会在欧洲和非洲牵制住数量可观的法国和英国的兵力。
>
> 我认为，作为一个忠实的盟友，我有义不容辞的责任必须把全部真相如实奉告，并且事前把实际情况通知您，否则将会给我们双方带来不愉快的后果。这就是我的看法。由于我必须在最短时间内召开最

---

* 战后从德国外交部档案中发现的墨索里尼这封信件的德文译本中，也就是我在这里所用的文本中，“德国”一字被勾掉了而在上面用打字机打上了“波兰”的字样，于是念起来就成为：“如果波兰进攻……”但是在意大利政府战后公布的意大利文原本上，这段话却是“Se la Germania attacca la Polonia”（如果德国进攻波兰）。令人惊奇的是，甚至收藏在他们政府档案中的秘密文件，纳粹也要加以篡改伪造。[14]

高级政府机构会议，我请您把您的意见告诉我。

墨索里尼*[15] 555

因此，虽然俄国已经稳在囊中，成为友好的中立国而不参战，但是和德国签订了钢铁条约的盟邦却脱身出去，而且这种情形正好是出现在英国由于同波兰签订了抵抗德国侵略的互助条约而不可挽回地承担了义务的那一天发生的。希特勒看完来信之后告诉阿托利科说，他将立即复信，然后就冷冰冰地把这位意大利使节打发走了。

阿托利科走后，施密特博士听到希特勒愤慨地说："意大利人又要玩1914年的那一手了。"当天晚上，总理府里到处是责骂这个"背信弃义的轴心伙伴"的不客气的话。但光是说话是解决不了问题的。按预定的时间表，再过九小时德国的陆军就要对波兰发动猛攻了。因为现在已经是8月25日下午6点30分，而计划规定，入侵行动将于8月26日拂晓4点30分开始。面对着来自伦敦和罗马的消息，这位纳粹独裁者必须立刻做出决定，是仍然按照原定计划进攻呢，还是推迟或者干脆取消进攻。

施密特陪着阿托利科走出希特勒书房时，同急急忙忙跑来见元首的凯特尔将军撞了个满怀。几分钟之后，这位将军匆匆地从里面走出来，兴奋地对他的副官叫道："进攻的命令又得延期了！"

被墨索里尼和张伯伦逼到墙角的希特勒，已立刻做出了决定。哈尔德在日记里写道："元首受到极大的震动。"随后又写道：

---

* 仿佛墨索里尼给希特勒的这一服苦药还不够苦似的，许多德国著作家（大多数都亲眼看到过最后几天的和平日子中那一段瞬息万变的局势）还对这封墨索里尼致元首的信发表了一份臆造的文本。反纳粹密谋分子之一的埃里希·科尔特当时任外交部的秘书处处长，他在1947年在斯图加特出版了他的《幻想与现实》一书，其中首先刊出了这封信的赝本。虽然科尔特在再版中把它删掉了，但其他的作者却继续引用初版书上的假信。它出现在1950年出版的彼得·克莱斯特所著的《希特勒与斯大林之间》（*Zwischen Hitler und Stalin*）一书中，甚至出现在1951年纽约版和伦敦版的保罗·施密特回忆录的英译本中。然而这封信的真正原文早在1946年就在意大利发表了，英译文也于1948年发表在国务院的《纳粹与苏联的关系》（*Nazi-Soviet Relations*）中。当希特勒从阿托利科手里接到这封信时，施密特博士正在希特勒身边，他引述这封信说："我不得不怀着生平未有的痛苦心情通知您，意大利还没有准备好参加战争。根据海、陆、空三军有关负责人给我的报告，意大利空军的汽油储备极其有限，只够维持三个星期的战斗。陆军的军需以及原料储备的情况也一样……请谅解我的处境。"关于这封信的伪造过程，在纳米尔的《纳粹时代》（*In the Nazi Era*）第5页上有一段有趣的评论，读者可以参阅。

晚上7点30分——波兰和英国之间的条约已经批准。敌对行动没有开始。一切军队调动必须停止，即使已到了边境也必须停止，如果不可能及早停止的话。

晚上8点35分——凯特尔证实此事。卡纳里斯说：对英法的电话管制解除了。证实了事态的发展。

德国海军记事册对进攻延期的记载更为简明，并且还提出了原因：

8月25日——由于政治局势的变化，已经开始进行的“白色方案”将于20点30分（晚上8点30分）停止。（8月25日中午获悉英波订立互助条约。又获悉意大利领袖通知，他将信守盟约，但要求大量供应原料。）[16]

纽伦堡的主要被告中有三名被告在诘询下各自对延期进攻做了说
556 明。[17]里宾特洛甫说，当他听到英波条约的消息并且“听说”“正在对波兰采取军事步骤”（他仿佛一直不知道有进攻波兰那回事似的）以后，他就“立刻”去找元首，力劝他取消对波兰的入侵。“元首立刻就同意了。”这当然完全是鬼话。

凯特尔和戈林的供词至少看来还比较诚实。凯特尔在纽伦堡法庭上追述当时情况说：“我突然被叫到总理府会见希特勒，他对我说：‘立刻停止一切行动。马上把布劳希奇找来。我需要时间进行外交谈判。’”

戈林在纽伦堡一次预审提讯中也证实，直到这时候，希特勒还相信他能够谈判出一条摆脱绝境的出路来。戈林说：

就在英国向波兰正式提出保证的那一天，元首打电话告诉我说，他已经下令停止执行进攻波兰的预定计划。我问他这是暂时的还是永久的。他说：“不是永久的，我必须看一看能不能避免英国方面的干预。”

墨索里尼在最后一分钟发生变卦，对希特勒固然是个沉重的打击，但是从上述证词中显然可以看出，促使德国元首推迟进攻的因素中，比较有力的因素还是英国和波兰签订互助条约这一行动。然而奇怪的是，当天汉德逊大使曾经再次向他提出警告说，一旦波兰受到攻击，英国将参战，并且英国这时又已经在正式条约中庄严地宣布了这一保证；在这之后，他居然仍旧像他对戈林所说的那样，相信自己能够“避免英国方面的干预”。这大概是他根据过去同张伯伦在慕尼黑打交道的经验，以为只要能安排一条出路，这位英国首相就会再次屈膝投降。但是仍然令人不解的是，像他这样一个人，原先对外国政治曾表现出很有洞察力，居然不知道张伯伦这个人和英国的立场已经发生了变化。这种变化毕竟全都是希特勒自己一手造成的。

要在8月25日晚上叫德国军队一下子停住，是颇费周折的事情，因为许多部队已经开始行动了。在东普鲁士，取消进攻的命令直到晚间9点37分才送达佩策尔将军的第一军。在几个军官费了九牛二虎之力急忙追上先头部队之后，才算止住了部队的前进。南面的冯·克莱斯特将军那一军的摩托化纵队，在黄昏时分已经逼近波兰边境。一个参谋军官驾着小型侦察机在国境上快速着陆后才把它们在边界上拦住。更有少数地区在打响了以后才接到命令。但是由于好几天以来德国人一直在整个边境沿线挑衅闹事，波兰参谋总部显然没有怀疑到这究竟是怎么一回事。在8月26日那一天，波兰参谋总部倒的确提出过这样一个报告：“德国匪徒”多股越过国界，以机关枪与手榴弹袭击我碉堡与关卡，“其中一起为德国正规部队所为”。 557

“密谋分子”的欢欣和混乱

8月25日晚上希特勒取消进攻波兰计划的消息，使得谍报局里的密谋分子欢欣若狂。奥斯特上校把这消息告诉沙赫特和吉斯维乌斯时嚷道：“元首完蛋了。”到第二天早晨，卡纳里斯海军上将甚至比他更加想入非非，他宣称：“希特勒绝对经不起这次打击。今后二十年的和平算是保住了。”他们两人都以为没有必要再去为推翻这个纳粹独裁者而操心，他已经完蛋了。

原来在这个决定人类命运的夏季行将结束的最后几个星期里，那些自以为是在进行密谋的人曾经又忙碌了一阵。至于他们究竟怀着什么目的，则很难弄清楚。格德勒、亚当·冯·特罗特、赫尔穆特·冯·毛奇、法比安·冯·施拉布伦多夫和鲁道夫·佩歇尔都曾先后来到伦敦；他们不仅告诉张伯伦和哈利法克斯，并且还告诉丘吉尔以及其他英国领导人说，希特勒打算在8月底进攻波兰。这些反对希特勒的德国人可以亲眼看到，整个英国，上至那位手里老带着一把雨伞的张伯伦，从慕尼黑的那些日子以来都已经改变了态度。一年前这些德国人自己曾提出一个条件：要他们决心驱逐希特勒，英国和法国就必须宣布将以武力制止纳粹的任何进一步的侵略，现在这一条件已经实现了。他们还要求什么呢？从他们所留下的文字材料来看，这一点是不清楚的，我们所能得到的印象是，连他们自己也不明白。虽然他们的用意良善，但是他们的思想混乱，达于极点，一种无能为力的感觉瘫痪了他们的手脚。希特勒对德国的统治——也就是对陆军、警察、政府和人民的统治——太严密了，不是他们所能够想出的办法可以动摇或推翻的。

8月15日那一天，哈塞尔到沙赫特博士在柏林的独身新寓所中登门造访。这位被解职的经济部长刚刚从印度和缅甸旅行了六个月归来。哈塞尔在日记里写道："沙赫特的看法是，我们没有别的办法，只有留神等待，他认为事态将循着必然的道路发展。"根据哈塞尔自己的日记记载，他在同一天告诉吉斯维乌斯说，他"也赞成把直接行动暂时往后推一推"。

但是当时又有什么"直接行动"要推迟呢？哈尔德将军和希特勒同样热衷于毁灭波兰，这时候根本不想推翻这个独裁者。至于冯·维茨勒本将军，一年前预定在推翻元首的活动中由他负责领导部队的，现在正在西部指挥一个集团军，即使他有心也无法参加柏林的行动。然而他是否真正有心呢？吉斯维乌斯到他的司令部去拜访他的时候，发现他正在收听英国广播公司从伦敦发出的新闻广播，于是马上就看清了这位将军的兴趣只在于弄清楚当前的局势动向。

至于哈尔德将军，他正在一心忙着拟订进攻波兰的最后计划，根本就
558 不再考虑推翻希特勒的这种造反的念头。在1946年2月26日战后纽伦堡的审讯中，问到他和另外几个所谓纳粹政权的敌人在8月的最后几天为什么没有做出任何努力推翻元首从而使德国免于卷入战争时，他说得非常含糊。他说："当时没有可能。"为什么？因为冯·维茨勒本将军被调到西方去了。没有维茨勒本，陆军就不能动手。

那么德国人民呢？美国讯问官萨姆·哈里斯上尉提醒哈尔德，指出他说过德国人民反对战争，于是问他："如果说希特勒已经下了无可挽回的决心要发动战争，为什么你们不能在侵略波兰前夕依靠人民的支持呢？"哈尔德回答道："请您原谅，我听了您的话忍不住好笑。当我听到'无可挽回'这个字眼和希特勒联系在一起的时候，我就必须说没有什么事是无可挽回的。"这位参谋总长继续解释说，即使迟至8月22日，当希特勒在上萨尔茨山会议上向他的将领们透露他已经"无可挽回"地下了决心要进攻波兰，并且如果必要也同西方作战时，他本人并不相信元首当真会说到做到。[18] 这段话同哈尔德本人在这段时期的日记对照来看，确实令人感到惊讶。但是不仅哈尔德如此，大多数其他密谋分子也如此。

哈尔德的前任陆军参谋总长、公认的密谋分子领袖贝克将军，这时又在哪里呢？据吉斯维乌斯说，贝克给冯·布劳希奇将军写过一封信，但是这位陆军总司令甚至不签个收到信的回条。吉斯维乌斯说，后来贝克同哈尔德做过一次长谈，后者同意，一场大战将意味着德国的毁灭，但是他认为"希特勒是绝不会打世界大战的"，因此当时无须设法推翻他。[19]

8月14日，哈塞尔同贝克单独进餐，在日记上记述了他们的颓丧情绪。

> 贝克［是］极有教养、极有风采、极有见识的人。不幸的是，他非常瞧不起陆军中的领导人。因此，他认为我们不能在那里取得立足点。对于第三帝国各种政策的罪恶性质，他是深信不疑的。[20]

贝克以及他周围那些人的信念是崇高的，但是当希特勒准备把德国投入一场战争的时候，这些可敬的德国人却没有一个采取任何行动来制止他。这一任务显然是艰巨的，而且在这么晚的时候，也许是无法实现的。但是他们连试都没有试一下。

托马斯将军也许试了一下。他在8月中旬亲自向武装部队最高统帅部长官凯特尔宣读了一份备忘录之后，* 紧跟着又在8月27日星期日那一天拜访了凯特尔；并且据他自己说，当时还"交给他一份附有图表的统计材料 559

---

* 见本书原文第517—518页。

［这个材料］清楚地表明了西方国家在军事和经济两方面的巨大优势以及我们将遇到的灾难”。凯特尔以往常罕见的勇气把这份材料送给希特勒看，希特勒的答复是，他并不像托马斯将军那样“担心爆发一场世界大战，特别是他现在已经把苏联争取到自己这一边来了”。[21]

这些“密谋分子”为防止希特勒挑起第二次世界大战所做的尝试到此就告终了。只有沙赫特博士后来还做了一些微不足道的最后努力，这位精明的理财家在纽伦堡法庭为自己辩护时还把这种努力大大地吹嘘了一番。8月间他从印度归来以后，给希特勒、戈林和里宾特洛甫分别写了几封信，在这个紧要关头，所有这些反对派的领袖的行动似乎都仅仅限于写写信和写写备忘录。但是据他后来说，他“万万没想到”这些信件竟然毫无回音。后来他决定到柏林东南几英里的措森去亲自见见冯·布劳希奇将军，陆军总司令部当时在那里设立了波兰战役作战指挥部。他打算对冯·布劳希奇将军说什么呢？沙赫特在纽伦堡证人席上说，他打算去告诉那位陆军总司令，德国不经过国会批准就进行战争是违反宪法的！因此，这位陆军总司令有义务遵守忠于宪法的誓词！

真可惜，沙赫特博士根本没有去见布劳希奇。卡纳里斯警告他，如果他到措森去的话，陆军总司令“可能马上把我们抓起来”。在这位希特勒旧日的支持者看来，这个下场似乎并不怎么合他的心意。[22]但沙赫特之所以没有到措森去执行他那可笑的使命（如果希特勒不嫌麻烦，愿意办一下这个正式手续的话，他要让那个橡皮图章似的国会批准他的战争是易如反掌的事），其真正原因由吉斯维乌斯在纽伦堡出庭为沙赫特作证时一言道破。沙赫特原打算在8月25日到措森去，后来因为那天晚上希特勒取消了第二天进攻波兰的预定计划，所以他也就没有去了。据吉斯维乌斯的证词，三天以后，沙赫特又打算到措森去完成他的使命，但是卡纳里斯告诉他说为时已经太晚了。[23]所以，并不是“密谋分子们”错过了班车，而是他们根本就没到车站去赶车。

正像那一小撮反纳粹的德国人没有能制止希特勒动手一样，这时向希特勒呼吁要他避免战争的各中立国家的领导人也是白费了一番唇舌。8月24日，罗斯福总统向希特勒和波兰总统分别发出急电，敦请他们解决彼此间的分歧而不要诉诸武力。莫希奇茨基总统第二天就在一封措辞颇为得体的复电中提醒罗斯福，“提出要求并且要求让步”的并不是波兰，但是尽管如此，波兰还是愿意按照美国总统的建议，通过直接谈判或者中间调停同德国人解决争端。希特勒则根本没有答复（罗斯福还提醒希特勒说，他还 560
没有答复总统在4月间给他的呼吁）。第二天，8月25日，罗斯福又给希特勒发了一封电报，把莫希奇茨基的和解态度通知他，恳求他“同意已为波兰政府接受的和平解决的原则”。

这第二封电报也没得到答复；不过在8月26日晚上，魏茨泽克约见了美国驻柏林代办亚历山大·柯克，要他转告美国总统，元首已经收到那两份电报，并且已经“交给外交部长，供政府考虑”。

8月24日，教皇通过电台广播呼吁和平，“凭着基督的血……祈求强者倾听我们的呼吁，希望他们不要因为肆行不义而变成弱者……如果他们不愿意自己的力量成为毁灭的原因的话”。8月31日下午，教皇又以内容相同的照会分送给德国、波兰、意大利和两个西方大国的政府，“以上帝的名义祈求德意志和波兰两国政府……避免任何不幸事件”，并且要求英、法和意大利三国政府支持这一呼吁。他还说：

> 教皇不愿放弃通过即将举行的谈判取得公正的和平解决的希望。

教皇，也像世界上几乎所有的人一样，不知道所谓“即将举行的谈判”只不过是希特勒用来给侵略做借口的一个宣传伎俩。实际上，我们不久就可看到，在那最后一个和平的下午根本就没有进行什么真诚的谈判。无论是即将举行也好，不即将举行也好。

几天以前，在8月23日，比利时国王以“奥斯陆”国家（比利时、荷兰、卢森堡、芬兰和三个斯堪的纳维亚国家）统治者的名义，也广播了一篇动人的和平呼吁，要求“对事态发展负有责任的人，通过公开的谈判来解决他们的争执和要求”。8月28日，比利时国王和荷兰女王联名表示“愿为避免战争”进行斡旋。[24]

尽管这些中立国家发出的呼吁的方式和用意是高贵的，但是今天重读之下，却给人一种不现实和悲观的感觉。仿佛美国总统、教皇和那些北欧民主小国的统治者同第三帝国不是生活在一个星球上似的，他们对柏林方面的事情就同对火星上的情况一样缺乏了解。他们竟全然不知道阿道夫·希特勒的思想、性格和目的，全然不知道德国人，除了极少数例外，愿意置伦理、道德、荣誉或基督教的人道观念于不顾，而准备盲目地跟着希特勒走，不论他走向哪里，采取什么道路。他们这样的全然无知将在未来的岁月中使得罗斯福和比利时、荷兰、卢森堡、挪威、丹麦各国的君主
561 领导下的人民付出惨重的代价。

我们这些在最后几天紧张的和平日子里留在柏林企图向外界报道消息的人，对于总理府和外交部所在地威廉街和军事总部所在地班德勒街发生的事情也知道得很少。我们尽可能地密切注意威廉街上政府各部出出进进、川流不息的人群。我们每天在一大堆谣言、传闻、谎话、诳骗中沙里淘金。普通老百姓和我们所认识的政府官员、党的领袖、外交家以及军人的情绪，我们是了解的。但是有些事情，我们和普通老百姓一样被蒙在鼓里，比如汉德逊大使频繁地和希特勒、里宾特洛甫举行会晤，而且常常争得面红耳赤，其中说些什么我们就没法知道；希特勒与张伯伦之间、希特勒与墨索里尼之间、希特勒与斯大林之间有书信往返，其中的内容，我们也摸不清；里宾特洛甫与莫洛托夫之间、里宾特洛甫与齐亚诺之间举行过会谈，他们到底说了些什么，我们也无从得知；至于那些忙得晕头转向、心慌意乱的外交家与外交部官员之间互相交换的密码电报的内容，以及军方首脑正在策划和采取的各种行动，我们就更莫名其妙了。

当然，有少数一些事情，我们和公众是知道的。比如德国人大吹大擂的德苏条约，大家自然知道，只不过瓜分波兰和东欧其余部分的秘密议定书直到战后才知道。我们都知道，甚至在这一条约还没签字以前，汉德逊就飞到贝希特斯加登郑重地告诉希特勒，这个条约不能阻止英国履行它对波兰的保证。8月的最后一个星期开始以后，我们在柏林就感觉到，除非再来一个慕尼黑，否则战争是不可避免的了，而且已经是不出几天的事。到8月25日，最后一批英、法侨民都离了境。原来预定于8月27日在坦嫩贝格举行大规模的纳粹集会，希特勒将在会上发表演说。26日，这次集会也宣布取消了。原定于9月第一个星期在纽伦堡召开的一年一度的党代表大会，希特勒曾正式称之为“和平的党代表大会”，同样也取消了。8月27日政府宣布，食品、肥皂、鞋、纺织品和煤从第二天开始实行配给制，我记得，

主要是这个公告使德国人民意识到了战争的迫近，他们对这一公告的牢骚不满是可以很清晰地听到的。8月28日，星期一，柏林的居民看到源源不绝的军队穿过市区开往东方。他们被装在所能搜寻到的各种各样的运货的卡车里运走。

这种情况也必然使普通老百姓警觉到要发生什么事了。我记得那个周末又闷又热，大多数柏林人不顾战争已经就在眼前，还是到首都周围的湖泊和树林中去消暑度假。星期日晚上回到城里以后，他们从无线电里听到国会在总理府举行了一次非正式的秘密会议的消息。德意志通讯社的公报说："元首在会上扼要地阐述了局势的严重性。"这是德国公众第一次听到希特勒告诉他们时局已经严重了。会议的详细内容没有披露，除了国会议员 562
和希特勒的亲信以外，没有一个外人知道那位纳粹独裁者那天的心情。过了很久以后，我们才从哈尔德8月28日的日记中看到谍报局奥斯特上校告诉他的当天开会情况的记述：

> 下午5点30分在总理府举行会议。有国会议员和若干党内显要参加……局势非常严重。下定决心无论如何都要解决东部问题。最低要求：归还但泽，解决走廊问题。最高要求"取决于军事形势"。如果最低要求不能得到满足，就进行战争：野蛮！他将亲临前线。意大利领袖的态度对我们极为有利。
>
> 战争将非常困难，也许毫无希望。"只要我还活着，就谈不到投降。"苏联条约在党内受到广泛的误解。这是一个为了赶走魔王而与撒旦结盟的条约……"有人按照一定的暗示鼓掌，但是稀疏零落。"
>
> 个人对元首的印象是：疲惫、憔悴、嗓音沙哑、心事重重。"他现在已经完全被他在党卫军里的顾问包围了。"

一个外国观察家在柏林也可以看到，报纸在戈培尔的巧妙操纵下，怎样欺骗了天真的德国人民。自从纳粹对所有的日报实行"一体化"，摧毁了新闻出版自由以后，六年以来德国人民对于外界真相一直是隔绝的。有一个时期，在德国的大报摊上还可以买到苏黎世和巴塞尔出版的瑞士德文报纸，那上面还登着一些客观的消息。但是近几年来，德国不是在国内禁止

向希特勒行纳粹礼的德国人。

销售这些报纸，就是把数量限制到极为有限的几份。懂英文和法文的德国人，偶然可以弄到几份伦敦和巴黎的报纸，不过读到的人却很少。

我在1939年8月10日的日记中写道："德国人民生活在一个完全与世隔绝的世界里，看一看过去和今天的报纸，就会有这种感觉。"当时我是在华盛顿、纽约和巴黎做短期休假后回到德国来的，两天以前离开我在瑞士的家登上火车时，我买了一份柏林和莱茵兰的报纸。它们把我一下子推回到了疯狂的纳粹世界，它和我刚刚离开的那个世界迥然不同，就好像是在另一个星球上一样。我到达柏林以后，8月10日又继续写道：

> 全世界都认为和平将受到德国的破坏，是德国在威胁着要进攻波兰……但是在德国，被本国报纸蒙在鼓里，说法恰恰相反……纳粹报纸正在叫嚷的是：扰乱欧洲和平的是波兰，是波兰在以武装入侵威胁
> 563 德国……

《柏林日报》以大字标题提出警告："**当心波兰！**"并说："**对于肆无忌惮地蹂躏欧洲和平与人权的波兰的答复！**"

我在火车上买到的卡尔斯鲁厄《领袖》日报的标题是："**华沙扬言**

将轰炸但泽——极端疯狂的波兰人发动了令人难以置信的挑衅！”

你也许会问：德国人民不可能相信这些谎言吧？你去和他们谈谈吧。很多人是这么相信的。

到希特勒原定进攻波兰的日子8月26日，星期六，戈培尔在报纸上发动的宣传攻势达到了顶峰。我在日记里记下了当时报纸上的一些标题：

《柏林日报》：“波兰完全陷于骚乱之中——日耳曼人家庭在逃亡——波兰军队推进到德国国境边缘！”《12点钟报》：“这样的玩火行为太过分了——3架德国客机受到波兰人射击——走廊地带许多日耳曼人农舍成为一片火海！”

半夜我到“广播大厦”去，路上买了一份8月27日星期天版的《人民观察家报》。第一版顶端高达一英寸的通栏标题是：

波兰全境均处于战争狂热中！ 150万人已经动员！军队源源运往边境！上西里西亚陷入混乱！

当然，关于德国动员的情况只字未提，虽然我们亲眼看到德国早在半个月以前就开始动员了。

最后六天的和平日子

8月25日傍晚送到柏林的墨索里尼来函，迎头泼了希特勒一盆冷水。这封信加上英波同盟条约签字的消息，使希特勒不得不推迟原定第二天就要发动的进攻；他冷静下来以后，立即给意大利领袖发去一封短信，问他，为了保证意大利能够“参加一场大规模的欧洲冲突”“您需要什么样的武器装备和原料，并要在什么时限内提供”。这封信由里宾特洛甫亲自于当晚7点40分用电话传给德国驻罗马大使，在9点30分就到了那个意大利独裁者手中。[25]

第二天上午，墨索里尼在罗马召集意大利三军首长开了一个会，拟定

564 了一份作战12个月的最低需要清单。用参加拟制清单的齐亚诺的话来说，这份清单“足能气死一头牛，如果牛认得字的话”。[26] 清单中包括700万吨石油、600万吨煤、200万吨钢、100万吨木材以及一长串其他物品，一直到600吨辉钼矿、400吨钛和20吨锆。除此之外，墨索里尼还要150门高射炮来保护意大利北部距法国空军基地只有几分钟航程的工业区，这是他在当时写的复信中提醒希特勒的。这封信由齐亚诺于8月26日中午刚过的时候用电话传给柏林的阿托利科，后者马上就交给了希特勒。[27]

这封信开列的不仅仅是一长串所需要的物资。现在事情已经很明显，这位泄了气的法西斯领袖已经下定决心要摆脱他对第三帝国所承担的义务。元首在读完这第二封信之后，对于这一点不可能再有丝毫的怀疑了。

> 元首，［墨索里尼对他的伙伴写道］如果当初按照我们以前商定的办法，让我有时间来积累物资和加快自给自足的速度，我现在就不会向您提出这份清单，即使提出，项目也会比这少，数字也会小得多。
>
> 我有责任奉告，除非我肯定能得到这些物资供应，否则我要求意大利人民做出牺牲……就可能成为徒劳，并可能损害您和我自己的事业。

阿托利科大使本人是反对战争的，尤其反对意大利在战争中参加德国一方，因此他在递交这封函件时自作主张地向希特勒强调说，“所有这些物资都必须在战事开始以前运到意大利”，并且说这个要求是“不可变更的”。*

墨索里尼仍然希望会出现另一个慕尼黑事件。所以他在信中特别附上一段说，只要元首认为“还有一线希望在政治领域内求得解决”，他将一如既往，随时准备给他的德国同志以充分的支持。尽管他们两人个人关系十分密切，并且缔结了钢铁条约，尽管过去几年中彼此曾经多次大吹大擂地表示要团结一致互相支援，但事实仍是：即使临到这个最后关头，希特勒

---

* 他这句话在柏林更加引起了不满，在罗马也造成一些混乱，使得齐亚诺不得不加以澄清。阿托利科事后对齐亚诺说，他故意强调必须在敌对行动开始以前将物资完全运到，“为的是使德国人知难而退，放弃满足我们要求的念头”。要在几天之内运交1 300万吨物资，当然是绝对办不到的事。后来墨索里尼为这种“误解”向冯·马肯森大使表示歉意说：“就连万能的上帝也不可能把数量如此庞大的物资在几天之内运到这里。他从来没有想到过提出这样荒谬的要求。”[28]

仍然没有把他要毁灭波兰的真正意图推心置腹地吐露给墨索里尼，这位意大利伙伴仍然完全被蒙在鼓里。一直到这一天（26日）快要完了的时候，他们之间的这个隔膜才最后沟通。 565

在8月26日当天，希特勒在不到三小时之内就给墨索里尼的来信回了一封很长的复信。下午3点零8分，又由里宾特洛甫把这封信用电话传给驻在罗马的冯·马肯森大使，这位大使在5点刚过不久的时候连忙把它送给了墨索里尼。希特勒说，意大利提出的某些要求，如煤、钢之类，可以如数供给，但许多其他物资则难以办到。阿托利科坚持这些物资必须在战争爆发之前运到，这一点无论如何是“不可能的”。

这时候希特勒才终于把他立即就要开始实现的真实目的吐露给他的盟友。

> 由于法国或英国都不可能在西方取得任何决定性的胜利，而德国由于和俄国达成了协议，在击败波兰之后就可以腾出东方的全部兵力……所以我即使冒在西线发生纠葛的风险，也不会在解决东方的问题上退缩。
>
> 领袖，我了解您的处境，我只请您进行积极的宣传，并适当采取您自己已经向我建议的军事姿态，设法为我牵制英、法军队。

这是德国文件中所出现的第一个证据，表明希特勒在取消进攻波兰24小时以后又恢复了信心，而要继续进行他的计划，“即使冒”同西方作战的“风险”也在所不顾。

8月26日当天晚上，墨索里尼又做了一点努力再次劝阻希特勒。他又给元首写了一封信，齐亚诺又用电话传给阿托利科，这封信在快到晚上7点钟的时候送到了帝国总理府。

> 元首：
>
> 我相信阿托利科无意造成的误会已经立即得到了澄清……除高射炮以外，我请求您供给的其他物资可以在今后12个月内陆续运到。不过，纵使误会已经澄清，您显然还是不可能大力帮助我补足意大利在埃塞俄比亚和西班牙战争中所耗损的大量军备。

> 因此我将采取您所建议的态度，至少是在冲突的最初阶段，一方面尽最大能力加速军事准备，一方面就像目前已在进行的那样尽可能多地牵制住法国和英国的军队。[29]

这位意大利领袖由于自己在这样一个紧要关头扮演这样一个不光彩的角色而深感苦恼，尽管如此，他还不死心，仍然认为应当试一试，看看是否有可能再来一次慕尼黑式的妥协。

> ……我不揣冒昧［他接着写道］再次请您试一试寻求政治解决的机会，这绝不是出于与我的天性格格不入的和平主义性质的考虑，而
> 566 是为了我们两国人民和两国政权的利益。我认为现在还有政治解决的可能性，而且认为这样一个解决办法一定能使德国在道义上和物质上都完全得到满足。[30]

现在已经可以从档案材料中看出，当时这位意大利独裁者努力争取和平是因为他还没有为战争做好准备。但是他为自己所扮演的角色而感到很难过。他在8月26日最后这次信件交换中对希特勒说：“在这行动的时刻，我出于非我力之所及的原因而不能给您真正的支援，此种心情，阁下当可想见。”齐亚诺在这忙碌的一天结束时在日记中写道：“领袖的确很难过。他的好战本能和荣誉感驱使他走向战争。理智现在已经制止了他。然而这使他大为伤心……现在他已经不得不正视严酷的事实了。而对领袖来说，这是一个沉重的打击。”

经过这番穿梭般的信件往返之后，现在希特勒也只好让墨索里尼临阵脱逃了。8月26日深夜，他又给他的轴心伙伴去了一封信。这封信是在27日零点10分从柏林用电报拍出的，送到墨索里尼手里是那天上午9点。

> 领袖：
>
> 我已经收到您表示最后态度的来信。我尊重促使您做出这个决定的理由和动机。在一定情况下，这样做还是可能有良好结果的。但是我认为，先决条件是意大利不应使外人知道它所打算采取的态度，至

少在战争开始以前应当如此。因此，我诚恳地请求您用您的报纸和其他手段在心理上支持我们的斗争。我还要请求您，领袖，如果有可能的话，就在军事上采取示威性措施。至少要牵制住一部分英法军队；即使不能如此，无论如何也要使他们狐疑不定。

不过，领袖，最重要的一点是：事情万一如我说过的那样发展成一次大战，东线的局势就必须在西方两大强国能操胜算之前予以解决。然后今年冬天，最迟也不过明年春天，我将以至少和法、英数量相等的兵力在西线发动进攻……

领袖，现在我有一件事要求您鼎力协助。在这一场艰巨的斗争中，您和您的人民所能给我的最大帮助是派来意大利劳工，从事工农业劳动……希望您慷慨应允，对您过去为我们的共同事业所做出的努力谨表谢忱。

阿道夫·希特勒[31]

意大利领袖当天下午做了一个温顺的答复，表示外界绝不会“在战争爆发以前知道意大利的态度”，他一定严守秘密，并答应设法牵制住尽可能多的英、法陆海军力量，他还将向希特勒派出所要求的意大利劳工。[32] 据冯·马肯森大使对柏林提出的报告来看，墨索里尼那一天在回这封信之前，曾经“郑重其事地”再次向这位德国大使表示，“他仍然相信，达到我们的全部目的而不诉诸战争还是可能的”，并且说，他将在给元首的信里再一次提出这一点。[33] 但是他在信中并没有提及。看来他当时已经心灰意懒，连提也不想再提了。 567

战争一旦突然爆发，法国虽然能几乎全部提供盟国方面在德国的西方国境线上所需的军队，而且在最初几个星期内，盟军在数量上也会远远地超过那里的德国驻军，但是在8月将尽的那几天里，希特勒对于法国的动向似乎满不在乎。8月26日，达拉第总理写给他一封慷慨陈词、颇为动听的信，提醒他法国会采取的行动，并声明一旦波兰遭到攻击，法国就一定出兵作战。那封信中写道：

除非您认为法国人民的国家荣誉感不如我本人认为德国人民所具有的国家荣誉感，否则就不应当怀疑法国将恪守自己对其他国家，诸

> 如波兰，所做的庄严保证……

达拉第在呼吁希特勒通过和平途径解决他同波兰的争端之后，补充说：

> 如果像25年以前一样，法兰西和德意志在一场时间更长和杀人更多的战争中再次流血，两国人民都会抱着必胜的信心进行决战，但是最有把握的胜利者将是毁灭和野蛮的力量。[34]

库隆德尔大使在递交总理的这封信时，还加上了他个人热情的口头呼吁，恳求希特勒“看在人道的分上，为了他自己良心的安宁，不要放过这个和平解决的最后机会”。但是这位大使却不得不怀着“遗憾的心情”向巴黎报告，达拉第的来信未能打动这位元首——“他无动于衷”。

希特勒第二天给法国总理的复信，巧妙地利用了法国人不愿“为但泽送命”的心理，不过他没这么讲，这话留给法国的姑息妥协派说去了。希特勒宣称，自从归还了萨尔之后，德国就对法国放弃了一切领土要求；因此，两国之间没有理由一定要兵戎相见。如果竟然发生了战争，责任绝不在他，而且他会感到“非常痛心”。

在最后那个和平的星期中，德、法两国在外交上的接触仅此而已。自从8月26日那次会见以后，库隆德尔一直到大势已去、无可挽回的时候为
568 止，没有再去见过希特勒。在这个紧要关头对这位德国总理关系最大的国家是英国。正如8月25日晚上希特勒推迟了入侵波兰的行动以后对戈林所说的，他要看一看能不能“排除英国的干涉”。

最后关头的德英关系

罗马和伦敦传来的消息迫使希特勒从战争的悬崖边缘退缩回来以后，哈尔德将军曾在他8月25日的日记中写道：“元首受到了极大的震动。”可是第二天下午，这位参谋总长发现元首的态度又骤然改变了。“元首非常镇静而开朗”，这是他在那天下午3点22分随手写下的日记。这种变化不是没有来由的，这位将军的日记道出了这个原因。“要为‘第七动员日’的早晨做

好一切准备。进攻在9月1日开始。”希特勒用电话向陆军总司令部发出了这个命令。

这就是说，希特勒准备动手打波兰了。这一点既然已确定，他就要尽一切可能使英国置身局外。哈尔德的日记道出了元首及其亲信在8月26日那个决定命运的一天的想法。

> 传说英国有意考虑德国的全面建议。* 汉德逊归来后就可知道详情。另外有谣言说，英国强调，波兰的切身利益受到威胁是必须由英国来宣布的事。在法国，向政府提出的反战抗议书越来越多……
>
> 计划：我们要求取得但泽，一条穿过“走廊”的走廊，在和萨尔相同的基础上进行公民投票。英国也许会接受。波兰多半不会。**这是分化它们的楔子**。[35]

着重字体是哈尔德自己写的，在某种程度上这无疑正确地反映了希特勒当时的想法。他想在波兰和英国之间打进一个**楔子**，并给张伯伦一个借口，让他摆脱对华沙的保证。在命令军队准备于9月1日进军以后，希特勒就等着看伦敦方面对他那个“保证”英帝国存在的狂妄自大的建议有什么反应。

当时他与英国政府有两次接触，而伦敦的德国大使馆没有参与那最后一刻钟的紧张的谈判活动，因为德国驻伦敦大使迪克森正在休假。一次接触是通过汉德逊大使的官方接触，汉德逊在8月26日星期六一清早带着元首的建议乘坐一架德国专机飞到了伦敦。另一次接触是非官方的、秘密的，而且结果证明是相当外行的接触。这次的中间人是戈林的瑞典朋友，那位喜欢到处奔走的比尔格·达勒鲁斯，早在前一天他就带着这位德国空军司 569
令给英国政府的一封信从柏林飞到了伦敦。

“在这个时期，”后来戈林在纽伦堡法庭的一次提讯中说，“我同哈利法克斯在正常外交途径之外通过一个特别信使保持着联系。”†[36] 这位瑞典“信

* 就是希特勒8月25日“保证”英帝国存在的建议。

† 戈林在纽伦堡法庭上作证时说：“里宾特洛甫根本不知道我打发达勒鲁斯前往伦敦的事情。我始终没有和里宾特洛甫谈过达勒鲁斯的事。他完全不知道达勒鲁斯来往于我和英国政府之间。”[37] 但是戈林一直是把情况随时报告希特勒的。

使”在8月25日星期五下午6点30分飞到伦敦就是去找英国外交大臣的。前一天，戈林把他从斯德哥尔摩找到柏林来，告诉他，尽管前一天夜间签订了德苏条约，德国还是想同大不列颠达成一项“谅解”，他把自己的一架专机交给这个瑞典人使用，以便让他能火速飞往伦敦，把这件重要的事情通知哈利法克斯勋爵。

这位在一个小时以前签订了英波互助协定的英国外交大臣感谢达勒鲁斯的奔走，并告诉他说，汉德逊刚在柏林同希特勒进行了商谈，马上就要带着元首的新建议飞回伦敦；既然柏林同伦敦之间的官方联系现在已经重新打开，他认为这位瑞典人的居间奔走已经不再需要。但是不久就证明这种奔走还是需要的。当达勒鲁斯于当晚打电话给戈林报告他同哈利法克斯会谈的经过时，那位元帅告诉他，由于英波条约的签订，局势已经恶化，大概只有英、德两国代表举行会谈才能挽救和平。据戈林后来在纽伦堡作证时说，他和墨索里尼一样，当时都想再来一次慕尼黑式的妥协。

当天深夜，那位不知疲倦的瑞典人把他同戈林的谈话通知了英国外交部，次日早晨他接到邀请同哈利法克斯再做一次会谈。这一次他说服了英国外交大臣给戈林写了一封信，他把戈林说成是唯一能够防止战争爆发的德国人。那封措辞笼统的信很简短，而且话说得很含混。它只是重申了英
570 国对于达成和平解决的愿望，并且强调需要“几天的时间”才能办到。*

---

* 信件全文载在《英国外交政策文件汇编》（*Documents on British Foreign Policy*）第3辑第7卷第283页上。在1954年该卷出版之前，一切已公布的英国官方档案中都没有刊登过这封信，对此英国史学家有不少评论。在关于大战爆发的文件集《英国蓝皮书》和汉德逊的《最后的报告》（*Final Report*）中，都没有提到达勒鲁斯其人。连汉德逊的另一本书《使命的失败》（*Failure of a Mission*，旧译《使德辱命记》）中也没有提到，该书只提到有“一个同戈林有联系的人士”。但在现已发表的汉德逊和英国大使馆其他人员的电报中，达勒鲁斯及其活动却占有相当突出的地位，情形和英国外交部各项备忘录里一样。

这位奇怪的瑞典商人在挽救和平的活动中所起的作用曾经严加保密，威廉街和唐宁街双方都曾想了许多办法使他的活动躲过新闻记者和中立国家外交官的耳目；据我所知，在1946年3月19日达勒鲁斯到纽伦堡出庭作证以前，这些人始终完全不知道这些事。他用瑞典文写的《最后的努力》（*The Last Attempt*）在1945年大战结束时问世，但英文本直到1948年才出版。而他本人的作用又隔了六年才得到官方的证实，也就是由《英国外交政策文件汇编》第7卷中的文件证实。德国外交部8月份的文件中没有提到过达勒鲁斯，仅在一份普通的备忘录中报告收到汉莎航空公司的一则通知，提到“有一位外交部的达勒鲁斯先生”于8月26日乘坐该公司的一架飞机前来柏林。不过在后来的一些文件中，终于出现过他。

虽然如此，这位肥胖的元帅却认为这封信“极其重要”。达勒鲁斯于当晚（8月26日）就把这封信交给了戈林，当时戈林正坐着一列专车去柏林郊外奥拉宁堡空军司令部的途中。专车在第二站就停住了，两人临时征用了一辆汽车直奔总理府。到那里时已经半夜了，总理府一片漆黑，希特勒已经上床睡觉了。但是戈林一定要把他叫起来。到这时为止，达勒鲁斯也和很多其他人一样，总认为希特勒并不是一个不讲道理的人，他会像一年前在慕尼黑所做的那样，接受一个和平解决的办法。这个瑞典人这回却要破题儿第一遭领教这位天赋神赐的独裁者的思想多么荒唐离奇，脾气多么喜怒无常。[38] 这是一次使他灰心丧气的经历。

达勒鲁斯从哈利法克斯那里带来的这封信，戈林认为事关重要，必须在深更半夜把元首叫起来看看，可是希特勒却根本不加理睬。他反而对这个瑞典人滔滔不绝地讲了20分钟他早年的奋斗经过、他的伟大成就以及他为了同英国人取得谅解而做出的各种努力。接着，当达勒鲁斯插上一句说他曾经在英国当过工人时，这位总理马上就询问他有关这个古怪的岛国和这个古怪的民族的情形，他说他曾花了很大的功夫，可是始终还没有能了解他们。接着他又大谈了一通德国的军事威力，有些地方还是从技术角度来谈的。达勒鲁斯后来说，这时候他认定他的夜访“是不会有什么结果的了”。不过这个瑞典人到底抓住了一个机会，把他所了解到的一些英国人的情况告诉了他的主人。

> 希特勒一直听下去，没有打断我的话头……但是后来他突然站起来，变得非常激动而且神经质，在屋子里来回地走着，一面自言自语地说，德国是不可抗拒的……突然，他在房间中央站住，眼睛直挺挺地望着前面。他的声音变得含糊不清，他那样子完全是一个神经失常的人。他断断续续地说道：“如果发生战争，我就要造潜艇，造潜艇，潜艇，潜艇，潜艇！”他的话越来越不清楚，最后根本就听不出他在说些什么了。接着他定了定神，就像在对大庭广众发表演说似的拉开嗓门，尖声尖气地叫了起来：“我要造飞机，造飞机，飞机，飞机！我要消灭我的敌人。”那神情活像小说里的一个妖魔，而不像是个真人。我惊讶地注视着他，又回过头来看看戈林的反应，他却若无其事。 571

最后，这位激动的元首大踏步走到他的客人面前，对他说："达勒鲁斯先生，你是很了解英国的。你能不能告诉我，为什么我想同英国达成协议，可是总也不能成功？"达勒鲁斯自称他"最初犹豫了一下"不知怎样回答，但是后来答道：据他个人看来，原因在于英国人"不信任他和他的政府"。

"这些白痴！"据达勒鲁斯说，当时希特勒把右臂一甩，用左手拍着自己的胸口，对他吼道，"我这一辈子几时说过谎话？"

随后这位纳粹独裁者平静下来，他们讨论了希特勒通过汉德逊提出的建议；最后决定让达勒鲁斯飞回伦敦去，再交一份建议给英国政府。戈林反对把它写下来，他要这位脾气随和的瑞典人把它记在心里。这个建议包括六点：

1. 德国希望同英国缔约或者同英国结盟。

2. 英国要协助德国取得但泽和走廊，但是波兰可以在但泽拥有一个自由的港口，保留波罗的海上的格丁尼亚港和通向该港的走廊。

3. 德国将保证波兰的新国界。

4. 德国要收回自己的殖民地或者与此相当的土地。

5. 必须对波兰境内的日耳曼少数民族做出保证。

6. 德国方面将保证保卫英帝国。

达勒鲁斯牢牢记住这些建议之后，于8月27日星期日上午飞往伦敦，中午12点多钟，为了避开那些到处打听的新闻记者，被悄悄地绕道带到了张伯伦、哈利法克斯勋爵、霍拉斯·威尔逊爵士和亚历山大·贾德干爵士的面前。显然，英国政府现在十分重视这位瑞典信使。

他身上带着记述头天夜晚同希特勒和戈林会见经过的个人笔记，这是他在飞机上仓促草就的，那两位英国内阁领导人这时接过来仔细阅读，他在其中力称会晤时希特勒是"安详而镇静的"。虽然在外交部的档案中找不到有关这次星期日破例会见的记录，但外交部文件汇编在第3辑第7卷中根据哈利法克斯勋爵和贾德干所提供的材料以及那位密使的备忘录追述了这件事。英国政府文件上的说法和达勒鲁斯在他的书中以及在纽伦堡法庭上所说的情形有一些出入，但是把各种说法放在一起来看，下面的叙述似乎是我们所能得到的一个最可靠的报道。

张伯伦和哈利法克斯立刻看出他们所面临的是希特勒的两套建议，一
套是交给汉德逊带来的，一套是现在由达勒鲁斯带来的，内容是不同的。 572
第一套建议说希特勒将在他同波兰人算了账以后再来保证英帝国的存在，而第二套建议似乎是说：元首准备通过英国来谈判归还但泽和走廊的问题，然后他将“保证”波兰的新边疆。张伯伦前回在捷克斯洛伐克问题上已经吃过希特勒一次苦头了，这话在他听来完全是一套老调，他对达勒鲁斯代表元首概述的建议不敢轻信。他对这个瑞典人说，他“从这些条件看不到解决问题的前景，波兰人可能让出但泽来，但是他们宁可作战也不会放弃走廊”。

最后大家同意让达勒鲁斯立刻回柏林去，把他们初步的非正式答复告诉希特勒，然后在正式答复拟好并由汉德逊第二天晚上带到柏林去以前先把希特勒的反应告诉伦敦。据英国的文件，正如哈利法克斯所说：“由于通过达勒鲁斯先生的这种非正式的秘密接触，问题可能发生一些混乱。[因此] 有必要说明，达勒鲁斯于当晚回柏林去，不是传递英王陛下政府的答复，而是为汉德逊送去的正式复信准备条件。”[39]

这位默默无闻的瑞典商人作为欧洲两个头号强国政府的谈判中间人，地位已经非常重要，所以据他自己说，在这个千钧一发的时刻，他曾向英国首相和外交大臣建议：“他们应该让汉德逊在伦敦等到星期一 [第二天]，以便他们在听到希特勒对英国立场的反应之后再做答复。”[40]

那么，什么是达勒鲁斯要对希特勒阐明的英国立场呢？关于这个问题，双方说法有些混乱。根据哈利法克斯的概略记录，他给达勒鲁斯的口头指示中所表示的英国立场仅仅是：

> 1. 庄严保证谋求G. [德国] 与Gt.B. [英国] 之间充分谅解的愿望 [缩写字母是哈利法克斯原来用的]。没有一个政府成员不是如此想法。2. Gt.B.有责任履行自己对波兰的义务。3. 德波争端应当和平解决。[41]

但是根据达勒鲁斯的说法来看，英国政府托他转达的非正式答复却更为全面：

> 自然，第6点，关于保卫英帝国的建议遭到了拒绝。同样，只要德国还处于动员状态之中，他们就不能讨论殖民地问题。关于波兰边界，他们主张由五大国来保证。关于走廊，他们建议立即同波兰举行谈判。至于［希特勒建议的］第1点，英国在原则上愿意同德国达成
573 一项协定。[42]

星期日晚上达勒鲁斯飞返柏林，将近午夜时见到了戈林。那位元帅认为英国的答复不是"很令人满意"，但于半夜谒见了希特勒以后，戈林在深夜1点钟的时候打了一个电话给住在旅馆里的达勒鲁斯，对他说，如果汉德逊星期一晚上带来的正式答复与他所说的一致的话，总理准备"接受英国的立场"。

戈林很高兴，达勒鲁斯当然更高兴。这个瑞典人在半夜2点钟叫醒了英国大使馆的参赞乔治·奥格尔维·福布斯爵士，把这个好消息告诉了他。达勒鲁斯不仅转达了这个消息，由于至少他自以为他当时已经处在那种能说话的地位，所以他还对英国政府提供了意见，告诉他们在正式答复中应当说些什么。达勒鲁斯强调说，汉德逊在8月28日这天带来的那份复照应当保证英国将说服波兰同德国立即举行直接谈判。

> 达勒鲁斯刚从戈林办公室里来过电话［后来福布斯在8月28日的一份电报中这样说］，他认为提出以下两点建议是极端重要的。
>
> 1. 英国政府给希特勒的答复绝不能提及罗斯福的计划。*
>
> 2. 希特勒怀疑波兰人恐将设法规避谈判。因此答复中应该明确说明，已经竭力劝说波兰人立即同德国进行接触和举行谈判。†[43]

这时这个已满怀信心的瑞典人，在整个这一天里不仅接二连三地向福

* 大概是指罗斯福总统8月24日和25日给希特勒的敦促德波直接举行谈判的电报。

† 必须说句公道话，达勒鲁斯并不像他的某些电文所表现的那样亲德。同一星期一的夜里，他和戈林在奥拉宁堡空军总部待了两小时以后，给福布斯打了一个电话，告诉他，"德国军队将于星期三到星期四，即8月30日到31日的夜间做好进攻波兰的最后准备"。福布斯尽可能迅速地把这个情报通知了伦敦。

布斯提供意见（福布斯都用电报如实地转给了伦敦），而且还亲自打电话给英国外交部，向哈利法克斯转去进一步的建议。

在世界历史的这个危急关头，这位临时客串的瑞典外交家的确成了柏林同伦敦之间的枢纽人物。哈利法克斯一方面从柏林的英国大使馆，另一方面从达勒鲁斯本人打给外交部的电话中知道了这个瑞典人的紧急意见以后，就在8月28日下午2点钟的时候用电报通知英国驻华沙大使霍华德·肯纳德爵士，要他“立刻”去见波兰外交部长贝克，促使后者授权英国政府通知希特勒，“波兰准备同德国立即开始直接磋商”。哈利法克斯急不可待。他想要把波兰方面授权英国这么做这一点列入汉德逊等着在当天带回柏林向希特勒提出的正式复文中。他叫他的驻华沙大使尽快把贝克的 574
答复用电话向他报告。傍晚，贝克根据要求同意授权，这一点马上就列入了英国的复照中。[44]

汉德逊于8月28日晚间带着这个复照返回柏林，到达总理府时党卫军仪仗队举枪击鼓致敬，这种表面上的外交礼貌直到最后一分钟还维持着。然后他被带到希特勒面前，这时是夜里10点30分，他把复文的德文译本交给了希特勒。这位总理立刻就打开来看。

照会说，英国政府“完全赞同”他的主张，认为“首先”必须解决德波之间的分歧。“可是，”照会接着说，“一切问题取决于解决办法的性质以及达成解决的方式。”照会指出，关于这一点，德国总理一直“避而不谈”。希特勒“保证”英帝国存在的建议被婉言谢绝了。英国政府“不能为了许给大不列颠的任何利益而同意采取一种使曾经得到大不列颠保证的一个国家的独立受到危害的解决办法”。

这一保证必须信守，但是德国总理不可因为英国政府“一丝不苟”恪守本身对波兰所承担的义务，就认为不可盼望问题获得公平解决。

> 因此，下一步骤应该是开始进行德波两国政府之间的直接磋商，其基础是……维护波兰的根本利益不受侵犯，并争取国际上的保证来确保这一解决办法。
>
> [英国政府]已经收到波兰政府明确保证，他们准备在此基础上进行磋商，英王陛下政府希望德国政府也愿意赞同这一方针。

……德波问题的……公平解决可能为世界和平开辟道路。如果解决归于失败，德国同大不列颠之间取得谅解的希望就会归于破灭，两国将因此而发生冲突，并且很可能使全世界投入战争之中。这样的结局将是一场史无前例的浩劫。[45]

希特勒看完照会以后，汉德逊开始根据他的笔记对照会做了进一步的补充，他告诉希特勒说，这是他同张伯伦和哈利法克斯谈话时记下来的。他后来说，在他同希特勒历次会见中，唯有这一次大部分是由他在说话的。他所说的无非是英国希望得到德国的友谊并且希望和平，但是如果希特勒进攻波兰，英国就一定要出兵。当时这位元首并未缄口不言，他的回答是唠叨不休地大谈波兰的罪状和他自己为了谋求同波兰达成和平解决而提出的“慷慨”的建议，他说这是他最后的一次建议，以后不会再提了。事实上，今天“只有归还但泽和全部走廊才能令他满意，同时还须改正西里西
575 亚的现状，那里的居民在战后公民投票中有90%都投德国的票”。这一点并非事实，同样，他接着提出的另一个辩驳也不是事实，那就是他说1918年以后有100万德国人被赶出走廊，其实据1910年德国的人口调查，那里只有385 000个德国人。当然，这时候纳粹独裁者以为所有人都会毫不辨察地听信他的谎言。英国大使又听信了这种谎话，因为他在《最后的报告》中宣称：“这一回希特勒的态度又表现得很友善而且通情达理，看来对我带给他的答复并没有感到不满。”不过，这是他出使柏林的失败史上最后一次听信希特勒的谎话了。

汉德逊于凌晨2点35分拍了一个很长的报告这次会晤情况的电报，他在电报中说：“最后我向他提出两个干脆的问题。”[46]

他是否愿意直接同波兰人谈判？他是否准备讨论交换居民的问题？对于后一点，他做了肯定的答复（虽然我毫不怀疑他同时在考虑修改边界）。

至于第一点，他表示首先要对英国的整个照会做一番“仔细的考虑”再说。汉德逊在电报中追述道，当时总理转身对里宾特洛甫说：“我们必须

把戈林找来同他商量商量。”希特勒答应第二天，即8月29日星期二，对英国的来照做出书面答复。

“虽然双方的态度都非常坚定，”汉德逊特别告诉哈利法克斯说，“谈话却是在十分友好的气氛中进行的。”尽管汉德逊同他的东道主亲身打过不少交道，大概他还是没有完全了解为什么希特勒要制造这样一种友好气氛。这位元首仍然决定在这个周末进攻波兰。尽管英国政府和汉德逊已经把话说得很明白，他仍然相信能够使英国置身事外。

希特勒显然是受了不学无术、一味逢迎的里宾特洛甫的怂恿，压根儿就不相信英国人所说的是真话，尽管嘴上说相信。

汉德逊拍出那份长电之后，第二天，又追加了一段：

> 希特勒再三声明，他不是虚声恫吓，谁要是认为他是虚声恫吓，那就会铸下大错。我回答他说，我对于这一点毫不怀疑，不过我们也不是在虚声恫吓。希特勒先生表示，他对于这一点完全明白。[47]

话虽这样说，但他真的明白吗？因为他在8月29日的答复中还是竭力企图欺诳英国政府，看样子他当时一定是认为，他这样就既捡了便宜又卖了乖。

英国的答复和希特勒的初步反应，在柏林，特别是在戈林的巢穴里，产生了一阵乐观的气氛，那位历史上绝无仅有的达勒鲁斯现在大部分时间都是在那里度过的。8月29日凌晨1点30分，这个瑞典人接到那位元帅的一个副官从总理府打来的电话。汉德逊走后，希特勒、里宾特洛甫和戈林 576
三人在那里研究了英国的复照。达勒鲁斯从他的德国朋友那里听到的是，英国的答复“非常令人满意，战争的威胁极有希望已成过去”。

当天早晨达勒鲁斯就用长途电话把这个好消息通知了英国外交部，他告诉哈利法克斯说：“希特勒和戈林认为和平解决现在肯定有可能了。”上午10点50分，达勒鲁斯见到了戈林，戈林热情洋溢地和他招呼，使劲儿握着他的手，大声说道：“要和平了！和平保住了！”有这样可喜的保证撑腰，这位瑞典信使立刻前往英国大使馆，把这个喜讯告诉至今尚未和他见过面的汉德逊。据那位大使描述这次会见的电报说，达勒鲁斯对他讲，德国人极为乐观。他们同意英国答复中的“主要观点”。达勒鲁斯说，希特勒“仅仅”要求取得但泽和走廊——不是全部走廊，而是通往但泽的铁路沿线的窄窄一条走廊。达勒鲁斯还对他说，事实上，元首准备采取“极其讲道理的态度。他愿意尽量同波兰人妥协”。[48]

那时终于有点醒悟过来的内维尔·汉德逊爵士并不那么相信。据他的客人说，他告诉他的客人，希特勒的话一句也信不得，达勒鲁斯的朋友赫尔曼·戈林也是一样，他曾经对这位大使说过“无数次”谎话。汉德逊认为，希特勒正在玩弄一套背信弃义的把戏。

但是，那位瑞典人当时正处于事件中心，汉德逊没法让他改变看法。他的醒悟甚至比汉德逊还要晚。他为了加一层保障，不使自己劳碌奔波的成果受到那位大使难以理解的悲观情绪的破坏，在晚间7点10分的时候又打了一个电话，叫英国外交部给哈利法克斯留一个口信，告诉他“德国的答复中不会有什么困难”。不过这位瑞典人劝英国政府叫波兰人的“行为必须得体”。[49]

5分钟以后，即8月29日晚上7点15分，汉德逊到总理府去取元首的正式答复。事情马上就清楚了，戈林和他的瑞典朋友空欢喜了一场。在这次会见时，据这位大使事后立刻给哈利法克斯的报告，“双方争吵得非常激烈，希特勒先生远不如昨天讲道理”。

德国的正式书面照会重申了德国希望同大不列颠友好的愿望，但强调指出，“不能牺牲德国的根本利益来换取这种友谊”。接着照会就长篇大论地重弹老调，指责波兰人的过错、波兰人的挑衅和“上天难容的野蛮虐待行为”，然后才破天荒第一次用书面正式提出希特勒的要求：归还但泽和走廊，保护波兰境内的日耳曼人。照会接着又说，要消除“目前这种状况，
577 不能再拖多少日子，更谈不上再拖几星期，恐怕只能有几小时的时间”。

照会接着说，德国不能再同意英国的看法，认为通过同波兰的直接谈判可以取得解决办法。不过，“完全”为了让英国政府感到满意，为了维护英德友谊，德国准备“接受英国的建议，同波兰进行直接谈判”。“如果重新划分波兰领土”，德国政府未经苏联同意是不能给予任何保证的。（英国政府当然不知道德苏条约瓜分波兰的秘密议定书。）照会宣布，“至于其他方面，德国政府在提出这些建议时绝对无意触犯波兰根本利益或对独立的

波兰国家的存在表示异议”。

接着，到最后，来了圈套：

> 因此，德国政府接受英国政府的建议，同意由英国出面斡旋，请波兰派遣一位全权特使前往柏林。本政府指望该特使于1939年8月30日星期三到达。
>
> 德国政府将立即拟出一个自己所能接受的解决方案，并且愿意在可能办到的情形下将该方案在波兰谈判代表到达之前交给英国政府。[50]

汉德逊阅读照会的时候，希特勒和里宾特洛甫都一声不响地在一旁看着他。最后他看到了德国期望波兰全权特使于第二天到达的那一段。

“这口气听来像最后通牒。”他说。但是希特勒和里宾特洛甫矢口否认。他们说，他们只是想强调指出，“当两国充分动员的军队已在严阵对峙的时候，时机是多么紧迫”。

这位大使无疑还记得希特勒给予许士尼格和哈查的接待，因而问他，如果波兰全权代表来了，是否会受到“良好的接待”，磋商是否能“在完全平等的基础上进行”。

“那当然。”希特勒回答说。

接着在某一点上由于希特勒提出了一个“毫没来由”的指责（汉德逊语），引起了一场激烈的舌战。希特勒的指责是这位大使对于有多少日耳曼人在波兰遭到屠杀的问题“一点儿也不在乎”。汉德逊说，他对于这一点立刻做了“激烈的驳斥”。*

“那天晚上我从德国总理府出来时，心里充满了最阴暗的不祥之感。”汉德逊后来在回忆录中这样追述，不过他在当晚发给伦敦的电报中似乎没 578
有提到这一点。在谈话中，希特勒曾经对他说：“我的士兵在问我，‘打还是不打？’”他们已经错过了一个星期的时间，他们不能再损失一个星期了，

---

*“我开始叫喊得比希特勒还要大声，”汉德逊第二天打电报告诉哈利法克斯说，“……我接着又提高嗓子向他大嚷大叫了一阵。”[51]这种感情冲动的场面在早先的英国文件中没有提到过。

“因为波兰的雨季将有利于他们的敌人”。

虽然如此，从这位大使的正式报告和他后来写的书中可以清楚地看出，当时他还不太明白希特勒这个圈套的用意所在；直到第二天，当希特勒又扔出一个圈套时，汉德逊才识破了他的诡计。这个独裁者的把戏从他的正式照会中来看是昭然若揭的。他在8月29日晚上要求参加谈判的波兰全权特使在第二天就在柏林出现。毫无疑问，他是打算用对待奥地利总理和捷克斯洛伐克总统的那一套办法在类似的情况下来对待波兰的特使。如果波兰人像他所确信的那样，不赶紧派特使前来柏林，或者即使派来了谈判代表而又拒绝接受希特勒的条款的话，他就可以把拒绝“和平解决”的罪名加在波兰头上，这样就可以诱使英法在波兰受到攻击时不予援助。这个圈套很幼稚，但是却简单而又明了。*

但是8月29日那天晚上，汉德逊还没有看得这样明了。他一面草拟拍给伦敦的报告他同希特勒会晤情况的电报，一面把波兰大使请到他的大使馆来。他把德国的照会以及他本人和希特勒的谈话统统告诉了波兰大使。根据他自己的记述，他“竭力使对方明白立即采取行动的必要。我请他为了波兰本身利益着想，敦促他的政府立即指派一名代表出席建议中的谈判”。[52]

但是在伦敦外交部里，头脑则比较清醒。哈利法克斯在仔细估量了德国的答复以及汉德逊关于同希特勒会晤的报告之后，于8月29日†凌晨2点电告这位大使说，英国虽将慎重考虑德国的照会，但“要我们今天就在柏林变出一个波兰代表来显然是无理的，德国政府不应当做这种指望”。[53]这时候，外交家和外交部的官员们都夜以继日地忙个不停，汉德逊在凌晨4点30分就把这个电报送到了威廉街。

8月30日这一天，他又传达了四份伦敦的来电。一份是张伯伦给希特勒的私人短简，告诉他英国政府正在“紧急”考虑德国的复照，将在当天下午较晚的时候做出回答。在此之前，这位首相要求德国政府避免边

* 哈尔德将军在8月29日的日记里一语道破了希特勒的诡计：“元首希望在英国人、法国人和波兰人之间打入一个楔子。策略是提出一大堆人口学上的和民主的要求来作为掩护……波兰人得在8月30日来到柏林。8月31日谈判必将破裂。9月1日就开始使用武力。”

† 应为30日。——译者

境冲突，他说他已经向波兰政府提出了同样的要求。至于其他方面，他说“在目前的意见交换中，英德之间表现出互相谅解的愿望，是值得欢迎 579 的”。[54] 第二份是哈利法克斯的一封内容类似的信。第三份是英国外交大臣致德国政府的照会，说英国政府接到关于德国人在波兰境内进行破坏的报告，并要求德国人停止这类活动。第四份是哈利法克斯于下午6点50分发来的电报，其中反映出英国外交部和英国驻柏林大使的态度都在趋于强硬。

汉德逊经过进一步的考虑之后，曾在这一天早些时候给伦敦拍去了一份电报。

> 一方面我仍然主张，波兰政府应该做出最后的努力，直接同希特勒建立联系，即使仅仅是让全世界知道他们准备为了维护和平而做出牺牲，也应当如此；但是从另一方面来说，我们从德国的答复中只能得出这样一个结论：希特勒已经拿定主意，如果可能，就以所谓和平而公正的手段来达到他的目的，如果不可能，就诉诸武力。[55]

到这时候，甚至连汉德逊也对另一次慕尼黑式的妥协没有胃口了。至于波兰人，他们从来就没有想到给自己搞这样一种妥协。8月30日那天上午10点，英国驻华沙大使电告哈利法克斯，他确信“不可能说服波兰政府派贝克先生或任何其他代表立即前往柏林，在希特勒建议的基础上讨论解决办法。他们宁愿战斗而死，也不愿接受这样的羞辱，特别是已经有了捷克斯洛伐克、立陶宛和奥地利的前车之鉴”。他指出，如果是“在平等基础上”的谈判，就应当在某个中立国家举行。[56]

哈利法克斯的强硬态度得到驻柏林和驻华沙大使的支持之后，就给汉德逊发了一个电报，说明英国政府不能“劝使”波兰人按照希特勒的要求派遣全权代表前往柏林。这位外交大臣说：“这是完全不合理的。”

> 你是否能够［哈利法克斯补充说］向德国政府建议，请他们在建议拟好之后按照正常程序约见波兰大使，把建议交给他转呈华沙，并征询关于进行谈判的意见。[57]

对希特勒最后那次照会，英国政府已经答应提出答复，这个复照于8月30—31日午夜由汉德逊交给了里宾特洛甫。接着就开始了一次场面非常紧张激烈的会谈，当时唯一在场的施密特博士后来说：这是“我当23年翻译以来所参与的一次最激烈的会谈”。[58]

“我必须告诉您，”事后那位大使马上就电告哈利法克斯说，“在这次不愉快的会晤中，里宾特洛甫整个态度完全模仿希特勒的最恶劣的表现。”汉
580 德逊在三个星期以后写的《最后的报告》中，追述那位德国外交部长当时“深怀敌意，我每转达一段话，他的敌意态度就随之强烈一步。他情绪极其激动，不断地从椅子上跳起来，问我的话说完了没有。我就不断地回答他说‘还没有完’”。据施密特博士说，汉德逊也从自己的椅子上站起来。那位唯一的目击者说，有一次两个人都从椅子上跳了起来，彼此怒目相视，其气势之凶，使这位德国翻译官生怕他们会动起手来。

但是对历史来说，重要的不是这位德国外交部长与英王陛下政府驻柏林大使8月30—31日午夜会晤中的这个滑稽场面，而是在这次暴风雨式的会见中的一件事，这件事是希特勒这场骗局中的最后一着诡计，终于使汉德逊在第三帝国的真面目上受到了全面的事实教育，虽然为时已晚。

原来里宾特洛甫对英国的照会几乎连看都不看一眼，他也根本不听汉德逊的解释。* 当汉德逊鼓起勇气，问起希特勒在上一份照会中答应向英国提出的德国与波兰和解的建议时，里宾特洛甫以轻蔑的口吻驳斥他说，既然到了半夜还不见波兰特使来到，现在已经太晚了。不过，德国人已经把建议拟好了，说罢里宾特洛甫就开始宣读。

汉德逊报告说，他用德语读，“速度飞快，也可以说是稀里糊涂地尽快对我念了一遍，声调极其不耐烦”。汉德逊在报告中说：

> 十六条之中，我只能记住六七条的大意。但是，如果不细对原文，

---

* 英国的照会，虽然语气缓和，但态度是坚定的。照会说，英王陛下政府“响应”德国对于改善两国关系的愿望，但是“他们不能为了取得这种改善而牺牲其他友邦的利益”。照会继续说，他们深知，德国政府不能“牺牲德国的根本利益，而波兰政府也处于同样地位”。英国政府不得不对希特勒的条件“明确地表示保留”，一方面敦促柏林与华沙之间举行直接谈判，一方面认为“要求在今天就建立接触不是实际可行的”（原文件《英国蓝皮书》，第142—143页）。

> 就是这几条也不可能保证绝对准确。因此，当他读完之后，我要求他让我看看原本。里宾特洛甫竟断然拒绝，以极其轻蔑的姿态把文件往桌子上一扔，说由于直到半夜仍然没有波兰代表前来，这份建议已经过时了。* 581

这份建议可能是过时了，因为德国人是有意要使它过时的。但更重要的是，德国人从来就没打算要别人认真对待这个建议，他们根本就没有这个打算。事实上，这个建议是个骗局。这只不过是用来欺骗德国人民，如果可能的话，也用来欺骗世界舆论的东西，企图要天下人相信，希特勒在最后一分钟还在为合理解决他对波兰的要求而努力。希特勒也承认是这样。施密特博士后来听到他说:“我需要一个口实，特别是要向德国人民表明，为了保持和平，我已经尽了一切努力。这就说明了我为什么要提出关于但泽和走廊问题的慷慨建议。”†

和他最近一些日子以来的要求相比，这个建议**的确是**慷慨的，慷慨得令人吃惊。在这个建议中，希特勒所要求的只是把但泽归还德国。走廊的命运由公民投票决定，而且要留待12个月以后当大家的激动情绪都已经平静下来的时候再投票。波兰将保有格丁尼亚港。无论哪一方在公民投票中取得了走廊，都将让另一方保留一条享有治外法权的穿过走廊的公路和铁路——这同他在春天提出过的“建议”完全相反。还要进行一次居民交换，并给本国境内的另一国居民以充分的权利。

---

* 在本书作者看来，纽伦堡法庭上所有的主要被告人中，以里宾特洛甫最为尴尬，他所做的辩护也最为软弱无力。他在证人席上声称，这十六条是希特勒“亲自口述”的，并“明白告诉我，不可让这份建议离开我的手”。为什么？他没有说，讯问时也没有问。里宾特洛甫供认：“希特勒告诉我，在我认为适宜的时候，可以让英国大使知道这份建议，不过只限于它的梗概。可是我比这更进了一步，我把建议从头到尾都念了。”[59] 施密特博士否认里宾特洛甫用德文宣读建议全文时曾快到汉德逊无法听清的程度。他说，外交部长“并没有特别急忙地念过去”。施密特说，汉德逊“对德语不十分精通”，在这种紧要的会谈中，他如果使用本国语言就能更加应对自如。里宾特洛甫的英语非常好，但是他拒绝在这样一些谈判中使用英语。[60]

† 十六条建议的文本早在里宾特洛甫把它“稀里糊涂”地读给汉德逊听的前四个小时，就已经在8月30日夜间9点15分用电报发给了伦敦的德国代办。但是这位德国使节得到的指示是，“在接到进一步的指示以前，必须严守秘密，不得向任何人泄露”。[61] 读者当可记得，希特勒在前一天的照会中曾答应愿在波兰谈判代表到达之前将建议交给英国政府。

我们可以推测，如果这些建议是认真提出来的，无疑至少可以成为德波两国谈判的基础，很可能使得这个世界在一代之内不会发生第二次大战。这个建议在希特勒发出进攻波兰的最后命令八个半小时以后，于8月31日晚9点在电台上向德国人民广播了。就我在柏林所看到的情况来看，这个建议达到了欺骗德国人民的目的。肯定地说，本书作者当时也被这个建议迷惑住了，当我从无线电里听到的时候，我深深地感到这个建议是非常合情合理的，并在那最后一个和平的夜晚对美国广播时这样说了。

汉德逊后来说，当他在8月30—31日那个深夜回到英王陛下大使馆的时候，他相信“和平的最后希望已经破灭了”。但是他仍在努力。凌晨2点，他把波兰大使从床上叫起来，请他赶紧到英国大使馆来，“有意毫不夸张地以客观的态度叙述”了他同里宾特洛甫的谈话，提到德国建议中主要两点是割让但泽和在走廊地带实行公民投票，并且说，据他看来，“这些建
582 议还不算太不合理的”。他主张利普斯基建议本国政府，立刻提出由希米格维-雷兹元帅同戈林元帅举行会晤。“我觉得应该补充说明一句，”汉德逊说，“如果德方的谈判代表是冯·里宾特洛甫先生的话，那么我就不能想象谈判会成功。”[*62]

在此期间，那位不知疲倦的达勒鲁斯也没有闲着。8月29日夜间10点戈林把他找到家里去，把希特勒、里宾特洛甫同汉德逊刚刚进行完毕的“不能令人满意的会谈经过”告诉了他。这位满身脂肪的元帅那股歇斯底里的老脾气又发作了，他当着这位瑞典朋友把波兰人和英国人臭骂了一通。平静下来以后，他郑重地告诉他的客人，元首正在给波兰起草一份“宽宏大量的”（“grosszuegig”）建议，其中唯一的要求是归还但泽，而把走廊的未来归属问题慷慨地交由“国际监督”下的公民投票去决

---

* 汉德逊在8月31日凌晨5点15分发给哈利法克斯的一份电报中说，他还曾劝利普斯基“打电话”给里宾特洛甫，“以最坚决有力的口吻”向他索取德国的建议，以便报告本国政府。利普斯基说他要先同华沙谈一下。汉德逊补充道：“波兰大使答应立刻给他的政府打电话，不过他太缺乏主动精神，或者说，太拘泥于本国政府的指示，因此我不相信他的行动会有什么成效。”[63]

定。达勒鲁斯轻轻地问了他一句举行公民投票的地区范围，于是戈林随手从一份旧地图中扯下一页，用红蓝铅笔标明了“波兰”部分和“德国”部分；德国部分不仅仅包括战前的普鲁士所属的波兰，还包括1914年边界以东60英里处的工业城市罗兹。这位毛遂自荐的瑞典中间人当然没法不注意到第三帝国决定这样重大问题时竟然如此“随便轻率”。不过他还是答应戈林，可以立刻飞回伦敦，向英国政府强调指出希特勒仍然希望和平，并向他们暗示希特勒正在准备对波兰提出最慷慨的建议，以此作为证明。

似乎永远不知疲倦的达勒鲁斯于8月30日一早4点飞往伦敦，他在赫斯顿机场驶往城里的途中，为了甩掉报馆记者的跟踪（事实上根本就没有一个记者知道他的存在），曾经换了好几次汽车，于上午10点30分到达唐宁街，立刻得到了张伯伦、哈利法克斯、威尔逊和贾德干的接见。

但是前三位制造慕尼黑事件的英国设计师（贾德干是外交部的常任官员，从来就没有受过纳粹的迷惑）现在已经不会再上希特勒和戈林的当了，对达勒鲁斯的努力，他们并没有当成什么了不起的事看待。这位好心的瑞典人发现他们对于德国的两位领袖“很不信任”，并且“倾向于认为现在已经无法阻止希特勒对波兰宣战了”。此外，他们还毫不隐讳地告诉这位瑞典中间人，英国政府并没有中希特勒的诡计而要求波兰全权代表在24小时内 583
来到柏林。

但是达勒鲁斯，就像在柏林的汉德逊一样，还在继续努力。他给柏林的戈林打了电话，建议波兰和德国的代表“在德国境外”会晤，对方给他直截了当地回答说，“希特勒在柏林”，因此会谈必须在柏林举行。

于是这位瑞典中间人这次飞行算是白跑了一趟。他于半夜回到了柏林，应当说，在柏林他又得到了一个可以多少帮些忙的机会。他在午夜12点半钟来到戈林的总部，发现那位空军统帅兴致又特别好。戈林说，元首刚刚把他对波兰提出的“民主、公平而且切实可行的建议”让里宾特洛甫转交给汉德逊。在唐宁街会谈之后，达勒鲁斯好像清醒了一点，他于是打电话给英国大使馆的福布斯查询这事，这才知道里宾特洛甫念那个建议的时候是“稀里糊涂”地飞快念过去的，汉德逊没有能够完全听清，而且这位大使要一份原文也遭到了拒绝。据达勒鲁斯说，他当时曾对戈林说，这绝不是“对待像大不列颠这样一个帝国的大使”所应有的态度，他要求这位元帅准许他把十六条建议的内容（戈林手里正有一个副本）用电话告诉英国大使馆。戈林略微踌躇了一下就同意了。[*]

就这样，由于一个无名瑞典商人的劝说，在那位空军元帅的默许下，终于瞒过了希特勒和里宾特洛甫，让英国方面知道了德国给波兰的“建议”。这位元帅在处理外交事务方面绝不是不聪明的，也并非毫无经验，这时也许已经比元首和他那位善于奉承的外交部长先一步看出了，把这个秘密最终透露给英国人可能得到什么好处。

为了加倍可靠地使汉德逊知道这个建议的准确内容，戈林又于8月31日星期四上午10点打发达勒鲁斯把一份十六条建议的打字副本送到英国大使馆去。汉德逊仍在想办法说服波兰大使同德国人建立“所希望的接触”，上午8点，他又一次催促利普斯基（这回用的是电话），警告他如果波兰到了中午还不采取行动，战争就要爆发了。[†]达勒鲁斯带着德国建议来到大使
584 馆不久，汉德逊就打发他同福布斯一道到波兰大使馆去。利普斯基从来没有听说过有达勒鲁斯这样一个人，见到这个瑞典人时有点莫名其妙。利普斯基这时候就像柏林大多数重要的外交官一样紧张不堪，疲于奔命。因此当达勒鲁斯催他立刻到戈林那里去接受元首的建议时，他不耐烦了。他请那位瑞典人到隔壁屋里去向他的秘书口授那十六条建议，然后抱怨福布斯不该到了这个时候还把一个“陌生人”扯到这么重大的问题中来。这位受到打扰的波兰大使一定因为汉德逊对他和他的政府施加压力，要他们立即以刚才偷偷地通过非正式途径送来的那份建议为基础进行谈判而感到很不高兴；但是这位英国大使又重复前一天夜里对他说过的话，说觉得这个建

---

* 戈林在纽伦堡被告席上声称，他把希特勒“建议”的原文交给英国大使馆是“冒了很大的风险的，因为元首不准把这个建议的内容传出去”。戈林对法官说：“只有我，才冒得起这个风险。”[64]

† 甚至那位一向头脑清楚的法国大使，在这件事上也支持他的英国同事。汉德逊曾在上午9点钟打电话告诉他说，如果波兰人到中午还不同意派一个全权代表到柏林来的话，德国军队就要开始进攻了。于是库隆德尔立刻跑到波兰大使馆去找利普斯基，催促他打电话给本国政府，要求授予他以“全权代表”的权力，以便立刻同德国人建立接触（《法国黄皮书》，法文版，第366—357页）。

议“总的来说，还不算太不合理”。* 他不知道汉德逊的看法并未得到唐宁街的认可。他只知道自己不打算接受一个来历不明的瑞典人的劝告，尽管这个人是英国大使打发来的；同时他也不打算到戈林那里去接受希特勒的“建议”，即使他被授权这样做他也不愿意，何况他并没有这种权力。† 585

最后一天的和平日子

英法政府自以为已使德国人和波兰人同意进行直接谈判之后，尽管它

---

* 到了这个时候，也就是快到8月31日中午的时候，几乎不惜任何代价拼命奔走和平的汉德逊，已经完全相信德国的条件不但十分合理，甚至是相当温和的。尽管里宾特洛甫已经在前天夜里告诉他说，德国的这份建议“由于波兰特使未见来到已经过时了”，尽管波兰政府甚至还没有看到这份建议，而且这个建议归根结底又只不过是一个骗局，汉德逊却仍然整天地催着哈利法克斯，要他对波兰人施加压力，让他们按照希特勒的要求派一个全权代表来，他还一再强调元首的十六条建议是合情合理的。

中午12点30分（8月31日），汉德逊打电报“催促”哈利法克斯“坚持”要求波兰让利普斯基向德国政府索取那份德国建议，并即刻转交他的政府，“以便派遣一名全权代表。德方的条件，我认为是相当温和的”。汉德逊力陈：“这不是慕尼黑……波兰再不会得到这样好的条件……”

同时，汉德逊还写了一封长信给哈利法克斯说：“……德国的建议并不危及波兰的独立……以后它得到的条件可能还不如这个……”

9月1日凌晨零点30分，即德国预定发动进攻的前四小时（不过汉德逊不知道这一点），汉德逊打电报给哈利法克斯时还在说：“德国的建议……并不算不合理……我个人认为，由于德国的建议，战争是完全没有理由的。”他再次要英国政府对波兰人施加压力，叫他们用“毫不含糊的话”宣布“他们愿意派遣一名全权代表前往柏林”。

驻华沙的英国大使却不这样看。他在8月31日打给哈利法克斯的电报上说：“英王陛下驻柏林大使似乎认为德国的条件是合理的。从华沙的观点来看，我恐怕不能同意他的意见。”[65]

† 在这最后一天和平的日子里，还发生了一件外交上的怪事，值得在这里记上一笔。达勒鲁斯访问利普斯基之后回到了英国大使馆，中午他从汉德逊的办公室里给伦敦英国外交部的霍拉斯·威尔逊爵士打了一个电话。他对威尔逊说，德国的建议是“极为宽大的”，但是波兰大使刚才竟拒绝了这个建议。“很明显，”他说，“是波兰人堵塞了谈判的道路。”

这时候威尔逊在长途电话上听到了某种噪声，他觉得似乎德国人正在偷听。他想结束谈话，可是达勒鲁斯偏偏说个没完，诉说波兰人如何如何不通情理。“我再次告诉达勒鲁斯，”霍拉斯爵士在一份外交部备忘录中写道，“叫他住嘴，但是他不听，我只好放下了听筒。”

威尔逊把这件正好发生在英国驻柏林大使馆里面的不谨慎的事报告了他的上司。不到一小时之后，哈利法克斯在下午1点的时候用密码给汉德逊发了一个电报：“你们使用电话必须切实谨慎。D［达勒鲁斯在伦敦外交部与柏林大使馆之间的函电来往中通常总被称为‘D’］中午从大使馆打来的电话是极不谨慎的，一定已被德国人听去。”[66]

们对希特勒深为怀疑，但还是集中力量为实现这一谈判而努力。在这项活动中，英国走在头里，法国则在柏林，特别是在华沙从外交上予以支持。虽然英国人没有劝波兰人接受希特勒的最后通牒，在8月30日派一个全权特使到柏林去（因为他们认为这种要求，正如哈利法克斯在给汉德逊的电报中所指出的，是“完全不合理的”），但是他们却敦促贝克上校宣布准备“毫不迟延地”同柏林举行谈判。这就是哈利法克斯在8月30日深夜拍给驻华沙大使的那封电报的大意。根据这份电报，肯纳德须把汉德逊准备提交给里宾特洛甫的英国照会的内容告诉贝克，向他保证英国将忠于对波兰的义务，但是强调波兰必须同意立刻和德国举行直接谈判的重要性。哈利法克斯的电报说：

> 从德国内部形势和国际舆论的观点来看，我们认为至为重要的是，只要德国政府表示准备谈判，就不应该让他们有机会把引起冲突的罪责推在波兰身上。[67]

肯纳德于半夜访晤了贝克，这位波兰外长答应在请示他的政府以后在8月31日中午再给他一个“慎重的答复”。英国外交部于上午8点收到了肯纳德叙述这次会见的报告，哈利法克斯对此并不十分满意。中午时分——这已经是8月的最末一天了——他又打电报给肯纳德，叫他“偕同”驻在华沙的法国同事（法国驻波兰大使利昂·诺埃尔）一起去提醒波兰政府，

> 他们现在应该告诉德国政府说，他们已经知道了我们给德国政府的最后答复；而且还应当证实，他们已经接受了直接谈判的原则。这话最好是由他们自己直接告知，否则就通过我们告知。
>
> 法国政府担心德国政府会利用波兰政府方面的沉默。[68]

哈利法克斯勋爵对于他的波兰盟友仍然感到不放心，过了不到两小时，
586 也就是下午1点45分的时候，他又给肯纳德拍去一份电报：

> 请立刻转告波兰政府并劝告他们：既然他们已经接受了直接谈判的原则，便应当立即指示波兰驻柏林大使告知德国政府，如果德国有

什么建议，他随时准备转致本国政府，以便他们能立即考虑并提出自己的意见，以便及早讨论。[69]

但在这份电报发出之前不久，贝克为了回答半夜那个外交行动，已经用书面照会通知英国大使，波兰政府“证实准备同德国政府直接交换意见”；除此之外，他还曾口头向英国大使保证，他定将指示利普斯基去会见里宾特洛甫，告诉他“波兰已经接受英国的建议”。肯纳德问贝克，利普斯基如果接到里宾特洛甫交来的德国建议将怎么应付。这位外交部长的回答是，他不打算授权给他的柏林大使接受这种建议，因为“鉴于过去的经验，这种建议很可能附有最后通牒之类的东西”。贝克说，重要的是重新建立接触，“然后再就谈判的地点、人选以及谈判的基础等细节进行讨论”。根据这位一度亲德的波兰外长所提到的“过去的经验”来讲，他这种看法是不无道理的。据肯纳德在电报中向伦敦报告，贝克还说：“如果德国邀请他去柏林，他当然不去，因为他不想去受哈查总统所受的那种接待。”[70]

实际上，贝克给利普斯基的指示和上面所说的不完全一样。他并没有让利普斯基去对德国人说，波兰“接受”了英国的建议，而是要他说波兰“正以赞成的态度考虑”英国的建议，并且“最迟不出数小时”即将做出正式答复。

贝克给利普斯基的指示还不止于此，这一点德国人是知道的，因为他们掌握了波兰人的密码。

由于一个我们不久就会明白的简单而充分的原因，德国人并不急于接见那位驻柏林的波兰大使。当时已经为时太晚了。午后1点，也就是收到华沙发来的电报指示几分钟以后，利普斯基就去求见里宾特洛甫，说要传达波兰政府的一个照会。一直等了两三个小时，他才接到魏茨泽克的电话，后者代表德国外交部长问他，他是作为全权使节还是“以某种其他身份”前来会晤的。

“我回答他，”利普斯基后来在他的最后报告[71]中说，“我以大使的身份请求会见，递交我国政府的一项声明。”

接着又等了很久。下午5点，阿托利科来访里宾特洛甫，说“领袖迫切希望”元首接见利普斯基，“至少要通过这种方式建立为避免最后的决裂所必需的最低限度接触”。德国外交部长答应把意大利领袖的这番心意“转

587 达”给元首。[72]

在这8月的最末一天，为了设法挽救和平，这位意大利大使到威廉街来回奔走，这已不是第一次了。那天上午9点，阿托利科向罗马报告说，局势“极为严重”，除非“出现某种新变化，否则几小时后战争就要爆发”。于是墨索里尼就在罗马和齐亚诺凑在一起商议，企图寻找“某种新变化”。他们商量的第一个结果是，齐亚诺打电话告诉哈利法克斯说，除非能给希特勒送去一个“相当大的好处：但泽”，否则墨索里尼就不能出面调停。可是这位英国外交大臣没有上钩。他告诉齐亚诺，目前最要紧的是先通过利普斯基在德国人和波兰人之间建立直接接触。

于是，午前11点30分阿托利科到德国外交部去见魏茨泽克，告诉他，墨索里尼正在同伦敦方面进行接触，建议以归还但泽为解决德波问题的第一步，但是领袖需要一定的“时间宽限”来完成他拯救和平的计划。在此期间，德国政府能不能接见一下利普斯基呢？

利普斯基要求接见之后足足等了五个多钟头，在下午6点15分的时候，里宾特洛甫才接见了他。会见的时间并不长。这位大使虽然疲惫不堪，而且心力交瘁，但是举止不卑不亢。他向纳粹外交部长宣读了一份书面照会。

> 昨夜波兰政府从英国政府方面获悉，英国政府曾与德国政府就波、德两国政府进行直接谈判的可能性交换了意见。
>
> 波兰政府正以赞成的态度考虑英国政府的建议，并将于未来数小时内对此做出正式答复。

“我还声明，”利普斯基后来说，“我从午后1点起就一直在等着要递送这份照会。”里宾特洛甫问他是不是受权前来谈判的代表，这位大使回答道，“目前”他只接到指示要他传递方才宣读的照会，说毕就把那份照会交给了这位外交部长。里宾特洛甫说，他还以为利普斯基是作为“全权代表”前来谈判的。当这位大使再一次声明这并不是他的任务以后，里宾特洛甫就站起来送客了。他说，他将报告元首。[73]

“当我回到大使馆的时候，”利普斯基后来说，“就发现自己已经无法同华沙取得联系，因为德国人已经把我的电话线切断了。”

魏茨泽克和里宾特洛甫之所以询问这位大使的谈判代表身份，纯粹是一个形式，无疑为的是好把他的回答载入记录；因为事实上在中午利普斯基收到华沙拍来的那份照会时，德国人就已经知道他不是如他们所要求的那样以全权代表身份前来的。他们当时立刻就译出了那份密码电报，并将一份抄件送交戈林。戈林把它拿给达勒鲁斯看，并要他火速送给汉德逊，588
以便让英国政府“尽快地知道波兰的态度有多么顽固”。这是这位陆军元帅后来在纽伦堡法庭的被告席上解释的。戈林在法庭上宣读了当时利普斯基所收到的秘密指示，根据这份指示，这位大使“在任何情况下”都不得进行任何正式的谈判，而必须坚持他“并未受有全权”，他仅仅受命递交本国政府的正式照会。这位陆军元帅在供词中在这一点上大做其文章，妄图说服纽伦堡的法官们，是波兰“破坏”了希特勒为和平而提出的最后建议；而且照他自己说，他戈林本人并不希望打仗，而且为了避免战争曾尽了一切努力。但是戈林的话的可靠性，比里宾特洛甫强不了多少；例证之一是，他竟进一步在法庭上说，希特勒只是在利普斯基于8月31日6点15分来过威廉街之后才决定“第二天入侵的”。

但事实完全不是如此。实际上1939年8月最末一天下午和晚间，那些精疲力竭的外交家以及站在他们背后指挥的疲惫不堪的政府决策者，在这最后关头急急忙忙进行的活动，完全是水中捞月、枉费心机；而在德国人方面，则完全是一场蓄意的欺骗。

因为8月31日中午12点半钟，也就是在哈利法克斯勋爵敦促波兰人采取较为和解的态度以前，在利普斯基去见里宾特洛甫以前，在德国人公布他们对波兰的“宽宏大量”的建议以前，并且在墨索里尼试图调停以前，阿道夫·希特勒就已经做出了最后决定，发出了把这个星球投入空前血腥的战争中的决定性命令。

武装部队最高统帅

绝　密

1939年8月31日于柏林

第一号作战指令

1. 用和平方式处理东部国境上为德国所不能容忍的局势的**政治可**

能条件既已告罄，我已决定**以武力解决**。*

2. **对波兰的进攻**将按照“白色方案”所规定的准备工作进行，但陆军方面由于目前部署几乎已经全部完成，故有所变更。

任务分配以及作战目标则照旧。

进攻日期：1939年9月1日。

进攻时间：拂晓4点45分［时间是用红铅笔填入的］。

这一时间规定也运用于格丁尼亚、但泽湾以及特切夫桥的作战
589 行动。

3. **在西线**，重要的是必须使开启战端的责任完全在英国和法国方面。目前对于无足轻重的侵犯边界活动，应当只用局部行动加以应付。

对荷兰、比利时、卢森堡和瑞士的中立我们曾经给予保证，应该认真遵守。

在地面，不经我明确准许不得越过德意志西部疆界。

在海上，同一原则适用于一切战争行动和可以视为战争行动的一切行动。†

4. **如果英国和法国对德国开始作战**，西线武装部队的各部队的任务是，尽可能地保存实力，以便保持必要条件胜利结束对波兰的作战。在此限度之内，尽可能地摧毁敌军及其战争经济资源。但在任何情况下没有我的命令不得转入进攻。

陆军应坚守“西壁”并做好准备，以防西方国家破坏比利时或荷兰的领土主权，假道该两国从北方包抄“西壁”……

海军将攻击商船，主要是针对英国……空军的首要任务是防止法国和英国的空军袭击德国陆军以及德国的生存空间［Lebensraum］。

对英国作战时，应准备用空军切断英国的海上供应，炸毁其军火工厂，并阻止其向法国派遣军队。要把握一个有利战机，对密集的英国舰队，特别是战斗舰与航空母舰，进行有效的袭击。对伦敦的攻击听候我的决定。

---

* 着重体为德文原本所有。

† 这项指令的一条边注，明确了这一含糊之处：“因此，大西洋舰队将暂时处于待命状态。”

要做好进攻英国本土的准备，同时切记，在任何情况下都必须避免以不充足的兵力取得不完全的胜利。

阿道夫·希特勒[74]

就这样，希特勒在8月31日中午12点以后不久正式用书面下达了于次日拂晓对波兰发动进攻的命令。正如他的第一号作战指令所表明的，他还不太清楚英国和法国会采取什么行动。他打算自己先不去攻击它们。但如果对方采取敌对行动，他就准备迎击。也许事情会像哈尔德在8月28日的日记中所说的那样，英国人只在表面上做一做对波兰信守义务的姿态，“虚应故事地打一打”。如果真是这样，元首是不会因此而“见怪”的。

纳粹独裁者的这个关系人类命运的决定，大概是在8月最末一天中午 590
12点30分之前不久的时候做出的。前一天下午6点40分，哈尔德在日记里记下了冯·布劳希奇将军的副官库尔特·西沃特中校给他的一个通知：“做好一切准备，以便能够在9月1日拂晓4点30分发动进攻。如果由于伦敦的谈判而需要推迟，则改在9月2日发动进攻。若果然改期，我们将在明天下午3点以前接到通知……元首说：不是9月1日就是9月2日。过了9月2日，一切作罢。”由于秋季多雨，进攻必须立即开始，否则就得完全取消。

8月31日一早，希特勒还在声称他正在等着波兰的谈判使节的到来，而德国军队就已经接到了命令。早上6点30分，哈尔德写道：“帝国总理府的消息，进攻令已下，定于9月1日。”那天上午11点30分，他又记道：“施蒂尔普纳格尔将军报告，进攻时间定在0445［凌晨4点45分］。据说西方干涉将不可避免，尽管如此，元首仍然决意进攻。”一小时以后，正式的第一号指令就下来了。

我记得那一天柏林笼罩在一种阴暗而凄惨的气氛中。每个人都是一副茫然若失的样子。早上7点25分，魏茨泽克给“密谋分子”之一乌尔里希·冯·哈塞尔去了一个电话，要他赶快来见他。这位国务秘书认为现在只剩下一个希望，就是由汉德逊去说服利普斯基和他的政府立刻指派一个全权代表，或者至少是声明打算派遣这样一个代表来。他问解职在野的哈塞尔能不能为此目的马上去拜访一趟他的朋友汉德逊和戈林。哈塞尔去尝试了一下。他到汉德逊那里跑了两次，还去找了一趟戈林。尽管他是外交界的老手，现在又是个反纳粹分子，可是他却好像还没有认识到事态的发展已经不是这种微不足道的努力所能挽回的了。他也没有认清他自己以及魏茨泽克和所有那些“好心的”德国人思想糊涂到了什么程度；这些德国人要和平，这是没有问题的，但他们要的是建立在德国条件上的和平。因为，到了8月31日这一天，他们应该已经看清楚，要么希特勒让步，要么波兰人让步，否则就只有战争，可是不论哪一方都丝毫没有让步的可能。然而正如哈塞尔在这一天的日记中所表明的，他还在期望波兰人会让步，期望他们会步奥地利人和捷克人的后尘，走上那条国破家亡的道路。

汉德逊向哈塞尔指出，“主要的困难”是由于德国人所用的方式引起的，他们想要“对待傻孩子”那样地把波兰人呼来喝去。哈塞尔竟反驳说：“波兰人一味沉默也不见得就对。”他还表示“一切都取决于利普斯基的出场——不是来提问题，而是宣布他愿意谈判”。可见就连哈塞尔也认为，波兰人虽然岌岌可危地即将在纳粹捏造的罪名下遭到进攻，但也没有提问题的权利。当这位前任大使就战争爆发的问题做出“最后结论”时，他一方面责备希特勒和里宾特洛甫“有意冒同西方作战的风险”，另一方面又把许多责任推在波兰人甚至英国人和法国人的身上。“从波兰人这方面来说，”
591 他写道，“他们既有波兰人的狂妄自大，又有斯拉夫式的任其自流的脾气，仗恃有英国和法国的支持，把避免战争的最后机会全都错过了。”人们不禁要问，除了向希特勒的全部要求屈服之外，他们还错过了什么机会？哈塞尔还说：“伦敦政府在这最后的时刻放弃了努力，而采取一种‘管他娘’的态度。法国亦步亦趋，只不过更加犹豫迟疑而已。倒是墨索里尼真正竭尽全力避免战争。”[75] 如果像哈塞尔这样一个有教养、有学问、有经验的外交家在思想上还如此糊涂，那么希特勒轻而易举地欺骗了德国人民群众又还有什么奇怪呢？

接着，在那最末一天的和平日子行将消逝的下午，还发生了一个有点滑稽的插曲。现在我们已经知道，根据那天的决定，空军司令戈林要执行次日黎明即将对波兰展开的大规模空袭的任务，这位元帅想必一定忙得不可开交了。事实却不然。中午达勒鲁斯把他邀到爱思普兰德饭店去吃饭，用美酒佳肴殷勤地向他劝杯敬菜。达勒鲁斯请他喝的白兰地真是酒中上品，以至于戈林临走时还非带走两瓶不可。提起了他的兴致之后，达勒鲁斯就建议他把汉德逊请来谈谈。戈林在请示了希特勒以后，便邀请汉德逊和福布斯下午5点到他的寓所去喝茶。达勒鲁斯（汉德逊在他的《最后的报告》或著作中都没有提到有这个人在场）说，他当时建议由戈林代表德国到荷兰去和波兰代表举行谈判，汉德逊应允将这个建议转达给伦敦。据这位英国大使在他那《最后的报告》中的叙述，在这次茶会中，戈林“谈了两小时波兰的罪状以及希特勒先生和他自己同英国友好的愿望。这是一场毫无结果的谈话……我的总印象是，这是他最后一次徒劳的努力，想使英国抛弃波兰……他在这样的时刻竟肯让我占据他这么多的时间，对此我当时有一种非常不妙的预感……如果不是事无大小，一切都安排停当了，他绝不会在这种时候还有时间来陪我谈话的”。

关于这次奇特的茶会，福布斯在纽伦堡回答戈林的辩护律师的询问时，做了第三方面的，同时也是最辛辣的一种描述。

> 当时的气氛是沉闷紧张的，虽然尚为友好……戈林对英国大使说的话是：如果波兰人不肯让步，德国就会把他们像虱子一样掐死，如果英国决定宣战，他将感到非常遗憾，但英国以后会知道这是一种极为轻率的举动。[76]

据汉德逊自己说，那天晚上他给伦敦拟发了一份电报：“现在如由我再向他们提任何建议，都是徒劳无益的，因为任何建议都会被目前形势的发展抛在后面，我们唯一能采取的方针就是表示我们有不可动摇的决心以武力对付武力。”* 592

内维尔·汉德逊爵士好像已经感到彻底幻灭了。几年来为了千方百计满足这位欲壑难填的纳粹独裁者，他费尽了心力，但是正如他自己所说的，

---

* 这份电稿可能在那天晚上就拟好了，但直到第二天下午3点45分才拍给伦敦，那时德国进攻波兰已经将近12小时了。在此以前已经有好几份电报发往伦敦报告战事已经爆发，那些电报也和这份电报一样另外用电话发出，因为这样就可以同时拍发。这份电报说：“德国人和波兰人的互不信任已经达到极点，因此我觉得，我对此间提出的任何建议表示默认［原文如此］都无济于事，这些建议由于所采用的方法或保存面子与威信的考虑，只会被事态的发展抛在后面，或是毫无结果。

“最后的希望就在于我们坚定不移地决心以武力对付武力。”[77]

他出使德国还是辱命了。在这个8月的最末一天快要结束的时候，这个思想浅薄但态度温文的英国人极其盲目地在柏林搞了一阵个人外交之后，准备勇敢地面对他的希望归于破灭，计划归于流产。虽然第二天，战争爆发的那一天，他还要犯一次更为典型的和令人难于置信的过错，但是他已经开始认识到一条古老的真理：在某些时候，某些场合，正像他终于说出的那样，武力必须以武力对付。[*]

1939年8月31日的夜幕笼罩欧洲的时候，150万德国军队已经开始进入波兰沿境的最后阵地，只等次日拂晓出击；这时希特勒剩下要做的事情就是开动宣传机器，玩弄一套欺骗伎俩，使德国人民对于这一场突如其来的侵略战争在精神上有所准备。

当时的德国人民正需要这样一剂药。在戈培尔和希姆莱的帮助下，希特勒早已成为精于此道的专家。我当时曾在柏林街头徘徊，同许多普通德国老百姓谈过话，那天上午我在日记里写道："人人都反对战争。人们公开地这样说。当人民这样坚决地反对战争的时候，一个国家怎么可能投入一场大规模的战争呢？"尽管我对第三帝国有这样一段亲身体验，却提出了这样一个幼稚的问题！希特勒对于这个问题的答案知道得非常清楚。一个星期以前他岂不是在巴伐利亚的山顶上对他的将领们说过，他要"提出发动战争的宣传上的理由"，并且叫他们"不必管它讲得通讲不通"？他告诉他们："胜利者在事后是没有人问他当初说的是不是实话的。在发动战争和进行战争时，是非问题是无关紧要的，紧要的是胜利。"

593 晚间9点，我们已经知道，所有的德国电台都广播了元首对波兰的和平建议，当我从无线电中听到这些建议的时候，我这个受骗的记者感到这个建议是非常合情合理的。可是希特勒从来没有向波兰人提出过这个建议，甚至对英国人也不曾正式提出过，只不过是在不到24小时以前含糊其词地

* 某些朋友读了这一节以后怀疑本书作者对待汉德逊的态度是否客观。因此，也许有必要引证一段别人对于这位英国驻柏林大使的看法。英国历史学家L.B.纳米尔爵士曾经对汉德逊做过如下的结论："自负、虚荣、刚愎自用、顽固地坚持自己的先入之见。他连篇累牍发出电报和信件，数量之多令人难以置信，篇幅之长令人望之生畏，其中再三再四地重复着他那缺乏根据的见解和主张。这个人论其迟钝足以败事，但论其糊涂却又没有达到于事无害的地步，真可以说是一个'扫帚星'。"（纳米尔：《纳粹时代》，第162页）

而且非正式地向英国大使提了一下而已，这一事实广播电台却完全没说。这位总理发表了一篇十分冗长的声明，向德国人民解释德国政府如何为了保持和平用尽了一切外交手段；的确，从这里面可以看出，他用尽了自己那一套弄虚作假、混淆视听的手法，当然这少不了戈培尔的协助。这篇声明说，8月28日，英国政府表示愿意为德、波两国之间的争执出面斡旋，第二天德国政府就做出了如下的答复：

尽管我们对波兰政府愿意达成谅解的诚意抱着怀疑，但是仍然宣布，准备为了和平的利益而接受英国的调停或建议……我们认为，如果要避免一场灾祸的危险，就必须毫不犹豫地立刻采取行动。我们宣布，我们准备在8月30日夜间以前接待一位波兰政府指派的代表，但该代表不仅要有进行讨论的权力，而且要有进行谈判和缔结协议的权力。

但是，德国政府表示愿意取得谅解之后，所接到的第一个答复不是行将派遣一名受权代表前来谈判的声明，而是波兰动员的消息……

不能指望德国政府无尽无休地一再声明愿意举行谈判并且实际上做好这种准备，而结果却只让波兰方面用空洞的遁词和毫无意义的宣言拖延时日。

波兰大使目前所采取的外交行动再一次证明：该大使既没有参加讨论的全权，甚至也没有进行谈判的全权。

元首与德国政府就这样空等了两天，始终未见波兰谈判代表来到。

在这种情况下，德国政府认为自己的建议这一次又被……拒绝了，虽然我们认为这个建议，按照同时也向英国政府提出的方式，完全是诚恳的、公道的和切实可行的。

希特勒和戈培尔从经验中懂得，好的宣传如果要有效果，仅仅依靠言辞是不够的，它需要有实际行动，不论其中有多大成分需要捏造出来。现在德国人民已经相信（关于这一点，本书作者可以根据亲身的观察作证）是波兰人拒绝了元首慷慨的和平建议，剩下来要做的就是制造一个行动来“证明”先动手的是波兰而不是德国。

读者想必记得，德国人已经根据希特勒的指示为这最后一桩见不得
594 天日的勾当小心翼翼地做好了准备。* 党卫军那个有文化的恶棍阿尔弗雷德·瑙约克斯，已经在靠近波兰边境的格莱维茨等候了六天，准备对当地的德国电台表演一场伪造的波兰方面的进攻。这个计划已经做了修改。由穿着波兰陆军制服的党卫军人员开枪射击，把事先麻醉过的集中营囚徒放在地上，充当电台方面被打得奄奄一息的“伤亡”人员——这套把戏的这个“喜剧性”部分，我们已经知道，用的角色有一个意味深长的代号叫“罐头货”。他们准备制造若干起这种伪造的“波兰进攻”，但最主要的一起预定发生在格莱维茨电台。

> 8月31日中午，[瑙约克斯在纽伦堡法庭上供称]我从海德里希那里接到预定在当天晚上8点进行攻击的密令。海德里希说：“执行这一攻击前，可向米勒领取‘罐头货’。”我照办了，并且指示米勒把那人弄到电台附近来交给我们。我收到了这个人，就把他放在电台的门口。他还活着，但已完全失去了知觉。我掰开他的眼睛看一看，不过我不能从他的眼睛上辨别出他是否活着，只是他还有呼吸。我没有见到枪伤，但是他脸上抹满了血污，穿的是便服。
>
> 我们按照命令夺下了电台，通过一个紧急备用发射台广播了三四分钟的演说†，用手枪打了几枪之后才离去。‡ [79]

那天夜晚，除了报道元首对波兰的“建议”和波兰“进攻”德国领土的外发新闻电报和电台广播以外，柏林同外界的联系几乎全部中断。我想和华沙、伦敦以及巴黎通电话，但我得到的回答是同这几国首都的通讯

---

* 见本书原文第518—520页。

† 这篇波兰语的演说由海德里希给瑙约克斯拟定提纲。其中充满了煽动性的反德言论，并且宣布波兰已经发动了进攻。见本书原文第519页。

‡ 格莱维茨的“波兰进攻”第二天就被希特勒在国会演说中利用上了，并被里宾特洛甫、魏茨泽克和外交部其他官员在宣传活动中一再引述，作为纳粹发动侵略的借口。《纽约时报》和其他几家报纸在1939年9月1日报道了这个事件以及其他类似的事件。这里需要补充的一点是，根据谍报局拉豪森将军在纽伦堡的供词，所有这些穿着波兰制服参加那天晚上假冒袭击的党卫军人员“全都被干掉了”。[78]

联络已经切断了。从外表上来看，柏林一切都和平常一样。不像巴黎和伦敦，这里没有疏散妇孺，也不像其他国家首都所发出的消息所报道的那样，商店的橱窗前面也没有堆起沙袋。9月1日凌晨4点钟光景，我做完了最后一次广播，从广播大厦驱车返回阿德隆饭店。街上空荡荡的。住家的屋子里一片漆黑，人们正在熟睡。我心里这样想，他们也许是抱着最好的希望——对和平的希望——上床安息的。

希特勒本人这一天却心情舒畅、精神奕奕。8月31日下午6点，哈尔德
将军在日记里记道："元首镇定自若；睡得很好……决定［在西部］不疏散 595
这点说明，他预料法国和英国不致采取行动。"*

最高统帅部谍报局局长卡纳里斯海军上将，反纳粹密谋分子中的主要人物之一，心情却迥然不同。卡纳里斯集团曾经发誓要搞掉这位独裁者来避免战争，现在希特勒正在把德国推入战争，采取行动的时刻到了，可是却不见这些密谋分子有何动静。

接近黄昏的时候，吉斯维乌斯被奥斯特上校请到最高统帅部来。这个德国军事力量的神经中枢里乱哄哄的，显得忙碌不堪。卡纳里斯把吉斯维乌斯拉到一条灯光黯淡的走廊里，感情激动地对他说：

"德国这一下算完了。"[81] 596

注　释

1.《英国蓝皮书》，第96—98页。

2. 汉德逊1939年8月23日电报，同上，第98—100页。德国外交部关于这次会议的报告，见《德国外交政策文件汇编》，第7卷，第210—215页。汉德逊就8月24日第二次会议提出了报告（见《英国蓝皮书》，第100—102页）。

---

* 那天白天，希特勒抽空给正在法国昂提布的温莎公爵拍去了一个电报：

1939年8月31日于柏林

谢谢您8月27日的来电。您可以放心，我对英国的态度仍然未变，我要避免我们两国人民之间发生另一场战争的愿望也仍然未变。可是，我对于未来德英关系发展所抱的这种愿望能否实现，将取决于英国。

阿道夫·希特勒[80]

在缴获的德国文件中，这是第一次提到这位逊位的英王，但并不是最后一次。下面就会看到，往后有一个时期温莎公爵在希特勒和里宾特洛甫的阴谋策划中隐然占有重要的地位。

3. 希特勒8月23日致张伯伦信的全文，同上，第102—104页。另见《德国外交政策文件汇编》，第7卷，第216—219页。

4. 希特勒8月25日致墨索里尼信的全文，同上，第281—283页。

5. 希特勒8月25日对汉德逊口头声明的全文，由里宾特洛甫和施密特起草，同上，第7卷，第279—284页；另见《英国蓝皮书》，第120—122页。汉德逊8月25日的电报记述了这次会见，见《英国蓝皮书》，第122—123页。另见汉德逊著《使命的失败》，第270页。

6. 库隆德尔8月25日电报，见《法国黄皮书》，法文版，第312—314页。

7.《纳粹的阴谋与侵略》，第6卷，第977—998页。得自海军总司令部档案中发现的俄德关系材料。

8. 施密特：《希特勒的译员》，第144页。

9. 同上，第143—144页。

10.《齐亚诺日记》，第120—129页。

11. 魏茨泽克8月20日的报告，见《德国外交政策文件汇编》，第7卷，第160页。

12. 马肯森8月23日给魏茨泽克的信，同上，第240—243页。

13. 马肯森8月25日电报，同上，第291—293页。

14. 同上，第7卷，第285页上的注释。

15. 墨索里尼8月25日致希特勒的信，同上，第285—286页。

16.《纳粹的阴谋与侵略》，第6卷，第977—978（纽伦堡文件C-170）。

17. 1945年8月29日对里宾特洛甫的提讯，同上，第7卷，第535—536页。1945年8月29日对戈林的提讯，同上，第534—535页。1946年4月4日凯特尔在纽伦堡对质时的证词，见《主要战犯的审讯》，第10卷，第514—515页。

18.《纳粹的阴谋与侵略》，附件B，第1561—1563页。

19. 吉斯维乌斯：《至死方休》，第358—359页。

20. 哈塞尔：《冯·哈塞尔日记》，第59页。

21. 托马斯：《思想和境遇》，见上引《瑞士月刊》。

22. 沙赫特博士1946年5月2日在纽伦堡的证词，见《主要战犯的审讯》，第12卷，第545—546页。

23. 吉斯维乌斯1946年4月25日在纽伦堡的证词，同上，第224—225页。

24. 这些呼吁的全部原文均载《英国蓝皮书》，第122—142页。

25. 希特勒8月25日下午6点40分致墨索里尼函，见《德国外交政策文件汇编》，第7卷，第289页。

26.《齐亚诺日记》，第129页。

27. 墨索里尼8月26日中午12点10分致希特勒函，见《德国外交政策文件汇编》，第7卷，第309—310页。

28.《齐亚诺日记》，第129页。马肯森的报告，见《德国外交政策文件汇编》，第7卷，第325页。

29. 希特勒8月26日下午3点8分致墨索里尼函，见《德国外交政策文件汇编》，第7卷，第313—314页。

30. 墨索里尼8月26日下午6点42分致希特勒函，同上，第323页。

31. 希特勒8月27日零点10分致墨索里尼函，同上，第346—347页。

32. 墨索里尼8月27日下午4点30分致希特勒函，同上，第353—354页。

33. 马肯森8月27日的电报，同上，第351—353页。

34. 达拉第8月26日致希特勒函，同上，第330—331页。另见《法国黄皮书》，法文版，第321—322页。

35. 哈尔德8月28日日记，追记前五天的“前后事件”。这一部分见《德国外交政策文件汇编》，第7卷，第564—566页。

36. 1945年8月29日在纽伦堡对戈林的提讯，见《纳粹的阴谋与侵略》，第8卷，第534页（纽伦堡文件TC-90）。

37.《主要战犯的审讯》，第7册，第287页。

38. 关于达勒鲁斯的活动，参见上引他的著作和他在纽伦堡的证词。他终于在纽伦堡明白了他对他的那些纳粹朋友未免太天真了。见本书第十五章注4。有关英国外交部的大量材料的证实，见《英国外交政策文件汇编》，第3卷，第7册。

39.《英国外交政策文件汇编》，第7册，第287页。

40. 达勒鲁斯在纽伦堡的证词，见《主要战犯的审讯》，第9卷，第465页。

41.《英国外交政策文件汇编》，第7册，第319页注。

42.《主要战犯的审讯》，第9卷，第466页。

43.《英国外交政策文件汇编》，第7册，第321—322页。

44.《英国蓝皮书》，第125页，和《英国外交政策文件汇编》，第7册，第318页。

45. 英国8月28日致德国的照会全文，见《英国蓝皮书》，第126—128页。

46. 汉德逊8月29日凌晨2点35分致哈利法克斯的电报，同上，第128—131页。

47. 汉德逊8月29日致哈利法克斯的电报，同上，第131页。

48. 汉德逊8月29日的电报，见《英国外交政策文件汇编》，第7册，第360页。

49. 同上，第361页。

50. 德国8月29日复照的全文，见《英国蓝皮书》，第135—137页。

51.《英国外交政策文件汇编》，第3卷，第7册，第398页。

52. 汉德逊：《使命的失败》，第281页。

53.《英国蓝皮书》，第139页。

54. 张伯伦8月30日致希特勒照会的全文，见《德国外交政策文件汇编》，第7卷，第441页。

55.《英国蓝皮书》，第139—140页。

56. 同上，第140页。

57. 同上，第142页。

58. 施密特：《希特勒的译员》，第150—155页。另见施密特在纽伦堡的证词，载《主要战犯的审讯》，第10卷，第196—222页。

59.《主要战犯的审讯》，第10卷，第275页。

60. 施密特：《希特勒的译员》，第152页。

61.《德国外交政策文件汇编》，第7册，第447—450页。

62. 汉德逊：《最后的报告》，Cmd 6115号，第17页。另见上引书第287页。

63.《英国外交政策文件汇编》，第7卷，第575号，第433页。

64.《主要战犯的审讯》，第9卷，第493页。

65. 汉德逊8月31日中午12点30分致哈利法克斯的电报，见《英国外交政策文件汇编》，第7册，第440页；致哈利法克斯的信，同上，第465—467页；9月1日中午12点30分的电报，同上，第468—469页。肯纳德8月31日致哈利法克斯的电报，同上，第618号。

66.《英国外交政策文件汇编》，第7册，第441—443页。

67.《英国蓝皮书》，第144页。

68. 同上，第147页。

69. 同上。

70. 波兰8月31日致英国书面复照全文，同上，第148—149页；肯纳德8月31日的电报

(到晚上7点15分伦敦才收到)，同上，第148页。

71. 关于利普斯基的最后报告，见《波兰白皮书》。摘录载《纳粹的阴谋与侵略》，第8卷，第499—512页。

72.《德国外交政策文件汇编》，第7卷，第462页。

73. 利普斯基方面的记述，见他的最后报告，上引《波兰白皮书》。施密特博士有关德国方面的记述，见《德国外交政策文件汇编》，第7卷，第463页。

74. 希特勒指令的德文原文载《主要战犯的审讯》，第4卷，第456—459页（纽伦堡文件C-126），英译文见《纳粹的阴谋与侵略》，第6卷，第935—939页，另见《德国外交政策文件汇编》，第7卷，第477—479页。

75. 哈塞尔:《冯·哈塞尔日记（1938—1944年）》，第68—73页。

76. 达勒鲁斯在纽伦堡的证词，见《主要战犯的审讯》，第9卷，第470—471页：福布斯在纽伦堡对戈林的律师所提出的问题的答复，见纳米尔著《外交前奏曲》，第376—377页。汉德逊的记述，见他所著《最后的报告》，第19页。

77.《英国外交政策文件汇编》，第483页。汉德逊后来关于这封电报的记述，见《最后的报告》，第20页和《使命的失败》，第291—292页。

78.《主要战犯的审讯》，第2卷，第451页。

79. 瑙约克斯口供，出处同上。

80.《德国外交政策文件汇编》，第7卷，第472页。

81. 吉斯维乌斯:《至死方休》，第374—375页。

第十七章

第二次世界大战的开始

1939年9月1日破晓，也就是早在4月3日希特勒在“白色方案”的第一个指令中就规定了的那一天破晓，德国军队大举越过波兰国境，分北、南、西三路进逼华沙。

天空中，德国机群吼叫着飞向自己的目标：波兰的部队、军火库、桥梁、铁路以及不设防的城市。几分钟之后，这些飞机就要使波兰人不分军民第一次尝到人类历史上规模最大的来自空中的突然死亡和毁灭的滋味，同时也带来了一种恐怖，在此后六年间欧亚两洲千百万男女老幼将经常处于这种恐怖之下。而在核弹出现之后，这种恐怖将以完全毁灭的阴影笼罩着全人类。

在柏林，那是一个灰暗的、有些闷热的早晨，乌云低垂，对防止敌机轰炸起了一些保护作用，不过所担心的敌机从来没有来过。

我注意到，尽管无线电和晨报号外相继传来重要的新闻，但街道上的老百姓却非常冷淡。* 在阿德隆饭店街对面的伊·格·法本化学公司的新建筑工地上，早班工人已来上工，就好像什么也没有发生似的。当报童叫卖

---

* 希特勒向军队宣布战争开始的公告于清晨5点40分在德国电台广播，不久以后，报纸号外就在街头出现了。见本书原文第599页。

1939年9月1日，德国士兵移除德国–波兰边境的屏障，进入波兰领土。

着号外走过工地时，竟没有一个人放下工具去买一份。我想也许是德国人民在这9月开头第一天的早晨，一觉醒来发现自己已经处于战争之中，惊得发呆了。他们原来深信自己的元首一定会设法避免这场战争的。现在战争已经降临，但他们还是不能相信。

人们不禁想起，这种灰溜溜的冷漠情景同1914年德国投入战争时的情
597 景形成了多么鲜明的对照！那时候是一片狂热。集在街头的人群表现出如醉如狂的热情，向出征的军队投掷鲜花，向德皇兼最高统帅威廉二世疯狂地欢呼。

这一次，人们对军队和那位纳粹统帅都没有这样的表示。上午将近10点钟的时候，这位纳粹统帅从总理府驱车驶过冷清清的街道前往国会，去向全国人民报告他刚刚毫无人性地蓄意挑起的重大事件。当这位独裁者开始解释为什么德国在这一天早上突然投入战争的时候，就连那些由希特勒一手指派、大部分属于党棍的傀儡议员的反应也都不太热烈。他往常在这个华丽的克罗尔歌剧院大厅内就比较次要的问题发表演说时所得到的掌声要比这一次热烈得多。

1914年8月1日，德国向俄国宣战，在柏林大教堂外欢呼庆祝的市民。

他在讲话的时候，虽然有时很蛮横无理，但奇怪的是，他仿佛是站在被告的立场上在为自己辩护；而且我当时一面听一面觉得，他的演说从头至尾都有一种奇怪的紧张感觉，仿佛他在自己所造成的这种进退维谷的困境中也有点张皇失措，甚至有点慌乱了。他对于他的意大利盟友为什么规避当然义务不来相助的解释，甚至在这一群亲手挑选的听众当中也不能说是成功的。

> [他说]我愿意在这里首先向意大利致谢，他们始终一贯地支持我们。但是诸位应该了解，在进行当前的这场斗争中，我们不打算请求外国的援助。我们要靠自己的力量完成这项任务。

过去他在夺取政权和巩固政权的时候，已经不知说了多少谎话，在这个历史的重要关头，他也免不了要对那些幼稚的德国人民再吼叫几句谎言来为他那荒唐的行为辩护。

> 诸位知道，我曾一再做出努力，争取在奥地利问题以及随后的苏台德地区、波希米亚和摩拉维亚等问题上通过和平途径澄清事态并取得谅解。但是一切都归于徒劳……
>
> 在我同波兰政治家们的会谈中……最后我提出了德国方面的建议……没有比这个建议更起码更诚恳的建议了。我愿意在此告诉全世界的人，只有我才有条件能够做出这样的建议，因为我清楚地知道，这样做是要受到千百万德国人民反对的。但是这些建议却遭到了拒绝……
>
> 整整两天，我和我的政府在等待着，看看波兰政府是否方便，能够派遣一位全权代表前来，但是，如果把我对和平的热望和我的耐心当作是软弱或者甚至是胆怯的话，那就看错我了……我再也看不到波兰政府有任何诚意同我们进行认真的谈判……因此，我决定用波兰人
> 598 在过去几个月中对我们使用的一种语言来对波兰说话……
>
> 昨天夜间，波兰正规军已经向我们的领土发起第一次进攻。我们已于清晨5点45分起开始还击。从现在起，我们将以炸弹回敬炸弹。

读者已经知道，德国人自己对格莱维茨德国电台的那次进攻是由身穿波兰制服的党卫军人员在瑙约克斯的率领下进行的，现在就这样被这位德国总理用来作为他对波兰进行残酷侵略的口实。而且德国最高统帅部在最初的一批公报中也的确把他们的军事行动称为“反攻”。甚至魏茨泽克也在尽力散布这个笨拙的谎言。那天他从德国外交部向所有的驻外使节发出了一份通电，就他们所应采取的态度做了指示。

> 为了抵御波兰的进攻，德国军队已于今晨开始对波兰采取行动。这一行动在目前不得称为战争，而只能称作是由波兰的进攻所引起的接触。[1]

甚至对那些能够亲眼看到是谁首先在波兰边境上发动进攻的德国士兵，希特勒也要向他们灌输一顿自己的谎言。他在9月1日一份冠冕堂皇的告德国军队书中说：

> 波兰已经拒绝了我所期望的两国关系的和平解决，而且诉诸了武力……为一个大国所不能容忍的一系列侵犯边境的事件，证明波兰已经不愿尊重德国的边界。
>
> 为了制止这种疯狂行为，我别无他策，此后只有以武力对付武力。

那天只有一次，希特勒说了实话。

> 我要求于德国人的［他告诉国会］，只不过是我自己四年来准备做的……从现在起，我只是德意志帝国的第一名军人。我又穿上了这身对我来说最为神圣、最为宝贵的军服。在取得最后胜利以前我绝不脱下这身衣服，要不然就以身殉国。

从最后下场来看，这一次他总算是说话算数的。但是那天我在柏林遇到的德国人中间却没有一个人注意到，元首这句相当直率的话的意思是，一旦战败，他是不敢正视也不敢承担战败的责任的。

希特勒在自己的演说中说，如果他遭遇不测，戈林将成为他的继承人。

他又指定赫斯为继戈林之后的第二个继承人。“万一赫斯遭遇不幸，”希特勒建议，“就依据法律召开参议院会议，由参议员中推选一位最相称的，也
599 就是说，最勇敢的继承人。”什么法律？什么参议院？根本全都不存在！

希特勒一回到总理府，另一种更恶劣的情绪就代替了他在国会中的比较克制的态度。那位老跟在戈林屁股后面到处走的达勒鲁斯，发现希特勒处于一种“异常神经质而又十分激动”的状态中。

> 他对我说［那位瑞典调停人后来作证时说］，他早就疑心英国想打仗。他还告诉我，他要打垮波兰并且要把它全部吞并掉……
>
> 他越来越激动，挥拳攘臂地对着我吼道：“如果英国准备打一年，我就打一年；如果英国想打两年，我就打两年……”他略微顿了一顿，接着就疯狂地挥舞起双臂，用尖厉的声音叫嚷着说：“如果英国要打三年，我就打三年……”
>
> 这时他的身体也随着他的胳臂摇动起来，最后他吼了一声：“Und wenn es erforderlich ist, will ich zehn Jahre kaempfen.”（“如果有必要，我愿意打它十年。”）说着他举起一个拳头向下一挥，几乎碰着了地板。[2]

尽管这样歇斯底里地大叫大嚷了一阵，希特勒还是不相信他非得跟大不列颠兵戎相见不可。这时中午已经过了，德国的装甲部队已经深入波兰境内好几英里，正在迅速向前推进，大多数波兰城市，包括华沙在内，都遭到了轰炸，平民死伤的数目相当可观。但是伦敦和巴黎却没有任何消息表示英国和法国急于要履行它们对波兰的保证。

这两个国家的方向似乎是明确的，可是达勒鲁斯和汉德逊却好像竭力要使这个方向糊涂起来。

上午10点30分，这位英国大使用电话向哈利法克斯报告：

> 据我了解［他说］，波兰人在夜里炸毁了特切夫桥。*另据了解，同

---

* 德国打算在波兰来不及破坏的时候就抢先占领维斯杜拉河上的特切夫桥，（转768页）

希特勒在柏林克罗尔歌剧院发表演说，德国多次宣战决定均在此宣布。

但泽人发生了战斗，希特勒接到这个消息以后就下令把波兰人从国境线上赶回去，并命令戈林摧毁边界线上的波兰空军。

只是在这个报告的结尾处，他才提了一句：

> 这个情报来自戈林本人。
>
> 希特勒在开完国会以后可能要召见我，作为挽救和平的最后一次努力。[3]

什么和平？对英国的和平吗？这时候，德国已经动员它的全部军事力
600 量同英国的盟国打了六个小时了。

希特勒在国会演说以后，并没有召见汉德逊，这位好说话的大使向伦敦传达了戈林关于波兰人首先发动进攻的谎言之后有点感到灰心——但还没有完全灰心。上午10点50分，他又给哈利法克斯打了一个电话。他那富于想象力而又极为糊涂的脑子里出现了一个新的主意。

> 我觉得有责任［他报告道］向您陈述我的信念，不论其实现的前景多么渺茫，我认为现在要拯救和平，唯一可能的希望就是希米格维-雷兹元帅宣布他愿意立即前来德国，作为军人也作为全权代表同戈林元帅就全部问题进行商讨。[4]

这位天下少有的英国大使好像就没有想到，希米格维-雷兹元帅可能正忙于抵抗德国的这种大规模的无端进攻而无法分身，即使有可能离开，在目前情况下，他作为“全权代表”到柏林来也无异于投降。波兰人可能很快就被打败，但是他们绝不愿投降。

在德国对波兰发动进攻的这一天，达勒鲁斯甚至比汉德逊还要积极活跃。上午8点，他去见了戈林，戈林对他说：“战争已经爆发了，起因是波

（接766页）这一行动早在夏初就已经计划好了，而且在“白色方案”的各项计划中经常出现。希特勒在8月31日第一号指令中，曾在这一点上做了特别的指示。但这个行动实际上并没有成功，部分原因是浓密的晨雾妨碍了夺桥伞兵的空降。结果波兰人刚好赶上把它炸掉了。

里宾特洛甫对两位大使都回答说，他将把照会转呈希特勒，接着他就唠唠叨叨地发了一通议论，宣称“根本不存在任何德国侵略的问题”，而只有波兰的侵略，并且一再重复那个到现在已经有了馊味的谎言，说什么波兰“正规”部队在前一天侵袭了德国领土。不过外交上的礼节仍然保持着。内维尔·汉德逊爵士在当夜向伦敦报告这次会见的经过时，在电报中没有忘记提到里宾特洛甫的态度“彬彬有礼”。当这位大使准备起身告辞的时候，两人又发生了一场争论，争论的问题是在他们两天前的那次激烈的会见中，德国外交部长在宣读德国对波兰的“建议”时，是否含糊不清、速度太快。汉德逊说确实是这样。里宾特洛甫则说，他读得“缓慢而且清楚，甚至还对其中一些主要之点做了口头解释，因此他可以认定汉德逊一定完全听明白了”。这个争执是永远也不会得到解决的——可是，到了这个时候，这还有什么关系呢？[9] 602

9月1日夜晚，当德国军队继续深入波兰国境、德国空军在不停地进行轰炸的时候，希特勒从英、法两国的照会中认识到了，如果不立即停止进攻并撤出军队——这当然是不可想象的——他就已经把一场世界大战惹上身了。还是说，他那天晚上还在盼望着他的运气、他那慕尼黑的运气会来呢？因为他的朋友墨索里尼被战争的来临吓坏了，生怕英、法的压倒优势的海陆空军会袭击意大利，所以便在拼命设法再安排一次慕尼黑会议。

墨索里尼最后一分钟的调停

读者想必记得，迟至8月26日，这位意大利领袖为了逃避意大利在钢铁条约中所承担的义务，还在对德国元首说“政治解决”仍然有可能，这种解决可以使“德国在道义上和物质上都完全得到满足”。* 可是希特勒懒得同他的这位朋友和同盟者争论这个问题，这使得那位轴心小伙伴感到丧气。尽管如此，我们已经知道，8月31日，墨索里尼和齐亚诺在得到他们驻柏林大使关于形势紧急的报告后，曾经力劝希特勒至少应当见一见波兰大使利普斯基，并告诉他，他们正在努力使英国政府同意把归还但泽当作和平

---

* 见本书原文第566—567页。

谈判的“第一步”。*

但是那时已经为时太晚了，希特勒对这样的小诱饵已经没有胃口。正如希特勒对他的将领所说的，但泽不过是个借口而已。他要的是消灭波兰。但是意大利领袖却不明白这一点。9月1日清晨，他必须做出抉择，要不宣布意大利中立，就得冒英、法大军进击的危险。我们可以从齐亚诺的日记中清楚地看出，这种前景对他那位泄了气的岳父大人是一场多么可怕的噩梦。†

9月1日一清早，这位愁肠百结的意大利独裁者亲自打电话给柏林的阿托利科，“催促他去恳求希特勒给他来一个电报，解除他在同盟条约中的义务”（齐亚诺语）。[11]元首很快地甚至可以说是欣然地应允了他的请求。上午9点40分，希特勒在临动身去国会之前给他的朋友发了一份电报，为了节省
603 时间，这份电报是用电话打给德国驻罗马大使馆转达的。

> 领袖：
>
> 您近来在外交上和政治上对德国及其正义事业给予支持，谨致最真诚的谢意。我确信，我们能够凭德国的军事力量完成当前强加于我们的这一任务。所以在这种情况下，我预计不至于需要意大利的军事支持。领袖，我还要预先感谢您今后定将为法西斯主义以及民族社会主义的共同事业做出的一切努力。
>
> 阿道夫·希特勒‡[12]

中午12点45分，希特勒已经在国会发表了演说，并且对达勒鲁斯咆哮

---

* 见本书原文第588页。

† 实际上墨索里尼早在头天晚上就把他的决定通知英国了。8月31日晚间11点15分，英国外交部接到珀西·洛兰爵士从罗马发来的一份电报说：“意大利政府已经做出决定。意大利不会同英国和法国作战……这是齐亚诺于21点15分（晚9点15分）通知我的，并要求保守秘密。”[10]

那天晚上，英国在8点以后切断了同罗马的一切电话联系，使意大利人大吃一惊。齐亚诺生怕这是英、法进攻的前奏。

‡ 下午4点30分，在罗马大臣会议结束之后，意大利电台广播了该会议“致意大利人民”的公告，宣布“意大利将不率先采取军事行动”。紧接着又广播了希特勒致墨索里尼的解除意大利同盟义务的电报。

了一阵，心里显然已经平静下来了，他灵机一动，又给墨索里尼发了个电报。他说他原是准备“通过谈判”解决波兰问题的，“我整整等了两天，波兰谈判代表还是没有到来”，“昨天一夜之间又发生了14起犯境事件”，因而他“现在决定以武力回答武力”了。末了，他再一次向这位临阵脱逃的伙伴表示感激。

领袖，对您所做的一切努力，我表示感谢。我还要特别为了您的出面调停向您致谢。但是我从一开始就怀疑这种努力不会有任何效果，因为如果波兰政府具有丝毫和解的诚意，问题本来是在任何时候都可以解决的。然而，他们拒绝了……

因此，领袖，我才不愿意让您去冒险充当调停人；根据波兰政府的顽固态度来看，这种调停多半是徒劳无功的……

阿道夫·希特勒[13]

但是在齐亚诺的怂恿下，墨索里尼最后还是咬了咬牙，决心去冒险充当调停人。前一天中午刚过，齐亚诺就已经向驻罗马的英、法两国大使提出，如果他们的政府同意，墨索里尼愿意邀请德国在9月5日来举行一次会谈，以便“审查已经成为当前纷争根源的《凡尔赛和约》的一些条款”。

人们可能认为，第二天早晨德国进攻波兰的消息一定会使墨索里尼的建议成为多余。但是使意大利人感到意外的是，法国外交部长、绥靖专家乔治·博内竟在9月1日上午11点45分给法国驻罗马大使弗朗索瓦-庞赛打了一个电话，要他通知齐亚诺，法国政府欢迎这样一个会议，但未与会各国的问题不得在会上讨论，而且该会不能只限于探求“当前有限问题的局部的临时解决办法”。博内提出的会谈条件中没有谈到德军的撤退，甚至连停止继续前进也没有提及。[14*] 604

* 9月1日下午，博内曾两度指示法国驻华沙大使诺埃尔向贝克探询，波兰是否愿意接受意大利关于举行一次会谈的建议。当天晚上他得到答复说：“我国正因无端的侵略置身战争之中。现在的问题已经不是开会，而是同盟国家应该采取什么样的一致行动共同抗敌。”博内的信件和贝克的答复均见《法国黄皮书》。

英国政府没有参与博内的这种活动。外交部有一份由R.M.马金斯签署的备忘录说，英国政府“对这一外交步骤既未被征求过意见，也未得到过通知”。[15]

但是英国人却坚持这个条件，并且最后总算拖着那个四分五裂的法国内阁和他们一道走，在9月1日晚上能够向柏林递交两份内容相同的警告照会，其中宣布，德国如果不从波兰撤军，英、法就要出兵。由于这两份照会当晚就公布了，所以令人感到有趣的是，墨索里尼当时已是慌不择路，任何一根稻草都要抓住，甚至不存在的稻草也要抓一下，第二天早上仍然向希特勒再次提出呼吁，就好像他根本没有把英、法的警告当真。

正如汉德逊在《最后的报告》中所说的那样，9月2日是在一种悬虑不安的情况下度过的。[*]他和库隆德尔焦急地等着希特勒对他们照会的答复，可是毫无消息。中午刚过不久的时候，只见阿托利科气喘吁吁地走进英国大使馆，对汉德逊说，他要立刻弄清楚一件事情：头天晚上的英国照会是不是最后通牒？汉德逊后来写道："我当即对阿托利科说，如果那位外交部长问我的话，我受权可以告诉他，那不是最后通牒，而只是一个警告，但是他并没有问。"[16]

得到了这句话之后，这位意大利大使又顺着威廉街急急忙忙地奔向德国外交部。原来那天上午10点阿托利科就带着墨索里尼的一份照会来到威廉街，人家告诉他，里宾特洛甫身体不适，他于是把照会交给了魏茨泽克。

1939年9月2日

意大利希望通知德国政府，我国仍有可能使法国、英国和波兰同意在下列基础上同德国举行一次会谈，这项消息仅供参考，取舍之间自然全由元首决定：

1. 双方军队留在目前**原地**停火［着重体为原件所有］。

605 2. 两三天内举行谈判。

3. 解决德波争端。根据现状，这种解决肯定会有利于德国。

这个提议原先是领袖提出的，现在已经特别得到法国的支持。[†]

但泽已为德国所有，并且德国还取得了可靠保证来实现其大部分

* 前一天下午，汉德逊已经按照哈利法克斯的指示焚毁了他的密码和秘密文件，并正式请求美国代办"在万一发生战争的情况下对英国的利益惠予照顾"（《英国蓝皮书》，第21页）。

† 齐亚诺声称，发出这份照会是出于"法国的压力"（《齐亚诺日记》，第136页）。但这种说法可以断定是骗人的。虽然博内极力想举行一次会谈，但是拼命推销这个建议的还是墨索里尼。

> 要求。此外，德国已经得到了“道义上的满足”。如果它接受建议举行会谈，就有可能达到它的全部目的，同时又避免了一场战争，这场战争甚至在目前看来就已经有可能发展成为全面和长期的战争。
>
> 领袖并不想坚持自己的主张，但是他认为将上述情况立刻通知冯·里宾特洛甫先生和元首是极其重要的。[17]

里宾特洛甫那点儿病马上就好了。看了上面的建议之后，怪不得他在中午12点30分见到阿托利科时就向他指出，意大利领袖的建议与头天晚上英法的照会是不“协调”的，因为英法两国的照会具有一种“最后通牒的性质”。

这位意大利大使在避免世界大战的问题上和他的首脑同样热心，而且可以肯定更为真诚。不等里宾特洛甫说完，他就打断话头说，英国和法国的声明“已经由于他的领袖最后的这个照会而取消了”。当然，阿托利科是没有权利做这种声明的，这根本不是事实，不过他大概是以为在这种紧急关头，冒失一点也无妨，反正不会有什么损失。德国外交部长对此表示怀疑，可是阿托利科一口咬定他的话不放。

> 法国和英国的声明［他说］，已经不在考虑之列。齐亚诺伯爵是在今晨8点30分来的电话，这已经是在意大利电台公布两国声明以后的事。由此可见，两国声明必然已被视为取消了。齐亚诺伯爵还说，法国特别赞成领袖的建议。目前推动这事的是法国，不过英国一定也会跟着动起来。[18]

里宾特洛甫仍然怀疑。他说，他刚同希特勒讨论过墨索里尼的建议，元首想知道英法的照会是不是最后通牒。这位外交部长最后同意了阿托利科的建议，让这位意大利大使去问一下汉德逊和库隆德尔，把情况弄清楚。

这就是阿托利科造访英国大使馆的原因。当时充当翻译的施密特后来写道：“那天的情景至今仍然历历在目，年岁已经不小的阿托利科从里宾特洛甫的房间里急急忙忙出来，跑下楼梯去找汉德逊和库隆德尔……半小时 606
以后，阿托利科跟离开时一样，上气不接下气地跑着回来了。”[19]

喘过气来以后，这位意大利大使就报告道，汉德逊刚才告诉他，英国的照会并非最后通牒。里宾特洛甫回答说，虽然“德国必然要拒绝英法的声明，但是元首正在研究意大利领袖的建议，如果罗马证实英法声明并非最后通牒，元首将在一两天内给予答复”。由于阿托利科催着早些答复，里宾特洛甫终于同意第二天，即9月3日星期日中午给他回话。

这时候在罗马，墨索里尼的希望却在逐渐破灭。下午2点，齐亚诺接见了英、法两国大使，并且当着他们的面用电话把阿托利科同德国外交部长的谈话告诉了哈利法克斯和博内。博内满腔热情，一如既往；据他自己的记述（见《法国黄皮书》），他热烈地向齐亚诺道谢，感谢他为和平所做的努力。哈利法克斯却比他冷淡。他证实英国照会不是最后通牒。政治家们在一个名词上像这样抠字眼，真令人感到惊讶，因为英法声明本身已经说得明明白白。不过他接着又说，他个人认为，除非德军撤出波兰，英国不可能接受墨索里尼关于会谈的建议。而在这个问题上，这一次博内又一声不吭。哈利法克斯答应齐亚诺把英国内阁对这个问题的决定用电话通知他。

晚上7点刚过不久，英国内阁的决定传来了。英国接受意大利首相的建议，但条件是希特勒必须把他的军队撤回德国境内。意大利外交大臣知道，希特勒绝不会接受这个条件，因此正如他在日记里写的那样，“现在已经完全没有办法可想了”。

> 我不想去向希特勒提出这个建议，这一定会遭到他断然拒绝，也许还会受到他的白眼［齐亚诺在日记上写道］。我把这一点告诉了哈利法克斯以及那两位大使和领袖，最后我打电话给柏林，通知他们，除非德国人有相反的意见，否则我们就放弃谈判了。最后一线希望破灭了。[20]

于是在9月2日晚上8点50分，那位精疲力竭、心灰意懒的阿托利科，再次拜访柏林的威廉街。这次里宾特洛甫在总理府接见了他，当时他正在那里同希特勒商谈问题。缴获的外交部备忘录中对这个场面有如下的记载。

> 意大利大使告诉外交部长说，英国人不准备以意大利的调停建议

为基础举行谈判。英国方面要求德国军队在谈判开始之前立即全部从波兰占领区和但泽撤出……

最后，意大利大使声明，领袖现在认为他的调解建议已经不复存在。外交部长听到意大利大使的传达后，未置一词。[21] 607

这位不辞劳苦的阿托利科费了这样多力气，竟然没有讨到一句感谢的话！有的只是无言的轻蔑，因为这个同盟者想骗掉德国在波兰已经到手的战利品。

避免第二次世界大战的最后一点点希望，现在也已烟消云散了。大家现在显然都已经清楚地看到了这一点，但是在这场戏里有一个角色却是例外。晚间9点，怯懦成性的博内又给齐亚诺打了一个电话，再次表示法国给德国的照会不具有“最后通牒的性质”，并且重申法国政府准备一直等待德国的答复，直到9月3日（即第二天）中午为止。不过，“为使会谈取得良好的结果”，博内告诉齐亚诺，法国政府同意英国政府的意见，即德国军队必须“撤出”波兰。这是博内第一次提到这一点——这一次也只是因为英国方面的坚持才不得已提出的。齐亚诺的回答是，他认为德国政府不会接受这个条件。但是博内还不死心。那天深夜，他又做了最后一次努力，想逃脱法国对于正在受到轰击和围攻的波兰所承担的义务。齐亚诺在9月3日的第一段日记里追述了这桩怪事。

夜里，外交部来人把我叫醒了，因为博内找到瓜里利亚（意大利驻巴黎大使），问我们能不能使德国撤出波兰，哪怕是象征性的撤军也行……我把这个建议扔进了废纸篓，根本没有呈报领袖。不过从这里可以看出，法国是毫不热心地而且是彷徨不定地来接受这个巨大的考验的。[22]

波兰战争变成了第二次世界大战

1939年9月3日，星期日，柏林的天气是一个可爱的夏秋之交的日子，阳光灿烂，空气中飘着馥郁的芳香——我在那天的日记里写道：“碰到这样的天气，柏林人总爱到近郊的树林里或是湖上去度假。”

天刚一亮，英国大使馆就收到了哈利法克斯勋爵发给内维尔·汉德逊爵士的一份电报，指示他设法同德国外交部长在上午9点举行一次会晤，把一份随电报发来的照会递交给他。

张伯伦政府在这条路上已经走到尽头了。它在大约32小时以前照会希特勒，如果德国不从波兰撤军，英国就将宣战。可是一直没有答复，于是英国政府决心履行它的诺言。正如法国驻伦敦大使夏尔·科尔班在头一天下午2点30分给那位踌躇不定的博内的报告所说的，前一天英国政府就担心希特勒可能故意迟迟不做答复，以便尽量攫取波兰领土，等到把但泽、
608 走廊等地稳稳地抓在自己手里以后，他就可以在他8月31日那十六条的基础上提出一个“宽宏大量”的和平方案。[23]

为了不上这个圈套，哈利法克斯要法国人考虑，如果德国政府不在几小时之内对9月1日英法两国的声明做出令人满意的答复，这两个西方国家就对德国宣战，英国内阁在9月2日下午做出了明确的决定后哈利法克斯就具体建议，在当天半夜由两国一同向柏林提出一个限于9月3日早上6点以前答复的最后通牒。[24]但是博内不同意采取这样性急的步骤。

事实上，四分五裂的法国内阁在上个星期经过了重重难关，才勉强决定首先要履行法国对波兰（同时也是对英国）所承担的义务。原先在那黑暗的8月23日，博内听说里宾特洛甫已经到莫斯科去缔结德苏互不侵犯条约之后，吃惊之下曾力劝达拉第召开一次国防委员会会议，研究法国今后的步骤。*出席这次会议的除了达拉第总理和博内之外，还有陆、海、空三军部长，甘末林将军，海、空军首脑，以及另外四位将军——共计十二人。

据会议记录所载，达拉第曾提出三个问题：

> 1. 法国是否能够坐视波兰与罗马尼亚（或其中一国）从欧洲地图上被抹掉？

---

* 会议记录，由达拉第的这个军事内阁首脑德坎普将军执笔，在里永审讯时公之于世。这份记录从未交给会议其他成员审阅校正过。甘末林将军在他的《为国效劳》（*Servir*）一书中说，这份材料过于简略，很容易引起误解。不过，这位一向胆小怕事的统帅也还是承认了这份记录的主要内容。

2. 法国能用什么办法加以反对？

3. 目前应该采取什么措施？

博内本人在说明了事态的严重变化之后提出了一个问题，这个问题始终是他心中最为重视的问题：

> 权衡当前的局势，是忠于我们的义务而立刻参战好呢，还是重新考虑我们的态度，利用这段赢得的时间？……对于这个问题的答复，基本上是军事性质的。

见到责任推到了自己的身上，甘末林和达尔朗海军上将便接着答道：

> 陆军和海军都已有准备。在战争的最初阶段，他们在打击德国方面不能有多大作为。但是法国一经动员，就会把相当一部分德国军队牵制在我们的边境上，从而将在某种程度上减轻波兰的负担。
>
> ……甘末林将军在回答波兰和罗马尼亚能够抵抗多久这个问题时 609
> 说，他相信波兰会光荣地进行抵抗，这将使德军主力在明年春天以前无法调转过来对付法国；而到那个时候，英国已经可以和我们并肩作战了。*

经过了不少的讨论以后，法国人才做出了决定。这一决定正式载入会

---

* 甘末林在《为国效劳》一书中谈到，由于对博内不信任，他当时没有说出法国在军事上的某些弱点。他说达拉第事后对他讲："你做得对。如果你在会上说出来，第二天德国人就会知道了。"

但是甘末林在他的著作中又说，在这次会议上，他还是指出了法国军事地位的弱点。他说他曾经说明，如果德国"把波兰消灭了"以后，再把全部力量掉过来对付法国的话，法国就将陷入"困难"的处境。他说："那时法国就会没有可能再投入战斗……我希望到明年春天，在英国部队和美国装备的帮助下，我们能有力量打一场防御战（当然，我是说如果必要的话）。我还指出，唯有在持久战中我们才有希望获得胜利。我始终认为，要到大概不到两年以后，也就是说，要到1941—1942年之间，我们才有可能转入进攻……"

法国统帅的这种气馁胆怯的看法，在很大程度上说明了此后的历史发展。

议记录，内容是这样的：

> 在讨论过程中，指出了这样一点：如果说几个月以后我们的力量能够有所增强，那么德国也将由于得到波兰和罗马尼亚的资源而变得更为强大。
>
> 因此，法国别无其他选择。
>
> 唯一的办法就是……恪守我们在同苏联进行谈判以前对波兰所承担的义务。

这样打定了主意之后，法国政府开始行动了。散会之后，就在8月23日那一天，法国宣布全国处于戒备状态，所有边防部队都进入了作战阵地。第二天，36万预备役人员被召入伍。8月31日，内阁发布了一项公报，声明法国将“坚决履行”它的义务。次日，也就是德国进攻波兰的头一天，博内经哈利法克斯的一再坚持，同意法国和英国联合一致向柏林方面提出警告：英法两国将履行自己对盟国做出的保证。

但是在9月2日，当英国人催促法国人同意在半夜就向希特勒提出最后通牒的时候，甘末林将军和法国参谋总部却踌躇起来了。毕竟，如果德国人在西线立刻发动进攻的话，不得不孤军作战的将是法国。没有一个英国兵会来支援他们。参谋总部坚持要求再等48小时提出最后通牒，为的是好顺利地进行总动员。

下午6点，哈利法克斯打电话给英国驻巴黎大使埃里克·菲普斯爵士，并对他说：“英国政府不能再等48小时。法国的态度使英王陛下政府深感为难。”

两小时以后，英国政府的处境之难已经到了难以支撑的地步，张伯伦
610 在下院站起来讲话的时候，大多数议员，不论属于哪个党派，对英国方面迟迟不履行它的义务都已经感到极不耐烦。等到听了张伯伦的发言之后，他们几乎快按捺不住自己了。张伯伦告诉议会，英国政府还没有收到柏林的答复。除非德国给予答复并且保证从波兰撤退，否则英国“必将采取行动”。如果德国人果真同意撤退，那么，英国政府“就愿意认为局势依旧同德军越境进入波兰以前一样”。目前英国政府正在同法国就两国对德最后通

牒的时限问题进行联系。

在波兰战事已经进行了39小时之后，下院再也不能接受这种拖延策略了。从政府席上似乎发散出一股慕尼黑的气味。当反对党工党的临时议会领袖阿瑟·格林伍德站起来准备发言的时候，利奥波德·艾默里从保守党席上向他大叫："请你代表英国发言吧！"

格林伍德说："在这样的时刻，英国和英国所拥护的一切以及全人类的文明都遭到了威胁，我不知道我们还打算犹豫到什么时候……我们应当和法国人一起并肩前进……"

问题就在这里。当时事实证明要推动法国前进是很困难的。下院怒气冲天，使张伯伦感到坐立不安，他不得不打断激烈的争论为自己辩护说，要通过电话同巴黎磋商，使"看法与行动取得一致是需要时间的"。他接着说："如果下院竟然有人认为我所提出的声明流露出本政府或法国政府有丝毫的动摇，我不免感到震惊。"他说，据他所知，法国政府"这时正在开会"，"几小时以后"将可得到他们的消息。总之，他极力安慰激愤的议员说："我预料明天我将只可能有一种答复给下院……我相信下院……一定会认为我说的完全是实话……"

正如纳米尔后来所写的那样，英国历史上最严重的一次考验，是"用一种特别少见的期期艾艾的方式"宣告其无情的来临的。

正如英国的机密文件所表明的那样，张伯伦知道得很清楚，英国人民很不满意他，在这国家危急存亡的时候，他的政府很有可能被推翻。

他刚从下院出来，马上就给达拉第打了一个电话。据记载，时间是晚上9点50分，当时在旁边的贾德干做了记录留为档案。

> 张伯伦：这里的情况非常严重……下院闹得很凶……如果法国坚持要把最后通牒的限期定为从明天中午起的48小时之内，我的政府就将无法维持。
>
> 首相说，他完全明白，法国将首当其冲地受到德国的进攻。但是 611
> 他坚信，今晚无论如何必须采取某种步骤。
>
> 他提出一个折中方案……最后通牒于明日上午8点发出……限中午12点以前答复……

达拉第的回答是，除非英国轰炸机群准备立刻出动，否则法国认为，如果可能的话，最好把对德军的进攻推迟几小时。

过了不到一小时，哈利法克斯在晚上10点30分给博内打了一个电话。他极力敦促法国方面接受英国的折中方案：明天（9月3日）上午8点在柏林提出最后通牒，最后期限为中午12点。法国外交部长不仅不同意，而且还对哈利法克斯提出抗议说，英国方面坚持这样迫不及待地行事会给人造成“一种十分糟糕的印象”。他要求伦敦再等一等，至少在中午以前不要向希特勒提出最后通牒。

哈利法克斯：要英王陛下政府等到那个时候是办不到的……［英国］政府是否能控制这里的局势是很难说的。

下院将在9月3日（星期日）中午开会，从星期六晚上那次会议的情绪来看，张伯伦和哈利法克斯都明白，如果这个政府想存在下去，他们就必须提出议会所要求的回答。第二天凌晨2点，法国驻伦敦大使科尔班警告博内，张伯伦内阁如果不能给议会以确切的答复，就有被推翻的危险。于是，哈利法克斯在电话中最后告诉博内，英国打算“单独行动”。

哈利法克斯给汉德逊的电报于凌晨4点左右到达柏林，* 叫他在9月3日（星期日）上午9点递交给德国政府。这份通牒提到英国政府曾在9月1日的照会中宣布，如果德国军队不立刻撤退，英国就要履行它对波兰承担的

---

* 当夜英国外交大臣曾给汉德逊发去两份电报，叫他做好准备。第一份于午夜11点50分发出，内称：

今夜我可能要你向德国政府递交一份紧急照会。请做好准备。最好预先告诉德国外交部长，说你随时可能要去见他。

从这份电报看来，这时候英国政府好像还没有完全拿定主意是不是要不顾法国而单独行动。但过了35分钟，即9月3日凌晨零时25分，哈利法克斯又给汉德逊发了一个电报：

请约定于星期日上午9点与外长会见。指示随后就到。[25]

哈利法克斯最后定局的电报上注明的发报时间是伦敦时间凌晨5点。但汉德逊在他的《最后的报告》中却说是凌晨4点收到的。

义务，这份通牒接着指出： 612

> 虽然那份照会于24小时以前就已提出，但至今未见答复，同时德国又仍然在继续并加紧进攻波兰。鉴于这种情况，我荣幸地通知您，在今天9月3日英国夏季时间上午11点以前，如果德国政府不对上述问题做出令人满意的保证并送达伦敦英王陛下政府，则从该时起，两国即处于战争状态。[26]*

这个安息日在天还没有亮的时候，汉德逊就发现要同威廉街取得联系是相当困难的。德国外交部的人告诉他说，里宾特洛甫“没有工夫”在上午9点接见他，不过他可以把照会交给政府翻译官施密特博士。

在这个历史上的重要日子，施密特博士睡过了头，等他乘着一辆出租汽车赶到外交部时，看到那位英国大使正循着外交部门前的台阶拾级而上。施密特从侧门钻了进去，在恰好钟鸣9点的时候溜进里宾特洛甫的办公室，一分不差地准时接见了汉德逊。“他走进屋子，表情严肃，”施密特后来追述道，“跟我握了握手，我请他坐下，他谢绝了，只是庄严地站在屋子中间。”[28] 汉德逊宣读了英国的最后通牒，把文件交给施密特之后就告辞了。

这位翻译官连忙拿着那份照会，顺着威廉街跑到总理府。在元首办公室外面，他发现内阁大多数的阁员和几个党内高级官员都聚集在那里“焦急地等候着”他的消息。

> 当我进入里面房间的时候［施密特后来追述说］，希特勒正坐在办公桌前，里宾特洛甫站在窗户旁边。他们俩都以期待的目光看着我走进去，我在希特勒的办公桌前不远的地方站住，接着就慢声向他翻译了英国的最后通牒，当我译完的时候，房间里一片死寂。
>
> 希特勒坐着一动不动，瞪起两只眼睛望着前方……停了一会没有动静，这一会儿工夫就像一百年一样长；然后，他转过脸来朝着仍然

* 哈利法克斯另外又给汉德逊发去一个电报（发报时间也注明为凌晨5点），通知这位大使说，库隆德尔“要到今日（星期日）中午才会对德国政府提出相同的照会”。他不知道法国最后通牒限几小时答复，他估计“可能”在6小时到9小时之间。[27]

> 站在窗子旁边的里宾特洛甫说："现在怎么办？"问这话时希特勒摆出一副凶恶的面孔，意思好像是在抱怨他的外交部长使他对英国方面可能的反应做出了错误的估计。
>
> 里宾特洛甫却若无其事地回答道："我断定，法国人会在一小时之内交来一份相同的通牒。"[29]

施密特完成任务之后就退了出来，在外面的房间里停了一下，把事情的经过告诉其余的人。他们听了也都沉默了半晌没有说话。最后：

> 戈林转过身来向我说："如果我们在这场战争中打败了，那就只能
> 613 靠上帝发慈悲了！"
>
> 戈培尔垂头丧气地独自站在一个角落里发愣。我看见房间里的每一个人都是忧心忡忡的样子。[30]

与此同时，那个绝无仅有的达勒鲁斯却一直为了避免那不可避免的事情而在做最后的客串努力。上午8点，福布斯就把那份将在一小时以后递交德国政府的最后通牒的内容告诉了他。据他后来在纽伦堡作证时说，他立刻就到空军总部去见戈林，要求戈林一定要做到使德国对最后通牒的答复要"通情达理"。他还建议元帅本人在11点以前宣布他准备亲自飞到伦敦去"谈判"。这位瑞典商人在他写的书里说，戈林接受了这个建议，并且和希特勒通了电话，希特勒也表示同意。但德国的正式文件中并没有提到这件事。我们根据施密特博士在前面所说的话就可以看得很清楚，当他于9点过几分带着英国的最后通牒来到总理府的时候，戈林正在总理府元首的会客室里，而不是在他的司令部里。

无论如何，这位瑞典和事佬的确给英国外交部打了电话，这一点是毫无疑问的，并且还不是一次而是两次。第一次在上午10点15分，他擅自通知英国政府，德国人对于最后通牒的答复"正在路上"，德国人仍然"非常希望能够满足英国政府的要求，并就不侵犯波兰独立的问题做出令人满意的保证"。（！）他希望伦敦能够"从最赞同的角度"来看待希特勒的复照。[31]

半个小时以后，即上午10点50分，距最后通牒限定的时间10分钟，

达勒鲁斯又给伦敦外交部打来了一个长途电话，他这次提议让戈林在希特勒的同意下立刻飞往英国首都。他不知道现在再演这套外交滑稽戏已经过时了，不过事实很快就让他明白过来了。他从哈利法克斯那里得到了一个毫无商量余地的回答。英国政府不能采纳他的建议。英国政府对德国政府提出的问题是非常明确的，“想必他们也会做出明确的答复”。英王陛下政府不能再等着和戈林讨论了。[32]

于是达勒鲁斯挂上了电话，从此退出了历史舞台。直到战后，他才在纽伦堡法庭上以及在他写的书里又露了一面，追述他为了拯救和平所做的离奇古怪的努力。[*]他的用心是好的，他也曾不辞辛苦地为和平奔走，有一个短暂的时期，他一度处身于世界历史的令人目眩神迷的舞台中心。但是那时几乎人人都被过分纷纭杂乱的景象搅得糊里糊涂而无法看清局势，他也不是例外，而且正像他后来在纽伦堡所承认的，他一直不知道自己受到德国人多大的愚弄。 614

英国最后通牒所限定的时间上午11点刚敲过不久，两小时前拒绝接见英国大使的里宾特洛甫约见了那位大使，把德国的复照交给他。德国的复照说，德国政府“拒绝收下或接受，当然更谈不到履行”英国的最后通牒。接着就是一篇又臭又长的宣传文字，显然是希特勒和里宾特洛甫在发出复照前这两个小时内仓促书就的。为了欺骗易受欺骗的德国人民，这份复照又把那些我们现在已经熟悉的谎言，包括那个关于波兰人“进攻”德国领土的谎话在内，重弹了一遍，把一切事情都归罪于英国，并且拒绝了英国“强迫德国撤回其为保卫国家而部署起来的部队”的企图。复照谎称，德国已经接受了墨索里尼在最后时刻提出的和平建议，但是英国拒绝了这个建议。尽管张伯伦对希特勒一味绥靖姑息，但这份复照还是责备英国政府“鼓吹要消灭日耳曼民族”。[†]

---

* 9月24日，他又露了一面，这一天他在奥斯陆会见了福布斯，正像他最后在纽伦堡法庭上所说的那样，他是“为了探听明白究竟还有没有避免一场世界大战的可能性”。[33]

† 这份仓促草就的照会写得完全不像样子，结尾时甚至出现了这样的话：“我们已经注意到，金-霍尔先生在英国政府授意下向我们表示要彻底摧毁日耳曼民族，甚至比《凡尔赛和约》更加彻底地摧毁。因此，我们将用同样的武器和同样的方式来回答英国方面的任何侵略行径。”英国政府当然从来没有向德国表示过斯蒂芬·金-霍尔所说的那种意图。金-霍尔是一个退职的海军军官，他所写的时事通信纯粹是他个人的事。事实上，汉德逊曾经向英国外交部就金-霍尔在德国发行他的作品一事提出过抗议，而英国政府也曾要求编者停止这样做。

汉德逊后来称这个复照“完全是歪曲事实”的。他读完以后说道：“究竟是谁的过错，让历史来判断好了。”里宾特洛甫也反唇相讥道：“历史已经证明了实际情况究竟是怎样。”

大约12点钟的时候，我正好站在威廉街总理府的前面，扩音器突然宣布大不列颠已经对德国宣战。* 大约有250人——不会更多——顶着太阳站在那里，注意地听着这个消息。广播结束时，没有一个人出声。他们只是站在那里。突如其来的消息使他们发愣了。他们很难相信希特勒已经把他们拖进了一场世界大战中去了。

虽然这是一个安息日，但是不久就有报童在叫卖号外。事实上，我发现他们是在免费散发。我也要了一份。那是《德意志总汇报》的号外，整
615 页上用大号字印着这样一个标题：

英国最后通牒遭拒

英国已对我宣战

英国照会要求我撤退东线军队

元首今日离此亲临前线

官方公报上的标题活像是里宾特洛甫口授的。

德国备忘录证明过错在英国

对于容易受骗的德国人民来说，德国的备忘录可能是一个“证明”，但它并没有能够在这一天煽起人们对英国人的恶感。当我经过英国大使馆时，汉德逊和他的使馆人员正从使馆搬往拐角处的阿德隆饭店。一个警察在那座大楼前独自踱步。他除了来回踱步而外无事可做。

---

* 上午11点15分，哈利法克斯在伦敦交给德国代办一份正式照会，声称由于到了上午11点还没有收到德国提出的保证，“我荣幸地通知您，我们两国从今天9月3日上午11点起处于战争状态”。

法国人多挨了一会。博内直到最后一刻还在延宕时间，他死抱着一个希望不放，认为墨索里尼还有可能同希特勒谈妥一项交易，从而让法国脱身。他甚至恳求比利时大使想办法让比利时国王利奥波德通过他对墨索里尼的影响去影响希特勒。9月2日（星期六），他同本国的内阁争辩了一整天，说他已经“答应了”齐亚诺，法国将等候到9月3日中午，让德国对9月1日英法两国的警告提出答复。他不能说了不算。这话跟他和英国辩论时所说的一样。不错，他曾经在电话里对意大利外交大臣做过这个保证，但他是在9月2日晚9点才做出这个保证的；* 到这个时候，正像齐亚诺已经设法告诉他的那样，意大利领袖的建议已经完全失效了。而且，这时候英国已经向他提出了要求，主张由英法两国在当日午夜联合向柏林提出最后通牒。

9月2日将近午夜时分，法国政府才最后做出决定。午夜12点整，博内打电报给驻在柏林的库隆德尔，说他在明天早晨将把法国要在“中午对威廉街”作出的“新的外交步骤”的内容通知库隆德尔。† 616

9月3日，星期日，上午10点20分，即在英国最后通牒的时限截止前40分钟，内容通知过来了。法国最后通牒的措辞和英国的大致相似，所不同的是法国宣布：如果德国给予否定答复，法国将履行自己对波兰所承担的“为德国政府所知道的”那些义务——甚至到了这个最后关头，博内还不肯正式宣战。

法国政府出版的《法国黄皮书》上说，巴黎拍发给库隆德尔的法国最后通牒，规定下午5点为德国答复的最后时限。但这不是原来那份电报中所规定的时限，菲普斯大使在那天上午8点45分从巴黎报告哈利法克斯说：“博内对我说，法国的最后时限要到星期一［9月4日］凌晨5点截止。”这才是博内在电报中提出的时限。

这还是达拉第在星期日早晨向法国参谋总部争得的让步。法国参谋总部最初坚持要把时限定为从中午向柏林递交最后通牒之时算起48小时。虽然如此，英国政府还是很恼火，那天上午当即相当明确地向巴黎表示了这

---

* 见本书原文第608页。

† 但是读者想必记得（见本书原文第608页），甚至在此以后，博内为了使法国置身于战争之外，又在那天深夜要意大利人想办法让希特勒从波兰做一个“象征性”的撤退。

种不快。这样达拉第总理才向军方做最后的呼吁。他在上午11点30分把参谋总部的科尔斯东将军请了来，请他缩短时限。这位将军最后勉强同意把时限提前12小时，改为下午5点。

就是这样，直到库隆德尔快要离开柏林法国大使馆前往威廉街的时候，博内才用电话通知他对最后限期做了必要的修改。[34]

里宾特洛甫没有功夫在中午接待这位法国大使。他正在总理府参加一个小小的仪式，陪同元首热烈接待新任的苏联大使亚历山大·施克瓦兹也夫。这个插曲使得柏林在这个具有重大历史意义的安息日里具有一种荒诞的气氛。但库隆德尔坚持非要按照指示在中午12点整到威廉街求见不可，因此，只好由魏茨泽克接见他。当这位大使问到这位国务秘书是否有权对法国做出“满意的”答复时，魏茨泽克回答说，他无权向他做“任何答复”。

接着在这个庄严的时刻又发生了一个小小的外交趣剧：库隆德尔把魏茨泽克的回答看作德国的否定答复，这早已在他意料之中，于是便打算把法国的正式最后通牒交给这位国务秘书；这时，后者却拒绝接受。他建议这位大使“耐心稍等片刻，见一见外交部长本人”。库隆德尔碰了这个钉子，只得在那里等着，反正他已经碰过不止一次钉子了。他在那里差不多等了半个钟头，直到12点30分才被带到总理府去见里宾特洛甫。[35]

那位纳粹外交部长虽然明知道这位大使所负的使命，他还是不肯放过这个机会——也可以说是最后的一次机会——向这位法国使节施展其颠倒黑白、歪曲历史的惯技。里宾特洛甫首先指出，墨索里尼在提出那最后一
617 分钟的和平建议时，曾强调说那是得到法国赞同的。然后他宣布“德国曾经在昨天通知意大利领袖，德国也准备接受这个建议。但是后来，”里宾特洛甫补充道，“领袖告诉我们说，这个建议由于英国政府的死硬态度已经遭到破坏了。”

接着他又听着那位纳粹外交部长说了一阵什么如果法国追随英国，他将感到遗憾，什么德国无意进攻法国，等等。不过，对里宾特洛甫的这种胡说八道，库隆德尔在过去几个月里已经领教够了，这位法国大使赶紧插言，提出他特为来问的问题：外交部长的这番议论是否意味着德国政府不接受法国9月1日的照会？

“是的。”里宾特洛甫回答。

于是这位大使就把最后通牒递给了这位外交部长，事前还说他必须“最后一次”强调指出：德国政府对于“未经宣战”就突然进攻波兰以及拒绝英法关于撤退德军的要求等问题“负有严重的责任”。

“那么法国就会成为侵略者了。”里宾特洛甫说。

“这问题让历史来裁判吧。”库隆德尔回答说。

在柏林的那个星期天，所有参加最后这幕戏剧的人仿佛都有意要诉诸历史的裁判。

1939年9月，法国巴黎街头的行人在总动员令前。

虽然法国正在动员一支在一个时期内会对德国的西线武力占压倒优势的陆军，但是在希特勒那颗狂热的脑子里，当时军队为数微不足道的英国却成了他的心腹之患；他认为，在1939年9月3日行将消逝并将成为历史的时刻，他之所以陷身于这样的窘境，几乎完全应当由英国这个对头负责。那天下午他对德国人民和西线军队发表了两篇冠冕堂皇的文告，把这一点说得非常清楚；他对英国人的歇斯底里的愤怒和刻骨的怨恨在这里面一起迸发出来了：

> 好几个世纪以来［他在《告德国人民书》中说］，英国所追求的目的就是使欧洲人民无力防御英国征服世界的政策……［并且］自以为有权可以用站不住脚的借口去进攻和毁灭一个当时看来对它最为危险的欧洲国家……
>
> 我们自己已经亲自看到英国在战争开始以来对德国所奉行的……包围政策……英国的战争挑拨者……一直用凡尔赛的片面命令压迫德国人民……
>
> 西线将士们！［希特勒在《致西线将士书》中对那些在今后若干星期内只可能以法军为对手的部队说］……英国一直奉行着包围德国的政策……英国政府为我们在上次大战中所熟知的那些战争贩子所驱使，现
> 618 在已经决心摘下他们的假面具，以站不住脚的借口向我们宣战了……

但在这两篇文告中没有一个字提到法国。

中午12点6分，张伯伦在伦敦向下院发表演说，他向下院报告，英国现在已同德国处于战争状态。虽然希特勒在9月1日明令禁止收听外国广播，违者处死，但我们在柏林还是收听了英国广播公司转播的英国首相演讲稿。我们有些人曾经亲眼看到他冒着丧失政治生命的危险，在戈德斯贝格和慕尼黑对希特勒一味绥靖姑息，如今再听到他这时的讲演，觉得他的话是沉痛的。

> 今天是我们大家都感到痛心的日子，但是没有一个人会比我更为痛心。在我担任公职的一生中，我所信仰的一切，我所为之工作的一切，都已毁于一旦。现在我唯一能做的就是：鞠躬尽瘁，使我们必须付出重大代价的事业取得胜利……我相信，我会活着看到希特勒主义归于毁灭和欧洲重新获得解放的一天。

但是张伯伦命中注定不能看到这一天。1940年11月9日，他怀着绝望

的心情与世长辞了，虽然死时他仍旧是内阁阁员之一。鉴于本书前面对他颇多贬抑之词，我觉得现在在这里引一段丘吉尔对他的评语是最恰当不过了。曾经长期被他排斥在英国国家事务之外的丘吉尔，在1940年5月10日接替他出任首相。1940年11月12日，丘吉尔在下院致辞悼念他时说：

> ……世界最严重的危机之中，内维尔·张伯伦不幸事与愿违，一再失望，受到一个坏人的欺骗。但是，他那落空的希望是什么？他那未遂的心愿是什么？他那遭到愚弄的信念又是什么呢？毋庸置疑，这些都表现了人类心灵最崇高最善良的本性——对和平的热爱，对和平的追求，为和平而奔波，为和平而斗争；为了这一切，他甚至不顾巨大的危险，至于个人的荣辱则肯定也完全置之度外。

希特勒想运用外交手腕使英、法置身战争之外的企图既已宣告失败，于是就在9月3日下午把注意力转移到了军事方面。他发布了“第二号绝密作战指令”。虽然英法已经宣战，指令仍然规定：“德国的战争目标目前仍然是迅速地、胜利地结束对波兰的战事……在西线，让敌人先启战衅……对

1939年9月3日，在英国宣布对纳粹德国开战之后，聚集在唐宁街10号外的英国民众。

英国可以在海上展开攻击。”但是德国空军甚至连英国海军也不得攻击，除非英国首先对德国目标采取了这样的攻击。即使如此也还要看是否“处于
619 特别有利的地位，能够取得胜利”。希特勒还命令德国全部工业转入“战时经济”轨道。[36]

夜晚9点，希特勒和里宾特洛甫分别乘专车前往东线大本营。临行之前他们又采取了两个外交措施。现在英国和法国固然已经同德国开战，但是另外两个曾经支持希特勒，使他的冒险得逞的欧洲大国还必须用心对付。一个是同盟国意大利，另一个是苏俄；前者已在紧要关头临阵脱逃，后者虽然不为纳粹独裁者所信任，却对希特勒出了把力，使得他的战争冒险看来值得一试。

希特勒在临离开首都之前，又给墨索里尼发去一封信。这是在晚上8点51分用电报发出的，距元首的专车开出的时间只有9分钟。虽然这封信不算十分坦率，而且也不乏欺诈之词，但就我们所能获得的材料说来，却是一幅最好的图画，描绘出阿道夫·希特勒离开第三帝国那夜幕已降的首都，第一次去扮演德国最高统帅的角色时具有什么样的心情。这封信是在缴获的纳粹文件中找到的。

领袖：

我必须首先感谢您为调停所做的最后努力。我本来是愿意接受调停的，但有一个条件，就是必须有可能确实保证谈判一定会成功。因为德国军队已经苦战了两天，在波兰境内取得了神速的进展。我们不能由于一场外交阴谋而让牺牲在那里的将士的鲜血白流。

虽然如此，我仍然相信，如果英国不是从一开始就决心诉诸战争的话，本来是可以找到一条出路的。领袖，我之所以没有屈服于英国的威胁，是因为我终于认为，即使我屈服了，和平也只能维持六个月，或者至多维持一年，既然如此，我想尽管存在着种种困难，目前仍不失为挺身奋战的适当时机。

……波兰军队不久即将崩溃。如果一年或者两年以后再打，是否能取得这样迅速的胜利，我觉得是大可怀疑的。英国和法国会继续武装它们的同盟国，使得德国武装部队不可能取得这样显著的决定性的

技术优势。领袖，我知道我所从事的斗争是一场生死存亡的斗争……但是我也知道，这样一场斗争迟早是不可避免的，必须通过冷静审慎的考虑来选择抵抗的时机，以确保胜利。对于胜利，领袖，我的信心是坚定不移的。

紧接着便是警告墨索里尼的话：

蒙您最近厚意承诺，愿在某些方面给我以帮助。对这种盛情，我
谨向您预致诚挚的谢意。但是我还相信，即使我们目前所走的道路不 620
同，命运仍会把我们联结在一起。一旦民族社会主义的德国为西方民主国家所毁灭，法西斯主义的意大利也将遭到困难。我个人始终认为，我们两国政权的命运是联结在一起的，而且我知道您，领袖，也持有完全相同的看法。

追述了德国在波兰取得的初步胜利之后，希特勒最后说：

……在西线，我将继续采取守势。让法国在那方面先启战衅，到那时候我们就将能够倾全国之力与敌人进行角斗。

领袖，为了您过去给予我的支持，我再一次向您表示谢意，并希望您今后继续给我支持。

阿道夫·希特勒[37]

虽然这一天英法已经对德宣战，履行了它们对波兰的诺言，但意大利还是不肯履行它对德国的诺言。不过希特勒努力压住了自己的失望，一个友好的意大利即使不参战，对他仍然可能是有用的。

但是，俄国可以更有用些。

我们从后来纳粹的秘密文件中知道，在德国进攻波兰的第一天，苏联政府就给德国空军提供了信号方面的帮助。那天一清早，空军参谋长汉斯·耶顺内克将军打电话给德国驻莫斯科大使馆，说他的驾驶员在轰炸波兰——他称之为“紧急试航”——时需要导航上的帮助，如果明斯克的俄

国电台能够不断发出自己的呼号，他将不胜感激。下午，冯·德·舒伦堡大使就通知柏林，苏联政府“准备满足您的愿望”。俄国人答应在广播节目时尽量不断发出电台呼号，并将明斯克电台的广播时间延长两小时，以利深夜航行的德国飞行员。[38]

可是，当希特勒和里宾特洛甫在9月3日晚间准备离开柏林的时候，他们还希望俄国人在军事上为他们征服波兰提供更大的帮助。下午6点50分，里宾特洛甫给莫斯科大使馆发了一份“特急”电，上面标着“绝密”字样，开头是:“大使亲启，面交使团团长或其代表。需特别保密。由本人自译。绝对秘密。”

德国人以这个极其秘密的方式邀请苏联参加对波兰的进攻！

> 我们有把握在几个星期之内决定性地击败波军，那时我们将把已
> 621 经莫斯科谈判划归德国利益范围的领土置于军事占领之下，但是，为了军事上的原因，我们自然还要继续对那时盘踞在俄国利益范围内的波兰土地上的波兰军队采取行动。
>
> 请立刻就这一点同莫洛托夫进行商谈，看苏联是否愿意在适当的时机出动军队打击俄国利益范围内的波兰军队，自己来占领这片领土。我们认为，这不仅会减轻我们的负担，而且也符合莫斯科协议的精神和苏联的利益。[39]

不消说，苏联这种不顾信义的行动当然会“减轻”希特勒和里宾特洛甫的“负担”。这不仅可以避免德国人和俄国人在坐地分赃时的摩擦和误会，还可以使苏联替德国分担一部分纳粹侵略波兰的罪责。既然他们分享了好处，为什么不该分担罪责呢?

那个星期日中午英国参战的消息公布后，柏林的德国要人中心情最为阴暗的是德国海军总司令埃里希·雷德尔海军元帅。他认为战争的爆发早了四五年，到1944—1945年，海军的“Z计划”完成后，德国就会拥有一支相当强大的舰队，能够同英国在海上较量。但现在是1939年9月3日，即使希特勒不听他的话硬要打，雷德尔也很清楚，他既没有必要的海面舰

只，也没有足够的潜艇可以对大不列颠进行一场有成效的战争。

这位海军元帅在日记里暗自写道：

> 今天，同法国和英国的战争爆发了。根据元首原先的断言，我们完全没有必要预计这场战争会在1944年以前发生。直到最后一分钟，元首还认为这场战争是能够避免的，即使这意味着推迟波兰问题的最后解决也在所不惜……
>
> 就海军而言，我们的装备显然不足以同英国进行这场巨大的斗争……潜艇部队仍然太软弱无力，不能在战争中起**决定性**的作用，而海面船只在数量和实力方面都不如英国舰队，即使全部动员，我们只能做到壮烈地为国牺牲……[40]

虽说如此，1939年9月3日晚上9点，正当希特勒动身离开柏林的时

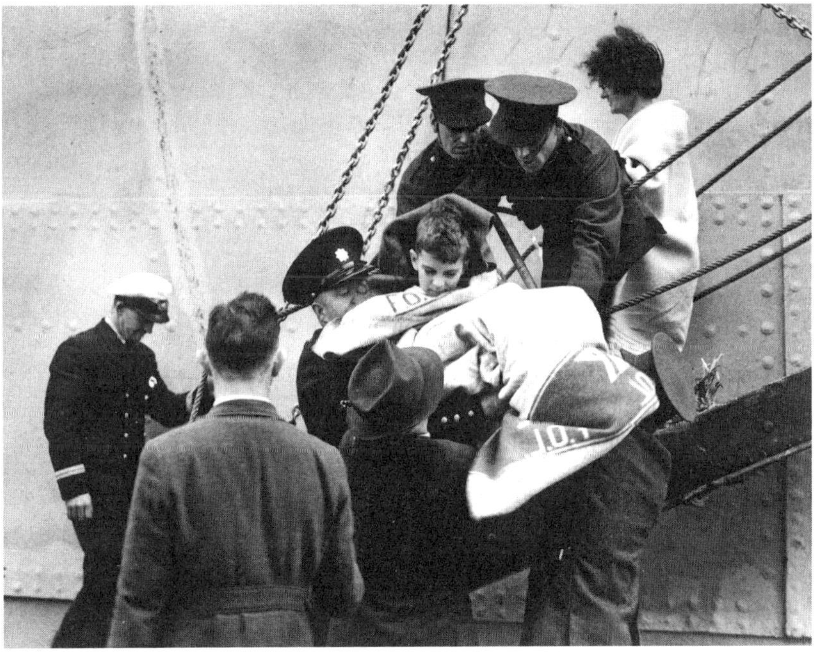

英国邮船“雅典娜号”被德国U-30潜艇用鱼雷击沉，图为船上的幸存者。

刻，德国海军出击了。德国U-30号潜艇在赫布里底群岛以西大约200英里处，事先不经警告就用鱼雷击沉了正从利物浦驶往蒙特利尔的英国邮轮“雅典娜号”，船上载有乘客1 400人，有112人死亡，其中有28名美国人。

622 第二次世界大战开始了。

注 释

1.《德国外交政策文件汇编》，第7卷，第491页。

2. 达勒鲁斯：《最后的企图》，第119—120页；另见他在纽伦堡的证词，载《主要战犯的审讯》，第9卷，第471页。

3.《英国外交政策文件汇编》，第7册，第466—467页。

4. 同上。

5.《主要战犯的审讯》，第9卷，第436页。根据这里所刊的来看，达勒鲁斯的证词有一个排错的地方，他说的话成了波兰人“**受到**攻击”，因此是完全令人误解的。

6.《英国外交政策文件汇编》，第7册，第474—475页。

7. 同上，第651，652号，第479—480页。

8. 原文见《德国外交政策文件汇编》，第7卷，第492页，另见《英国蓝皮书》，第168页。施密特博士关于里宾特洛甫对汉德逊和库隆德尔的话所记的笔记，分别见《德国外交政策文件汇编》，第7卷，第493页和第495页。

9. 施密特关于这次争论的记述，见《德国外交政策文件汇编》，第7卷，第493页。汉德逊在1939年9月1日晚上发出的电报中有篇短的记述，见《英国蓝皮书》，第169页。

10.《英国外交政策文件汇编》，第7册，第621号，第459页。

11.《齐亚诺日记》，第135页。

12.《德国外交政策文件汇编》，第7卷，第483页。

13. 同上，第485—486页。

14. 博内9月1日上午11点45分致弗朗索瓦-庞赛的电报，见《法国黄皮书》，法文版，第377—378页。墨索里尼关于在9月5日举行会议的建议，见弗朗索瓦-庞赛8月31日致博内的电报，同上，第360—361页。

15.《英国外交政策文件汇编》，第7卷，第530—531页。

16. 汉德逊：《最后的报告》，第22页。

17. 原文载《德国外交政策文件汇编》，第7卷，第509—510页。

18. 这一场面系根据施密特的报告写成，同上，第512—513页。

19. 施密特：《希特勒的译员》，第156页。

20.《齐亚诺日记》，第136—137页。

21.《德国外交政策文件汇编》，第7卷，第524—525页。

22.《齐亚诺日记》，第137页。法国的一位失败主义参议员德·蒙齐在其所著《在此以前》一书第146—147页中证实了这件事的经过。

23. 科尔班的电报，见《法国黄皮书》，法文版，第395页。

24. 这一节系根据《英国外交政策文件汇编》，第7册中关于9月2—3日的情况写成。阿诺德·汤因比和弗罗尼卡·汤因比所编《大战前夕1939年》一书中有一段很精彩的摘要，所根据的是英国外交部的机密文件和少数一些法国材料。纳米尔的《外交前奏曲》也很有用。我特意略去了好几十处《英国外交政策文件汇编》的出处，免得文字间尽是注释号码。

25. 哈利法克斯9月2日晚上11点50分致汉德逊的电报，见《英国外交政策文件汇编》，第7卷，第746号，第528页；9月3日中午12点25分的电报，同上，第533页。

26. 原文见《英国蓝皮书》，第175页，另见《德国外交政策文件汇编》，第7卷，第529页。

27.《英国外交政策文件汇编》，第7卷，第758号，第535页。

28. 施密特的记述，见他所著的《希特勒的译员》，第157页；另见他在纽伦堡的证词，载《主要战犯的审讯》，第10卷，第200页。

29. 施密特:《希特勒的译员》，第157—158页；另见他的证词，《主要战犯的审讯》，第10卷，第200—201页。

30. 同上。

31.《英国外交政策文件汇编》，第7卷，第762号，第537页，注1。

32. 同上。

33.《主要战犯的审讯》，第9卷，第473页。

34. 博内自己也有追述，见《法国黄皮书》，第365—368页。

35. 魏茨泽克关于这次会见的报告，见《德国外交政策文件汇编》，第7卷，第532页。

36. 原文见《德国外交政策文件汇编》，第7卷，第548—549页。

37. 全文，同上，第538—539页。

38. 这一点是德国外交部文件泄露的，同上，第480页。

39. 电报全文，同上，第540—541页。

40.《海军事务元首会议记录》，1939年，第13—14页。